浙江籍小说理论家研究

韩洪举 著

南开大学出版社

天 津

图书在版编目(CIP)数据

浙江籍小说理论家研究 / 韩洪举著. —天津：南开
大学出版社，2016.1

ISBN 978-7-310-05018-5

Ⅰ. ①浙… Ⅱ. ①韩… Ⅲ. ①小说家－人物研究－浙
江省 Ⅳ. ①K825.6

中国版本图书馆 CIP 数据核字(2015)第 289019 号

南开大学出版社出版发行
出版人：孙克强

地址：天津市南开区卫津路 94 号　　邮政编码：300071
营销部电话：(022)23508339　23500755
营销部传真：(022)23508542　　邮购部电话：(022)23502200

*

天津午阳印刷有限公司印刷
全国各地新华书店经销

*

2016 年 1 月第 1 版　　2016 年 1 月第 1 次印刷
210×148 毫米　32 开本　11.25 印张　322 千字
定价：35.00 元

如遇图书印装质量问题,请与本社营销部联系调换,电话:(022)23507125

目　录

导　论

众所周知，浙江籍小说家在中国文学史上为数众多，几乎占据了中国小说的"半壁江山"，他们创作的小说数量是惊人的，其内容是异常丰富的。[1]同样，他们在小说理论方面也取得了很高的成就，涌现出了一大批杰出的浙籍小说理论家，他们留下的理论遗产弥足珍贵，在中国小说理论史上占有极为重要的地位。

浙江的小说文化如此之辉煌，是有其深刻的历史渊源的。我们研究其独特的小说文化内涵与特点，有必要了解一下浙江小说文化的起源与发展流变。

一、古老的浙江文化

一般学者都认为，黄河领域的中原文化是中国最古老的文化，是中华文明的发祥地。这样的看法固然不错。但新中国成立以来的考古发现，长江领域的浙江地区与中原地区一样，也同样存在着灿烂的原始文化，是中华民族古老文化的一个重要组成部分。尤其是南宋以来，浙江文化包括浙江小说、浙江小说理论，其发展异常迅速，一直领时代潮流之先，为中国文化的发展作出了巨大贡献。

我们知道，在古老的中华大地，浙江的地域自古以来就不算辽阔，但这里却是一块风水宝地。她人杰地灵，人文荟萃，素以"文物之邦""文化摇篮"饮誉世界，是中国文化的重要发祥地之一。

浙江文化源远流长，据媒体最近报道，杭州萧山湘湖村下村遗址和跨湖桥遗址的挖掘，表明"跨湖桥文化"至今已有八千余年的历史了。[2]另外，标志着长江流域已进入原始农业繁荣期的"河姆渡文化"，至今也有七千余年。河姆渡文化以其在社会、经济和文化等方面达到的发展高度,标志着我们的祖先已经从采食经济开始向产食经济过渡。

我们说，能够自己生产粮食，这是人类文明的一个巨大飞跃。尤其值得我们关注的是，稍晚一些时候出现的"良渚文化"，至今也有四千余年的历史，这是长江流域文明发展的一个重要标志。学者们一致认定，良渚文化时期是中国历史上的一个重大转折，是中华文明和国家从萌生到崛起的伟大历史时代。"良渚文化"遗址的中心，位于杭州余杭区的大观山。经考古学家推断，大观山遗址就是良渚文化时代的新兴城市，而且当时的农业、手工业生产规模已非常可观，这说明当时的经济文化已经相当发达。尤其是通过出土的玉器等文物以及大观山遗址宫殿基址的宏伟规模来判断，当时的社会礼制已相当成熟，这表明在当时的太湖流域确实已出现了早期国家的雏形，我们一般称之为"良渚古国"。

遗憾的是，公元前第三个千年末期，长江流域遭受了一场空前的大劫难：连续发生了洪涝、干旱、严寒、地震等自然灾害，整个南方地区一下子变成了一片废墟，导致了良渚古国的突然消失，良渚文化也就此中断。随着良渚文化的消亡，南方文化与中原地区的夏商周文化则形成了鲜明的对比：北方处于辉煌的青铜时代，逐渐向封建化社会过渡；处于南方的浙江文化则变成了空白，又退回到了极端落后的远古时代。

但是，浙江文化的落后是暂时的，东周时浙江文明又出现了新的发展高潮。春秋时期，于越族崛起于浙东，建立了浙江历史上的第一个奴隶制国家，这就是后来号称春秋"五霸"之一的越国。越国灭吴而称霸中国，标志着浙江文明又重新赶上甚至超过了中原文明，继续处于全国的领先位置。《越绝书》记载勾践时，"伐吴，霸关东，从琅琊起观台。台周七里，以望东海。死士八千人，戈船三百艘"。[3]越国在当时的强盛由此足见一斑。所以我们说，越国文明虽然没有中原夏商周文明底蕴深厚，但她的发展还是非常迅速的，浙江文明在春秋时代重新走到了中国的前列。

秦汉三国时期，浙江经济有了进一步发展。东汉末年，大规模的农民战争和军阀混战，给中原地区的人民带来了深重的灾难，以至于出现了"出门无所见，白骨蔽平原"[4]的悲惨情景。但是，远离统治中心的浙江地区，相对来说没有遭到太大的战乱与破坏。东汉末年，孙坚、孙策父子很快就完成了江浙地区的局部统一，战争持续的时间并不长，破坏性相对较小。在孙氏集团的大力开发下，浙江的经济很快得到了恢复，加之避乱于江东的外来民众的积极参与，浙江的经济文化的发展是异常迅速的。

这时期文学上的主要成就是东汉赵晔所创作的著名历史小说《吴越春秋》，它堪称中国历史上的第一部小说作品，这是浙江对中国古代小说的巨大贡献，标志着中国小说的真正开端。

此后，经过短暂的西晋，浙江进入东晋和南北朝时期。这时期朝代更迭比较频繁，但大的战事主要发生在北方，南方的朝代更替多是通过内部的演变，没有发生大规模的战争，经济破坏不很严重。经过一二百年的开发，进一步促进了浙江经济和文化的迅速发展。我们说，六朝时期文化的主旋律虽然是"清谈"和"玄学"，但文学艺术也不容忽视，如王羲之父子的书法、谢灵运的诗、沈约的诗歌理论及小说《俗说》、干宝的《搜神记》及《序》、吴均的《续齐谐记》等志怪小说与理论主张等，其成就在全国是首屈一指的。需要特别强调指出的是，干宝的《搜神记·序》还是我国较早的一篇小说评论文章，在浙江乃至中国小说史上有着非常重要的意义。

隋唐五代，中国封建社会进入到一个比较繁荣的时期，浙江经济也继续保持着上升的势头。文化艺术方面，浙江也取得了很大的成就，如唐传奇等小说作品，有不少都出自浙籍作家之手，沈既济的《任氏传》《枕中记》，唐代诗人沈亚之的《湘中怨解》《秦梦记》，杜光庭的《虬髯客传》等，都是唐五代有代表性的作品。由于唐代的"安史之乱"及藩镇割据，对北方经济造成了严重的破坏，而南方则相对比较安定，社会发展一直呈现出上升趋势，因而，浙江成了全国经济的中心之一，中国经济文化重心的南移已初露端倪。

宋元尤其是南宋，是浙江经济文化发展的大飞跃时期。宋室南迁建都杭州，给浙江经济和文化的发展带来了机遇，从根本上超过了中原地区。当时的杭州是中国最为繁华的大都市，是全国的政治、经济和文化中心，其繁荣景象为当时世界各国所罕有，以至于对明清时期浙江的经济文化的发展都产生了深远的影响，真可谓"国家不幸浙江幸"啊！但随着南宋的灭亡，杭州失去了全国政治、经济、文化中心的地位，浙江在全国的地位一落千丈，一下子走出了它的鼎盛时期。但值得注意的是，政治经济的落后并没有影响到浙江文化的正常发展，尤其是元末，浙江文学取得了极大的成就，杂剧活动由大都移到了杭州，出现了郑光祖、乔吉和秦简夫等戏剧大家，杨维桢的诗歌创作与小说理论，尤其是罗贯中、施耐庵的《三国演义》和《水浒传》的问世，标志着浙江小说进入到一个高峰时期，也是中国小说史上的里程碑式的作品，在世界小说史上都占有重要地位。

明清时期，浙江经济文化的发展继续呈现强劲的势头。特别是明初，由于南京被定为首都，明太祖和建文帝都比较注重沿海商业的发展，所以，浙江的商业是处于全国领先地位的。浙江最悲惨的历史阶段当推明末清初，由于北方比较顺利地被满清攻占，江浙地区成为抗清的最后阵地，清朝统治者采取了残酷的镇压措施，因而浙江遭到满清军队兵火的"洗礼"，许多地方被"屠城"，经济遭到了巨大的破坏。但浙江凭借数千年的积累，尤其是东晋南北朝和南宋时期形成的雄厚根底，浙江经济文化的迅猛发展已成不可阻挡之势，直到今天一直处于全国领先的位置。明清时代的文学尤其是小说及小说理论，更是取得了巨大的成就，瞿佑、凌濛初、李渔、袁枚、陈忱、俞万春等具有全国性影响的小说家多不胜数，胡应麟、蒋大器、张竹坡、陈其泰等小说理论家也迅速崛起，这些都是不争的历史事实。

几千年来，勤劳而智慧的浙江人为开发和建设东南沿海的经济文化作出了重要的贡献，从而使浙江成为中国经济文化最为发达的省份之一。浙江源远流长的历史，丰厚的文化积淀和优越的自然、人文环境，孕育了灿烂的浙江文化。在这丰富而灿烂的文化中，小说与小说理论占有重要的一席之地，这是浙江的骄傲，也是中国珍贵而丰富的文化遗产。

浙江小说理论家的成就是辉煌的，对于如此珍贵而丰富的文化遗产，我们自然不能熟视无睹，应该对他们进行深入的研究。其实，在现代化建设中，小说文化遗产的整理和研究也是不可或缺的重要一环，是现代文化建设的重要组成部分。对此，我们应当积极开发和利用浙江的传统文化和区域文化的资源，弘扬浙江小说传统文化的优秀遗产，吸取其中的积极因素，以增强浙江文化的凝聚力与辐射力，增强文化对经济建设的推动力。

二、浙江籍小说理论家的历史地位

浙江籍小说理论家在小说理论方面卓有建树，其中不少人成为当时小说理论方面的权威人物，如干宝、胡应麟、张竹坡、李渔、王国维、鲁迅、茅盾、俞平伯等，他们的文学活动都是有全国意义、全国影响的。同时，他们的理论建树又与浙江血肉相连，体现了浙江地域文化的个性与特点。我们说，中国自古以来就是一个多民族、各地域相依共存的国家，各民族、地域文化保持自己鲜明的个性，而又互相吸纳和融合，最终形成凝聚力、生命力极强的多元一体的中华文化。从小说理论的发展演变来看，不同地区的文化确有不同的特色，这就使得我们整个民族的小说文化多姿多彩。没有地方特色，也就没有整体风格；不研究地区小说文化的特点，也就不可能对整个民族的小说传统与小说文化作出准确的判断。浙江小说理论家的贡献从一个领域代表了浙江文化的重大成就，是展示浙江作为一个文化大省的最重要的成果之一。

浙江籍小说理论家在中国小说史上有着重要的历史地位：

第一，浙江产生了一大批具有全国性影响的小说理论家，而且人才辈出，几乎每个历史时期都有代表性的小说理论家活跃于文坛，为我们留下了大量珍贵的小说理论遗产，这在中国文学史上也是罕见的。从晋代干宝的小说理论问世以来，直至现代，浙籍小说理论家连绵不断，其中具有突出贡献、在浙江小说理论史上占有一席之地的主要有干宝、沈既济、瞿佑、凌濛初、胡应麟、李渔、张竹坡、陈其泰、俞樾、姚燮、蔡元培、王国维、鲁迅、周作人、茅盾、郁达夫、夏曾佑、俞平伯、郑振铎、赵景深，等等。

第二，浙江出现了一批"专职"小说理论家，写出了中国一流的理论专论。他们的文学活动大大推动了中国小说理论前进的步伐，为中国小说理论的发展作出了突出的贡献。如明代小说理论大家胡应麟，他的《少室山房笔丛》可谓明前中国小说理论的"集大成者"，在中国小说史上具有里程碑式的意义；清代出现的《金瓶梅》评点家张竹坡，《红楼梦》著名评点家陈其泰，晚清出现的红学家姚燮、小说理论家夏曾佑和著名学者、小说理论大家王国维，尤其王国维的《红楼梦评论》成为中国第一篇借鉴西方文艺理论研究中国古典名著的专论，在中国小说理论史上建造了又一块里程碑。

第三，创造了中国文学史上的一系列"奇迹"，令学者们感叹不已，成为中国小说史上的一大奇观。

1. 浙江的地域自古以来就不是太辽阔，可以说是中国最狭小的省份之一，但浙江的小说理论起步非常早，一直处于中国小说理论的领先地位。晋代干宝的《搜神记·序》是中国较早的可以称得上小说理论的文字，干宝也因此被称为中国小说理论的先驱。

2. 清代的小说名著评点非常盛行，这是中国传统的一种小说批评方式，但浙江在几乎同一个时期，就出现了一大批小说名著评点家，这也是一个奇特的文化现象。仅清代就出现了《西游记》评点家汪象旭、陈士斌，《金瓶梅》评点大家张竹坡，《红楼梦》评点家陈其泰、姚燮，《聊斋志异》评点家方舒岩，《儒林外史》评点家平步青，等等。

3. 浙江近代的小说创作成就并不大，但仅在短短的近代时期，浙江就出现了俞樾、平步青、姚燮、夏曾佑、王国维、钟骏文、章太炎、蔡元培等如此之多的小说理论家，可以说在整个中国近代著名小说理论家当中，有一半以上都是浙江籍的，这在中国小说史上可以说是一个奇特的文化现象。

4. 浙江涌现出了一批著名红学家，这也是值得我们关注的文化现象。我们知道，《红楼梦》是我国古代最伟大、也是最复杂的一部古典名著，它自清乾隆中期问世以来，研究者不绝如缕，于是就出现了"红学"和大批的"红学家"。在众多红学家中，浙籍学者占有很高的比重，而且不少都是红学权威，如陈其泰、姚燮、蔡元培、王国维、俞樾、俞平伯，等等。蔡元培的旧红学索隐派研究方法带有很大的局限性，但他的《石头记索隐》在红学史上产生了很大影响，这也是历史与时代的产物；鲁迅、茅盾虽然不是专门的红学家，但他们的观点在红学界影响极大，具有理论指导意义。

三、早期的小说观念与理论萌芽

众所周知，小说起源于神话传说、历史传记和寓言故事，发轫于唐朝以前。而较之小说创作，小说理论自然要晚一些。但浙江小说理论家相对而言还是起步比较早的，晋代就出现了干宝，他的一篇序言，成了中国最早的小说理论文章。先秦至唐的小说理论可以说是浙江小说史上的发轫阶段，这时期的小说概念虽然已在典籍中出现，但还处于模糊阶段，当时人们对小说的概念也仅仅是初步的粗浅认识。

小说，可以说是文学题材中最为重要的一种，它的概念也有一个不断发展变化的过程。一般来说，小说是指一种有人物、有相对完整故事情节的叙事文学形式。《辞海》对"小说"是这样下定义的：

> 文学的一大类别，叙事性的文学体裁之一。以人物形象的塑造为中心，通过完整的故事情节和具体环境的描写，广泛地多方面地反映生活。但小说不同于其它叙事性作品，它可以运用各种描写、叙述方式和各种表现手法（如叙述事件的前因后果，描绘自然景物、社会环境、生活场景以及人物外貌、心理、言谈、举动和各种纠葛、关系等等），来生动地表现以人物活动为中心的社会生活各个方面。[5]

可是，这种小说概念并非自古就有。小说的概念从古至今有一个不断发展变化的过程。最初的"小说"二字，实际上与今天所说的"小说"关系并不大，其内涵和上述定义自然存在着极大的差异。

"小说"一词最早并不见载于浙江的历史典籍，而是出现在《庄子》一书中。究其原因，大概人们会联想到早期的文化中心在中国北方而不是在南方的浙江。但《庄子》所说的"小说"与真正意义上的"小说"并没有多大关系。因此，我们不能因为"小说"一词最早不见于浙江典籍，就认为浙江小说的起源要比北方更迟一些。

关于中国最早的"小说"一词，《庄子·外物》中写道：

> 任公子为大钩巨缁，五十犗以为饵，蹲乎会稽，投竿东海，旦旦而钓，期年不得鱼。已而大鱼食之，牵巨钩，锡没而下，骛扬而奋鬐，白若波山，海水震荡，声侔鬼神，惮赫千里。任公子得若鱼，离而腊之，自制河以东，苍梧巳北，莫不厌若鱼者。已而后世轻才讽说之徒，皆惊而相告也。夫揭竿累，趣灌渎，守鲵鲋，其于得大鱼难矣，饰小说以干县令，其于大达亦远矣。是以未尝闻任氏之风俗，其不可与经于世亦远矣。[6]

需要指出的是，人们在谈到"小说"这一概念时，一般总是引用这段话中的一句，即"饰小说以干县令，其于大达亦远矣"，或者干脆几个字"饰小说以干县令"，如此断章取义，令读者感到摸不着头脑。我们知道，《庄子》一书中充满了大量的寓言故事，上引"外物"篇的这段文字，实际上就带有明显的寓言故事性质。它的本意大概是：如果想通达大道，实现自己的理想，就要有相应的途径和手段。就像钓鱼一样，任公子之所以获得惊人的大鱼，是因为他既有特别长大的渔具和饵料，又能够到大海深处垂钓，还要十分耐心地守候，只有这样才能达到目的。那些手持小钓竿，守候在河沟旁，钓条小鱼就能满足者，是不可能钓到大鱼的。于是，庄子得出结论说，欲靠"小说"是无法实现"大达"之理想的。很显然，庄子这里说的"小说"是指琐屑的言论、不值一提的小道理，与今天我们所说的"小说"，其含义是大相径庭的。

需要说明的是，一般学者都认为，庄子所说的"小说"与《论语》中孔子门徒子夏所说的"小道"相仿，也是指琐屑的言论、不值一提的小道理，其实未必。《论语·子张》云："子夏曰：'虽小道，必有可观者焉，致远恐泥，是以君子不为也。'"我们认为，子夏这里所说的"小道"，当指农圃、医卜之类的道理，是与所谓君子之治世之道相对而言的。孔子及其门徒把治国济世看作"大道"，其他统统视为"小道"。此"小道"与小说概念没有任何关系。小说本不属于技艺百家中的具体一家，古人不可能只把"小说"当作"小道"，其实把"小道"看作"小说"完全是后人的猜度与引申而已。

《荀子·正名》中也有类似的记载：

> 凡人莫不从其所可，而去其所不可，知道之莫之若也。而不从道者，无之有也。假之有人而欲南，无多；而恶北，无寡。岂为夫南者之不可尽也，离南行而北走也哉？今人所欲，无多；所恶，无寡。岂为夫所欲之不可尽也，离得欲之道而取所恶也哉？故可道而从之，奚以损之而乱！不可道而离之，奚以益之而治！故知者论道而已矣，小家珍说之所愿皆衰矣。

荀子所说的"小家珍说"与子夏所说的"小道"一样，与今天所认识的小说概念没有任何关系。荀子主要论述"正名"之题，在上述引文之前，他还列举了宋钘"见侮不辱""情欲善"之说，墨家的"杀盗非杀人"之说，惠施的"山辨"之说，公孙龙的"白马非马"之说等，认为以上这些歪门邪说与正道相悖，是乱名的。随后，他在文中阐述了"道"的美好及其重要性，指出百家邪说即"小家珍说"与正道相悖，必然衰败。可见，荀子的"小家珍说"也与小说的概念没有多大关系。

值得注意的是，这些书中都谈到了"小说"的意思，却没有一人像庄子那样使用"小说"这个词语。这说明，在先秦时代还没有"小说"这个固定词汇，《庄子》使用该词纯属偶然。也就是说，同样的意思，不同的人使用不同的字眼而已。

总的来说，先秦时期还没有关于"小说"一词的固定含义，当然也就不可能有作为文体意义的小说概念了。

东汉初年，著名学者桓谭说过这么一句话："小说家合丛残小语，近取譬论，以作短书，治身理家，有可观之辞。"[7]这里出现了"小说家"一词，可见诸家著述之外，已有自己独特的文章，被归为小说一家了。桓谭评论这种"小说"所说的"丛残小语"，意思是多为零碎的言论；所谓"近取譬论"，意思是多以故事、寓言或传说作比喻；"短书"指多用短篇记述。这就涉及了小说的形式和内容问题，与今天所说的小说概念已经有些相似之处了。这标志着东汉时期人们对小说观念认识的巨大进步。

比桓谭稍晚一些的历史学家、文学家班固在他所作的《汉书·艺文志》中首次对小说进行了界定，并把小说列为"九流十家"之一：

> 小说家者流，盖出于稗官，街谈巷语，道听途说者之所造也。孔子曰："虽小道，必有可观者焉，致远恐泥。是以君子弗为也。"然亦弗灭也。闾里小知者之所及，亦使缀而不忘。如或一言可采，此亦刍荛狂夫之议也。[8]

班固论述了小说家的创作过程，认为当时还没有文字，"道听途说者"的作品最初只能属"街谈巷语"，属于传闻的性质，既不一定属"刍荛狂夫"之类，具备完全真实的性质，又很难否定事实的存在。传闻经过"闾里小知者"之手，"使缀而不忘"，然后由"稗官"予以加工润色，或由"稗官"收集起来。应当说，这是小说萌芽时期的创作情况。

接着，班固还列出了《伊尹说》《青史子》《师旷》《黄帝说》等十五家小说。其实，班固所列出的这十五家一千三百八十篇所谓的"小说"，均非出自先秦时期。因为这些被归入小说类的所谓先秦著作，其实绝大多数都并非出自先秦人之手，而是如许多论者反复证明了的那样，它们乃是后人辑录而成，或者根本就是后人的伪托。班固虽然列出这些属于先秦"小说"，但他本人多在所列作品后面注明"后人伪托"的话，如《伊尹说》后注"其语浅薄，似依托也"；《师旷》后注"见《春秋》，其言浅薄，本与此同，似因托之"；《黄帝说》后注曰"迂诞依托"，等等，这说明班固本人也持怀疑态度。正如鲁迅先生所说："诸书大抵或托古人，或记古事，托人者似子而浅薄，记事者近史而悠谬者也。"[9] 说明只有到了汉代才有可能出现所谓的"小说"，因为"小说"的概念只是到了汉代才有。至于班固为小说范畴划得如此宽泛，十五家中包含了琐事、遗事、历史故事、异术的记载等，这就论证了小说具有内容繁杂的特点。最为重要的是，他把小说和历史著作合在一起，使小说作为一家，正式出现在历史文献记载当中，这在小说史上具有重要的意义。

稍晚于《汉书》的张衡《西京赋》也提到过小说。文中写道："匪唯玩好，乃有秘书。小说九百，本自虞初。从容之求，实俟实储。"这里称小说为"秘书"，并且具体指出了其中的一种，还说它有"九百"（篇）之多。我们知道，在班固《汉书·艺文志·诸子略》所列十五家小说中，正有一家是"《虞初周说》九百四十三篇"，可证张衡之说不谬。

另外我们还知道，在班固作《汉书》之前，已有刘向在汉成帝（前32—前7年在位）即位后，奉命校书近二十年，还撰有《别录》一书。后来其子刘歆继承父业，在《别录》的基础上撰成著名的《七略》。班固参考了这本书，他正是在对《七略》"删其要"之后才写成了《汉书·艺文志》。因此，学术界一般认为，《汉书·艺文志》基本上延续了刘向父子的观点。由此我们可以断定，刘氏父子笔下大约已有"小说"这个词语了。

可见，在汉代，"小说"已经不再是偶尔出现的字眼，也不是像庄子那样偶然的组合。从桓谭、班固、张衡等人的著述中可以看出，小说已经成为具有某种相对稳定意义的词汇了。也正是这个原因，我国的小说作品最早也只能出现在东汉时期，浙江人赵晔所著《吴越春秋》，当是我国最早的小说之一。在此之前还不大可能出现真正的"小说"作品。

"小说"不是一个固定的概念，而是随着时代的发展变化而不断地演化，直到近代才基本定型的。唐代魏征撰写的《隋书·经籍志》，分经史子集四部，把小说归为子部。此后，刘知几作《史通》、宋代欧阳修撰写《唐书·艺文志》、明代胡应麟撰《少室山房笔丛》，直至清代纪晓岚编撰《四库全书总目提要》，不是把小说归为经史子集中的史部，就是归为子部，无论史部还是子部，均不收录通俗小说。由此可见，中国"小说"一词的内涵不是一成不变的，它是一个不断发展变化的文学概念。

当然，任何事物都是在长期的历史过程中逐渐孕育、演化的，而且总是先有某一事物的产生，然后才有人们对它的认识。浙江小说作品很早就出现了，但小说概念、小说理论出现得比较晚，这也就不难解释了。

我们探讨古代的小说观念，寻找古代小说理论的源头，这就不得不追溯到中国古代的历史著作。我们无法知道汉代以前小说创作的详细情况，那个时期究竟有没有小说作品，但我们可以根据东汉的《吴越春秋》及晋代的《搜神记》等小说为我们提供的线索，了解到古代的小说家往往都是史学家，史学与小说有着极为密切的关系。可以说，早期小说的萌芽、形成、发展都与历史著作有着千丝万缕的联系。此外，先秦两汉的史传文学在内容、结构、叙事方式乃至修辞手法方面，也都对古代小说产生了重大的影响。

史传文学是我国最早的文学样式之一，在小说正式诞生前后，它对小说及小说观念的影响是非常大的，这也是中国文学的一个重要特点。因此，史传文学与小说的关系问题，是我国早期小说理论的一个重要内容。研究浙江小说理论，有必要对这一问题进行一番认真的探讨。

众所周知，魏晋南北朝是我国古小说发展的一个重要阶段，这时期出现了以《搜神记》为代表的志怪小说和以《世说新语》为代表的志人小说，取得了令人瞩目的文学成就。这一文学现象同时也告诉我们这样一个问题：古代小说的形成、发展均与史传文学是有关系的。如前文所述，史学家对小说创作有着很大的影响，魏晋小说家大多以史学家的著作（主要是史传文学）为典范，叙事方法和体例方面刻意仿效，内容方面则多采取史学家遗漏或弃而不用的史料，因此，早期小说又有"杂史""野史"的称谓。可见，早期小说与史传文学的关系是非常密切的，人们常说"文史不分家"，即含有这方面的意思。

魏晋时代的小说大多如此，其例证比比皆是。我们不妨以人们所熟知的晋代王嘉著、萧绮修订的十卷本志怪小说集《拾遗记》为例，来了解一下该书的体例。《拾遗记》前九卷所记载的历代故事为：卷一，自春皇庖牺至尧舜八代；卷二卷三，记载夏商周三代之事；卷四，自燕昭王至秦始皇统一中国；卷五卷六，记两汉事；卷七卷八，载三国时代事；卷九，主要记载晋代的故事。从该书的排列我们不难发现，它是按朝代的先后顺序来编排故事的，正如萧绮在《拾遗记·序》中所说："考文起羲炎已来，事讫西晋之末，五运因循，十有四代。"[10]也就是说，它的体例与司马迁的《史记》、班固的《汉书》以及吉文甫的《十五代略》、皇甫谧的《帝王世纪》等相仿佛。由于其所记多为异闻杂事，为史学家所弃，故称"杂史""野史"。早期的小说，除了杂史外还有杂传。"杂传"的体例主要模仿史传文学，尤其是它不像杂史、野史那样尚需顾及到"历史的真实"，其内容更"杂"，这就给作家留下更多的想象空间，大大刺激了作家的创作热情，这就使得魏晋南北朝时期的杂传如雨后春笋般涌现出来。据《隋志》记载，当时的杂传多达数十部，其中曹丕的《列异传》、干宝的《搜神记》、陶渊明的《搜神后记》、吴均的《续齐谐记》、刘义庆的《幽明录》等，最为著名。

我们认为，杂史、杂传这类魏晋南北朝小说，尽管多涉鬼怪故事，但由于作家往往对此深信不疑，其创作意图还是为史作补，故而《隋志》《旧唐书》等均将其归于"史部"而未设"说部"。由此可知，那个时期的杂史、杂传作品，就是今天所谓的"早期小说"。创作实践也就决定了小说理论，故而早期小说理论的一个重要课题，就是探讨小说与史传文学的关系。

那么，史传文学与小说有着怎样的亲密关系呢？我们具体从三个方面来论述、探讨这一理论课题。

1. 小说的作者往往就是史学家，换言之，小说作品大多出自史传文学作者之手。

众所周知，我国很早就设有史官之职，《汉书·艺文志》说的"左史记言，右史记事"即指《春秋》《尚书》等历史文献，先秦时期的《左传》《战国策》，西汉司马迁的《史记》，东汉班固的《汉书》，晋代陈寿的《三国志》，南朝范晔的《后汉书》等，都具有很高的文学价值，尤其是《史记》，还开创了我国传记文学的先河。而且，古代小说的作者也多为史学家，这自然会直接影响到我国早期的小说观念。

提到早期小说，往往令我们想到班固在《汉书·艺文志》中所说的一句名言："（小说）盖出于稗官，街谈巷语，道听途说者之所造也。"

其实并非如此，有不少早期小说出自当时的史官之手。班固本人虽然说了这句话，但他对自己所列作品作的注释中却又透露出这样的信息：用文字写成小说的人，并非都出自"稗官"之手。如《青史子》注云"古史官记事也"；《虞初周说》注云"河南人，武帝时以方士侍郎，号黄车使者"，等等。我们认为，史官和穿黄衣的侍郎，恐怕都不能归于"稗官"之类吧？再者，班固本人在《汉书·艺文志》中从理论上对自己的小说观念进行了深入的阐释，而且首次记载了他认为当属于小说的十五家一千三百余篇作品，为我们全面考察汉代小说观念作出了极为重要的贡献。其实大家不要忘记，班固本人就是一位著名的史学家。笔者在《浙江古代小说史》中所认定的《吴越春秋》是浙江乃至中国最早的一部可以称得上小说的作品，它的作者赵晔既是著名学者也是著名的史学家。晋代出现的小说集《搜神记》可谓浙江乃至中国最早的志怪小说，其作者干宝也是一位史学家，《晋书·干宝传》称他的历史著作《晋纪》"其书简略，直而能婉，咸称良史"。看来，早期的小说家尚未"独立"，其"职务"往往是由史学家来兼任的。

我们退一步讲，即便班固所认为的小说家就是"稗官"的话，那么，班固以后的不少批评家则不是这样认为的，他们留下的资料值得我们深思。

三国时代著名文学家曹植，字子建，沛国谯（今安徽亳县）人，魏武帝曹操之子、魏文帝曹丕之弟，封为陈王，后降为临淄侯，死后谥为"思"，世称陈思王。他以诗才著称，没有多少专门论及小说的文字，故而往往为小说研究者所忽略。其实，曹植在给同时代文学家杨修的《与杨德祖书》中谈到了文学创作问题，对我们研究早期小说颇受启发。他在文中写道：

> 昔扬子云先朝执戟之臣耳，犹称壮夫不为也；吾虽德薄，位为藩侯，犹庶几戮力上国，流惠下民，建永世之业，留金石之功，岂徒以翰墨为勋绩，辞赋为君子哉！若吾志未果，吾道不行，则将采庶官之实录，辩时俗之得失，定仁义之衷，成一家之言。虽未能藏之于名山，将以传之于同好。非要之皓首，岂今日之论乎？

其言之不惭，恃惠子之知我也。[11]

我们认为，曹植既不是稗官，当然也不是史学家，但其"采庶官之实录，辩时俗之得失，定仁义之衷，成一家之言"，并希望"传之于同好"，这就道出了一般史学家创作小说的动机。他才高八斗，学富五车，自然易生雄心壮志，渴望"戮力上国，流惠下民，建永世之业，留金石之功"。而实际上他却屡遭乃兄曹丕的迫害，经历坎坷，郁郁不得志。失望之余，他准备作小说，像司马迁那样成就"一家之言"。尽管他没有留下称得上"小说"的作品，但他的这些发自肺腑的话语，却概括出了一般小说家创作的基本经历，具有一定的代表性。

曹植谈到了早期小说家创作的一般规律，但尚未指出小说与史学家的关系，他也不想把自己称作史学家或史官。但其所作，实质上乃属于史学家所为。唐代长孙无忌在《隋志·杂传类序》中则进一步涉及这一问题，比较详细地阐释了小说与史学家的关系。他在文中写道：

> 古之史官，必广其所记……汉时阮仓作《列仙图》，刘向典校经籍，始作《列仙》《列士》《列女》之传。皆因其志尚，率尔而作，不在正史。后汉光武，始诏南阳撰作《风俗》。故沛、三辅有耆旧节士之序，鲁、庐江有名德先贤之赞。郡国之书，由是而作。魏文帝又作《列异》，以序鬼物奇怪之事；嵇康作《高士传》，以叙圣贤之风。因其事类相聚，而作者甚众；名目转广，而又杂以虚诞怪妄之说。推其本源，盖亦史官之末事也。

如上所述，司马迁的《史记》确立了我国纪传体通史的体制，同时也奠定了传记文学的基础，这种传记体的结构方式对后世史学家和小说家均产生了极大的影响。前者模仿其体例撰写历史，而后者（也包括部分史学家）则采用此体例来记录正史不载的人物或逸事，他们"率尔而作"，记述"鬼物奇怪之事""杂以虚诞怪妄之说"，遂出现了早期的小说创作。因此，早期小说与史传文学密不可分。至于长孙无忌称这类小说，"推其本源，盖亦史官之末事也"，虽有轻视小说而更重正史之意，但这恰恰说明早期小说多是史学家所为的历史事实。

正是由于小说乃史官所作为人们所认可，又导致了一个新的问题，小说可不可以记录"鬼怪虚妄"之事？对此，正统文学家多持否定意见。他们从史学家的标准出发来衡量小说，主张小说内容一定要"真实"，而对那些创作具有虚构性质小说的史学家，他们是强烈反对，甚至是恶毒攻击的。唐代著名史学家、文学理论家刘知几曾在《史通·采撰》中指出：

> 嵇康《高士传》，好聚七国寓言；玄晏《帝王纪》，多采六经图谶，引书之误，其萌始于此矣。至范晔增损东汉一代，自谓无惭良直；而王乔凫履，出于《风俗通》；左慈羊鸣，传于《抱朴子》；朱紫不别，秽莫大焉。沈氏著书，好诬先代，于晋则故造奇说，在宋则多出谤言。前史所载，已讥其谬矣。而魏收党附北朝，尤苦南国，承其诡妄，重加诬语，遂云"司马睿出于牛金""刘骏上淫路氏"，可谓助桀为虐，幸人之灾。寻其生绝胤嗣，死遭剖斫，盖亦阴过之所致也。

刘知几虽为封建正统文人，其文学思想并不保守，对小说家并不反感，甚至给予充分的肯定和赞扬，如云："虽国有册书，杀青不暇，而百家诸子，私存撰录，寸有所长，实广闻见。"但他不能容忍如史学家这类有很高社会地位的文人创作小说，尤其对虚构过多的小说，他认为是"异端"，深恶痛绝之。这主要是他以史学家实录标准来要求小说，对作杂传、杂史小说的史学家，他还是极为蔑视的，这属于小说观念的认识问题。

2. 早期的不少小说乃属于"正史"之所遗，而这恰恰都是比较生动的故事，起到了"补史"的重要作用。

如上所云，早期小说作者多为史学家，内容又多为杂史、野史和杂传，因此，早期的不少小说都属于"正史"之所遗。关于这一看法，早在班固《汉书·艺文志》中就已露端倪。如"《周考》七十六篇"下班固注云"考周事也""《师旷》六篇"下又注云"见《春秋》，其言浅薄，本与此同，似因托之"，等等。这说明，古小说早在其萌芽时代，就已经包含了"史"的成分。

此后，不少文学家也都注意到了这一文学现象。南北朝梁代著名文学批评家刘勰，字彦和，世居京口（今江苏镇江），其《文心雕龙》是我国古代文学理论的里程碑式的著作。他在书中写道："俗皆爱奇，莫顾实理，传闻而欲伟其事，录远而欲详其迹，于是弃同即异，穿凿旁说，旧史所无，残书则传。"[12]刘勰不是职业小说理论家，也没有关于小说理论方面的专门论述，以上所引文字，仅仅是他由于不满于某些史传失实而发的议论，但他的话却概括了被归入小说范围的杂史、杂传和野史的基本特征，涉及了小说与史传文学的关系问题。他认为，杂史、杂传和野史都是由"爱奇""穿凿旁说"而流入小说的。刘勰虽然在《文心雕龙》之《谐隐》等篇中，明显表现出轻视小说的态度，但他对杂史、杂传和野史的议论，对后来的文学理论家产生了一定的影响。长孙无忌等在《隋志·杂史序》中就这样写道：

> 灵、献之世，天下大乱，史官失其常守。博达之士，悯其废绝，各记闻见，以备遗亡。是后群才景慕，作者甚众。又自后汉以来，学者多抄撮旧史，自为一书，或起自人皇，或断之近代，亦各有志，而体制不经。又有委巷之说，迂怪妄诞，真虚莫测。然其大抵皆帝王之事。通人君子，必博采广览，以酌其要。

长孙无忌等虽是针对杂史而言的，但"小说与杂史最易混淆"[13]。"杂史""非史策之正""记闻见""备遗亡"，其内容"大抵皆帝王之事"，一般都有"委巷之说，迂怪妄诞，真虚莫测"的性质，因此它代表了相当一部分文学家对小说的认识。此后，有不少文学家则进一步把"集正史所遗，补国史之缺"，作为早期小说的重要特点。

刘知几在《史通·杂述》中曾比较详细地论述了小说的分类，将其划分为十类。其中他谈到"遗事"类小说的产生，是由于"国史之任，记事记言，视听不该，必有遗逸，于是好奇之士，补其所亡"。而"小录"类小说的产生，则缘于"普天率土，人物弘多，求其行事，罕能周悉，则有独举所知，编为短部"。事实上，刘知几论小说分类的理论依据是"史氏流别，殊途并骛"，实际上是把小说的起源完全归之于史传，认为小说就是正史所缺漏、遗逸，或不被采用的历史故事。正史所遗，经史学家或其他文人记录下来，于是小说家便产生了。我们认为，刘知几的观点应当认真分析，对于那些具有小说性质的杂史、杂传、杂录而言，自然有其合理之处，也确实符合早期小说有一些由野史笔记演化而来的历史事实。但若把"补国史之遗"作为小说的基本特征，认为小说乃起源于史传文学，那就犯了实质性的错误。因为小说的起源最早当追溯到神话传说，这是早已为小说理论家所公认的。其实，刘知几所归纳的十类小说，在今天看来大都不属小说的范围，因而建立其上的理论基础自然也就不牢靠了。不过，如果从小说的演变理论上看，刘勰、长孙无忌、刘知几的小说乃"正史之补"的理论观点也有可取之处，那就是它可以用来肯定小说的合法地位，这对于纠正小说历来受歧视的偏见仍能产生一定的积极作用。

在小说与史传文学关系的探讨中，不少文学家都在为小说争取合法的一席之地。班固曾引孔子门徒的话，强调"君子勿为小道""然亦弗灭"，表面看似乎颇为宽容，实则是希望小说自然灭亡，这显然是轻视小说的意思。此后的历代封建统治者和传统文人都对小说嗤之以鼻，认为作小说乃雕虫小技，不能登大雅之堂。如此一来，小说的发展就非常困难，很难在文坛上拥有一席之地。因此，重视小说的文学理论家不得不挖空心思，希望在传统观念中为小说寻找出一线生机，竭力为小说的存在进行辩护。而在这一时期所运用的理论基础，主要是钻"正史"的空子，认为小说具有"补正史之不足"的作用，对社会是有价值的，应该让它存在下去。

郭宪（托名）的《汉武洞冥记·自序》中有这样的话：

> 宪家世述道书，推求先圣往贤之所撰集，不可穷尽，千室不能藏，万乘不能载，犹有漏逸。……今藉旧史之所不载者，聊以闻见，撰《洞冥记》四卷，成一家之书，庶明博君子，该而异焉。

诚然，经籍史书再"正统"，数量再多，但其毕竟受到体例和宗旨的限制，记人述事方面不可能没有"漏遗"。因而，《汉武洞冥记》的作者认为，采集正史弃而不用之事撰写成小说，这是一件颇有意义的工作，它可以使经史更加完备，内容含量得以拓展。南朝萧绮在《拾遗记·序》中也指出，小说"推详往迹，则影彻经史"，能够起到与经史互补的社会作用，不可令其自然消亡。

其实，即便从史学角度衡量小说，某些正统文人也认为小说自有其独到的价值，有其存在的理由。刘知几在《史通·杂述》中指出：

> 在昔《三坟五典》《春秋》《梼杌》，即上代帝王之书，中古诸侯之记，行诸历代，认为格言。其余外传，则神农尝药，厥有《本草》；夏禹敷土，实著《山经》；《世本》辨姓，著自周室；《家语》载言，传诸孔氏。是知偏纪小说，自成一家，而能与正史参行，其所由来尚矣。

刘知几肯定小说具有补经史之遗缺的功能，因此主张令其自成一家，与正史并行不悖，其实这是一种业已形成的文学发展现象，因而当允许小说的存在。如前文所说，刘知几作为一个正统史学家，对于失实的小说是严厉指责的，其基本立场是排斥"非圣""乱神"的小说的。但刘知几并不迂腐，与其他正统文人比起来还是开明得多。他反对一味排斥小说的作法，虽然以记实事、正风规、扬名教、有益社会的标准来要求小说，不符合此标准就予以抨击，但他始终认为小说是不可取消的。他指出：

> 众星之明，不如一月之光。历观自古作者，著述多矣，虽复门千户万，波委云集，而言皆琐碎，事必丛残，固难以接光尘于五传，并辉烈于三史，古人以比玉屑满箧，良有旨哉。……且夫子有云："多闻，择其善者而从之""知之次也"，苟如是，则书有非圣，言多不经，学者博闻，盖在择之而已。

刘知几认为，小说创作颇为繁杂，良莠不齐，难以一言而定优劣，无法与经史典籍相提并论。但小说又有其自己的特点，如同"玉屑满箧，良有旨哉"，能广闻而博识，又可从中了解六经、史传所缺少的知识。尽管小说精芜并存，"书有非圣，言多不经"，但关键要看读者自己的好恶了。当然，刘知几从史学角度评论小说有很大局限性，但他对小说所持的基本态度还是可取的。他竭力主张小说不可废除，对当时和以后的小说理论产生了很大的影响。

刘知几的理论主张为后来的小说家所继承，并且在某些方面又发扬光大，以用来提高小说的价值，为小说在文坛上争取一席之地。当然，通过附骥于"史"来肯定小说具有很大的局限性，这一理论使古代小说的创作长期依附于"史"，内容和形式长期挣脱不了史籍的桎梏，也使小说批评家长期摆脱不了"实录"的观念，严重影响了中国小说的正常发展。但这毕竟与鄙视小说者有着本质的不同，这样至少保证了小说具有存在的理由，为小说的进一步发展提供了可能，这在小说发展史上也是至关重要的。

众所周知，至今仍在流行着"文史不分家"的说法，这恐怕与中国古代小说受史传文学的影响有关。古人往往认为小说乃正史所遗，或者具有"补史"的作用。如果把正史比作撰写博士论文，那么，小说就是论文完成后的"副产品"。古代小说家往往都是史学家，也是这个道理，形成了早期中国小说观念的一大特点，小说家的地位一直都比较低下，直到近代以后才有所改观，这大概也可追溯到古代的这种小说观念吧。

3. 正如前文谈到魏晋南北朝小说时所说，史传文学在内容、结构、叙事方式及修辞手法等方面，均对早期小说产生了巨大的影响，换言之，早期的小说家主要是模仿和借鉴他们的写作经验。

史学家的著作，如先秦时代的《左传》《战国策》，西汉司马迁的《史记》和东汉班固的《汉书》等，对小说的影响最为突出。尤其是《史记》，不仅奠定了我国纪传体通史的体制，也奠定了传记文学的基础，它的这种传记体的结构、叙事方式对小说家的影响是不可估量的。

众所周知，《左传》与《战国策》的内容非常丰富，其文学价值也是很高的，赵晔的历史小说《吴越春秋》，在内容方面主要参考了它们的资料。《左传》是战国时期的一部编年史著作，主要记载了春秋时期各诸侯国的政治、经济、军事和外交方面的重大历史事件。它以善于叙述错综复杂的历史事件和战争过程而著称，注重突出主要矛盾，使故事曲折动人，戏剧性极强，并能把复杂的故事写得错落有致，脉络清晰。这种叙事方法对以后的历史小说产生了极大影响，特别是战争题材的小说，多借鉴它的叙事方法。《战国策》则主要记载战国时期各个诸侯国的历史，属于国别体的历史著作。它以记录谋臣说客的论辩说辞为主。《战国策》最突出的特点是，善于通过人物本身的言行具体地刻画人物，寄寓作者的褒贬倾向，并插入一些富有戏剧性的故事细节，以突出人物的思想性格。如"触龙说赵太后""荆轲刺秦王"等，把触龙和荆轲的形象塑造得栩栩如生，鲜明而生动。如果说《左传》主要是在叙事技巧方面对以后的小说产生影响的话，那么，《战国策》则主要在塑造人物方面为后来的小说家提供了经验。

《史记》在描写人物方面成就更为突出，司马迁善于根据表现人物思想性格的需要来选择和组织材料，通过典型事例来突出人物的性格特征。如人们所熟知的《项羽本纪》《廉颇蔺相如列传》《李将军列传》《淮阴侯列传》等，都是描写人物最为精彩的篇章。《史记》对后世小说的影响非常之大，不仅书中的内容成为小说家取之不尽、用之不竭的素材，它在描写人物方面的文学成就更为人们所借鉴，如《吴越春秋》《任氏传》《虬髯客传》《三国演义》《水浒传》《剪灯新话》等，都在不同程度上接受了《史记》的影响。班固的《汉书》在塑造人物方面的成就远远不如《史记》，但它特别注重通过细节来刻画人物，而且笔法精密，善于使用在平铺直叙中寓褒贬示吉凶的叙述手法，这些也对后世小说家产生了一定影响，尤其是《陈咸传》《苏武传》等传记作品，对后世的小说家影响最大。

总之，史学家所肇始的这种明显带有史家色彩的早期小说观念，虽然与历史没有最终"分家"，但这对后来的小说艺术发展及人们对小说的理论认识产生了很大的影响。可以说，中国古代小说观念一直笼罩在史学观念的阴影之下，浙江小说观念自然也是如此。在古代，小说观念没能得到自由的发展并形成独立的理论体系。后世的历史演义小说、传奇小说等，往往被评论为具有"补史"的作用，也是与此有着渊源关系的。

四、本书的主要内容与特点

本书共有导论和五章正文组成：

导论主要论述浙江古老文化的发展轨迹、浙江籍小说理论家的文学地位，早期小说的观念、小说理论的起源以及本书的主要内容与特点。

第一章先秦至唐的浙江籍小说理论家，主要探讨干宝和沈既济的小说理论贡献。

第二章元明时代的浙江籍小说理论家，主要研究杨维桢、瞿佑、凌濛初、胡应麟、蒋大器、郎瑛和李日华等的小说理论贡献。

第三章清代浙江籍小说理论家，主要研究袁枚、李渔的小说理论以及《西游记》评点家汪象旭、陈士斌，《金瓶梅》评点家张竹坡，《红楼梦》评点家陈其泰，《聊斋志异》评点家方舒岩和《儒林外史》评点家平步青等的小说理论贡献。

第四章近代浙江籍小说理论家，主要研究俞樾、姚燮、钟骏文的小说理论，蔡元培的《石头记索隐》，王国维的《红楼梦评论》，夏曾佑和章太炎的小说理论。

第五章现代浙江籍小说理论家，主要研究文学大师鲁迅、茅盾的小说理论，俞平伯的《红楼梦》批评理论以及周作人、郑振铎、赵景深、郁达夫等人的小说理论。

本书比较全面地评述了浙江籍小说理论家的文学贡献，论述这些著名小说理论家在中国小说史上的重要地位。纵观浙江籍小说理论家，最早发轫于六朝，成熟于明代，繁荣于清代，变化于近代，在现代达到了高峰。而这一发展变化又与我国封建时代社会历史的变迁对浙江的影响，与浙江古代社会政治、经济与文化诸方面的发展变化有着密切的关系。如明清两代，浙江籍小说理论家瞿佑、凌蒙初、胡应麟、张竹坡、王国维等人的小说理论取得了世人瞩目的巨大成就；到了现代，则出现了鲁迅、茅盾、俞平伯、郑振铎等一代理论大家，他们取得如此辉煌成就的原因，也就不难从这里找到。当然，这些著名浙籍小说理论家之所以取得如此辉煌的成就，也与他们的生平经历、性格气质、个性爱好、文学修养等有着重要的关系。对这些学术问题，本书都作了比较详尽的分析和探讨。

本书基本按照文学家的时代先后排序，生卒年不明者则插入大致相应的年代中。作者的籍贯，采用古今对应的表述方式，既写出该文学家当年的籍贯某州、县的区域名称，又在其后的括号内说明该籍贯当今的名称，或直接说明"今属浙江"（自明代至近代，浙江已作为一个行政省份的名称，故此时的作者的籍贯一般不再加括号作"今属浙江"的说明），力求表述的规范性和准确性。

由于行政区域历史沿革所造成的变化，有一些文学家的故里也就显得非常复杂。自秦汉魏晋南北朝以来，现在的"浙江"从行政归属看，一直与现今的江苏南部、安徽南部、江西东部和福建省联系在一起，统属地区不断出现变化，尤其是现浙江省与外省交界地区的一些县区，在历史上一直归属于不同的地方政区所管辖。据《浙江通史》提供的资料：

西汉时，浙江分属于丹阳郡和会稽郡。东汉永建四年（129），以钱塘江为界，会稽郡一分为二，东为会稽郡，西为吴郡。现今浙江全境于是分属于丹阳、吴和会稽三郡。到三国吴时，会稽郡又一分为四，分别称作会郡、东阳、临海、建安。后又分临海之一部置永嘉郡。从三国到东晋，会稽、东阳、新安、临海、永嘉并称浙江东五郡。隋唐时地方上实行州（郡）、县二级政区制，现今浙江省区域范围分属于苏州、杭州、湖州、睦州、越州、婺州、衢州、处州、温州、台州和明州等十一州。后来又在州之上设置了一级政区，叫做"道"。到唐代后期确立了道、州、县三级行政区划，现今浙江各县分属于浙江西道、浙江东道。

两宋的地方行政区划分为路、府、县三级，以路统州领县，浙江的大部在北宋时属于两浙路，在南宋时分属于两浙东路、两浙西路。当然，随着南宋定都临安，两浙路成了偏安东南的宋朝王畿之地，浙江大地于是从秦汉以来的边缘地带重新崛起，变成了全国的政治、经济和文化的中心区域。[14]

鉴于上述原因，我们主要看作家出生的当年是属于某一府县，如今已属于另一市县，对此我们也尊重史实，在表述上作特殊的处理。再有，本书中的小说理论家，虽云浙籍，但有些人的主要活动并不在浙江，他们是全国性的人物；我们在评述其有全国影响的活动时，当然可以注意其与浙江的先天关系。同时，有些人出生在外省，但祖籍在浙江；还有的作家籍贯不定，但权威学者或典籍认为是浙江的，也被写入本书，这对研究浙江文化仍有着重要的意义。总的来说，本书特别能显示出浙江文学的地方特色。

本书的具体研究方案是：在章节安排上基本按照时间的先后顺序排列，内容上则分为两大块，一是作者介绍，一是小说理论贡献，而对于既是小说理论家又是戏曲或诗歌理论家的情况，则重点探讨其小说理论贡献。因为本书题为"小说理论家研究"，重在小说理论，作家生平则不作过详叙述，只是侧重考述他们的文学活动；对于特别著名的作家或大学者，则简略介绍众所周知的内容，而尽可能在作家籍贯考定和小说理论方面，作较全面、更深入的分析研究，也可算是"互补法"的一种尝试。

总之，浙江文化古老而博大精深，浙江籍贯小说理论家的贡献极为辉煌，且体现出了浙江地方文化的特色。我们研究浙江文化，研究浙江籍小说理论家，实际上就是从地方文化角度来研究中国小说理论，同时也是对浙江地域文化的弘扬和光大，无论从哪个方面来讲，本书都具有一定的理论价值和学术意义。

注释：

[1]韩洪举. 浙江古代小说史. 杭州出版社，2007.

[2]张继定，蔡根林. 浙江古代诗选. "前言"第2页. 人民日报出

版社，2004.

［3］袁康，吴平. 越绝书（第八卷）. 越绝外传记地传第十.

［4］王粲. 七哀诗. 古诗观止（上）. 上海古籍出版社，1993：88.

［5］辞海. 上海辞书出版社，1989.

［6］郭庆藩. 庄子集释. 中华书局；或见侯忠义编. 中国文言小说参考资料. 北京大学出版社，1985：3.

［7］文选（卷三十一）. 江文通杂体诗《李都尉从军》，李善注，原书已佚。

［8］班固. 汉书·艺文志. 二十五史. 上海古籍出版社，1986：167.

［9］鲁迅. 中国小说史略. 上海古籍出版社，1998：2～3.

［10］王嘉. 拾遗记（卷首）. 中华书局，1981.

［11］文选（卷四十二）.

［12］刘勰. 文心雕龙. 卷四《史传》. 见周振甫. 文心雕龙今译. 中华书局，2010：87.

［13］《四库全书提要·小说家类二》。

［14］金普森，陈剩勇. 浙江通史. 总论. 浙江人民出版社，2005：7.

第一章　六朝至唐的小说理论家

中国最早的小说理论家当推晋代浙江籍作家干宝，他的《搜神记·序》是中国文学史上最早的一篇探讨小说理论的文章。到了唐代，唐传奇作家沈既济也谈到了自己对小说的一些看法。这些小说理论文字虽然不多，但它的出现标志着中国小说理论的正式开端。

第一节　干宝：中国小说理论的发轫者

晋代干宝的《搜神记·序》是中国最早的小说理论文字之一，标志着小说理论的发端，值得小说理论研究者高度重视。我们认为，它的出现绝不是偶然的，这与当时的文化背景有着密切的关系。

晋代社会极度动荡，天灾人祸接连发生，宗教与迷信鬼神的思潮泛滥一时，于是，小说内容也就多以神仙鬼怪为主，出现了大量的志怪作品。《搜神记》等小说应运而生。干宝正是有了志怪小说的创作实际，才写下了小说创作的理论性总结——《搜神记·序》。

一、《搜神记·序》产生的文化背景

汉末至东晋是中国历史上战乱不休的年代，处于江南的浙江虽不像北方那样出现长期的大规模战争，但仍算得上处于一个多事之秋。我们认为，正是这动乱与复杂的社会现实，形成了当时的社会观念和文化心理，成为了志怪小说出现的土壤，并导致《搜神记·序》的问世。

东汉末年，统治阶级内部腐朽透顶，加之旱灾频仍，民不聊生，终于爆发了声势浩大的黄巾大起义，刘氏政权在农民起义的打击下迅

速土崩瓦解。此后，接踵而至的是诸侯豪强各霸一方，互相攻伐，战争连年不断，给广大民众带来更为沉重的灾难。经过一段时间的相互兼并，逐渐形成了魏、蜀、吴三国鼎足而立的局面，社会相对稳定下来。特别是江浙一带，基本上没有经历大规模的战事。孙吴政权采取了一系列措施，如对土著居民实行"强者为兵，羸者补户"的政策，强行将当地的"山越"迁徙到平原耕作区，这就大大加速了浙北平原地区的开发。在孙氏集团的开发与治理之下，浙江的社会局势较为安定，生产得到一定程度的恢复和发展，为以后浙江的腾飞奠定了坚实的基础。

公元 265 年，司马氏建立了西晋政权，中国出现了暂时的经济恢复和发展的势头。但好景不长，"八王之乱"再次使北方四分五裂，出现了"五胡"闹中原的混乱局面。公元 316 年，长安陷落，西晋随之灭亡。翌年，镇守江东的琅琊王司马睿在江东南北世族的拥戴下称帝，建都建康（南京），史称东晋。南渡的东晋没有出现全国规模的战争，社会相对比较安定，因而经济文化也有一定的发展。但统治集团内部从一开始就离心离德，随着各种矛盾的不断激化。公元 420 年，东晋原北府军将领刘裕建立了刘宋政权，东晋随之退出了历史舞台。

在晋代，浙江的社会经济和文化发展最为迅速的是会稽郡。早在东汉永和年间，会稽太守马臻就主持修建了鉴湖等大型水利工程，为该地区的农业发展奠定了坚实的基础。西晋末年，中原汉族大规模地随晋室南迁，定居会稽、吴兴和吴郡者甚多，"三吴"地区大片的荒原、山地和沼泽地得到开垦。东晋初，会稽内史贺循主持开凿了从会稽到钱塘江的浙江运河，改善了会稽郡的对外交通，从而大大促进了浙江社会经济的发展。而会稽郡经济的发展又刺激了建康乃至于整个江南地区的经济。南朝吴兴人沈约在《宋书》中称："会土带海傍湖，良畴亦数十万顷，膏腴上地，亩直一金，鄠、杜之间，不能比也。"[1]这是当时会稽郡真实的写照。

社会经济发展的同时，地域文化也空前繁荣。众所周知，清谈和玄学是东晋时代风尚的主旋律。而会稽郡是建康之外清谈和玄学最主要的一个舞台。以王、谢两大家族为核心的北方名士，在这里上演了一幕幕反映当时世族情操、格调与气节的历史剧，成为千百年来人们谈论的永恒话题。此外，以三吴为中心，这时期的经学、史学、文学、艺术等普遍繁荣。以谢灵运等为代表的诗人对后世诗歌的发展产生了重大影响；王羲之父子的书法艺术更是驰名国内外，在中国书法史上占有重要的地位。还有著名画家曹不兴、姚最的艺术作品，也成为后世的楷模，经久不衰。

两晋时代的一百五十余年，由于社会极度动荡，天灾人祸接连不断，生死祸福只在片刻之间，这是滋生宗教思想的温床。中国本土所固有的道教和外邦传来的佛教，在东晋时得到迅速的蔓延和发展。无论帝王贵族，还是普通百姓，都纷纷礼佛向道，宗教与迷信鬼神的思潮泛滥一时，甚至直接影响着人们的言谈举止和待人处事。晋人对神仙的向往，对鬼神的笃信，成了浙江最为引人注目的一种独特的文化现象。它反映到文学创作中来，除游仙诗盛行这一大特色外，便是正在发展中的小说大量以神仙鬼怪为表现对象，出现了盛极一时的写鬼和志怪的文学作品。晋代出现的《搜神记》，就是这类小说最具代表性的作品，它在浙江小说史上乃至中国小说史上都占有重要的地位，对后世同类题材的小说也产生了深远的影响。

我们说，正是有了以上这些创作实践，正是这样的特定历史文化背景，干宝才有可能写出《搜神记·序》这样一篇颇有价值的小说理论文章，使他成为浙江乃至中国小说理论的先驱。

二、《搜神记·序》的作者

干宝是晋代著名史学家、小说家和文学理论家。关于他的籍贯及生平事迹，由于文献资料记载得比较简略，曾引起学术界的争议。《晋书·干宝传》载："干宝，字令升，新蔡人也。"[2]正是由于这一记载，学术界大都认为他是河南新蔡。《中国文学家辞典》（古代第一分册）云"新蔡（今河南新蔡县）人"；[3]《中国文学家大辞典》（先秦汉魏晋南北朝卷）、《中国古代小说百科全书》和《唐前志怪小说史》均云"新蔡（今属河南）人"；[4]《汉魏六朝小说史》[5]与《中国古代小说通论综解》[6]等也基本上沿袭了这一说法。那么，干宝究竟属于河南还是浙江呢？

　　其实，干宝当属浙江海盐人，新蔡仅是其祖籍。由于《晋书·干宝传》简括地记载"新蔡人也"，于是后人就不假思索地将祖籍与家乡混为一谈了。弄清这个问题并不是难事，明人董谷《碧里杂存》卷下"干宝"条云："干宝者，孙吴时人……海盐人也。按《武原古志》：'去其墓，在县西南四十里，今海宁灵泉乡真如寺，乃其宅基。'载在县志，盖古地属海盐也。"又，《海盐县图经》云："（宝）父莹，新蔡人。令海盐，因家焉。"[7] 由此可见，干宝当属浙江海盐人无疑。

　　干宝大约生于西晋太康（280—289）年间，卒于东晋永和（345—356）年间，确切年月已无从考知。祖父统，吴奋威将军、都亭侯，父莹，吴丹阳丞。干宝本人于晋愍帝建兴（313—316）初始以才气特出，被镇东军咨祭酒华谭荐为佐著作郎。建兴三年（315年），干宝因平杜弢叛乱有功，赐爵关内侯。晋室南渡以后，由中书监王导荐任史职，领国史。由于家贫，他自请出为山阴令，迁始安太守。王导为司徒，又请他回京担任司徒右长史，迁散骑常侍。干宝可能卒于散骑常侍任上。

　　干宝自幼勤奋好学，博览群书，著述甚丰，计有《春秋左氏义外传》《周易注》和《周官注》共数十篇。《隋书》还著录有《百志诗》九卷、《干宝集》四卷；并有《晋纪》二十卷，"其书简略，直而能婉，咸称良史"[8]，奠定了其史学家的崇高地位。可惜这些著作绝大部分已不存于世，唯有《搜神记》一书基本完整地保存了下来。

　　《搜神记》在志怪小说史上具有里程碑式的意义，是汉代以来志怪类作品的集大成者，文学价值颇高，堪称志怪小说的典范。它搜集整理前贤遗作多达二百余条，在保存文化遗产方面立下了汗马功劳。《搜神记》取得了极高的文学成就，也为作者带来巨大声誉，被公认为当时著名的史学家和文学家。刘惔曾称赞干宝是"鬼之董狐"。董狐是春秋时期晋国的史官，孔子称之为"古之良史"，刘惔赞语之意，当以干宝《搜神记》述神语鬼而有"良史"之笔意。宋人黄山谷有诗赞干宝云"史笔纵横窥宝铉"[9]，也是这个意思。干宝所著《晋纪》（二十卷）亦有"其书简略，直而能婉，咸称良史"[10] 的评语。《史通·史官建置篇》也称干宝"史官之尤美，著作之妙选"。而《搜神记》叙事简洁而又曲尽其情，语言朴素而又雅致清俊，确实也有"直而能婉"的特点。

《搜神记》在晋代志怪小说中独占鳌头，对后世影响很大。它的内容不断为以后的志怪、传奇、话本所采用。以六朝志怪而论，取材于《搜神记》者比比皆是，续作和仿作者更多，如陶渊明作《搜神后记》，昙永作《搜神论》，唐勾道兴作《搜神记》，焦璐作《搜神录》，明代也有《搜神记》，都是有意袭用它的书名而步其后尘。它的故事还被画成图画，张彦远《历代名画记》卷三"古之秘画珍图"中即有《搜神记图》。戏曲也有取材于《搜神记》者，如《窦娥冤》《范张鸡黍》等。至于诗文用为典故者，那就更多了。此外，《搜神记》还引起了许多志怪爱好者和创作者的高度重视，对它的文学价值进行了高度的评价。如《北史》卷九二《僭伪附庸传》记载，河西王沮渠蒙逊"就宋司徒王弘求《搜神记》，弘与之"。浙籍元代学者陶宗仪《说郛·序》称"其搜神怪，可谓鬼董狐"，认为《搜神记》为语怪之代表。蒲松龄《聊斋志异·自序》云"才非干宝，雅爱搜神"，引干宝为志异之同道。历代小说家都从《搜神记》那里获得许多艺术启示。

干宝在浙江乃至中国小说史上，都堪称为一位划时代的作家，他的文学活动使浙江小说跨越了历史性的一步。他的《搜神记》成为浙江最早的志怪小说，其序文的文学价值又举足轻重，因而他在浙江小说史上有着重要的地位。

三、《搜神记·序》的理论贡献

干宝为《搜神记》写了一个序言，这篇不到三百字的短文却体现了他在小说理论方面的重要见解，其内涵是非常丰富的。我们认为，在小说创作实践还很少、前人从未有有关论述的小说童年时代，这篇序文的出现是非常了不起的。因而我们说，干宝不仅是小说作家，还是浙江最早的小说理论家，在浙江小说理论史上占有"小说理论先驱"的重要地位。

序文虽然篇幅不长，但它却涉及小说理论多方面的内容，我们从小说的创作动机、小说创作的题材与创作过程、小说的虚构性质与娱乐功能以及小说的文学地位等四个方面，来探讨这篇序文的理论价值。

（一）小说的创作动机

干宝的这篇文章谈到了他的创作动机，这也是研究《搜神记》的学者们非常关心的一个理论问题。那么，干宝创作《搜神记》的动机究竟是什么呢？其实，对此干宝在文章中有着非常明确的交代，那就是"足以发明神道之不诬"[11]。问题是，《晋书·干宝传》中却有这么一段记载，成为干宝撰写《搜神记》动机的传统解释：

（干）宝父先有所宠侍婢，母甚妒忌。及父亡，母乃生推婢子墓中。宝兄弟年小，不之审也。后十余年，母丧，开墓，而婢伏棺如生。载还，经日乃苏。言其父常取饮食与之，恩情如生。在家中吉凶辄语之，考校悉验，地中亦不觉为恶。既而嫁之，生子。又宝兄尝病气绝，积日不冷。后遂悟，云见天地间鬼神事，如梦觉，不自知死。宝以此遂撰集古今神祇灵异人物变化，名为《搜神记》，凡二十（误，应为三十）卷。[12]

传记中如此解释自然是无法令人信服的。众所周知，所谓"正史"，并非都是历史事实，其中也有许多的"道听途说"，甚至带有"神话"的色彩。但作为晋朝大臣和史学家的干宝著起志怪小说《搜神记》来，又不可能是无缘无故的，肯定有其创作的动机。

我们认为，要弄清楚《搜神记》创作的真正原因，自然要以干宝该小说的序文所说为基本依据，还需参之以其他史料。正如前文所述，干宝生活的时代充满了迷信鬼神的风气，文人们大都向往神仙，渴望长生不老。另外，佛教的阴间地狱之说又非常流行，人们多深信不疑。加之，干宝本人又"性好阴阳术数，留思京房、夏侯胜等传"[13]。显然，干宝也是相信有鬼神的，相信阴司地狱之说的。他在《晋纪》中还写道："帝王之兴必俟天命，苟有代谢，非人事也。"[14]所以，他才"撰记古今怪异非常之事"[15]，并"足以发明神道之不诬"，这就是他创作《搜神记》的真正原因。恐怕作者自己也不会想到，他的这部志怪小说集对后世会产生如此影响，会在文学史上有着极为崇高的地位。至于《晋书·干宝传》中所记载的创作动机，我们可以当作参考资料，不能以该说为研究的依据。

（二）小说创作的题材与创作过程

干宝的《搜神记·序》还涉及小说创作的题材与创作过程问题，这是早期小说理论的重要内容。

干宝在序言中指出："群言百家，不可胜览；耳目所受，不可胜载。今粗取足以演八略之旨者，成其微说而已。"[16]虽然干宝当时还没有明确的小说理论意识，但他的这些话实际上就是指的小说题材问题。他认为，针对不同题材，则必然会产生不同的撰著方式。他在序文中说："考先志于载籍""缀片言于残阙"以辑"群言百家"；"纪殊俗之表"以撰著"耳目所受"，我们认为，在这里，干宝所说的"耳目所受"，既包括"遗逸"，也包括"近世之事"。这种以古今为题材的小说撰著，除了单纯的辑录以外，至今也是适用的，对我们进行小说创作有着重要的启示意义。

从《搜神记》序言中还可以看出，干宝之所以成为名传千古的小说家，完全出自他的勤奋好学和执著的敬业精神，即谈到其《搜神记》的创作过程："考先志"以"仰述千载之前"；"访行事于故老"以"收遗逸"；"采访近世之事"而"纪殊俗"。由此可见，干宝为了创作这部小说集，用功之深，实属不易。他利用自己的史官身份，对于历史书籍涉猎极广；他还走遍许多地方，到处收集资料。然后，他对掌握的大量资料进行整理，并没有简单地抄袭下来，而是经过了自己的加工改造和再创作，耗费了大量的时间和心血，终于完成了这部志怪集大成的文学作品。

（三）小说的虚构性质与娱乐功能

干宝对小说的虚构特点与娱乐功能有着清醒的认识，并非常重视这些艺术特性。他在《搜神记》序言中说："有以游心寓目而无尤焉。"既要"游心寓目"，又要"无尤"，即无怨恨，有快感，在今天看来，这实际上就是小说最基本的特征之一。

干宝《搜神记·序》仅仅是篇短文，人们往往不太重视，特别是有的学者关注到文中有"发明神道之不诬"一语，就误认为这才是干宝小说理论的核心，是写实理论的肇端。其实这完全误解了干宝的原意，此语只不过是干宝所谈的小说动机问题，上文已作论述。事实上，干宝的这篇序文不仅不是写实论，恰恰相反，而是总结了小说具有虚构的特点，尤其具有"游心寓目"，即"娱乐"功能，这才是该文最重要的理论贡献。

"游心寓目"高度概括了包括《搜神记》在内的志怪小说的娱乐特征，这也是魏晋小说兴盛的主要原因。小说历来就倍受歧视，总是作为其他文体的附属物存在，没有自己独立的一席之地，但小说并未因此而在文坛上消失，反而不断地发展壮大，以至于后来成为最重要的一种文体，其中奥妙何在呢？这一长期困扰着人们的小说理论命题，干宝其实早已经涉及了。

我们知道，不少学者都强调小说的教育价值，但仅仅从这方面来探讨小说兴盛的原因是没有说服力的，因为诗文等也具有这一特性。笔者以为该问题并不复杂，小说旺盛的生命力主要就源于其娱乐审美作用，或更准确地说，它具有寓教于乐的作用。正是由于小说能"游心寓目"，给人以娱乐和美的享受，故而一代读者都争相阅读，经久而不衰。而只有当作家认识到读者的这种强烈需求时，才会像干宝那样"考先志于载籍，收遗逸于当时"，去艰苦地创作不为世人所重的小说作品。明代著名小说理论家胡应麟在他的《少室山房笔丛·九流绪论》中说得好：

> 古今著述，小说家特盛，而古今书籍，小说家独传，何以故哉？怪力乱神，俗流喜道，而亦博物所珍也；玄虚广莫，好事偏攻，而亦洽闻所昵也。谈虎者矜夸以示剧，而雕龙者闲掇之以为奇；辩鼠者证据以成名，而扪虱者类资之以送日。至于大雅君子，心知其妄，而口竞传之，旦斥其非，而暮引用之，犹之淫声丽色，恶之而弗能弗好也。夫好者弥多，传者弥众；传者日众，则作者日繁。夫何怪焉！

但我们也要看到，胡应麟是从小说"寓教于乐"的特性入手，来探讨早期小说兴盛原因的，这非常符合魏晋小说的历史事实。因此可以说，由于小说具有了"游心寓目"的特征，读者才喜欢读，作家也才乐于去创作。干宝创作《搜神记》原本意在"发明神道之不诬"，但事实上却反对小说的真实性，并指出了《搜神记》具有"游心寓目"特征的文学思想，这是他对小说理论的一大贡献。

（四）提高了小说的文学地位

干宝在小说理论方面还有一个重要贡献，那就是他最早提出了小说在文坛上应有自己的一席之地。众所周知，汉代刘向父子把典籍划分为七个门类，称之为《七略》（辑略、六艺略、诸子略、诗赋略、兵书略、术数略和方技略），其中没有小说。这说明，小说在刘向父子时代没有任何地位，这时期的学者似乎没有小说这一文体概念。

到了晋代，小说创作蔚然成风，在社会文化中已经产生了一定的影响。尽管封建统治者仍然蔑视它，但干宝认为小说日渐成熟，理应成为独立的文体，《搜神记》等小说当为一略，其序文中故有"八略"之说。他所提出的"演八略之旨"的创见，体现了这位小说理论先驱者的超前意识，对提高小说的文学地位有着极为深远的意义。近代大力倡导"小说界革命"的梁启超，就引用干宝的话说："今中国识字人寡，深通文学之人尤寡，然则小说学之在中国，殆可增七略而为八，蔚四部而为五者矣。"[17]晋代干宝的小说理论见解直到近代仍有指导意义，足见干宝在小说理论史上有着怎样的重要地位了。

众所周知，中国古代小说起步很晚，自然，中国小说的小说理论起步更晚，与其他民族相比也显得非常落后，早期仅有的理论也只是散见于序跋与批、评之中，不成体系。先秦时代，小说文体尚未独立，更谈不上有小说理论。今人所引庄子、荀子等的片言只语，都与真正意义上的小说无关。小说理论，首先是小说创作实践的总结，其次才是反作用于指导小说的创作论。至于班固的《汉书·艺文志》对"稗官小说"作的几句说明（见本书导论第三节），也算不上是小说理论，因为他所说的小说也与真正意义上的小说存在着相当的距离，而且这种所谓的"小说"汉魏以后基本失传了。干宝则不同，他的小说理论，是在具有了数百年小说撰著实绩基础上产生的一种理论性的归纳与总结。这就是他在《搜神记》序言中所讲的："群言百家，不可胜览；耳目所受，不可胜载。今粗取足以演八略之旨者，成其微说而已。"虽然干宝当时还没有小说理论意识，只是在自序中述说作小说的动机、目的与过程，在今天看来，他的这些论述显得非常幼稚，仅仅是小说方面最基本的东西，但这正是最初的小说理论，在浙江小说理论史上有着开创性的意义。

中国古代小说一直受轻视，小说理论自然也比较落后，除胡应麟等极个别的学者有理论专著之外，其他多散见于序跋与评点之中，零碎而不成系统。在一千五六百年前的晋代，干宝能提出自己的小说见解，其文学意义是不可低估的，这其实也是迄今所知中国小说史上最早的小说理论之一，标志着浙江小说理论的正式诞生。

第二节　沈既济：唐传奇理论家

唐传奇在浙江非常兴盛，出现了不少优秀作品，却没有一篇关于传奇创作理论的专论，好在沈既济在小说的开头和结尾谈到一些自己对小说的看法，成为浙江唐代小说理论的珍贵文献。

隋唐时期的浙江，再一次遇到了发展的机遇，那就是江南运河和京杭大运河的全线贯通。正是由于江南运河的开通，为杭州这个小县城的发展带来了机遇，使她一跃而成为全国著名的大都市，成为江南重要的工商业中心。尤其是京杭大运河的开通，有力地推动了浙江与中原地区政治、经济和文化的交流，为浙江社会经济的发展奠定了坚实的基础。

随着城市经济的繁荣，商人的地位得到提高，为富豪享乐纵欲生活提供了物质基础。教坊和妓院空前兴旺发达，这就大大动摇了封建传统道德的根基。这种丰富而复杂的社会现象，大大丰富了小说创作的题材和内容。另外，聚集在城市的大批官僚、地主、文人、士子、商贾、手工业者，以及僧道、歌妓等各个阶层和各行各业的人物，形成错综复杂的社会关系，流传着形形色色的奇闻趣事，这又为小说创作提供了丰富的素材。

随着城市规模的急剧膨胀，阶级矛盾和统治阶级内部的斗争也越来越激烈。隋末农民大起义，沉重地打击了士族大地主阶级的势力；唐初均田制的实行，又壮大了中下层庶族地主阶级的势力。尤其是"安史之乱"之后，中央集权大为削弱，于是就产生了中央与地方以及地方与地方之间的矛盾。唐朝以科举考试选取官吏，这又为中下层地主阶级知识分子提供了较多的仕进机会，使得一大批庶族出身的知识分子登上政治舞台，形成了一定的社会势力，他们与世族官僚发生激烈的冲突。当时人们非常重视"进士科"，出身微贱的庶族知识分子多中进士科，而世族出身以"明经"中举的知识分子反而遭人蔑视，这就加深了庶族与世族的矛盾，阶级关系开始出现一种新的变化。浙江不少小说家，都出身于这个阶层，他们对社会现实和人民生活比较熟悉，在小说创作上更富有创新精神，是同六朝以来士族阶级的形式主义文学相对抗的进步力量。唐五代传奇之所以能突破六朝志怪的藩篱，反映广阔的社会生活，表现一定的进步思想，与这批人的努力是分不开的。此外，进士不仅要求政治上的合法权利，同时也呼吁社会生活中的公正与平等，强烈要求提高他们的政治地位。肃宗以后，竟多以文学进身者为宰相。故登进士科第，是寒族知识分子追求的目标。但中进士谈何容易，故有"三十老明经，五十少进士"之说。[19]因而，出现了反映这一社会现象的《枕中记》这样的传奇作品。

唐代科举考试非常盛行"行卷""温卷"之风。应试文人为了获得主考官的赏识，往往在考前送上自己的诗词文章，首次送叫"行卷"，以后再送叫"温卷"。"行卷"和"温卷"的文章中就有传奇小说。当然，这算不上是传奇小说发展的主要原因，但这说明，只有在传奇已经为人广泛接受和欣赏的情况下，才有可能用它来"行卷"和"温卷"。而且，这种风气的盛行，又会反过来刺激传奇小说的创作。

唐五代小说的繁荣与宗教的影响也是分不开的。唐五代是佛教在中国广泛传播的时代。据统计，唐代浙江共有佛教寺院 937 座，是中国佛教寺院最为集中的地区。五代作家杜光庭就是一个虔诚的佛教徒，他的不少作品直接受到佛教思想的影响。建立于隋代的天台宗，为我国第一个本土化的佛教宗派，该派在唐代非常兴盛，并陆续传播到新罗和日本等，对日本的思想文化也产生了极为深远的影响。

在这样的历史背景下，在文学艺术普遍繁荣的情况下，小说创作也开始走向成熟，产生了许多优秀的传奇作品，传奇理论应运而生。

一、沈既济的生平与文学活动

沈既济（约750—约797），德清（今属浙江湖州）人。《新唐书》卷一百三十二有传，又附于《旧唐书》卷一百四十九《沈传师传》。但本传记载他为苏州吴人，以后均沿此说，使沈既济长期"沉冤"未清。笔者在参考了陈耀东先生考证成果[9]的基础上，对有关资料进行了反复分析和论证，最终证实，沈既济应属浙江德清人无疑。

王运熙、杨明先生在《中国大百科全书·中国文学》"沈既济"条中写道："沈既济，唐代小说家、史学家。生卒年不详。吴兴德清（今属浙江）人。一说吴（今江苏吴县）人。"[20]肯定了沈既济是浙江德清人，但却又存疑。其他权威性书籍如《辞海》《中国文学家大辞典·唐五代卷》[21]《唐代文学史》[22]等，均说沈既济是江苏苏州人（或苏州吴人）。就连《浙江人物简志》[23]一书都未收录沈既济、沈传师父子，显而易见，该书也没把他们当作浙江人。笔者赞成王运熙、杨明先生关于沈既济是"吴兴德清人"的说法，说他是"苏州吴人"是完全错误的，笔者坚持此观点的理由如下：

先看本传的有关记载。《旧唐书》卷一四九《沈传师传》云："沈传师，字子言，吴人。父既济，博通群籍，史笔尤工。"说沈传师是"吴人"，其父沈既济自然也是"吴人"。《新唐书》卷一三二《沈既济传》则云："沈既济，苏州吴人，经学该明。"明确说他是"苏州吴人"。受本传的影响，宋人陈振孙《直斋书录解题》卷四《唐建中实录》称之为"吴郡"人；元陶宗仪《书史会要》卷五则说苏州人；《全唐诗》（清编本）卷四六六称之为"吴人"；《全唐文》卷二〇八称之为"苏州吴人"，等等。总的来说，对沈既济的籍贯有两种基本说法，即"苏州吴人"（苏州人）和"吴人"（吴郡人）。

归纳以上说法，我们谨慎地称沈既济为"苏州管辖的吴（吴郡）人"是没有问题的。据史籍记载，"吴郡"自东汉以来乃泛指太湖周遭的今江苏、浙江各地，如《旧唐书·地理志》载，高祖武德七年在隋代的吴郡"置苏州都督，督苏、湖、杭、暨四州"，湖州自然属于苏州都督管辖的吴郡。太宗贞观八年以后，缩小了区域建制，苏州（玄宗天宝间仍改称吴郡，肃宗乾元间又改回称苏州）只领吴城、昆山、嘉兴、常熟四县或六县（加长洲、海盐两县），不再包括湖州，但公私文字中仍习惯地将包括今浙江湖州在内的地域称"吴"。《旧唐书》说是"吴人"，虽嫌泛略，地望还不算错。《资治通鉴·唐纪四十二》亦作"吴人"，当本《旧唐书》；《新唐书》载明"苏州吴人"，恐有误，因为唐代及前唐"苏州"和"吴郡"的名称及辖区多次出现变动，将"吴"前冠以苏州也是容易造成的失误，而且两唐书的编者人数众多，已不像前四史那样严谨了。不过，仅仅靠如此猜测自然是不能令人信服的，请看另外一些"旁证"。

旁证一：宋人谈钥《嘉泰吴兴志》载：

> 《吴兴统记》云："德清县人。贞元十九年进士及第，二十年登制科。儒学、文艺为一时之冠。"《图经》云："《吴兴统记》所载如此，必有所本，而《唐史》以为苏州吴人，岂后所徙耶？"宋王文公（即王安石——笔者注）作《沈主簿墓表》云："武康之族类久，至唐有既济者为礼部员外郎，生传师，为尚书吏部侍郎。"当是时，虽已割武康为德清，文公盖推本言之，证据必确，史氏所传不无误也。[24]

谈钥在引证《吴兴统记》《图经》的基础上，论证了沈既济之子沈传师为"德清县人"，并通过王安石的《沈主簿墓表》[25]证明沈氏家族并非后来迁徙到了"苏州吴（地）"，论证得有理有据。这样就断定了《唐书》"苏州吴人"之说是误记。加之《嘉泰吴兴志》修成于嘉泰元年辛酉（1201），谈钥是宋人，距唐不远，又担任"编修"一职，对前朝历史资料掌握得比较详细，此其一；他本人又是吴兴人，德清是吴兴的属县，作为一个修地方志的学者，自然对本郡的人文地理更加熟悉，此其二。因而，他在《嘉泰吴兴志》中的论证颇具说服力。能够考证出沈传师的籍贯为德清，其父沈既济自不待言。

旁证二：据唐人林宝《元和姓纂》[26]，沈既济是吴兴（湖州）武康人，与旁证一说法一致。《元和姓纂》列出了沈氏自六朝以来就是吴兴望族大姓，检一下《南史》，所载沈姓显官、学者、文人凡二十余人，名流如刘宋时的沈怀文、沈庆之，齐梁时的沈约、沈竣，陈代的沈恪、沈客卿等都是武康人，其他一二沈姓不记明武康的也都贯籍为吴兴人。《元和姓纂》第276条叙述沈既济的族谱很清楚："……孙齐家，唐秘书郎；生朝宗，婺州武义主簿。朝宗生既济、克济。既济，进士，唐翰林学士，生传师……"《元和姓纂》的作者林宝为唐人，对本朝事更为熟悉；《元和姓纂》又是专纪里贯之书，应该比后代泛采众说所修的史书更为可信。

除此之外，陈耀东先生还提供了两条旁证，笔者一一查证属实：一是《十国春秋》卷十一《沈颜传》明确记载："沈颜（？—921），字可铸，湖州德清人，唐翰林学士传师之孙也。"二是清人劳格、赵钺《唐尚书省郎官石柱题名考》卷七"司勋郎中"沈传师条、二十"礼部员外郎"沈既济条，均言他们为"吴兴武康县人"。

根据以上分析，断定沈既济是浙江德清人无疑。

两《唐书》本传对沈既济的生平事迹记载很少，尤其早年情况只字未提。根据《任氏传》末尾自叙、两《唐书》《元和姓纂》《资治通鉴》等史籍的零星记载，我们对他的生平还是可以了解一个大概。

由《元和姓纂》可知，沈既济乃进士出身，《旧唐书》称他"博通群籍，史笔尤工"，《新唐书》又称"经学该明"。由此可知，沈既济早年博览群书，知识非常渊博。根据《任氏传》提供的情况可知，他在唐代宗大历（766—779）年间已颇有文名，《任氏传》末尾自叙云："大历中，沈既济居钟陵，尝与鋆游。"韦鋆是宗室信安郡王李祎（李世民曾孙）的外孙，此人做过殿中侍御史兼陇州刺史，地位非常显赫，可谓当时很有身份的上层人物，沈既济如果当时没有文名的话，是不可能与他交上朋友的。

大历十四年（779），沈既济任太常寺协律郎[27]。唐德宗建中元年（780），宰相杨炎荐其有良史才，召拜左拾遗、史馆修撰。次年八月，杨炎被卢杞构陷，于建中二年十月被贬为崖州司马，道中赐死；沈既济受到此事的牵连，同年十月被贬为处州司户参军。著名传奇《任氏传》应该就是在这次贬谪途中完成的。该小说作于唐德宗建中二年（781）前后，是唐传奇中的一篇著名作品，也是唐传奇进入成熟时期的重要标志，在浙江小说史上具有重要意义。

沈既济的另一部传奇小说《枕中记》，这是沈既济的又一部著名传奇作品，艺术上虽不如《任氏传》，但影响更加深远。据其内容和思想推断，它也应该是作者在贬谪时期写的。因为《任氏传》是遭贬途中就已构思，而《枕中记》在作者遭贬前后并没有构思，其创作时间不可能早于《任氏传》，而且该作基调颇为低沉，大有"看破红尘"的消极厌世思想，对于封建知识分子来说，没有相当一段时间的痛苦遭际，是不会产生这样强烈厌世情绪的。它与《任氏传》一样，也是借传统的志怪题材和形式，来揭露当时社会现实中的阴暗面。从《枕中记》中抒发的牢骚，感怀身世的描写，再联系作者宦途坎坷的遭际，《枕中记》的创作时间当晚于《任氏传》，极有可能写于作者流放之后，大约在唐德宗建中二年（781）至唐德宗贞元元年（785）这段时间。

贞元元年（785），权德舆为江西观察使李兼的判官，有《与沈十九拾遗同游栖霞寺上方于亮上人院会宿》诗[28]，既济或于此时由贬所召还回京，途经江左得与权氏相遇而游栖霞。入朝后，官终礼部员外郎。约卒于贞元十三年（797）。后因其子沈传师显贵，追赠为太子少保。

沈既济是当时著名的史学家和文学家，与许孟容、萧成、杜佑等友善。除传奇小说外，还有《建中实录》十卷、《选举志》十卷，均佚。《全唐文》卷四百七十六，录有《论增待制官疏》《词科论》等六篇。《龙威秘书》《唐人说荟》等所载《雷氏传》《陶岘》，亦题沈既济撰，明显系伪托，这也从另一个侧面证明沈既济的名气是非常大的。

二、沈既济的小说论

沈既济虽然没有留下关于小说的专门理论著作，但他在《任氏传》中谈到了他创作这部小说的动机和创作过程，在整个中国唐代文学史上，唐传奇理论几乎是一个空白，这更显得沈既济的小说论弥足珍贵。

《任氏传》叙述的是郑六与狐女任氏之间的一段动人的爱情故事。天宝年间，因家贫而托身妻族韦崟的郑六，在长安升平北门遇一白衣妇人，郑六追随至其家，方知妇人姓任。任氏设宴款待，夜深同榻而眠，恩爱非常。后来郑六向胡人卖饼者打听，乃知任氏为狐妖幻化，但他并不介意，对任氏念念不忘。十几天后，郑六在西市衣肆再次遇到任氏，任氏为其真情所感，遂赁屋同居，愿终身相随。韦崟闻任氏十分美貌，趁郑六外出之机，欲对她施以强暴。任氏拼死力拒，责以严词，韦崟为其坚贞情操所感而作罢。任氏为郑六筹划，令其贩卖马匹，遂成巨富。一年后，郑六任槐里府果毅尉，请求任氏同往，结果在路经马嵬坡时遭猎犬袭击而亡。

《任氏传》是沈既济的愤世之作，他在作品篇末写道：

> 嗟乎，异物之情也有人（道）焉。遇暴不失节，徇人以至死，虽今妇人有不如者矣。惜郑生非精人，徒悦其色而不征其情性，向使渊识之士，必能揉变化之理，察神人之际，著文章之美，传要妙之情，不止于赏玩风态而已，惜哉！

> 建中二年，既济自左拾遗于金吾将军裴冀、京兆少尹孙成、户部郎中崔需、右拾遗陆淳，皆适居东南，自秦徂吴，水陆同道。时前拾遗朱放，因旅游而随焉。浮颍涉淮，方舟沿流，昼宴夜话，各征其异说。众君子闻任氏之事，共深叹骇，因请既济传之，以志异云。[29]

以上引文的字数虽然不多，但通过《任氏传》这部小说和这些有限的文字，却反映出了沈既济对当时小说的一些看法，为我们研究唐传奇提供了第一手资料。笔者认为，沈既济的小说理论贡献主要有以下三个方面：

（一）"妖狐"形象发展至《任氏传》已日渐成熟，作家借此寄托自己的社会理想，抒发个人的思想感情

众所周知，妖狐幻化之说，在我国民间由来已久。最早的狐精故事当见于晋人郭璞的《玄中记》，六朝志怪小说中已有不少这方面的内容。但六朝小说中的有关故事都非常简略，故事荒诞而怪异，且狐精大多危害人类，读来令人恐惧，只能算是普通的志怪类读物罢了。有唐以来，这类故事就更多了，《广异记》《宣室志》《酉阳杂俎》等均记载了许多狐精的故事。但值得我们注意的是，唐代小说中的狐精与六朝小说截然不同，它们并不危害人类，只是一些被称为"狐精"的"人"而已，其实这又缺少了"狐性"，走上了另一极端。这些狐精形象尚未成熟，在小说发展史上没有什么地位可言。

我们认为，最善于描写"狐精"的还是沈既济，他的《任氏传》是唐代描写狐精最为成功的作品。小说的主人公任氏既有狐性，又有人性，"狐性"有真实之感，"人性"可使作者借此抒发对现实社会的感受。显然，作者借狐精故事，流露出对人世的感叹，其用意不只是痛惜任氏的悲剧命运，更重要的是借以抒发自己德才兼备却蒙冤遭贬的怨懑心情。《任氏传》既是作者的愤世之作，显然，任氏的形象自然也是有寓意的。鲁迅先生在《中国小说史略》中曾指出，《任氏传》"言妖狐幻化，终于守志殉人，'虽今之妇人有不如者'，亦讽世之作也"[30]。这是唐传奇小说的一个重要特点。

任氏的形象，主要体现了沈既济对攀附豪门社会不良风气的讽刺和批判，是对刚正不阿美好品德的赞颂。这是一个非常生动、感人至深的女性形象，她美丽多情，勇敢机智，具有反抗强暴的斗争精神，是一位具有中国妇女的传统美德，热烈追求爱情的下层妇女形象。小说着重表现她忠于爱情的性格特征。她不慕富贵，所爱的郑六是一个"贫无家，托身于妻族"的穷家子弟；她不追求"风流倜傥的才子"，郑六虽"早习武艺"，但未见大成，谈不上有什么特殊才能，又"好酒色"，其品貌可想而知。一个无德无才又无财的穷家子弟，任氏为何对他如此倾心呢？就是因为郑六不以异类待她，尊重她的"人格"，为此

任氏"愿终己以奉巾栉"。任氏的这种爱情观念是颇为进步的,她与"门当户对"或"才子佳人"式的爱情不同,不慕富贵、不求才华,是一种没有附加条件、不受任何外界因素影响的爱情,这诚为可贵。所以,沈既济才有"嗟乎,异物之情也有人(道)焉。遇暴不失节,徇人以至死,虽今妇人有不如者矣"的感叹。

一般学者对任氏形象的缺陷予以指责,认为这是作者思想矛盾的反映,即在表现她的顽强抗暴、维护自身尊严的同时,又写她诱窃美女,供韦崟淫乐。认为这损害了任氏形象的完美,大大削弱了作品的思想意义。对于这样的见解,笔者不以为然。我们说,真正经得住历史考验的著名典型都不是"完美"的,既有优点又有缺陷才符合艺术规律,才令人更感真实可信,形象也更为生动而丰满。因为生活在现实中的人是极为复杂的,对人物形象作简单化处理才是塑造人物的一大缺陷。此外,任氏又是一个特殊的形象。正如前文所说,《任氏传》问世以前的"狐精"形象都不丰满,而任氏形象的成功,正是因为她既有"人性"又有"狐性"。而她的"狐性",正是通过"诱窃美女,供韦崟淫乐"来表现的,这种做法本身自然不足取,甚至是不道德的,但这恰好表现了任氏"狐精"的品性,否则,任氏又成了硬是被称为"狐精"的贤淑女子了。作者塑造任氏的高明之处,也正在于此。

(二)对小说创作动机的认识

关于小说创作的动机,这也算是老生常谈的小说理论课题。一般以"愤世"说最为常见,《任氏传》就是一部"愤世"之作。

沈既济在《任氏传》篇末的议论文字,实际上谈论的是这部小说的创作过程,即小说创作的动机。根据文献资料和沈既济这些文字提供的信息,我们可以了解到《任氏传》当属于"愤世"之作。史载唐德宗建中元年(780),宰相杨炎认为沈既济有"良史才",向朝廷举荐,德宗遂召拜他为左拾遗、史馆修撰。次年八月,杨炎被卢杞构陷,于建中二年十月被贬为崖州司马,道中赐死;沈既济受到牵连,同年十月贬为处州司户参军。故而他说"建中二年,既济自左拾遗于金吾将军裴冀、京兆少尹孙成、户部郎中崔需(儒)、右拾遗陆淳,皆适(同'谪'——笔者注)居东南,自秦徂吴,水陆同道。时前拾遗朱放,因旅游而随焉。……众君子闻任氏之事,共深叹骇,因请既济传之,以志异云。"由此也可知,著名传奇《任氏传》就是在这次贬谪途中完成的。作品显然是作者有感而作的,这说明,沈既济小说创作的动机属于"愤世"说。

（三）对唐传奇特性的认识

沈既济把传奇看成"志异"之作,可见,唐人确实受到六朝志怪小说及其理论的影响,把传奇看作传播奇闻,语怪志异。然而,沈既济并不是机械地模仿六朝志怪小说,他对小说的认识是有发展的。他所说的"著文章之美""传要妙之情",显然也包括了唐传奇。也就是说,他希望传奇作品能通过华艳的文字、宛转的描述,表达作者美好的思想感情,并能起到一定的社会教育作用,使那些感情贫乏、连任氏这样"异物之情"都不如者受到教育。这就是唐传奇的社会功能,是沈既在实践中得出的结论,是对唐传奇创作进行的理论概括。沈既济的这些见解,对后世的小说创作产生了一定的影响。

总之,浙江先秦至唐的小说理论可以说是浙江小说史上的发轫阶段,这时期的小说观念虽然已在典籍中出现,但还处于模糊的阶段。浙江最早的小说理论文献《搜神记·序》,唐传奇作家沈既济的小说理论见解,均在浙江小说理论史上占有重要地位。这些小说理论文字虽然不多,但它的出现标志着浙江小说理论的正式开端。

注释:

[1]沈约. 宋书（卷五十四）. 中华书局, 2008: 166.

[2]晋书·干宝传. 二十五史. 上海古籍出版社, 1986: 251.

[3]北京语言学院《中国文学家辞典》编委会. 中国文学家辞典（古代第一分册）. 四川人民出版社, 1980: 219.

[4]中国文学家大辞典（先秦汉魏晋南北朝卷）. 中华书局, 1996: 4.

中国古代小说百科全书. 中国大百科全书出版社, 1998: 103.

李剑国. 唐前志怪小说史. 南开大学出版社, 1984: 279.

[5]王枝忠. 汉魏六朝小说史. 浙江古籍出版社, 1997: 80.

[6]王增斌,田同旭. 中国古代小说通论综解. 中国文联出版公司,1999：84.

[7]陈耀东. 浙籍文化名人评传. 浙江大学出版社,2003：2.

[8]晋书·干宝传. 二十五史. 上海古籍出版社,1986：251.

[9][宋]黄山谷. 黄山谷诗集（外集卷十）. 世界书局,1936：231.

铉，是指徐铉，《稽神录》的作者。

[10]晋书·干宝传. 二十五史. 上海古籍出版社,1986：251.

[11]干宝. 搜神记（序）. 见鲁迅编录. 搜神记·唐宋传奇集（合订本）. 上海古籍出版社,1998：3.

[12]晋书·干宝传. 二十五史. 上海古籍出版社,1986：167.

[13]晋书·干宝传. 二十五史. 上海古籍出版社,1986：167.

[14]干宝《晋纪》卷十五。

[15]干宝. 进搜神记表. 见《晋书·干宝传》《二十五史》. 上海古籍出版社,1986：167.

[16]干宝. 搜神记（序）. 见鲁迅编录. 搜神记·唐宋传奇集（合订本）. 上海古籍出版社,1998：3.

[17]梁启超. 译印政治小说序. 梁启超学术论著集（文学卷）. 华东师范大学出版社,1998：531.

[18]唐书·食货志. 二十五史（第五册）. 上海古籍出版社,1986：249.

[19]唐摭言·散序进士门. 上海古籍出版社,1978：2.

[20]中国大百科全书·中国文学. 中国大百科全书出版社,1988：717.

[21]中国文学家大辞典（唐五代卷）. 中华书局,1992：393.

[22]乔象钟,董乃斌. 唐代文学史（上）. 人民文学出版社,1995：38.

[23]浙江人物简志. 浙江人民出版社,1985.

[24][宋]谈钥. 嘉泰吴兴志（卷十六）"沈传师"条.

[25]王临川集（卷九十）《行状墓表门》. 该文全称是《贵池主簿沈君墓表》.

［26］［唐］林宝. 元和姓纂. 中华书局，1994.

［27］司马光. 资治通鉴（卷二百二十六）. 上海古籍出版社，1997：2097.

［28］全唐诗（卷三百二十六）. 黄钧等校注. 岳麓书社，1998.

［29］鲁迅. 唐宋传奇集. 搜神记·唐宋传奇集. 上海古籍出版社，1998：222.

［30］鲁迅. 中国小说史略. 上海古籍出版社，1998：47.

第二章 元明时代的小说理论家

元明时代，浙江出现了杨维桢、瞿佑、沈德符、胡应麟、蒋大器、李日华、凌濛初等著名小说理论家。他们的出现，尤其胡应麟的小说理论专著《少室山房笔丛》的问世，标志着小说理论的进一步成熟，也是中国小说理论史上一块重要的里程碑。

元代时的浙江，最为兴盛的文学艺术形式是元曲和南戏。14世纪前半叶，杂剧活动由大都移到了杭州，出现了郑光祖、乔吉和秦简夫等戏剧大家，他们创作了《倩女离魂》《王粲登楼》和《三战吕布》等名剧，使元杂剧在浙江又繁荣起来。杂剧衰落后，南戏又继之而起，瑞安人高明的《琵琶记》是现存南戏中最著名的剧目，在当时流传极广。艺术方面，元代出现了湖州籍画家赵子昂，他以画马和人物誉满天下。诸暨的王冕也是一代绘画大师，《儒林外史》第一回就是主要讲述他的故事。在蒙古人的野蛮统治之下，浙江竟在戏曲和艺术方面取得如此成就，这也是一种奇特的文化现象。

元代的文言小说除轶事小说外，总体成就呈衰落之势，但白话小说方面却取得了一定的成就。白话小说主要指元代话本小说，它是宋代话本小说的继续和发展，尤其是《三国志平话》和《宣和遗事》的出现，直接影响了浙江小说的发展。与宋代话本小说同样的原因，它们中间不可能产生出著名的作家作品，但在浙江小说史上却有着重要的意义。

元代中前期小说相对来说并没有取得重大成果，硕果仅存的是周密的轶事小说，但元代后期，浙江轶事小说取得了可喜的成就，出现了陶宗仪等著名轶事小说家的创作，这是浙江小说的重大收获。

元朝末年，反对元朝异族统治的大起义持续了数年之久，最终由朱元璋建立了大明王朝。在大动荡的年代里，人们很容易摆脱传统儒家思想的束缚，获得精神上的彻底解放。许多浙江文人都参加了改朝换代的斗争，积累了大量的战争和社会生活的素材，在说书艺人的基础上，创作了中国古典名著《三国演义》和《水浒传》，这是浙江小说家对中国小说的巨大贡献，也是浙江地方文化的一个世界性的奇迹。

明朝初年，浙江经济逐渐得到复苏和发展。由于明太祖朱元璋出身贫寒，对劳动人民的疾苦有比较深入的了解，因此他建国之初采取了"安养生息"的方针，实行了一系列恢复生产的措施。这些措施的实施，使浙江的农业生产很快得以恢复和发展。浙江的经济终于走上了比较正常的发展轨道。

社会经济虽然得到了恢复和发展，但明初的文学却恰恰相反，由元明之际的小高潮走进了低谷。究其原因，这主要是明王朝在这一时期实行政治文化上的高压政策造成的。朱元璋为了巩固专制统治，大肆杀戮功臣，制造了多起"政治案件"，集军政大权于一身，封建专制达到了登峰造极的地步。尤其可怕的是，他设立锦衣卫，在全国实行特务统治，全国上下充满了恐怖气氛。在文化上，则实行残酷镇压与控制笼络相结合的措施。一方面，统治者大兴文字狱，使得文人战战兢兢，人人自危，不敢轻易写一句话；又采取诏令形式直接干预文艺创作。另一方面，他们对封建文人又采取笼络政策，如朱元璋就亲自筹划设立文华堂，以招揽御用文人；明成祖朱棣召集天下文士三千人编纂类书《永乐大典》，成为我国文化史上的壮举。最高统治者还大力提倡程朱理学，实行八股取士制度，使知识分子竭尽毕生之力去钻研八股文，思想僵化，脱离现实，失去了应有的想象力和创造力，又怎能创作出优秀的作品呢。因此，元明之际的创作高潮不见了，小说创作几乎成了"空白区"，除瞿佑的文言小说集《剪灯新话》等稍稍表现出文言小说复兴的态势外，长篇小说与白话短篇小说的创作则寥寥可数，基本上没有什么突出的文学成就可言。

明嘉靖、万历以后，随着政治、经济和哲学思潮的发展，小说创作也出现了一个全新的发展态势。在小说创作方面，历史演义、英雄传奇、公案小说等出现了不少成功作品。特别是浙江的印刷业非常发达，不但使出版大量长篇小说成为可能，而且注意对宋元以来白话短篇小说的收集整理加工，使白话短篇小说由说书人的底本发展为书面文学，这为"二拍"的出现奠定了基础，为凌濛初通俗小说理论的出现提供了可能。而且，文言小说也呈现出一种发展趋势，不仅内容更加丰富，篇幅也较之以往有所加长，艺术上也有明显的进步。随着小说的发展，小说理论也日益兴盛起来，出现了郎瑛的《七修类稿》、胡应麟的《少室山房笔丛》、沈德符的《万历野获编》以及蒋大器的《三国志通俗演义·序》等。这些理论论述是对浙江小说实践的总结与思考，大大推动了浙江乃至全国小说创作的健康发展和繁荣发达。

第一节　杨维桢：元代小说理论的杰出代表

元代是浙江小说理论成熟的前奏，其重要标志就是杨维桢的小说理论建树。杨维桢对小说理论方面的论述文字虽然不多，但他在为他人小说撰写的序文中，提出了"开扩见闻""敦厉薄俗"等重要理论见解，在浙江小说理论史上具有极为重要的意义。

一、杨维桢的生平与文学活动

杨维桢（1296—1370）字廉夫，号铁崖、东维子、铁笛道人等，会稽（今浙江诸暨）人。元泰定四年（1327），杨维桢中乙榜进士，授天台县尹，不久降为钱清盐场司令，后为江西等地儒学提举、杭州四务提举、建德路总管府推官。元末农民起义爆发，杨维桢避寓于富春江一带，张士诚屡召不赴，后隐居于江湖，在松江筑园圃蓬台。他的门上写着这样的榜文："客至不下楼，恕老懒；见客不答礼，恕老病；客问事不对，恕老默；发言无所避，恕老迂；饮酒不辍车，恕老狂。"于是江南一带，才俊之士造门拜访者络绎不绝，每日高朋满座。他又喜欢周游山水，常常头戴华阳巾，身披羽衣，坐于船上吹笛，或呼侍儿歌唱一曲，酒酣以后，自己也不禁婆娑起舞，生活倒还悠闲自在。明洪武二年（1369），杨维桢奉诏来到京师，皇帝咨之以各种仪礼法典。事成后，即请归，朱元璋命百官于京都西门外设宴欢送，归后不久即病逝于家中。

杨维桢在诗、文、戏曲方面均有建树，在小说理论方面也有着一定的贡献，但他的文学创作主要是诗歌。作品多收入《东维子文集》《铁崖先生古乐府》等。其诗歌创作，历来为人们所推崇。其诗自成一家，因"诗名擅一时，号铁崖体"，在元代文坛独领风骚四十余年，被公认为诗坛领袖。杨维桢诗歌的基本特点是自我精神的恣肆飞扬和赞美世俗享乐，带有西方人文主义文学的某种特色。这类作品中以《大人词》《城西美人歌》等比较有代表性。他的作品反映了对个人权利的肯定和个人生命意欲的张扬，体现着东南沿海地区文化形态的特点。

杨维桢性格耿直，行为放达，导致仕途不畅，但他热爱文学，对做官不以为意。其文学创作具有独特个性，而且在文学理论上有独到见解。由于他在文学界有着很高的地位，因而在他的周围形成了一个作家群体。正如明初大文学家宋濂为他写的墓志铭中所说："吴越诸生多归之，殆犹山之宗岱，河之走海，如是者四十余年。"[1]

杨维桢的思想比较复杂，但值得我们注意的是其反叛传统的"异端"倾向。他在《自然铭·序》中曾说："尧舜与许由虽异，其得于自然一也。"他还在《赠栉工王辅序》中指出，无论医卜工贾，还是公卿大吏，谋生方式各异，但都有自己的生存意欲，"耕虽不一，其为不耕之耕则一也"。[2]可以说，肯定人性的"自然"是其思想的重要特点。他用平淡的态度看待人们在社会中的不同生活方式，表现出对自由的生活意欲的尊重，这在当时可以说是比较超前的。鉴于这种进步思想，杨维桢的文学主张也是从其自然观为出发点，要求文学真实地表达各人的自然之性，要使人们的"性灵"得到更自由真诚的展现，这应该说是明代"性灵派"的滥觞。

二、杨维桢的小说观

如上文所述，杨维桢的主要文学成就在于诗歌创作，但他的小说理论贡献也不容忽视，尤其是元代中前期小说进入低谷阶段，他的小说理论见解更显得弥足珍贵。

杨维桢的小说理论文字主要集中于他的《说郛·序》《山居新

语·序》和《送朱女士桂英演史·序》等文中。这些文字的主要内容是，小说具有开拓见闻的认识作用，而且小说必须"羽翼世教""敦厉薄俗"，必须贯穿六经之道。杨维桢对小说及从事小说工作的人非常重视，曾赞扬属小说范畴的讲史女艺人为"女学士"，这在鄙视小说的元代是非常了不起的。他本人没有小说创作，但他充分肯定小说的价值和意义，强调小说的社会作用，这在某种意义上大大提高了小说的地位，在浙江小说史上有着极为重要的地位。

杨维桢特别喜欢为小说作序，这本身就说明他对小说的重视，体现了他进步的文学观。在他众多的序文中，《说郛·序》是其中比较重要的一篇。大家知道，《说郛》是元代著名小说家陶宗仪编撰的小说集，关于这部作品及其作者，笔者在《浙江古代小说史》一书中已有详细的介绍。这部小说集收录了汉代至元代间的各种笔记，其中不少是带有小说性质的作品，如志怪、传奇、稗官杂记，也有经史诸子、诗话、文论等。杨维桢认为该书内容广泛，意义十分重大。他在序言中写道：

> 学者得是书，开所闻扩所见多矣。要其博古物，可为张华、路、段；其核古文奇字，可为子云、许慎；其索异事，可为赞皇公；其知天穷数，可为淳风、一行；其搜神怪，可为鬼董狐；其识虫鱼草木，可为《尔雅》；其纪山川风土，可为《九丘》；其订古语，可为铃契；其究谚谈，可为稗官；其资谑浪调笑，可为轩渠子。昔应中远作《风俗通》，蔡伯喈作《劝学篇》，史游作《急就章》，犹皆传世，况是集之用工深而资识者大乎！其可传于世无疑也。[3]

杨维桢的这篇序文肯定了小说具有"开所闻扩所见"的认识作用，而且这种作用非常广泛，包括"博古物""释奇字""证异事""知天文""明神怪""究谚谈""资谑浪"等十个方面。他的这种总结，是根据笔记小说芜杂的题材内容来概括的。此类认识作用的内容，远远超出现在的"文学"范畴。显然，杨维桢把小说当作"文学"之一类，而文学的概念却是非常广的。在他看来，阐述小说的作用越广泛，其存在的价值也就越高。因而，他对小说功能的探讨，无疑说明了他重视小说的态度，这对于肯定小说的地位，也有一定的作用。与封建统治阶级和迂腐文人鄙视小说比较起来，杨维桢肯定小说的观点是进步的，为小说在文坛上能有一席之地立下了汗马功劳。

杨维桢肯定了小说的认识作用之后，又特别强调其载道的作用。他这样解释《说郛》的书名：

> 天地，万物郛也；五经，众说郛也。是五经郛众说也。说不要诸圣经，徒劳搜泛采，朝记千事，暮博千物，其于仲尼之道何如也。孟子曰：博学而详说之，将以反说约也。约则要诸道也已。[4]

杨维桢认为"五经郛众说"，强调五经当为众说之郛，可以包融诸子百家。小说是"郛"，五经是"郛"之外的大城。小说不能超出五经的域限范围。五经为大、为纲、为上、为道。小说当受五经的约束，否则"朝记千事，暮博千物"，亦属徒劳。这就是杨维桢的一个重要见解。

杨维桢这篇序文所表现出来的小说观，还不能从笔记小说繁芜的内容中把握其基本特征，所以，他对小说社会作用的阐发，既片面，又宽泛，无非是对一般文学功能的概括。他如此论述小说，从某些方面来说制造了理论上的混乱，小说概念被他搞混了。

元至正二十年（1360）四月，杨维桢回归故里后，又为元代另一小说家杨瑀的《山居新语》作序。杨瑀（1285—1361）是浙江著名的轶事小说家，笔者在《浙江古代小说史》一书中也有比较详细的介绍。杨维桢的这篇序文如同为《说郛》所作的序文一样，也是以"六经之道"为核心，并首先提出了"羽翼世教"之说。与此同时，他也肯定了杨瑀的一些作品"善著古今存亡之征""可备稽古之万一"，进一步说明小说的认识作用。但对其另一部分作品则持反对意见，他说："若《幽冥》《青琐》，袄诡淫佚，君子不道之已。"他特别称道《山居新语》"备古训""摭国史之阙文""其史断诗评，绳前人之愆""天灾人妖，垂世俗之警"，鲜明地表达了史家崇实、重视教化的传统见解，这又表现了其小说观保守的一面。

值得注意的是，杨维桢《东维子文集》卷六还有一篇《送朱女士桂英演史序》，该文提出了一些重要的小说理论见解，也表现了作者比较进步的小说观念。他在序文中写道：

> 朱氏，名桂英，家在钱塘，世为衣冠旧族，善记稗官小说，演史于三国五季。因延致舟中，为予说道君艮岳及秦太师事，座客倾耳耸。知其腹笥有文史、无烟花脂粉。予奇之曰："使英遇思陵太平之朝，如张、宋、陈、陆、史辈谈通典故，入登禁壶，岂久居瓦市间耶？曰忠曰孝，贯穿经史于稠人广座中，亦可以敦厉薄俗，则吾徒号儒大夫者为不如己。"[5]

这篇文章主要记载的是钱塘女艺人朱桂英的故事。我们知道，艺人在当时是非常没有地位的，被视为"下等"职业。而作者在序文中说她才华出众，尤"善记稗官小说，演史于三国、五季"，并称赞她"腹笥有文史"，可以称之为"女学士"。由此可见，杨维桢对小说家、对小说作品是非常重视的，表现了他具有非常进步的文学观。关于演艺讲史的作用，杨维桢强调说："曰忠曰孝，贯穿经史于稠人广座中，亦可以敦厉薄俗。"他甚至还说那些所谓的"儒丈夫"官吏，还不如女艺人朱桂英能以民众喜闻乐见的说唱艺术来宣传五经儒道。由此也可看出，儒道经史在杨维桢脑子里根深蒂固，他称赞女艺人，其实是从政治教化立场出发，而不是从艺术、从平等民主意识方面来肯定，这应当说是其思想和小说见解的时代局限性。

杨维桢是元代最为著名的文学大家，其文集中还有涉及戏曲理论的文章，在此不再赘述。就整个元代的小说理论而言，成就并不大，杨维桢这位浙江文学家为其佼佼者，实属难能可贵。

总之，杨维桢虽然不是一位专门的小说理论家，但他能主动为小说作序，并能指出小说具有开拓见闻等社会认识作用，而且认为小说必须担负"羽翼世教""敦厉薄俗"的责任。他对小说如此重视，为小说地位的提高摇旗呐喊，这在当时是非常难得的。

第二节 瞿佑：明代文言小说理论家

明代文言小说理论成就最高的当推浙江籍作家瞿佑，他是明代著名小说家、小说理论家，其《剪灯新话·自序》代表了明代文言小说理论的最高成就。这是对小说理论的一大贡献，在中国小说史上占有重要的地位。

一、《剪灯新话·自序》出现的文学背景

瞿佑之所以能在《剪灯新话·自序》中提出自己的小说理论见解，成为当时难得的理论建树，是与文言小说的发展分不开的。我们说，没有小说创作的实践，也就不可能出现小说理论。

明初的文坛，浙江文人举足轻重，占有非常重要的分量。宋濂、刘基和方孝孺，都是当时文坛的泰斗式人物。特别是宋濂，还参加了《元史》的编纂工作，他把帝王将相的事迹载入正史之余，还把民间奇人或怀才不遇之士的奇闻逸事写成了人物小传，如《王冕传》《杜小环传》《李疑传》《吴莱传》和《秦士录》等。这些人物传记富有传奇色彩，个性突出，形象颇为鲜明，具有一定的文言小说的性质。如《王冕传》，它紧紧围绕元末明初画家王冕的"狂""隐"展开故事，表现了他不平凡的人生经历，突出了其高尚的人格和超人的智慧。该人物传记对《儒林外史》的第一回"说楔子敷陈大义，借名流隐括全文"产生了直接的影响。再如《秦士录》，它通过"解斗牛""嘲书生""舞铁枪"等一系列细节的描写，生动地刻画了邓弼这位文武双全、怀才不遇、富有传奇色彩的元末志士的动人形象。但作者并非有意作小说，一般还是将它们看作散文作品，算不上真正的小说。我们认为，真正有意识进行小说创作的，还当首推瞿佑的《剪灯新话》。

曾棨在《剪灯余话·序》中谈到了《剪灯新话》，文章指出："近时钱塘瞿氏，着《剪灯新话》，率皆新奇希异之事，人多喜传而乐道之，由是其说盛行于世。"[6]清人钱谦益也说，"宗吉风情丽逸，著《剪灯

新话》及乐府歌词，多偎红倚翠之语，为时传诵"[7]。可见，明初出现的这部小说，在当时产生了广泛的影响，标志着浙江文言小说的再次崛起。如前文所述，浙江文言小说在宋、元时期一度处于低谷，到了明代却产生了《剪灯新话》这样的文言名著，究其原因，无外乎以下两个方面：一是由于明初最高统治者建立了高度专制的中央集权，严格钳制文人的言论和写作自由，作家只能通过创作传奇小说来宣泄自己内心的苦闷。二是当时的文人通过传奇小说的创作，既可显示自己的才华，得到自我价值实现的满足感，又能达到消遣和自娱的目的。《剪灯新话》的风格纤巧华丽，多杂以诗词，其原因就在这里。正是在这样的背景下，出现了《剪灯新话》这部文言传奇小说。

《剪灯新话》吸取了宋元文言小说"多托往事而避近闻，拟古且不逮，更无独创之可言"[8]的教训，它的内容出现了巨大的变化。它不再侧重现成的古代资料，而是主要取材于当代或近代的社会生活，这就大大加强了作品的现实性，其中不少篇章反映了现实的黑暗，歌颂了青年男女爱情自由的愿望，表现了作家自己的真实感受，既给人以新鲜之感，又具有强烈的时代特色。而且，《剪灯新话》以文人为阅读对象，作品主要在知识分子中间流传。它的"以文为戏"的文学观，与传统的"文以载道"论大相径庭，给人以耳目一新之感，充分表现了作家对当时严酷思想统治的极为不满，使作品能较多地表现自我，以发泄作家的不满与愤懑情绪。

瞿佑创作《剪灯新话》之后，明代文坛上出现了一些仿效者。如李昌祺的《剪灯余话》，邵景詹的《剪灯因话》，赵弼的《效颦集》等，这些作品虽然不是出于浙江作家之手，但都是属于江南作家群，既受到浙江文言小说的影响，也必然影响到以后的浙江小说的创作。

明代中叶以后，由于浙江城市经济繁荣和市民势力壮大，市民的地位得到了很大提高。这一变化使得市民意识开始向文学创作渗透，促使一部分士大夫的审美观念发生变化，直接影响到浙江文言小说的创作。我们知道，封建士大夫历来瞧不起"小说"这一文学样式，现在却开始重视起来，尤其对既有娱乐性又含蓄雅洁的文言小说更感兴趣。他们有的从事小说创作，有的从事搜集整理出版工作，文言小说出现了迅猛的发展势头。特别是嘉靖后大量地刊行唐传奇，对时人影响也很大。

二、瞿佑的生平与文学活动

瞿佑（1347—1433）字宗吉，号存斋，钱塘（今浙江杭州）人。祖籍南京淮安府山阳县（今江苏淮安），先辈徙居浙江省宁波府鄞县，后又迁至钱塘。瞿佑出生于元至正七年（公元 1347）。[9]少早年就颇有文名，十四岁时曾得到当时的著名文学家杨维桢、凌云翰等前辈的赏识，杨维桢曾对瞿佑的叔祖父瞿士衡赞之曰"此君家千里驹也"[10]，一时名声大噪。他父亲还专门建造了传桂堂，有"望子攀桂"之意，对儿子的前程寄予厚望。但瞿佑仕途不顺，一生郁郁不得志。洪武十年（1377），三十一岁的瞿佑应征到南京授职。先后任仁和（今杭州）、临安（今属浙江）、宜阳（今属河南）等县训导。洪武三十一年（1398），瞿佑再升为南京国子助教兼修国史。约在永乐初年，又擢任周王府右长史。永乐六年（1408）因事下锦衣狱，后贬谪保安（今河北怀来一带）为民十八年。关于瞿佑下狱遭谪的原因有两种说法：徐柏龄《蟫精隽》等说是周王有过失，瞿佑坐辅导失职；万历间修《杭州府志》等则说是因"诗祸"所起。

洪熙元年（1425），英国公张辅奏请赦还，瞿佑时年已是七十九岁的老人了。宣德四年（1429）移寓松江（今上海华亭），宣德八年病逝（《乐府遗音题识》），享年八十七岁。

瞿佑的仕宦生涯可能会令父辈失望，但他博学多识，撰述丰富，成就一代文豪，"千里驹""攀桂"之望还是在另一个方面得以实现了。他的著作约有数十种，是浙江最多产的作家之一，可惜大多已散佚。经史著述类有《春秋贯珠》《管见摘编》《集览镌误》等；诗文类有《乐全集》《存斋遗稿》《香台集》《归田诗话》等；另外，《剪灯录》是前代文言小说汇编，《大藏搜奇》似是佛经故事选辑。文言小说除《剪灯新话》外，《千顷堂书目》小说类著录有《存斋类编》。司马泰《广说郛》卷七传类收有瞿佑的《烟花主人传》《酒鬼自序传》等五种。

瞿佑的小说成就很高，可谓开一代之风，在当时就为同代作家所赏识，在浙江小说史上有着重要的地位。嘉靖年间，田汝成撰《西湖游览志余》，书中称瞿佑之名"至今照耀文苑"，可见他在明代就是一位著名作家了。他的文言小说集《剪灯新话》为其代表作，共四卷，二十二篇，《百川书志》《杭州艺文志》等均有著录。上海古籍出版社于1981年11月出版的周楞伽先生校注的《剪灯新话》（包括《剪灯馀话》《觅灯因话》），是以诵芬室刊本为底本的。

《剪灯新话》继承了唐五代传奇的传统，其艺术成就还是值得肯定的，并体现了鲜明的时代特色。尤其是诗文相间、骈散并陈的表现手法，对整个明代的文言小说创作都产生了重大影响。后来出现的小说集《剪灯余话》《剪灯奇录》《剪灯续录》《剪灯琐语》等，连书名都沿袭了这部小说集的命名方法，至于《效颦集》《秉烛清谈》《觅灯因话》等，更是模仿式的作品。此外，根据《剪灯新话》中的《翠翠传》《金凤钗记》等改编的古典戏曲多达十余种，尤其是据《绿衣人传》改编的《红梅记》，成为轰动一时的名剧。凌濛初"两拍"中的《庵内看恶鬼善神，井中谭前因后果》《李将军错认舅，刘氏女诡从夫》《大姊魂游完凤愿，小姨病起续前缘》三篇均据此书改写而成。《剪灯新话》在明代中叶即传至朝鲜、日本、越南等国。日本的汉文古典小说《奇异杂谈集》《御伽婢子》，朝鲜的汉文古典小说《金鳌新话》等，越南的《传奇漫录》等，这些作品无论是体裁、题材，还是内容等，均明显受到了《剪灯新话》的影响。

瞿佑的诗歌多是风情绮丽之作，诸如《安荣美人行》《美人画眉歌》《阿娇金屋》《师师檀板》等，都是组织工丽、类似温庭筠风格的诗篇，抒写的感情较为软熟轻浮。但他的一些咏古诗歌，也有一定的兴寄，陈田曾称它是"最为警策"之作[11]。《故宫人》结尾诗人发出的"往事兴亡谁与论，亭亭白塔镇愁魂。惟有霞岭头树，至今犹说岳王坟"的感慨与叹息，寄寓着对误国者的谴责。在《题和靖墓》里，表达了他对林和靖洁身自好、隐沦西湖的崇敬，又另具一番深意。

三、文言小说理论《剪灯新话·自序》

瞿佑在文言小说理论方面有着自己独到的见解，这主要体现在他为《剪灯新话》写的自序一文。我们说，浙江文言小说历史十分悠久，但理论发展却比较迟缓，跟不上小说创作的节拍，自干宝的《搜神记·自序》和杨维桢的几篇序文外，一直没有出现更多的有关小说理论的论述，瞿佑填补了这一空白，这是对小说理论的一个重要贡献。

众所周知，明代中叶以后，由于浙江城市经济繁荣和市民势力壮大，市民的地位得到了很大提高。这一变化使得市民意识开始向文学创作渗透，促使一部分士大夫的审美观念发生变化，直接影响到浙江文言小说的创作。封建士大夫历来瞧不起小说这一文学样式，现在却开始重视起来，尤其对既有娱乐性又含蓄雅洁的文言小说更感兴趣。他们有的从事小说创作，有的从事搜集整理出版工作，文言小说出现了迅猛的发展势头。特别是嘉靖后大量地刊行唐传奇，对时人影响也很大，"文人虽素与小说无缘者，亦每为异人侠客童奴以至虎狗虫蚁作传，置之集中。盖传奇风韵，明末实弥漫天下，至易代而不改也"[12]。这就使得明代的文言小说出现了非常繁荣的景象。正是在此基础上，也使得文言小说理论有了长足的发展。

瞿佑的《剪灯新话·自序》已讲到了自己的创作过程，但关于《剪灯新话》的著作权问题，却仍然引起争议，一度成为明代文坛上的一个疑案。其实作者自己已经讲得非常清楚。瞿佑在本书自序（1378）中说，他在辑录前代作品而成《剪灯录》四十卷之后，又据近世传闻，写成了《剪灯新话》一书。当时的著名文人凌云翰、吴植、桂衡等为此书作序时（均写于洪武年间），也都证实是瞿佑所作，后来的《菽园杂记》《蓬窗类记》《百川书志》《少室山房笔丛》等也均无异说。但到了明代中叶，王锜的《寓圃杂记》、都穆的《听雨纪谈》却引周鼎之言，说此书系瞿佑窃取杨维桢原稿，并加入部分个人的作品拼凑成书。明代书商在丛刻选录此书篇目时，又喜欢妄题作者姓名，这就更加制造了混乱。实际上，这些都属"莫须有"罪名，连都穆自己也对周说持存疑态度。桂衡在为该书作序时，就明确地介绍了瞿佑的创作过程与创作宗旨："闻见既多，积累益富，恐其久而记忆之或忘也，故取其事之尤可以感发、可以惩创者，汇次成编，藏之箧笥，以自怡悦，此宗吉之志也。"[13]凌云翰、吴植、桂衡都是当时知名的学者，又是瞿佑好友，他们亲自为之撰序，自当了解其创作这部小说的全过程，故他们的说法当为不容置疑的事实。

瞿佑所生活的明代，正统文人、封建统治者对传奇小说普遍持反对态度，不把小说看成真正的文学作品。在这种历史文化背景下，他在《剪灯新话·自序》中力主小说要具有劝善惩恶的教化功能，为传奇小说争得合法的一席之地。这是他对浙江小说发展所作的一大贡献。

瞿佑序文中写道：

> 好事者每以近事相闻……欲罢不能，乃援笔为文以纪之。……既成，又自以为涉于语怪，近于诲淫，藏之书笥，不欲传出。客闻而求观者众，不能尽却之，则又自解曰：《诗》《书》《易》《春秋》，皆圣笔之所述作，以为万世大经大法者也；然而《易》言龙战于野，《书》载雉雊于鼎，《国风》取淫奔之诗，《春秋》纪乱贼之事，是又不可执一论也。今余此编，虽于世教民彝，莫之或补，而劝善惩恶，哀穷悼屈，其亦庶乎言者无罪，闻者足以戒之一义云尔。[14]

瞿佑针对当时存在的指责、反对传奇小说的不良倾向，将小说与儒家经典作比较，为小说力争一席之地，详细阐明它具有重要的劝善惩恶的教化功用。瞿佑的这一理论见解，大大丰富了古代小说理论的内涵，对小说的发展也起到了极大的推动作用。

瞿佑为传奇小说挣得一席之地，但他也冒着很大的风险，正如他在《剪灯新话·自序》中所说的"自以为涉于语怪，近于诲淫，藏之书笥，不欲传出"，但传奇小说的发展又是顺应时代潮流的，因此，"客闻而求观者众"，瞿佑又"不能尽却之"。这种担心不是没有道理的，在明英宗时，果然对《剪灯新话》一书下达了禁令：

> 《实录》："正统七年，二月辛未，国子监祭酒李时勉言：'近有俗儒，假托怪异之事，饰以无根之言，如《剪灯新话》之类，不惟市井轻浮之徒，争相诵习，至于经生儒士，多舍正学不讲，

日夜记忆，以资谈论；若不严禁，恐邪说异端，日新月盛，惑乱人心；乞敕礼部，行文内外衙门，及调提学校佥事御史并按察司官，巡历去处，凡遇此等书籍，即令焚毁，有印卖及藏习者，问罪如律，庶俾人知正道，不为邪妄所惑。'从之。"[15]

由此我们可以了解到《剪灯新话》在当时的流传盛况，也更加意识到瞿佑的小说观念之进步，他为传奇小说的发展作出了重大贡献，既是浙江小说史上的著名作家，也是一位颇有建树的小说理论家。

总之，瞿佑这篇不长的序言，提出了不少文言小说理论方面的问题，为我们研究《剪灯新话》和文言小说提供了重要的理论依据，也为以后浙江文言小说的发展产生了重大影响。

第三节　胡应麟：明代小说理论的集大成者

明代小说理论的成熟以胡应麟为标志。他的《少室山房笔丛》是浙江小说乃至中国小说史上的里程碑式的著作。胡应麟对小说的批评见解是前无古人的，他可以说是小说理论的第一位集大成者。

一、胡应麟的生平与文学活动

胡应麟（1551—1602），明代小说理论家。字符瑞，更字明瑞，号石羊生，又号少室山人。浙江兰溪人，出生在一个封建官僚家庭。他的父亲胡僖，历任刑部主事、湖广参议、云南佥事等官。胡应麟自幼非常聪明，五岁读书成诵，九岁从乡间塾师习经学，特爱古文辞。十余岁便能撰写各体诗篇，是当时小有名气的诗人。十六岁，胡应麟入庠为秀才。明万历四年（1576），他乡试中举。此后，参加会试不第。

胡应麟曾随父亲北上南下，多次外出旅行，沿途吟咏，见者无不赞赏。他结识不少朋友，所交皆为海内贤士豪杰。大司空朱衡曾路过兰江，为求与他晤上一面，泊舟三日以待。胡应麟感而见之，并赋《昆仑行》六百八十言答谢。朱衡称之为"天下奇才"。胡应麟的诗，主要受知于王世贞。王世贞去世后，他加入戏曲家汪道昆主持的白榆社。道昆卒，即主持词坛，大江以南皆翕然宗之。他性格孤介，厌薄荣利，自负甚高。家中藏书极为丰富，因筑室山中，晚年专事著述，成为浙江历史上不多见的著名学者、小说理论大家。

胡应麟著述甚丰，诗词创作略而不论，仅学术方面的贡献就足称一代大家。其著作主要有《少室山房笔丛》《少室山房类稿》《诗薮》等。《诗薮》是胡应麟撰写的一部评论历代诗歌的诗话。作品共二十卷，分内、外、杂、续四编。内编六卷，分论古、近体诗；外编六卷，历评周、汉、六朝、唐、宋、元诗；杂编六卷，补述亡佚篇章、载籍及三国、五代、南宋、金诗；续编二卷，专论明洪武至嘉靖年间诗。全书编排大致有一个比较完整的体系。

清人对胡应麟的诗歌理论毁誉不一，但持肯定态度者仍然居多。马上嶙《诗法火传》赞扬说："宋元迄明……谈诗家集大成者，胡元瑞一人而已。"钱谦益《列朝诗集小传》则对胡应麟大加贬斥。我们认为，胡应麟的诗歌理论还是自成体系的，虽然对明诗评论欠当，但对明代以前诗人作品的评论还算公允，而且论诗细密，广征博引，理论依据能够自圆其说，应该说在明清诗歌理论发展史上占有一席之地。

胡应麟的主要贡献还是在小说理论方面。其《少室山房笔丛》以考据为主，兼及评述经史百家及道书释典，也记载了当时的一些社会风俗。其中《九流绪论》《四部正讹》《二酉缀遗》《庄岳委谈》等部分，对古代小说作了多方面的考证和精辟的分析，具有非常高的小说理论价值。胡应麟对小说的高度重视，他是从古以来第一个为小说在子书类明确地争一席之地，使之与儒、道、释等诸家平起平坐，这是非常了不起的。

总之，《少室山房笔丛》中《九流绪论》《四部正讹》《二酉缀遗》《庄岳委谈》等部分，比较集中地论述了文言小说的有关问题。胡应麟是明代重要的文学批评家，是具有广博见识与深厚人文修养的学者，审慎与精确成为他学术研究的主要原则。他对文言小说所做的理论探索，不同于当时的许多序、跋仅仅与某部具体小说的内容有密切联系，而是从古今发展的总体演变上，对不同时代不同作品的特征加以区分、概括，并作出理论上的归纳和总结。这在浙江小说理论上有着极为重要的意义。

二、胡应麟小说理论的贡献

胡应麟对小说理论有着独到的见解，他既能着眼于小说的思想内容、社会作用方面，还注意到小说的艺术特点；既对小说详细地进行分类研究，还在此基础上对各类小说的历史发展作了考源工作；既肯定明以前小说的成就，又表达一些不同看法。胡氏的小说理论分析透彻入理，论证方法也比较得当，概括起来主要有以下几个方面。

（一）胡应麟考察了小说的起源与发展流变，对"小说"概念进行了梳理和定义

胡应麟对小说的概念问题非常重视，并进行了认真的分析。他在《少室山房笔丛·九流绪论》中指出：

> 小说，子书流也。然谈说理道或近于经，又有类注疏者。纪述事迹或通于史，又有类志传者。他如孟棨《本事》、卢瑰《抒情》，例以诗话文评，附见集类，究其体制，实小说者流也。至于子类杂家，尤相出入。郑氏谓古今书家所不能分有九，而不知最易混淆者小说也。必备见简编，穷究底里，庶几得之。而冗碎迂诞，读者往往涉猎，优伶遇之，故不能精。[16]

我们知道，小说概念有着一个不断发展变化的过程，尤其是古小说总是附属于其他文学样式，每个时代都有不同的归类。所以，小说概念自古以来就是不很清晰的，这也是困扰历代小说家的一个理论问题。在以上引文中，胡应麟指出了古来小说概念最容易混淆，它既有"经"的内容，又与"史"不分家，同时又含有文学的因素，而究竟应该如何界定小说与其他文体的区别，这是弄清小说概念的关键。他认为，要搞清楚这个问题，必须"穷究底里"，对早期小说的发展历程、小说概念的演变轨迹做一番考据与研究。

胡应麟在全面掌握古小说资料的基础上，详细考察了诸子之源流，

总结了不同史籍目录对小说的分类，将古代小说概念的变迁进行了认真的梳理。他认为，不同时期小说的概念存在着很大的差异，比如班固《汉书·艺文志》中记载的《虞初周说》一书，张衡《西京赋》中有"小说九百，本自《虞初》。从容之求，实俟实储"的话。三国吴人薛综为《西京赋》注云，（《虞初》为）"小说，巫医厌祝之术……特此秘书，储以自随，待上所求问，皆常具也"。认为《虞初周说》是巫医之类的书，并非小说作品。众所周知，薛综仕孙权为官，《三国演义》中诸葛亮"舌战群儒"时，他被骂得狗血喷头，给人们留下"投降派"的印象。其实，此人是三国时代的著名学者，其学术思想还是颇有影响的，他如此认定，决不可能是无稽之谈。但既然班固和张衡都将《虞初周说》以小说视之，至少可以说明它不可能是纯粹的巫医之书，应当含有一些有趣的故事。关于这部书，胡应麟曾这样分析："盖《七略》所称小说，惟此当与后世同。方士务为迂怪，以惑主心，《神异》《十洲》之祖袭，有自来也。"也就是说，《汉书·艺文志》所载的包括《虞初周说》之类的小说，正是因为存在一些为满足皇帝好奇心而写的故事，恰恰就是这部分内容才符合后世的小说观念。这样，胡应麟就通过古今小说观念的差异，对典籍所列的小说及小说家作出了细致的区分。他的这一工作往往为学者忽略，其实这对浙江小说理论的发展产生了重大的影响，初步解决了小说概念混淆这一理论难题。

（二）胡应麟特别强调小说具有独立的文学价值和作用，肯定了小说乃是文学的一种重要文体

胡应麟一反封建传统文人对小说的不公正看法，提出了自己对小说的独特认识，他在《少室山房笔丛·九流绪论》中说：

> 小说者流，或骚人墨客，游戏笔端；或奇士洽人，搜罗宇外。纪述见闻，无所回忌；覃研理道，务极幽深。其善者，足以备经解之异同，存史官之讨核，总之有补于世，无害于时。乃若私怀不逞，假手铅椠，如《周秦行纪》《东轩笔录》之类，同于武夫之刃、谗人之舌者，此大弊也。然天下万世，公论具在，亦亡益焉。

[17]

如本书第一章所论，小说历来被封建统治者所诋毁，被封建正统文人视为"史余""诗余"，不能登大雅之堂，甚至希望它自生自灭。胡应麟则认为，小说并不是没有意义的一种文体，相反，它可以起到积极的社会作用，"有补于世，而无害于时"，为什么就不能给它一席之地呢？诚然，有些小说如《周秦行纪》之类的所谓"私小说"，自然没有长久的生命力。这属另类。他还指出，小说具有自己独特的社会作用，与"史"的注重真实有明显区别，因此，"史"与小说当是两种不同的文体，不能混为一谈。我们知道，一般的传统文人都是鄙视小说的，即使一些比较"开明"的文人能够容忍小说存在的话，也是重视所谓"实录"式的文学作品，而蔑视非实录的小说。如文学观念比较进步的唐代著名史学家刘知几就认为，只有符合史实的作品才是高雅的文学艺术，而如没有实录历史真实的《世说新语》之类的作品，那就属于粗鄙之作，不足为道。但胡应麟坚决反对这种说法，他指出："《世说》以玄韵为宗，非纪事比。刘知几谓非实录，不足病也。""刘义庆《世说》十卷，读其语言，晋人面目气韵，恍忽生动，而简约玄澹，真致不穷，古今绝唱也。"（《少室山房笔丛·九流绪论》）他认为《世说新语》之类的作品应以小说视之，不能用"纪事"的正史来要求它。其实作为小说的《世说新语》具有"史实"所不具备的"气韵"和"真致"，其语言生动而传神，人物富有个性，这实际上正是小说最有价值的地方。所以，胡应麟对《世说新语》的艺术成就进行了充分的肯定和高度评价，称之为"古今绝唱也"，大有可与《史记》相媲美之势。

胡应麟对于不同历史阶段的小说特点进行了总结，对《世说新语》等作品给予充分的肯定。对长篇小说《水浒传》的评价，也体现出他对小说特点的清醒认识。他在《少室山房笔丛·庄岳委谈》中写道：

> 今世人耽嗜《水浒传》，至缙绅文士，亦间有好之者。第此书中间用意，非仓卒可窥，世但知其曲尽形容而已。至其排比一百八人，分量重轻，纤毫不爽，而中间抑扬映带，回护咏叹之工，真有超出语言之外者。《水浒》余尝戏以拟《琵琶》，谓皆不事文饰，而曲尽人情耳。

在这里，胡应麟指出长篇小说具有"史"所没有的特点和作用，认为《水浒传》之类的作品"曲尽人情"，能够广泛深入地反映社会现实；"排比一百八人，分量重轻，纤毫不爽"，人物极富个性特征；"中间抑扬映带，回护咏叹之工"，其结构布局十分严谨。我们认为，胡应麟说这段话的用意非常明确：五经和正史能做到这些吗？因此，他认为小说是其他文体所无法取代的，有其自身独立存在的价值。正是在对小说社会作用、艺术特性认识的基础上，胡应麟"更定九流"，给小说以独立的文体地位。

　　总的来说，胡应麟认为小说是非常重要的一种文体，应当在文学史上占有重要的地位。但在传统文献学中，小说自古以来就没有独立的地位，被列为"九流十家之末"，附属于子、史两部。这正如胡应麟所说："子之为类，略有十家。昔人所取凡九，而其一小说弗与焉。"他将之独立为一流，与儒、兵、农诸家平起平坐，这是小说史上的一件大事，从理论上为小说争得了一席之地。此外，胡应麟还针对人们不重视小说的传统偏见，进一步分析指出："然古今著述，小说家特盛；而古今书籍，小说家独传。何以故哉？"原因很简单，这是因为小说的创作在不断地发展，读者群日益扩大，甚至"大雅君子"也不能抵抗其吸引力，争相阅读和参与小说创作。在这种情况下，重视小说，研究小说，并予小说以独立的文体地位，这在小说发展史上是完全必要的，也是非常及时的。他在《九流绪论》中明确认定小说为"九流"之一，并把它排列在第七位，置于道、释两家之上，成为文学中的一大类别。他的这一见解，在浙江乃至中国小说理论史上，都具有极为重要的意义。

　　由于时代的局限，胡应麟在充分肯定小说的同时，也常发表一些对小说不公正评价的意见。他有时从正统诗文的角度上批评某些小说的语言，认为其用语过于"鄙俚""词极鄙陋"；有时又从正统史学的角度上来反对"情节不实""鄙诞不根"。这种对小说自相矛盾的评论，说明他还没有彻底挣脱某些传统思想的束缚，也说明传统力量的影响是多么根深蒂固！尽管如此，他对小说的以上论述，已经为小说能够作为一种独立而重要的文体作出了非常重要的贡献，在小说发展史上具有里程碑式的意义。

（三）胡应麟对文言小说进行分类研究，并探讨了各类小说的源流

胡应麟对文言小说进行细致的分类，这是他对小说理论的一个重要贡献。他在《少室山房笔丛》之《九流绪论》（下）中指出：

> 子之为类，略有十家，昔人所取凡九，而其一小说弗与焉。然古今著述，小说家特盛；而古今书籍，小说家独传。何以故哉？怪力乱神，俗流喜道，而亦博物所珍也；玄虚广莫，好事偏攻，而亦洽闻所昵也。谈虎者矜夸以示剧，而雕龙者闲掇之以为奇；辩鼠者证据以成名，而扪虱者类资之以送日。至于大雅君子，心知其妄，而口竞传之，旦斥其非，而暮引用之，犹之淫声丽色，恶之而弗能弗好也。夫好者弥多，传者弥众；传者日众，则作者日繁。夫何怪焉？[18]

如上文所言，胡应麟对小说兴盛的原因进行了分析，但他主要强调"欣赏者日多"刺激了小说的创作，这样分析就显得比较片面，未能从文学发展的必然规律和社会诸因素方面做深入的探索，因而所论未免有些肤浅。但他对视小说为"怪力乱神"的看法不以为然，肯定"俗流喜道""博物所珍""洽闻所昵"，指出大雅君子对待小说言行悖违的态度，这些见解还是比较符合实际的。

接着，胡应麟又为小说进行了具体的分类：

> 小说家一类，又自分数种：一曰志怪，《搜神》《述异》《宣室》《酉阳》之类是也。一曰传奇，《飞燕》《太真》《崔莺》《霍玉》之类是也。一曰杂录，《世说》《语林》《琐言》《因话》之类是也。一曰丛谈，《容斋》《梦溪》《东谷》《道山》之类是也。一曰辨订，《鼠璞》《鸡肋》《资暇》《辨疑》之类是也。一曰箴规，《家训》《世范》《劝善》《省心》之类是也。丛谈、杂录二类最易相紊，又往往兼有四家，而四家类多独行，不可搀入二类者。至于志怪、传奇，尤易出入，或一书之中，二事并载；一事之内，两端具存。

姑举其重而已。[19]

我们知道，以前的目录著作大都把小说笼统地纳入子、史两类而不作进一步的划分。刘知几《史通·杂述》虽有简单的分类，但也只是立足于史学角度来划分的，自然很不科学。而胡应麟则把小说分为志怪、传奇、杂录、丛谈、辨订、箴规等六类，并且举出一些作品为例来加以说明。这就把一切不能入于经史集部而又于子部不能独成一家的杂书都划归小说类了。遗憾的是，他没有详细说出每一类的划分依据，只是在各类后列出四部代表作品，但我们自己可以体会得出。实际上，这六类基本上是依据作品内容而划分的。后来纪昀在《四库全书总目提要》中将缺乏文学性的"辨订""箴规"删去，还是颇有见地的，因为它们与"小说"的距离确实太远了。经过纪昀删去后，小说的概念显得更为严密。但纪昀毕竟是正统的封建文人，对小说有很大程度的偏见，所以他把非常具有小说特征的"传奇"也删去了，这是他对小说错误认识的反映。其实，胡应麟的分类在今天看来明显不够精细，但在当时确是一个进步，至少比起以后的《四库全书总目提要》有远见得多。他的这些见解，对我们研究小说理论史颇有参考价值。

我们认为，胡应麟对小说的分类有一定的科学性。他综合了刘知几的十分法和罗烨的八分法，剔除十分法中实属史类的"偏记""邑簿"，合并八分法中的"灵怪""烟粉""传奇""神仙""妖术"为"志怪""传奇"两类，确实有其合理之处。因为"邑簿""地理书"之类，根本没有小说因素，而"灵怪""神仙""妖术"则有相通甚至重复之处，"烟粉""传奇"也基本属于同一类，不宜再进行细分。我们认为，胡应麟所作的这些剔除与合并工作，使小说的特点显得更为鲜明。

需要指出的是，胡应麟所说的"小说"，仅仅是指文言笔记小说，他把话本小说拒之门外，显然是有欠妥当的；而他又把"辨订""箴规"划归小说，则说明他仍然没有彻底更新传的小说概念。他认为小说的内容相当复杂，虽不是包罗万象，但相当芜杂。在胡应麟脑子里，"小说"的概念范围非常宽泛，不过，可贵的他凭借天才理论家的敏感，还是觉得小说毕竟有其自身的体制，与经、史、注疏、志传有着极大的差别。所以，他指出小说"近于经""类注疏""通于史""类志传"，应当是独立的一种文学样式。

我们应当注意的是，胡应麟在其为小说的分类中，没有历史演义小说，可能他认为演义小说不属于小说的范畴，或者他还是受传统文学观念的影响，认为它太"失实"了，算不上高雅的文学作品。

胡应麟在对小说分类的基础上，又对各类小说的历史发展作了细致的考源工作，这也是他对小说理论的一大贡献。他说：

> 小说卷帙繁重者，《太平广记》之五百，《夷坚志》之四百，极矣，而不知《虞初》之九百也。秦汉之篇，即唐宋之卷，《太史公书》一百三十卷，汉志作百三十篇。然三代之书，至繁不过百卷，不应《虞初》卷多乃尔。[20]

> 《飞燕》，传奇之首也；《洞冥》，杂俎之源也；《搜神》，《玄怪》之先也；《博物》，《杜阳》之祖也。魏晋好长生，故多灵变之说。齐梁弘释典，故多因果之谈。
> 小说，唐人以前，纪述多虚，而藻绘可观。宋人以后，论次多实，彩艳殊乏。盖唐以前出文人才士之手，而宋以后率俚儒野老之谈故也。[21]

> 今世传街谈巷语，有所谓演义者，盖尤在传奇杂剧下。然元人武林施某所编《水浒传》特为盛行，世率以其凿空无据，要不尽尔也。[22]

胡应麟的这些见解是值得我们重视的，如他认为，《燕丹子》三卷，当是"古今小说杂传之祖"。"《飞燕》，传奇之首也；《洞冥》，杂俎之源也；《搜神》，《玄怪》之先也；《博物》，《杜阳》之祖也。""古今纪异之祖，出《虞初》前。""凡变异之谈，盛于六朝，然多是传录舛讹，未必尽设幻语，至唐人乃作意好奇，假小说以寄笔端。"胡应麟在分析考察小说的演变过程时，也注意探讨小说与时代的关系。他以"魏晋好长生，故多灵变之说；齐梁弘释典，故多因果之谈”为例来说明这一点。有时，他还将时代、作者、作品三者联系起来进行分析，如他认为，小说在唐以前"出文人才士之手"，则"纪述多虚""藻绘可观"；宋以后"率俚儒野老之谈"，则"论次多实""彩艳殊乏"，等等。以上这些分析，不乏精辟高明之处。

胡应麟无意梳理小说的发展，但他在评述历代小说时，却涉及了小说各个时期的特点及流变。并且认为演义小说属于"今世"的小说，与"街谈巷语"的古小说是一脉相承的。但他坚持认为演义小说与其他小说不同，它应当是写实的，否则，就是败笔。这表明胡应麟对小说总结过程中出现的片面性。他在《少室山房笔丛》之《庄岳委谈》（下）写道：

> 古今传闻讹谬，率不足欺有识。惟关壮缪明烛一端，则大可笑，乃读书之士，亦什九信之。何也？盖由胜国末，村学究编魏、吴、蜀演义，因《传》有"羽守邳，见执曹氏"之文，撰为斯说，而俚儒潘氏，又不考而赞其大节，遂致谈者纷纷。案《三国志·羽传》及裴松之注，及《通鉴》《纲目》，并无其文，演义何所据哉？[23]

"关壮缪明烛"一事见毛宗冈评本《三国演义》第二十五回。关羽在迫不得已的情况下，与曹操约法三章，暂时投降，守护刘备的两位夫人。曹操欲乱其君臣大伦，夜给一屋，想让关羽与两位嫂嫂同住。关羽手持火烛于户外，通宵达旦，毫无倦意。胡应麟对演义小说中的这节故事没有依据，属于虚构乱造，对此大为不满。在他看来，演义小说必须依据正史，不能违背历史事实，更不能生造。《三国志》及注既没有关羽这件事的记载，那么演义小说也就不该妄加增添，否则便"大可笑"。其实，可笑的倒是胡应麟本人。他坚持演义小说必须实录，一丝一毫不能增饰，这就走上了极端。事实上，任何演义小说，都不可能没有作者的加工改造；而为了刻画人物，鲜明地突出人物的个性，张冠李戴也是允许的，增删情节更是常见的现象。

胡应麟批评《水浒传》，标准则出现了变化，对这部的虚构予以充分肯定，大概他认为它属于演义小说。他称赞《水浒传》"皆不事文饰，而曲尽人情耳""至缙绅文士，亦间有好之者。第此书中间用意，非仓卒可窥，世但知其形容曲尽而已。至其排比一百八人，分量重轻，纤毫不爽，而中间抑扬映带，回护咏叹之工，真有超出语言之外者"。这说明除了演义小说之外，他还是主张虚构、反对实录的。但胡应麟时代毕竟普遍歧视小说，所以他又接着说："余每惜斯人，以如是心，用于至下之技。然自是其偏长。"[24]而且，他反对历史演义小说虚构，这是明显的理论缺陷。

　　胡应麟于万历十七年（1589）至万历二十年（1592）整理出《少室山房笔丛》，而开笔撰写的时间要更早一些。那个时候，社会上风行的主要是《三国演义》和《水浒传》，而神魔小说崭露头角，尚未普遍流行，影响不大。胡应麟所见的通俗小说毕竟是有限的，加之很大程度上他仍然保持了正统的文学观，故对通俗小说并不十分重视，这就影响了他对通俗小说的研究和批评。因此，他在评述总结前人文言小说创作特点、原因时，颇多精湛的论述，而对当时兴起的通俗小说，批评却很贫乏，这是他小说批评的一个重大局限。不过，另一位浙籍小说家凌濛初却为他填补了这一理论缺憾。

　　（四）胡应麟归纳了小说的基本特征，认为"虚构"等乃是小说成熟的标志

　　如上文所述，胡应麟在《少室山房笔丛》之《九流绪论》（下）中曾说："小说者流，或骚人墨客，游戏笔端；或奇士洽人，搜罗宇外。纪述见闻，无所回忌；覃研理道，务极幽深。"他看到了古小说的内容并非都属纪实，无论作家"游戏笔端"，抑或"搜罗宇外"，所记"无所回忌"，难说都是实事。所以，他在《少室山房笔丛·九流绪论》中又进一步指出："小说，唐人以前，纪述多虚，而藻绘可观。宋人以后，论次多实，而彩艳殊乏。"他将唐传奇及魏晋小说与宋人小说进行比较，认为前者虽然"纪述多虚"，但"藻绘可观"，显得生动形象，具有很高的艺术价值；而宋人小说倒是"论次多实"，符合正统文人的欣赏趣味，当算"高雅"的文学样式，但读来枯燥而乏味，缺乏艺术感染力。

两相对照，优劣分明，因此，小说的虚构是其非常重要的特点。

胡应麟还指出：

> 古今志怪小说，率以祖《夷坚》《齐谐》。然《齐谐》即《庄》，《夷坚》即《列》耳。二书因极诙诡，第寓言为近，纪事为远。[25]

他以《夷坚志》《齐谐记》为志怪小说之祖，虽说有因，然未必是实。但他以多谈天下奇异之说的《庄子》和多寓言传说的《列子》作比，揭示两书特征，说明他认为小说并非以纪实问世的。事实上，中国小说的形成如千流汇合江河，神话、传说、寓言、俳谐、笑话故事，都是其中的涓涓细流。因而小说谈不上是纯粹的实录，也不必如史书记事那样实录。当然，胡应麟说唐人以前的小说"纪述多虚"，并不是说古小说家有意虚构故事。他在《少室山房笔丛》之《二酉缀遗》（中）中写有一段非常著名的话：

> 凡变异之谈，盛于六朝，然多是传录舛讹，未必尽设幻语。至唐人乃作意好奇，假小说以寄笔端。如《毛颖》《南柯》之类尚可，若《东阳夜怪录》称成自虚，《玄怪录·元无有》，皆但可付之一笑，其文气亦卑下亡足论。宋人所记，乃多有近实者，而文彩无足观。本朝《新》《余》等话，本出名流，以皆幻设，而时益以俚俗，又在前数家下。惟《广记》所录唐人闺阁事，咸缔有情致，诗词亦大率可喜。[26]

胡应麟认为，六朝小说多载"变异之谈"，但作家并非有意虚构，亦非明知其幻而录，作家只求有所依据，而不问所依据的是实是虚，因而多属"传录舛讹"。唐代文学家才开始自觉意识到小说可以"尽设幻语"。所谓"作意好奇，假小说以寄笔端"，即指唐代作家自觉突破实录观念，虚构创作，寄托寓意。胡应麟还认为，小说描写人物应当："分量轻重，纤毫不爽"，情节安排应当"作意好奇""针工密致"，语言要"藻绘可观""多俊语"等，他认为这就"有足采者"。这些，都说明小说艺术最终在唐代完全成熟。胡应麟对唐人小说有足够的了解，而且反映了他对小说艺术特点有一定的认识，标志着浙江小说理论发展的一个质的飞跃。

胡应麟在以上认识的基础上，进一步指出虚与实并非衡量小说的唯一尺度，虚幻内容的作品有成功的，也有失败的。如韩愈的《毛颖传》、李公佐的《南柯太守传》，有寄托有寓意，方可称道；而无名氏的《东阳夜怪录》、牛僧儒的《元无有》，则文气卑下，不足为道。同样，写实的作品亦非皆可称道，同样有成功的也有失败的。宋人传奇多有近实的，其实在艺术上远远不如唐传奇，没有多少文学价值，即是这个道理。胡应麟以寄慨、文气、文彩等作为衡量小说成就高低的标准，未必就完全正确，但他衡量小说不以虚实为标准，这反映了他对小说的真知灼见，这是非常不容易的。

（五）胡应麟在文言小说的辨伪正讹方面进行了深入研究，成为"辨伪学"的开山鼻祖

《少室山房笔丛》之《四部正讹》，专门辨析一切伪书，并且注重理论方法，这也是他对小说研究的一个重要贡献。他在书中写道：

> 凡核伪书之道，核之《七略》，以观其源；核之群《志》，以观其绪；核之并世之言，以观其称；核之异世之言，以观其述；核之文，以观其体；核之事，以观其时；核之撰者，以观其托；核之传者，以观其人。核兹八者，而古今赝籍无隐情矣。[27]

胡应麟阐明了辨伪的重要性，并进一步指出伪书的种类和来历，辨伪的具体方法以及辨伪的详细过程，使其总结出一套比较完整的理论体系，甚至成为一门学问，即"辨伪学"。他的《四部正讹》，也就成为辨伪学的第一部专著。他所概括的辨伪"八大原则"，就是辨伪学的核心内容，其理论方法至今都有重要的现实意义和参考价值。

胡应麟不仅提出了"辨伪学"的理论，而且还有具体的实践。他利用自己的理论对古代文言小说进行了辨析，结果是得出了比较正确的结论，事实证明他的"辨伪学"是比较科学的。如关于《燕丹子》

一书，他指出："古今小说杂撰之祖，然《汉书·艺文志》无之。……余谈之，其文彩诚有足观，而词气颇与东京类。盖汉末文士，因太史《庆卿传》增益怪诞为此书。"他从史志流传与语言风格这两方面进行核实，以正其真讹。再如关于《汉武帝内传》与《洞冥记》，他则从撰者人品与文风方面进行鉴别，对于前者，他认为"详其文体，是六朝人作，盖齐、梁间好事者为之也"；对于后者，他认为（既）"题郭宪子横，亦恐赝也。宪事世祖，以直谏闻。忍描饰汉武、东方事，以导后世人君之欲。且子横生西京末，其文字未应遽尔，盖六朝假托，若《汉武故事》之类也"。他对其他书籍的辨伪均诸如此类，此处不一一列举了。

胡应麟根据"八大原则"，从撰者人品、创作动机、语言风格、史志流传、文体特征、创作年代等方面，对古小说进行辨析正讹，既有理论建树，又有具体例证实绩，理论鞭辟入里，实绩也颇典型，这真是一个了不起的贡献，可谓"辨伪学"的奠基人。

总之，胡应麟不愧是明代小说理论的集大成者，他对文言小说的分类和源流论述基本上符合文学史实际，他在这一领域所作的贡献是相当大的，对于文言小说理论的发展功不可没。值得一提的是，其小说理论对后世产生了巨大影响，尤其是对鲁迅的影响非常大，《中国小说史略》中的不少重要论断，都借鉴了胡应麟的小说理论见解。

第四节　凌濛初：明代通俗小说理论家

明代中后期，随着政治、经济和哲学思潮的发展，小说创作也出现了一个全新的发展态势。特别是浙江的印刷业非常发达，不但使出版大量长篇小说成为可能，而且注意对宋元以来白话短篇小说的收集整理加工，使白话短篇小说由说书人的底本发展为书面文学，这为"二拍"的出现奠定了基础，为凌濛初通俗小说理论的出现提供了可能。凌濛初的理论见解是对浙江通俗小说实践的总结与思考，大大推动了浙江通俗小说的健康发展。

明代通俗小说理论家凌濛初，为明代后期浙江最重要的小说家和小说理论家。他的小说主张的主要成就是，特别重视现实日常生活，指斥时事，形成了一种新的倾向。他提出"真奇出于庸常""幻而能真"的观点，论述了奇与常、真与幻之间的辩证关系。他的关于通俗小说理论的见解，大大丰富了浙江小说理论的内涵，对浙江小说理论由文言到白话、由雅到通俗的演变作出了重要的贡献。

一、凌濛初的生平与文学活动

凌濛初（1580—1644）是浙江明代时期最著名的小说家之一。他字玄房，号初成，亦名凌波，一字波厈，别号即空观主人。浙江乌程（今湖州）人。出身于官宦家庭，祖父凌约言是嘉靖十九年进士，官至南京刑部员外郎。父亲凌迪知为嘉靖三十五年进士，曾任常州府同知、大名府通判等职，后来辞官回家，与兄弟凌稚隆一起从事编纂工作。因此，凌氏家族文学气氛浓厚，藏书自然非常丰富，凌濛初就是在这样的环境下长大成人的。

凌濛初虽然出身豪门世家，但他幼年时代家道就已经衰落了。更可悲的是，他年纪轻轻，却屡遭失去亲人的变故，支撑家业的重任过早地落到了他的肩上。凌濛初具有文学家的天赋，可惜他早年热衷于科举，后来又不得不占用大量时间从事刻书的祖业，这对他不能不说是个损失。但凌濛初的刻书和文学创作，都为浙江文学的发展立下了汗马功劳，是中国小说史上的重要作家。

凌濛初自幼就天资聪慧，很早就已有文名。但他的仕途却非常不顺利，十二岁入学，十八岁补廪膳生，应举入试，却四中副榜，这对才华出众、志存高远的凌濛初来说，无疑是仕途之路的当头一棒，受到的打击可想而知。他曾作墓志铭云："公试于浙，再中副车；改试南雍，又中副车；改试北雍，复中副车，乃作《绝交举子书》，为归隐计。将于杼山戴山间营一精舍，以终老焉。"表现了他对科名的绝望情绪。后来他被南赣巡抚潘昭度聘为幕僚。天启年间（1621—1627），凌濛初又入都就选，直至崇祯七年（1634）五十五岁时才以优贡授上海县丞，兼署令事，"催科抚字，两无失焉"（《墓志铭》）。办理漕运，输粟入京，尽职尽责。八个月后，又署海防事，创立井字法，清理盐场积弊。他在任八年，颇有政绩。崇祯十五年（1642）再擢为徐州通判，分署房村，料理河道之事。因治理黄河有功，他受到两淮巡抚路振飞的多次表彰。

崇祯十六年（1643），陈小乙领导的农民起义爆发，兵备淮徐的何腾蛟奉命前往镇压，凌濛初向何腾蛟献《剿寇十策》，受到何腾蛟的称赞，后他又单骑赴起义军大营，说服陈小乙，使其心悦诚服，与扫地王等率众归降。因平叛有功，他被授予楚中监军佥事，不赴，仍留房村治河。崇祯十七年（1644），他在房村被李自成农民起义军一部围困，在外无救兵、内无粮草的情况下，凌濛初拒绝投降，困守城楼，最后大呼"无伤吾百姓"，遂呕血而死，终年六十五岁。

凌濛初在戏曲小说方面取得了很大的成就，是当时最多产的文学家之一。其中最著称于世的是他的拟话本小说集《拍案惊奇》和《二刻拍案惊奇》，即著名的"二拍"。他的戏曲有杂剧九种，大多散佚，今仅存《识英雄红拂莽择配》《虬髯翁正本扶馀国》《宋公明闹元宵》三种。所作传奇《乔和衫襟记》，仅存部分曲词，收在他编选的《南音三籁》中。杂剧《红拂三传》以红拂、虬髯客、李靖各主一传，但李靖一传未见，今尚存《识英雄红拂莽择配》《虬髯翁正本扶馀国》两传。汤显祖非常欣赏凌濛初的戏曲创作，并给予很高的评价："缓隐浓淡，大合家门；至于才情，烂漫陆离，叹时道古，可笑可悲，定时名手。"[28] 此论是比较符合实际的。

"二拍"的创作方式与冯梦龙的"三言"不同，并不是改编前人的现有资料，而是基本属于凌濛初个人独立创作。当然，小说集中的不少作品都有材料来源，对此，谭正璧《三言二拍资料》对此考据甚详。如前所说，作者是"取古今来杂碎事可新听睹、佐谈谐者，演而畅之"。孙楷第说的好，作家只是"借一事而构设意象，往往在原书中不过数十字，记叙旧闻，了无意趣。在小说中则清谈娓娓，文逾数千，抒情写意，如在耳目。化神奇于臭腐，易阴惨为阳舒，其功力亦实等于创作"。笔者对这种见解是颇为服膺的。

二、凌濛初的通俗小说理论

凌濛初在通俗小说理论方面的贡献主要体现在他为自己的作品所写的序跋及一些小说里面的议论中。概括起来主要有以下几个方面：

（一）关于小说创作的动机与过程

凌濛初主张创作小说应遵循"劝善惩恶，有益风化"的宗旨，但当时文坛上的现状使他非常不满，作为封建士大夫，他决定以实际行动改变这种现象。他在《拍案惊奇·序》中讲到自己对当时文坛的看法：

> 宋元时，有小说家一种，多采闾巷新事，为宫闱应承谈资，语多俚近，意存劝讽，虽非博雅之派，要以小道可观。近世承平日久，民佚志淫，一二轻薄恶少，初学拈笔，便思污蔑世界，广摭诬造，非荒诞不足信，则亵秽不忍闻，得罪名教，种业来生，莫此为甚。[29]

他认为小说必须"意存劝讽"，而当时流行的小说，却是"广摭诬造""亵秽不忍闻"，荒诞不经，有伤名教，完全背离了创作小说的原则。凌濛初严厉批评了当时创作风气的堕落，作品格调的低下，他主张小说要传道，要"劝善惩恶，有益风化"。

基于这样一种思想和文学观，凌濛初开始了他的小说创作之路。具体创作过程，他在自己的文章中也有详细的表述。

《拍案惊奇》创作于明熹宗天启七年（1627）。当时凌濛初科场失意，在南京闲居。他不甘寂寞，遂借小说创作以发泄自己的郁闷，同时也想通过自己的创作，纠正当时文坛上的不良倾向。他在《二刻拍案惊奇小引》中说："丁卯之秋，事附肤落毛，失诸正鹄。迟徊白门，偶戏取古今所闻一二奇局可纪者，演而成说，聊舒胸中磊块。非曰行之可远，姑以游戏为快意耳。……为书贾所侦，因以梓传请，遂为抄撮成编，得四十种。"[30]凌蒙初创作《拍案惊奇》受冯梦龙的影响颇大，他说："独龙子犹氏所辑《喻世》等诸言，颇存雅道，时着良规，一破今时陋习；而宋元旧种，亦被搜括殆尽。肆中人见其行世颇捷，意余当有秘本，图出而衡之。不知一二遗者，皆其沟中之断，芜略不足陈已。因取古今来杂碎事可新听睹、佐谈谐者，演而畅之……"[31]《拍案惊奇》于崇祯元年由尚友堂刊行。凡四十卷，每卷为一个独立的短篇，以自相对偶二句作为篇名。首有"即空观主人"《拍案惊奇序》和《拍案惊奇凡例》，书中有眉批和行侧批千余条，批者已不可考。

《拍案惊奇》印行后极为畅销，大大鼓舞了凌濛初的创作热情，正如他在《二刻拍案惊奇小引》中所说："贾人一试之而效，谋再试之。余笑谓：'一之已甚。'顾逸事新语可佐谈资者，乃先是所罗而未及付之于墨，其为柏梁余材、武昌剩竹，颇亦不少。意不能恝，聊复缀为四十则。"于是，崇祯五年（1632）又完成了《二刻拍案惊奇》的创作。"二刻"的体例与《拍案惊奇》相同，也是四十卷，卷首题为自相对偶的二句，首有"睡乡居士"《二刻拍案惊奇序》和"即空观主人"（凌濛初）《二刻拍案惊奇小引》，书中有眉批和行侧批近千条。《二刻拍案惊奇》仍由尚友堂刊行，可惜的是崇祯五年尚友堂原刊本已佚，现仅存尚友堂部分原版的重印本。

（二）凌濛初非常重视现实日常生活，指斥时事，形成了一种新倾向

他提出"真奇出于庸常""幻而能真"的观点，这就大大丰富了通俗小说理论的内涵，是对浙江小说理论的重大贡献。

凌濛初把他的拟话本集命名为"拍案惊奇"，写日常生活，而又追求新奇。但以什么样的素材去达到这种令人惊奇的艺术效果，凌濛初与前人有着截然不同的看法。他在《拍案惊奇·序》中写道：

　　语有之："少所见，多所怪"。今之人但知耳目之外，牛鬼蛇神之为奇，却不知耳目之内，日用起居，其为谲诡幻怪，非可以常理测者固多也。昔华人至异域，异域咤以牛粪金。随诘华之异者，则曰：有虫蠕蠕，而吐为彩绘锦绮，即可以衣被天下。彼舌挢而不信。乃华人未之或奇也。则所谓必向耳目之外索谲诡幻怪以为奇，赘矣。[32]

这段话通过浅显的比喻，将自己的主张表达得非常明确。众所周知，绸缎锦衣是由蚕丝织成的，对生产蚕丝的中国人来说是一种常识，毫不足怪，但对那些没有养蚕业的国家的人来讲，就感到非常奇怪，更不敢相信如此华丽的衣服竟然源于小虫子吐的丝！凌濛初举这个例子旨在说明，"奇"并不神秘，它其实就在日常生活之中。追求新奇不必到耳目之外去索取，日用起居，耳目之内，人们熟悉常见的，"凡耳目前怪怪奇奇，当以无所不有"。其艺术要求是非常具体和明确的，特别具有可操作性。我们说，"二拍"就是他这一理论的成功实践，证明该理论具有很高的文学价值。

　　凌濛初认为，现实生活的题材之所以不受重视，那是因为"画犬马难，画鬼魅易"[33]。道理很简单，犬马为人们所常见，要画成功必须生动传神；而鬼魅谁都没有见过，也就是说，它没有客观的鉴赏标准，想怎么画就怎么画，不受任何约束。凌濛初批评小说家脱离现实描写鬼怪蛇神，认为这是避难就易。他的这种写实主义主张在浙江乃至中国小说理论史上都具有进步意义。我们知道，唐前小说多搜神述异，距离实际生活太远。唐人小说开始把目光转向现实生活，但其主要描写对象还是那些非常之事，非凡之人，所以称之为"传奇"。而凌濛初则反对搜奇志怪，要求作家写普通人的日常生活，认为日常生活中那些不可以常理推测的事情才是真正令人称奇的素材。这种以"常"代"奇""常"中求"奇"的思想，就是要求小说描写"闾巷新事"，反映了当时市民阶层进入文学表现对象行列的强烈愿望。因此，凌濛初的创作体现了现实主义创作理论在前人基础上又有了进一步的发展。

　　"二拍"的题材仍大部分取材于前人的现成资料，但也有近四分之一的作品取材于现实生活。但不管取材历史还是现实，其标准都是要求写新奇之事，其中又特别注意取材日常生活中的奇事、趣事。作者对日常"奇"事的重视，正表现了他对明代普通人的关注，对所谓"小人物"的重视，这实际上为文学的平民化进展立下了汗马功劳。

　　"二拍"中的作品，大多都是描写的奇人奇事。"初刻"卷一中的主人公文若虚做任何生意都折本，一奇；一筐橘子使他大发其财，再奇；返回途中无意拣了一个大龟壳而成为巨富，更奇。众所周知，经营商业本来偶然性就很大，发财与折本是常有的事。所以，这部小说虽奇而又奇，其实却有着真实的生活基础。而且作者在叙述每件事情时，都能交待清楚其前因后果，显得脉络十分清晰。如文若虚做扇子生意折本，原因是"自交夏来日日淋雨不晴，并无一毫暑气，发市甚迟"。文若虚屡屡折本，自然缺少本钱，只好带些极便宜的"洞庭红"随商队出海，不料反引起外国人的好奇，赚了一大笔钱。如此写来，虽奇但令人感到真实可信，具有一定的说服力。"二拍"的题材仍大部分取材于前人的现成资料，但也有近四分之一的作品取材于现实生活。但不管取材历史还是现实，其标准都是要求写新奇之事，其中又特别注意取材日常生活中的奇事、趣事。作者对日常"奇"事的重视，正表现了对明代普通人的关注，为文学的平民化进展立下了汗马功劳。

（三）文人创作的自我意识

凌濛初的"二拍"的创作方式与冯梦龙的"三言"有很大不同，它并不是改编前人的现有资料，而是基本属于凌濛初个人独立创作的。当然，小说集中的不少作品也有材料来源，对此，谭正璧《三言二拍资料》考据甚详。但作者要么独立创作，要么对原故事进行全新的改造。如前所说，作者是"取古今来杂碎事可新听睹、佐谈谐者，演而畅之"。孙楷第说的好，作家只是"借一事而构设意象，往往在原书中不过数十字，记叙旧闻，了无意趣。在小说则清谈娓娓，文逾数千，抒情写意，如在耳目。化神奇于臭腐，易阴惨为阳舒，其功力亦实等于创作"。[34]笔者对这种见解是颇为服膺的。

如前文所述，"二拍"与冯梦龙的"三言"不同，它是文人的独立创作。也就是说，"二拍"是凌濛初按照自己的心性自由而主动创作的。他的每篇小说都有一个明确的创作目的，即通过这个故事想要说明一个什么道理。如此以来，文人作者在小说创作中就流露出明显的自我意识。

由于作者的主体意识过强，总想以小说表现自我的精神与观念，加之为了在叙事中呈现自己的个性，作品出现了大量的议论。因而造成"二拍"中的不少人物活动总是遵循着作者观念的逻辑，而不是遵循现实生活中的规律，使得小说的现实主义精神受到严重损害。作为话本小说的"二拍"，这种体制本身就为叙述者提供了广阔的议论空间，而穿插在叙述中的议论过多，甚至造成议论的尖锐性和深刻性超出了形象的内涵。如"初刻"卷八写一个讲义气的强盗乌将军的故事，而入话开头的一段议论，却把那些为非作歹的官宦公子举人秀才比作大盗，予以猛烈地抨击，提出"衣冠多盗贼，盗贼有英豪"的深刻论点。其实，这样的重大论点是小说形象所不能负载的。《进香客莽看金刚经》中说到水灾引发出大段对商贩作用与禁商之害的议论，《焦文姬生仇死报》中对男女不平等的议论等，都充满作者的愤慨，其认识往往能切中时弊，但小说的职能主要靠形象或故事本身来实现，过多的议论会削弱作品的艺术感染力，这又成为凌濛初在小说理论方面存在的缺陷。

（四）艺术技巧论

凌濛初在文学语言上主张自然，反对藻饰。他在戏曲理论《南音三籁》中谈到了文学语言问题，主张文学语言不宜雕琢，要通俗易懂。他认为纤柔细腻的语言会使客观事物显得"模糊虚假"。至于作品的结构，他也不喜欢幻想之事和超自然的精心设计，认为越自然越好。凌濛初在创作之前确定了创作意向，以既定的意向安排故事，谋篇布局，使小说成为一个和谐的整体。作者追求小说以"奇"取胜的艺术效果，使小说在保持道德训诫功能的前提下，摆脱了"寓言"性而获得了独立的艺术价值。

凌濛初认识到细节真实的重要性，认为细节的逼真是诱使读者进入虚构情境之中的必要手段。因此，"二拍"的细节描写比较多，尤其是一些在情节中起重要作用的细节，作者除了描写外，还要加以解说，以使读者确信无疑，这就大大增强了小说故事的感染力。

在话本小说文体发展中，"二拍"起了定型化的作用。"二拍"的入话与正话在主题思想上有着密切的关联，对于正话来说，入话已不再是可有可无的部分。入话本于说话中的"头回"。本来，"头回"是说书艺人在正文（正话）开讲之前，为了肃静场子或等待迟到的听众，故意用无关紧要的若干首诗词或若干较短故事所做的开场白。从口头文学的说话到书面文学的话本小说，入话的体制被保留了下来，但早期话本小说中的入话仍存在着与正话主题没有内在联系的现象，"入话"纯属多余的东西。到了凌濛初的"二拍"，入话便完全成为话本小说的有机组成部分，对正话的主题起着阐释、深化的重要作用，这是凌濛初在文学上的一大突出贡献。他的这种结构形式在"二拍"中相当稳定，形成了一种独特的叙述模式。在这一模式中，不仅入话故事与正话主题一致，而且这些故事都包裹在叙述者的评论之中，反复的主观判断使得小说故事叙述的主旨更为明确。如《恶船家计赚假尸银》一篇，入话和正话故事的主题在作品一开始的长篇议论中就定下了。作者议论道：

> 如今为官做吏的人，贪爱的是钱财，奉承的是富贵，把那"正直公平"四字，撇却东洋大海。明知这事无可宽容，也将来轻轻放过；明知这事有些尴尬，也将来草草问成。竟不想杀人可恕，情理难容。那亲动手的奸徒，若不明正其罪，被害冤魂何时瞑目？至于扳诬冤枉的，却又六问三推，千般锻炼，严刑之下，就是凌迟碎剐的罪，急忙里只得轻易招成，搅得他家破人亡，害他一人，便是害他一家了。

接下来，小说正话所讲的命案故事，都是为了突出这一主题。而且在故事讲完之后，作者又进一步强调指出："所以说，为官为吏的人，千万不可草菅人命，视同儿戏。假如王生这一桩公案，惟有船家心里明白，不是姜客重到温州，家人也不知家主受屈，妻子也不知道丈夫受屈，本人也不知自己受屈，何况公庭之上，岂能尽照覆盆？慈祥君子，须当以此为鉴！图圄刑措号仁君，吉网罗钳最枉人。寄语昏污诸酷吏，远在儿孙近在身。"这样的艺术处理，也就进一步深化了小说的主题和内涵。

此外，"二拍"还有一个非常重要的创新，那就是用自创的诗词韵语来代替话本小说旧有套语，使韵语部分与散文叙述部分联系得更加紧密，也更具个性化，这实际上是书面文学走向成熟的一个显著标志。

总之，凌濛初的小说见解是非常独到的，尤其是大大丰富了通俗小说的理论内涵，为浙江白话小说的发展产生了重要的影响，在浙江乃至中国小说史上有着极为重要的意义。

第五节　蒋大器：明代历史演义小说理论家

蒋大器是明代浙江著名小说理论家，历史演义小说理论的代表人物。他的《三国志通俗演义·序》是现存最早的一篇批评《三国演义》的文章，也是我国第一篇通俗长篇小说的专论。这篇短文奠定了我国历史小说理论的基础，为浙江乃至中国通俗小说和历史小说的发展作出了巨大的贡献。

一、蒋大器及其著述背景

长篇通俗小说《三国演义》的出现，标志着我国小说创作进入了一个新的历史阶段。《三国演义》是一部历史小说。作者在宋元讲史话本的基础上，根据历史事实和民间流传的三国故事，加以适当的选择、剪裁、编排，再杂以作者本人的想象和捏合，编写成了这样一部成功的作品。历史证明，它是我国历史小说中最优秀最流行的一部。它的问世，不仅激发了大批作家创作历史小说的热情，而且也将小说理论批评引进了一个新的领域。

《三国演义》的版本很多，如明万历年间刘龙田乔山堂刊本、万历二十年（1592）余氏双峰堂刊本、万历年间汤宾尹校本及朱鼎臣辑本的《三国志传》，明建阳吴观明刊本、吴郡宝翰楼刊本、清初吴郡绿荫堂覆明本的《李卓吾先生批评三国志》，附有李渔眉批的《笠翁评阅绘像三国志第一才子书》，毛纶、毛宗岗父子的评改本《第一才子书：三国演义》等等。但目前我们能见到的最早的《三国演义》刻本，是嘉靖元年（1522）刊印的《三国志通俗演义》。该刊本不分回，共有二十四卷、二百四十则，卷首署"晋平阳侯陈寿史传、后学罗本贯中编次"。并附有庸愚子作于弘治七年（1494）的《序》，以及修髯子（张尚德）作于嘉靖十五年（1642）的《引》。一般学者都认为，这个明刻本是最接近原作的一个本子，历来最受人们重视。1980 年 4 月上海古籍出版社出版的《三国志通俗演义》，即以此为底本刊印。

序文作者庸愚子，即蒋大器，生卒年及生活经历均无可考。他一生给后人留下的唯一一文学遗产就是《三国志通俗演义·序》这篇文章。通过文后落款"弘治甲寅仲春几望庸愚子拜书"可知，他号庸愚子，该文作于明代弘治甲寅年（1494）。又，序文后有"金华蒋氏"和"大器"两个图章，方知作者为蒋大器，是浙江金华人。

二、《三国志通俗演义·序》的理论贡献

这篇序文并不就事论事，仅仅局限于《三国演义》这一部小说，而是高屋建瓴，通过讨论历史小说的特点，高度评价《三国演义》的价值和意义，因此颇具理论色彩和带有一定的普遍性。它的篇幅虽然不长，但包括的理论内容却非常丰富，概括起来主要有以下几个方面：

（一）历史小说的特点与社会价值

序文认为，历史小说在内容上的特点就是"事纪其实，亦庶几乎史"，既要以历史记载为依据，又要"留心损益"，进行一定的艺术加工；其语言特点当"文不甚深，言不甚俗"，做到文质彬彬，雅俗共赏。

序言在总结历史小说特点的基础上，还高度评价了历史小说的社会作用。它首先肯定了历史小说在传播历史知识方面具有重要意义，认为《三国演义》"书成……则三国之盛衰治乱，人物之出处臧否，一开卷，千百载之事豁然于心胸矣"。这实际上指的是《三国演义》的认识价值。

与此同时，还强调了历史小说的教育作用，指出历史小说与其他历史著作一样，"非独纪历代之事，盖欲昭往昔之盛衰，鉴君臣之善恶，载政事之得失，观人才之吉凶，知邦家之休戚，以至寒暑灾祥，褒贬予夺，无一而不笔之者，有义存焉"。这是说，作者编写历史小说，本来就不是纯客观地记录一些历史现象，而是力求总结历史经验，鲜明地表示自己的褒贬爱憎，因此作品必然具有强烈的思想教育作用。

蒋大器的这些观点，切中了历史小说的要害，奠定了中国历史小说理论的基础，对后世产生了极大的影响。

（二）史书与历史小说的关系

《三国志通俗演义·序》中，作者对小说与历史的关系这个传统论题加以论述。序文首先谈到编撰史书的重要意义：

> 夫史，非独纪历代之事，盖欲昭往昔之盛衰，鉴君臣之善恶，载政事之得失，观人才吉凶，知邦家之休戚，以至寒暑灾祥，褒贬予夺，无一而不笔之者，有义存焉。[35]

这就是说，编写史书不是纯客观地记录一些历史现象，而是要认真地总结历史的经验，鲜明地表示作者的态度，使作品具有强烈的思想教育意义。这应该是历史著作和历史小说的共同之点。

接着，蒋大器分析了史书的认识作用。他认为史书的根本价值在于"垂鉴后世""劝惩警惧"，用历史给后人提供经验教训。孔子修《春秋》，司马迁作《史记》，无不如此。一切有价值的史书，都应该是人们治身理家、求知立业的生活教科书。

那么，小说与史书的区别在哪里呢？将大器说："史之文，理微义奥""其余众人观之，亦尝病焉，故往往舍而不之顾者，由其不通乎众人"，而《三国演义》则"文不甚深，言不甚俗，事纪其实，亦庶几乎史，盖欲读诵者，人人得而知之"。在他看来，史书与历史小说的区别只在于前者文字艰深，理义微奥，因此人们难以接受；后者文字通俗，事纪其实，人们易于"诵读"，便于"观览"。应该说，这种文字上的差别仅是表面的，形式上的。其实，二者在思维特点、表现方式、社会功能等方面存在的本质不同，论者尚缺乏明确的认识。因此，他在谈到《三国演义》的社会作用时说：

> 书成，士君子之好事者，争相誊录，以便观览，则三国之盛衰治乱，人物之出藏否，一开卷，千百载之事豁然于心胸矣。其间未免一二过与不及，俯而就之，欲观者有所进益焉。

实际上，蒋大器把《三国演义》视为人人都能看懂得历史通俗读物，读者所看到的就是一部形象的历史；而这种"昭往昔之盛衰，鉴君臣之善恶"的功能本来是史书所具备的。蒋大器还说："读书例曰：若读到古人忠处，便思自己忠于不忠；孝处，便思自己孝于不孝。至于善恶可否，皆当如此，方是有益。"这种读书"通例"，显然并非历史小说所特有，或者说更主要的不是小说，而是经史一类正史典籍应有的作用。可见，将大器虽然看到了《三国演义》通俗易懂、"留心损益"，与传统史书有所不同，但并未抓住《三国演义》作为文学与历史科学的实质性差异，因而他也不可能正确认识到历史小说完全不同于史书的独特艺术功能，这是他明显的局限性。

然而，历史小说毕竟不同于历史书籍，两者各有特点。因此，作者紧接着指出：

> 然史之文，理微义奥，不如此，乌可以昭后世？语云："质胜文则野，文胜质则史。"此则史家秉笔之法，其于众人观之，亦尝病焉。故往往舍而不之顾者，由其不通乎众人，而历代之事愈久愈失其传。

蒋大器指出，历史书籍文字过于深奥，一般大众无法读懂，自然也就不感兴趣，时代越久远的史书，也就更加容易失传。这样一来，史书即便具有高深的理论、重大的教育意义，仍然不能发挥它的社会功能。我们说，作者是站在一般民众的立场上，论述了历史著作的"缺陷"，从而论证了通俗历史演义小说的长处及其创作历史小说的重要性。

当然，蒋大器强调"通俗"之重要，并不等于主张文学语言粗陋不堪，否则就不会成为优秀之作。他在批评一般历史书籍文字深奥难读的同时，也指责了前代讲史本文字的"鄙谬"。他说："前代尝以野史作为评话，令瞽者演说，其间言辞鄙谬，又失之于野，士君子多厌之。"蒋大器批评了史书和讲史话本的两种极端做法之后，接着以《三国志通俗演义》为范本，根据自己的理解，提出了如何创作历史小说的观点：

若东原罗贯中以平阳陈寿传，考诸国史，自汉灵帝中平元年，终于晋太康元年之事，留心损益，目之曰《三国志通俗演义》。文不甚深，言不甚俗，事纪其实，亦庶几乎史。盖欲读诵者，人人得而知之，若诗所谓里巷歌谣之义也。

这段话虽然不长，蒋大器却表达出了自己对历史小说的多方面见解。他认为，历史小说的内容当如《三国志通俗演义》一样，既尊重史实，"事纪其实"；又要"留心损益"，不可照搬历史。《三国志通俗演义》就是以陈寿《三国志》等史籍所载而写成的。但历史小说要对历史事件进行剪裁和加工，写出来的作品就"庶几乎史"而又不是"史"。如果照搬史籍，那就不是小说作品了。他还认为，历史小说要"文不甚深，言不甚俗"，做到雅俗共赏。作者引用《论语》"质胜文则野，文胜质则史"，是说历史小说既不"史"，也不"野"，这样士大夫和一般众人都能接受，故而"争相誊录，以便观览"。此外，蒋大器又强调指出，创作历史小说当具有一定的寓意，否则作品就没有多少教育价值了。他之所以强调小说的通俗性，目的就在于"欲读诵者，人人得而知之"，不但获得历史的知识，而且读后"有所进益"，像"诗所谓里巷歌谣之义"一样，使作品产生一定的社会作用。所以，蒋大器在文末特别强调，"观演义之君子，宜致思焉"："若读到古人忠处，便思自己忠与不忠；孝处，便思自己孝与不孝。至于善恶可否，皆当如此，方是有益。若只读过，而不身体力行，又未为读书也。"这句话对后世产生了很大的影响。

蒋大器的这句名言已成为历史小说理论的经典，可以说具有永久性指导意义，如果读者果真如此，才能使作品的教育意义得以实现。这其实也是在教育读者如何读书，如何欣赏历史演义小说名著，千万不能只看重热闹的故事情节，否则就糟蹋了名著，把金子当生铁使用。

（三）蒋大器是主张"补史"说的

我们认为，蒋大器虽然分析了史书与历史小说的关系，指出了历史小说的特点，但他没能提出历史小说应当成为独立的一种文体，其小说观念仍属于"补史"说的范畴。

蒋大器认为，历史小说应该是正史的辅助和补充，因而反复强调其功能与正史是一致的。他指出的"史之文，理微义奥"，野史话本"失之于野"，说到底他还是基于普及历史知识的立场上持论的。正史一般人看不懂，而讲史话本又"失之于野"，而他所说的"野"，就是"野史"之"野"。意思是说，讲史话本虽"据史敷演"，但故事"多虚少实"，不可靠的内容太多，与正史的距离太远。它虽然能够让一般民众所接受，但对于经史为业的"士君子"来说，起不到"正史"的教育作用。因此，蒋大器认为《三国演义》"实多虚少"，语言雅俗共赏，是一般民众和知识分子都能接受的艺术样式。

我们认为，蒋大器赞赏《三国演义》的一个重要原因，那就是它"事纪其实，亦庶几乎史"，强调这部小说的创作方法是"纪实"的。他所谓"考诸国史""留心损益"，也就是说《三国演义》中的人物与事件均于史有证，只是允许小说作者在正史基础上增减一些史料而已。蒋大器高度评价《三国演义》，主要还是以史家观念为理论基础，看重的是《三国演义》的"纪实"性特征。

总之，蒋大器的这些小说理论见解，反映了他具有明察历史小说艺术特点的慧眼，也具备了为民众考虑问题的进步立场。虽然他没有超越"补史"说的基本立场，但他的《三国志通俗演义·序》的意义仍然是不可低估的，不仅为批评长篇通俗小说写下了崭新的篇章，而且奠定了历史小说理论的基础，在浙江乃至整个中国小说理论史上都占有重要的地位。

第六节　其他浙江小说理论家

明代是浙江小说理论的成熟期，除了瞿佑、胡应麟、凌濛初和蒋大器之外，这时期还出现了李日华、郎瑛和沈德符等，他们都不是专门的小说理论家，但他们的著作都涉及到小说理论问题，对浙江小说的发展有着重要的指导意义，在小说理论史上还是有着一席之地。

一、李日华

李日华（1565—1635），浙江明代时期的著名小说理论家。字君实，号竹懒居士，又号九疑、六研斋。浙江嘉兴人。生卒年及生平事迹已不可考。他大约生活于正德、嘉靖前后，以改编《西厢记》而闻名于世。万历壬辰（1592）年间，他考中进士，仕途比较顺利，官至太仆寺少卿。能书善画，又善鉴别，欣赏能力在当时是一流的。他所著笔记主要有《味水轩日记》《紫桃轩杂缀》等，文笔隽永，诗亦清逸，是当时著名的才子。

李日华对《西厢记》情有独钟，但当时的流行本很不尽人意。我们知道，宋元南戏中已有《张珙西厢记》（或称《崔莺莺西厢记》，即《南西厢记》），明代前期的李景云（一说系元代人）也作有传奇戏曲《崔莺莺西厢记》。可惜上述剧本均已失传，仅存有少量的曲文。最晚在嘉靖初年，海盐人崔时佩又将王实甫的杂剧《西厢记》（通称《北西厢》）改编为传奇，李日华再加以增补，成为长达三十八折的大型剧作，嘉靖时已刊行于世。

李日华之前的《南西厢记》，包括明代剧作家陆采的《西厢记》传奇，人物情节与《北西厢》几乎完全相同，并大量袭用《北西厢》的词句，思想比较平庸，艺术表现上也缺乏独创性。陆采本人也认为，《南西厢记》"取实甫之语，翻为南曲，而措词命意之妙几失之矣"，且"悉以己意自创，不袭北剧一语"。[36] 清初李渔甚至比之为"千金狐腋，剪作鸿毛；一片精金，点成顽铁"，[37] 与后来李日华的作品不可同日而语。明中叶之后，北杂剧渐趋衰落，《西厢记》的流传几乎中断。经过李日华改编的《西厢记》传奇的出现，使脍炙人口的西厢故事仍能长期活跃于昆剧舞台上，这是崔时佩、李日华的主要功绩。后世曲坛流传的《南西厢记》，多为李本而非陆本。自清中叶以来，《西厢记》传奇中的《跳墙》《寄柬》《佳期》《拷红》等出，一直是颇受欢迎的剧目。京剧和各种地方戏改编的《西厢记》《红娘》《拷红》等，无不受到《南西厢记》直接或间接的影响。此外，李日华还撰有传奇《四景记》，亦可观，今佚。所撰散曲，见于《南词韵选》《南北宫词纪》《吴骚合编》等，今已辑入《全明散曲》。

据《味水轩日记》所载，李日华曾与书友相约，"尽分干禄书"而"日摊稗言杂说"畅论，亦谈及了《灯花婆婆》《水浒传》《金瓶梅》等通俗小说。李日华有多方面的艺术素养，而尤其喜爱文言笔记小说。他的小说理论也主要见于为文言小说《广谐史》所写的序言中。

《广谐史》是陈邦俊为木石、禽兽乃至服食器用等分别作的"传"，是一部带有寓言性质的小说。李日华的序文，紧紧围绕这部作品的表现手法展开论述，着重探讨了"虚与实"这一小说理论问题。《广谐史》大量采用拟人虚幻手法，李日华把这种表现形式概括为"幻化"。众所周知，"幻化"本是佛家用语，作者在这里借来用于小说方面，实际上就是我们今天所说的"拟人化"艺术。《智度论》曰："幻者化也，无而忽有之谓也。"幻化就是"无中生有"，把那些"未必尽可按"的事写得"反若有可按者"，也就是说，小说家把现实生活中未必存在的事情，写得像真的一样："宛然若睹，然而可悲可愉，可诧可愕。"这就是艺术的"虚与实"的问题。在此基础上，李日华进一步指出艺术中的虚与实是相互统一的关系，二者之间可以互相转化。序文指出："因记载而可思者，实也，而未必——可按者，不能不属之虚。借形以托者，虚也，而反若——可按者，不能不属之实。"也就是说，正史记载的所谓"史实"，也未必完全靠得住，由于时代久远，往往给人以"虚幻"之感；而经过作家虚构的小说，用生动的形象和精彩的故事来反映现实，却使人更感逼真，更觉"真实"。于是，他提出了"虚者实之，实者虚之"的理论主张。只有做到虚实结合，才能使小说达到一种"不脱不系，生机灵趣泼泼然"的艺术效果，他认为这是小说的最高境界。李日华的这些观点，后来在金丰为浙江作家钱彩《说岳全传》所做序文中，得到了进一步的论述和发挥。

二、郎瑛

郎瑛（1487－1566），明代著名学者、藏书家和小说理论家。字仁宝，仁和（今杭州余杭）人。明宪宗成化二十三年（1487年）生，享年八十岁，是浙江古代少见的长寿文学家。他家开古董铺，生活可称小康。但幼年丧父，又有宿疾在身，故淡于功名。稍长，乃博览艺文，探讨经史。以布衣终身，学富而家日贫。家藏图书有经史文章，杂家之言、乡贤手迹等，每日坐于书斋中诵读，揽其要旨，撮取精华，辨同异，考谬误，著《书史衮钺》六十卷。另著有《萃忠录》二卷、《七修类稿》五十五卷。

郎瑛所著《七修类稿》，其内容非常丰富。全书分为天地、国事、义理、辨证、诗文、事物、奇谑七类，计一二五七条，另有《七修续稿》七卷。涉及一当朝及前朝史事掌故，一社会风俗及琐闻，一艺文及学术考辨。四库入存目。李慈铭评曰："此书引证颇广，当时杨升庵已屡引其说，然识见殊卑，笔亦冗拙，时有村学究气，论诗文尤可笑，其浩博则不可没也。然以其谈当时事多，治明史者必读，予每见前人书中引用，因求其书数年，今始得而读也。"现存明嘉靖刻本、清乾隆四十年（1775）耕烟草堂刊本等。点校本有上海书店、中华书局、文化艺术出版社等。

《七修类稿》所记小说史料也是比较丰富的。作品中有"内官冠帽"一则："今太监之冠帽即高丽王之制也。闻国初高丽未服，太祖令内侍戴之，而给使令于高丽使者之前。使归，举国降。"又记事荒诞者颇多，如"天子动与天合"条："尝闻南京国子监将成，高祖空中望之曰：'似蜈蚣形。'他日奏监中多蜈蚣，不可居，遂命左首山可唤为鸡鸣，必能食蜈蚣也，已而果无。又尝命刘三吾图所居山水来看，图上，太祖笑曰：'何用许多'到突兀处俱以笔抹之，无何其山一夕为雷所震，突兀处悉平如前。"尤其值得重视的是卷二十三《钟馗》条，它考证钟馗其人及打鬼故事的起源，并列举"世说新语记事多谬"，以及记述《东窗事犯》小说、戏曲的流传；《三国宋江演义》条记《三国演义》《水浒传》"乃杭人罗本贯中所编。予意旧必有本，故曰编"，所言颇有道理。卷二十三《宋江原数》条关于三十六天罡的记载，卷二十六《杨妃小字》条、卷二十七《苏小小条》等。[38]

《七修类稿》内容比较丰富，也比较庞杂，但其中不少故事都有重要的史料价值和文学理论价值，为我们研究中国古代小说有重要的启示意义。

三、沈德符

沈德符（1578—1642），字景倩，一字景伯，又字虎臣，秀水（浙江嘉兴）人。生于明神宗万历六年，卒于穆宗崇祯十五年，享年六十五岁。明万历四十六年（1618）中举，此后屡试不第，郁郁而终。他在文学上贡献很大，为我们留下了大量珍贵的文化遗产。其最有影响的著作是《万历野获编》，此外还著有《飞亮语略》一卷，《敝帚轩剩语》四卷，《顾曲杂言》一卷，及《秦玺始末》一卷，均收入《四库总目》，其中《顾曲杂言》对于杂剧南北曲之考证，颇见详赅，为我们研究戏剧提供了重要的文献资料。

《万历野获编》具有很高的文学价值。作者编著《万历野获编》的原意是为了著述名世，并希望为统治者提供历史经验与教训，这也是一般封建知识分子著书的共同目的。但实际上，该书的价值远不止此。沈德符在书中多记述"野史"，非常重视民间的声音，这是对封建传统"正史"的突破，从某种意义上强调了"小说"的价值。

《万历野获编》完成于万历三十四年至三十五年间，由于书中所记载的多半是万历年间的事，加之作者功名不仅是个秀才，寓"野之所获"的意思，故名《万历野获录》。万历四十六年，他又编成《续编》十二卷，与前三十卷合为一书。最初的刻本是明朝的大字刻本，每卷自起止，没有分类。据史料记载，该书在当时的流传并不广泛。康熙二十五年，桐乡人钱枋因为它不便查阅，就依据朱彝尊的旧抄本，分类编排为三十卷，四十八门，另有《补遗》四卷。三十卷或以官，或以人，或以事，或以物，或以地域等，分类编排，用木活字刊刻发行。此后，《万历野获编》的影响日益扩大。

康熙三十八年，沈德符的第五世孙沈振，依据这个本子，又汇聚收集诸家藏本，一共搜集到二百三十余条，编成了八卷。后来，又根据钱枋的体例，把它编成四卷，附在书后。整本书经过后人一再加工，再也看不出原书的本来面目了。未分类的刻本已经很难见到了，现存的有道光年间钱塘人姚祖恩扶荔山房的，依据钱氏例编为四卷附刻于三十卷后的重刻本。1958年中华书局根据姚氏刻本出版的铅印标点本最为流行。

《万历野获编》记述了明初至万历末年的典章制度、人物事件、典故遗闻、阶级斗争、统治阶级内部纷争、山川风物、经史子集、宗教、神怪等诸多方面的内容，所记大都博求本末，内容非常丰富。作品涉及皇帝后妃、宗室勋亲、大监佞幸，文人士女，山林隐逸、和尚道人等人物，对文人雅轶、琐闻遗事等也有所涉猎。如记述明代嘉靖年间地方豪绅张桂之的横行霸道，官吏霍文敏的阴险忌恨，大臣徐文征的献媚取宠；隆庆年间高文襄的骄纵恣肆；万历年间给事中王元翰的贪戾，以及废辽府、勘楚狱二事，玩翰的贪婪凶狠都有详细完备的叙述[39]，是明代笔记中的经典之作，为我们研究明代历史和小说提供了重要史料，其意义是不可低估的。

值得注意的是，《万历野获编》对明代嘉靖、万历时期上至皇帝、首辅，下至按院、和尚、塾师、士兵淫风甚盛的社会现实也有比较全面的描述，成为研究当时出现的《金瓶梅》等小说、《东郭记》等戏剧的可贵的旁证资料。另外，书中关于道释荣耀，妖妄之说盛行也有详细记载。这些材料对于研究明代中叶以后神魔小说大量出现的原因也提供了很多珍贵材料，其中的理论阐述对我们也有很大的启发。

作者在书中还对小说、戏曲的演变及其创作的情况有一些记载和议论，并且所论大多比较中肯稳妥，具有较高的理论价值。后人对该书的评价是比较高的，李慈铭在《爱礼庐日记》中集里评论道："综核有明一代朝章国故及先辈佚事，议论平允，而考证切实，远出《笔生》《国榷》《孤树哀谈》《双槐岁抄》诸书之上。考明事者以此为渊数焉。"可见，《万历野获编》对后世产生了很大的影响，对浙江小说理论也是一个极大地丰富，许多小说理论家都曾引用该书，这是众所周知的事实。

总之，浙江小说理论在元明时代取得了很高的成就，杨维桢、瞿佑、沈德符、胡应麟、蒋大器、李日华、凌濛初等小说理论家，从不同的侧面均大大丰富了浙江小说理论的内涵。他们的出现，尤其胡应麟的文言小说理论专著《少室山房笔丛》的问世，凌濛初的白话小说理论的提出，都标志着浙江小说理论的最终成熟。

注释：

[1]章培恒等主编. 中国文学史. 复旦大学出版社，1996：109.

[2]同上。

[3]王汝梅等著. 中国小说理论史. 浙江古籍出版社，2001：40.

[4]同上。

[5]成复旺等著. 中国文学理论史（二）. 北京出版社，1987：590.

[6]曾棨. 剪灯余话（序）. 见瞿佑等著. 剪灯新话. 上海古籍出版社，1981：117.

或见侯忠义著. 中国文言小说参考资料. 北京大学出版社，1985：493.

[7][清]钱谦益. 列朝诗集. 见侯忠义著. 中国文言小说参考资料. 北京大学出版社，1985：493.

[8]鲁迅. 中国小说史略（第十二篇）. 人民文学出版社，1973年版。

[9]瞿佑. 剪灯新话（自序）. 见瞿佑等著. 剪灯新话. 上海古籍出版社，1981：3.

或见侯忠义著. 中国文言小说参考资料. 北京大学出版社，1985：493.

[10][清]钱谦益. 列朝诗集. 见侯忠义著. 中国文言小说参考资料. 北京大学出版社，1985：493.

[11]陈田. 明诗纪事（乙签卷十三）.

[12]鲁迅. 中国小说史略. 人民文学出版社，1973：170.

[13]桂衡. 剪灯新话（序）. 见瞿佑等著. 剪灯新话. 上海古籍出版社，1981：4～5.

[14]瞿佑. 剪灯新话（自序）. 见瞿佑等著. 剪灯新话. 上海古籍出版社，1981：3.

或见侯忠义著. 中国文言小说参考资料. 北京大学出版社，1985：489.

[15]顾炎武. 日知录之余（卷四）.

[16] 胡应麟. 少室山房笔丛. 中华书局，1958：374-375.

[17] 胡应麟. 少室山房笔丛. 中华书局，1958：375.

[18] 胡应麟. 少室山房笔丛. 中华书局，1958：374.

[19] 同上。

[20] 胡应麟. 少室山房笔丛. 中华书局，1958：376.

[21] 胡应麟. 少室山房笔丛. 中华书局，1958：375.

[22] 胡应麟. 少室山房笔丛. 中华书局，1958：571.

[23] 胡应麟. 少室山房笔丛. 中华书局，1958：565.

[24] 胡应麟. 少室山房笔丛. 中华书局，1958：572.

[25] 胡应麟. 少室山房笔丛. 中华书局，1958：474.

[26] 胡应麟. 少室山房笔丛. 中华书局，1958：486.

[27] 胡应麟. 少室山房笔丛. 中华书局，1958：423.

[28] 汤显祖. 汤显祖诗文集（卷四十七）. 答凌初成.

[29] 凌濛初. 拍案惊奇（序）. 见《拍案惊奇》卷首.

[30] 凌濛初. 二刻拍案惊奇（小引）. 见《二刻拍案惊奇》卷首.

[31] 凌濛初. 拍案惊奇（序）. 见《初刻拍案惊奇》卷首.

[32] 同上。

[33] 凌濛初. 拍案惊奇·凡例.

[34] 孙楷第. 俗讲、说话与白话小说. 作家出版社，1957.

[35] 蒋大器. 三国志通俗演义（序）. 见《三国志通俗演义》卷首. 上海古籍出版社，1980.

以下引文同此版本，从略。

[36] 陆采. 陆天池西厢记（序）.

[37] 李渔. 闲情偶寄·词曲部. 李渔全集（第三卷）. 浙江古籍出版社，1991.

[38] 明清笔记丛刊《七修类稿》（两册）. 中华书局，1960.

[39] 元明史料笔记丛刊《万历野获编》. 中华书局，1959.

第三章　清代小说理论家

　　清代的浙江小说理论家逐渐崛起，开始出现"明星荟粹"的繁荣景象，这与当时的社会背景有着密切的关系。明朝灭亡后，清朝开始统治中国。清朝从建立到灭亡，是中国封建社会逐渐解体的一个转折时期，也是中国古代小说的一个总结时期。鲁迅先生在《中国小说的历史的变迁》一文中指出："清代底小说之种类及其变化，比明朝比较的多。"清代的小说理论也是如此，这时期出现了文言小说理论家袁枚、白话小说理论家李渔，《西游记》评点家汪象旭和陈士斌，《金瓶梅》评点家张竹坡以及《红楼梦》评点家陈其泰。此外，方舒岩和平步青等人也在小说理论方面卓有建树。小说理论在清代新的形势下出现了一个非常兴盛的局面。

　　清王朝把进步小说视为洪水猛兽，使得清代小说的发展举步维艰。康熙、乾隆、嘉庆年间曾屡次下令，对于所谓"小说淫词"要"严查禁绝""将板与书，一并尽行销毁""嗣后不准开设小说坊肆"。但这种行政手段很难奏效，事实上不仅"旧板仍然印刷，且新板接踵刊行"。一些封建文人看到小说很容易在社会上发生影响，也纷纷插手于小说创作。因此，两种文化的斗争在清代小说中表现得非常鲜明。从清初到清中叶，长篇小说和白话短篇小说集，数量相当可观。值得注意的是，清代小说与近代小说、现代小说的关系非常密切。可惜长期以来除了对袁枚、李渔等著名作家进行了一些探索外，对浙江清代小说的发掘、整理、研究还远远不够，应该全面地深入地进行小说研究。

　　清代小说内容十分丰富，取得了巨大的成就，究其原因，主要体现在以下几个方面。首先，清代的小说观念，比之明代有长足的进步。明人对小说的认识，多用以攀附经史子集，强调其"扶持纲常""劝善惩恶"的社会效果。明清小说创作从演述历史、志怪记异，到表现现实人生、描摹人情世态，这是文学观念的一次重大革新。对此，清代不少作家有着比较清醒的认识。具体说来，新的文学观念就是要求小说运用通俗易懂的语言，描写现实中的普通人及日常生活，这样更加贴近生活，使一般读者感到非常亲切，也更容易接受。这较为符合我们今天所说的近代意义的小说的基本特征，是小说观念的一个重大进步，在浙江小说理论史上有着重要意义。其次，从小说创作的实际看，清代小说继承和发展了明代的文学传统，涌现出了一大批著名作家，创作出了大量优秀作品，数量众多，流派纷呈，形成一种群星争辉的繁荣局面。浙江小说有一个明显的发展变化轨迹，大抵说来，唐五代及其以前是文言小说的时代；宋元明三代，白话小说的创作则是主流，而文言小说呈现消歇状态，文采风韵大不如前。到了清代，这两类小说互相影响，彼此争胜，都得到很大发展，达到各自的全盛时期。从数量上看，无论文言小说还是白话小说，都比明代多。拟话本小说也取得很高的成就，数量颇为可观。总的说来，以小说流派而论，章回小说有陈忱的《水浒后传》、李百川的《绿野仙踪》、俞万春的《荡寇志》，文言小说有袁枚的《子不语》，白话小说、拟话本小说有李渔的《十二楼》《无声戏》《肉蒲团》，等等。浙江文坛上一时流派纷呈，争奇斗艳，异彩缤纷，出现了一个百花齐放的繁荣局面。

清乾隆晚期，浙江出现了袁枚的志怪体文言小说《子不语》，在当时产生了极大的影响，开创了文言小说的一个流派，是浙江小说史上难得的一部文言小说名著。继《子不语》之后，浙江还出现了文言小说《燕山外史》。这部小说在艺术上远不如《子不语》，但它的风格颇为奇特，在浙江小说史上占有一席之地。作者陈球，字蕴斋，号一簑山樵，秀水（今嘉兴）人，大约生活在乾隆、嘉庆年间。他的这部小说情节曲折，语言华丽，行文布局颇得要领，鲁迅先生称之为"以小说见才学者"，将它与《野叟曝言》《蟫史》和《镜花缘》等相提并论。但作品在艺术上存在明显的不足，文笔有欠生动，正如鲁迅先生在《中国小说史略》中所评价的："语必四六，随处拘牵，状物叙情，俱失生气。"[1]

清代小说大都是文人独立的创作，直接抒发了作家对社会生活的深切感受，这是浙江小说了不起的一大变化，是小说走向成熟的重要标志。小说作品的现实感和作家的主体意识方面，清代小说远比明代有所加强。我们知道，明代话本小说多保留着明显的民间"说话"的本色，如"二拍"虽然构设意象富有时代气息，类似于个人创作，但毕竟多多少少仍带有改编前人作品的痕迹。而清代小说则不再是对旧有评话之类作品的改编，而完全成为作家自觉的独立创作。清代话本小说如《十二楼》等，在叙事体制上也有所革新，与"二拍"等有着本质的区别。另外，在创作倾向上，清代小说多表现出一种浓重的悲剧意识。如《水浒后传》写其激愤之情，令读者潸然泪下。作品的结尾，因现实矛盾无法解决，心中郁结难以化解，因而写李俊等到海外建立基业，流露出虚幻、寄托哀愁之感，这也不能不说是一种伤感的结局。

正是在这样的历史文化背景下，浙江小说理论随之兴盛起来。

第一节　袁枚：清代文言小说理论家

清乾隆晚期，在文言小说创作不太景气的背景下，文言小说理论自然也处于低谷，而浙江及时出现了袁枚的《子不语·序》，为文言小说理论发展作出了积极的贡献，在浙江小说理论史上有着重要的意义。

一、袁枚的生平与文学活动

袁枚是清代著名小说家。他的笔记小说《子不语》是浙江小说史上的重要作品，是我国清代最著名的文言小说集之一。他为该小说集写的序文，也是重要的文学贡献。

袁枚（1716—1797），字子才，号简斋，晚年自号仓山居士、随园老人，世称随园先生。浙江钱塘（今杭州）人，生于康熙五十五年。袁枚出身清苦，自幼酷爱读书，经史子集，无不涉猎。十二岁中秀才。乾隆元年（1736），二十一岁的袁枚应博学宏词，未中。乾隆三年中举，翌年就考中二甲第五名进士，选翰林院庶吉士。三年散馆，自乾隆七年起历任溧水、江浦、沭阳、江宁等县知县。乾隆十四年引疾归家，居于自己新购置的豪华园林中。乾隆十七年起病入朝，是年丁父忧从陕西归，遂以奉养老母为由辞官，终不复仕。

袁枚的文学成就是多方面的，他既是诗人，也是散文作家、小说家、文学批评家。其著述主要有：随园集三十六种，除笔记小说《子不语》（包括《续子不语》）外，诗文有《小仓山房文集》三十卷、《诗集》三十一卷、《外集》七卷，诗话有《随园诗话》十六卷、《补遗》八卷，此外还有《随园随笔》《小仓山房尺牍》等。作为诗人，袁枚与赵翼、蒋士铨合称江右三大家，诗名天下。文章以才气见长，享誉海内。志怪小说集《子不语》以叙事见长，通过鬼神怪异的故事来反映社会，艺术上颇有可取之处。

袁枚晚年的文学活动搞得轰轰烈烈，被公认为文学界的泰斗。嘉庆二年（1797）病逝，享年八十二岁。

二、袁枚的小说理论见解

作为文学大家的袁枚，他除了文学创作外，还在文章中反映出自己在文学理论方面的见解，是浙江著名的文学理论家。其中，他对小说理论的见解，主要集中反映在他的《子不语·序》一文中。

（一）进步的文学观念

乾隆时期的思想界，汉宋两学居于绝对的统治地位，大大钳制了人们的思想，袁枚对这种现状非常不满。他反对汉宋两学，主张以"性灵"为核心的文学思想，这就显得比较自由和解放。他在《答惠定宇书》中指出："宋学有弊，汉学更有弊。宋偏于形而上者，故心性之说近玄虚；汉偏于形而下者，故笺注之说多附会。"[2]这一思想也表现在其笔记小说《子不语》中，续卷五《麒麟喊冤》勾勒出了宋儒扛起"稻桶"（道统）"捆缚聪明才智之人"的形象，同时也批判了汉儒的"造作注疏，穿凿附会"。袁枚批判宋学，主要是通过反对宋儒提倡的礼教来实现的。康雍干三朝推崇程朱理学，礼教大昌。袁枚反对文学作品表现礼教的内容，认为诗歌不能"失其赤子之心"，应当表现诗人的"性灵"（性情）。并指出，性情的最初表现不是"迩之事父，远之事君"，而是男女之间的情爱，即"情所最先，莫如男女"[3]。他还进一步把《诗经》中的《关雎》解释为"艳体"，从而成为他对艳体诗进行辩护的一个有力证据。他的这一主张不仅表现在生活态度上，还体现在他的小说创作中。如卷四《替鬼作媒》反映了作者赞同寡妇再嫁的思想，卷六《屃屃精》写了一个哀艳的爱情故事，卷十六《全姑》则写一对青年恋人为一个信奉理学的官僚害死的悲剧。这些作品实际上表现了"后儒以理杀人"的重要文学思想。与此同时，袁枚也批判了汉学，他反对把考据、学问引入诗中，因为这与袁枚标举的"性灵说"是背道而驰的。《子不语》卷二《董贤为神》、续卷五《有子庙讲书》等作品，就对考据学、汉学进行了无情的嘲弄和尖锐的讽刺。

袁枚反对汉宋儒学，但他却以自己的思想对儒学予以新的阐释，并从《论语》《孟子》中寻找自己需要的词句，以此作为袁氏学说的理论根据。《论语》中有"子不语怪、力、乱、神"，而袁枚用"子不语"为自己的小说命名，表面上看这是与其主张相互矛盾的，其实不然，因为他对《论语》有自己独特的理解。正如《子不语·自序》中所说，孔子之所以不语怪力乱神，是因为孔子着眼于"立人道之极"的角度；而《周易》《诗》《左传》涉及怪异之事，是因为这些著作在于"穷天地之变"，二者"其理皆并行而不悖"。他吸取了孔子的"仁爱"和孟子"民本"思想的积极成分，并成为《子不语》批判贪官污吏、为民除弊、关心百姓疾苦、主张慎重断案等进步思想的依据。

（二）小说理论见解

袁枚谈到了自己小说创作的动机与过程。他指出，《子不语》是自己业余创作的，他"广采游心骇耳之事，妄言妄听，记而存之"，是为了娱乐消遣，既自娱又娱人。他之所以强调自己主要不是创作小说，而是以诗文、史学和考辨为主，写小说只是闲暇时的"戏编"，由此可见当时文坛上是十分轻视小说的，说明小说家的地位还很低。但不管怎么说，他为创作这部小说集耗费了自己毕生的精力，这也说明在他的心目中，小说还是非常有分量的。

其实，袁枚自幼就喜欢小说之类的"杂书"，他在《马骨记》中就说过："予《拾遗记》颇检校。"[4]可见他对小说兴趣之浓厚。从《子不语》最初几卷所载事件的时间看来，他从年轻时就开始陆续搜集有关资料了，并逐卷积累成册，至乾隆五十三年（1788）之前，已完成了二十四卷，并在这一年以"新齐谐"的书名刊印（即戊申刻本）。此后，已到古稀之年的袁枚继续搜集整理，数年后又完成了《新齐谐》续集。可见，为了创作这部小说集，作家几十年如一日，呕心沥血、勤劳创作，终于完成了这部文言巨著。正如他在《余续夷坚志未成到杭州得逸事百余条赋诗志喜》一诗中所写：

老去全无记事珠，戏将小说志《虞初》。
徐铉悬赏东坡索，载得杭州鬼一车。[5]

袁枚晚年不仅在南京到处搜集故事，即便是到武夷山游玩时也不忘自己的"正事"。根据他的诗作《夜泊江山闻邻舟有谈鬼者揖而进之》[6]可知，他一旦了解到有人讲鬼怪故事，就显得非常兴奋，会立即放下其他事情而马上跑过去听故事，然后记录下来，最后经过文学加工而成篇。袁枚在小说创作方面真是兢兢业业，几十年如一日，终于完成了《子不语》这部文言小说巨制。他创作小说的过程对我们也有重要的启发。

袁枚《子不语·序》中谈到了此书的文学价值，体现了他对小说的看法。他在序文中写道，"以妄驱庸，以骇起惰"，也就是强调小说具有陶冶性情，破除凡庸和惰性的特点，能够起到振奋人精神的作用，是人们不可或缺的精神食粮。因此，尽管《子不语》连篇累牍地写鬼神怪异之事，但作者并非为了宣扬鬼神，只是将它当作小说的素材而已。实际上，袁枚本人对鬼神一直是抱着怀疑态度的。他在答项金门信中说"仆生性不喜佛，不喜仙，兼不喜理学"。在与张司马信中指出，那些卜筮一类的书"皆术者之妄词""理学先生往往惑于风水"。《子不语》卷十九《观音作别》还记载了袁枚本人"不许家人奉佛"的话。这就进一步证明他的小说与一般的鬼神类作品有着本质的不同。

袁枚在《史学例议序》提出了"古有史而无经"的重要思想，这种观点也反映在他的小说《子不语》中。续卷五《麒麟喊冤》中说，

《诗》《书》《周易》不名经也。自汉人多事，名曰《六经》"。聪明的袁枚将经降为史，这就为自己的重新阐释留下了足够的余地。因此，他解释《诗经》说："《三百篇》半是劳人思妇率意言情之事。"[7]既然否定了经的神圣地位，那么他就可以堂而皇之地重新阐释《诗经》，以此作为"性灵说"的依据。他还批评八股文是"优孟衣冠，代人作语""以描写口吻为工"[8]，毫无作者个性，与性灵毫无关系。所以，《子不语》卷九《地藏王接客》、卷十一《秀民册》等，都对八股文进行了鞭挞和嘲讽。

当然，袁枚的小说观念也存在着一定的缺陷。他不是职业小说家，创作《子不语》虽然也耗费了大量精力，但毕竟把看作是"业余"的"游戏笔墨"，创作小说之前并没有一个系统的构思过程，而是乘治文史之余的兴趣而写，亦非一时所为，造成小说的精芜杂陈。这充分说明，袁枚在文学思想上还是轻视小说的。正如鲁迅在《中国小说史略》中评论该作时所说："其文屏去雕饰，反近自然，然过于率意，亦多芜秽，自题'戏编'，得其实矣。"这种评价切中要害，应该说是非常中肯的。

第二节 李渔：清代通俗小说理论家

明中叶以后，文人模拟话本体例，创作拟话本小说蔚然成风，白话短篇小说进入繁荣时期，凌濛初的"二拍"是其代表作。入清后，文坛上继续着明末风气，又掀起一股拟话本小说的创作热潮，尤其是李渔，创作了《无声戏》和《十二楼》两部拟话本小说集，使浙江清代的这类小说达到了高峰。李渔创作小说的同时，在小说戏曲理论方面也颇有建树，这主要体现在他的《闲情偶寄》和一些序跋等文中，这是清代通俗小说理论的重要收获。

一、李渔的生平与文学活动

李渔（1611—1680）原名仙侣，后改名渔，字谪凡，一字笠鸿，号笠翁、笠道人、随庵主人，亦署湖上笠公、新亭客樵、觉世稗官等。浙江兰溪人。明代万历三十九年（1611）八月初七出生于一个医生家庭，幼年时代是随父亲在江苏雉皋（今如皋）度过的。父亲李如松、伯父李如椿都在雉皋行医，家境并不富裕。李渔自己曾说："予生也贱，又罹奇穷。"[9]伯父到高门大第之家行医，常常带着李渔，以便让他多长些见闻。"自乳发未燥，即游大人之门"[10]"髫岁即着神颖之称""于诗赋古文词……倏忽千言"[11]。少年时代的李渔，既学医又习书文，后来逐渐显露出文学才华，遂以学文为主。崇祯二年（1629），李渔的父亲去世，不久便回到故乡金华兰溪。崇祯八年（1635）应童子试，独以五经见拔。崇祯十年，二十六岁的李渔考入金华府庠。此后的十年间，李渔应过多次乡试，均未能中举。李家原非簪缨之族，李渔本人的功名心本来就不强，从此他也就不再以功名为意。当时正值明清易代的战乱之际，清军正大举南下，顺治三年（1646）金华失陷，李渔遂避居乡里，一度还曾躲入深山。此后的三年里，李渔一直在家乡"归学农圃"[12]。

顺治八年（1651），李渔离开家乡去杭州，他有《辛卯元日》诗云："又从今日始，追逐少年场。过岁诸道缓，行春百事忙。易衣游舞榭，借马系垂杨。肯为贫如洗，翻然失去狂？"[13]由此可见，李渔此时的生活颇为放荡不羁。移居杭州后，他以卖文刻书画为生，所谓"始挟策走吴越间，卖赋以糊其口"，[14]从此，开始了他的文学创作生涯。居杭的十年左右的时间，是他文学创作上的大丰收时期，主要代表作品大都是这期间完成的。仅短篇小说集就有《无声戏》《十二楼》两部，足以奠定他在小说史上的重要地位。当然，他在小说方面取得如此巨大的成就，这是与地方权贵的荫庇和支持是分不开的，《无声戏》即为浙江左布政使张缙彦所编刊。

顺治十七年（1660）前后，张缙彦刻《无声戏》获"诡词惑众"的重罪，李渔为避祸不得不离开杭州移居金陵（南京）。在南京期间，李渔继续经营书铺，并建造了一所住宅，取名曰"芥子园"，他经营的书铺也以此为名。李渔自己讲到命名芥子园的原因，他说："此余金陵别业也。地止一丘，故名芥子，状其微也。往来诸公，见其稍具丘壑，谓取'芥子纳须弥'之义。"[15]李渔刻书极为精雅，芥子园刻的画谱以及戏曲小说等，在当时就风靡天下。与此同时，他又组织戏班，让自己的姬妾们充当演员，出演他编写的传奇。居南京二十年间，李渔曾多次率戏班浪游四方，到过浙江、江苏、安徽、湖北、河南、山西、陕西、甘肃、江西、福建、广东、北京等地，"三分天下几遍其二"。[16]康熙十六年（1677），李渔携全家由南京迁回杭州，得浙中当道的帮助，在西湖云居山东麓建有层园，过着豪华的生活。三年后，他终老于西湖寓所，被安葬于方家峪九曜山之阳，钱塘县令梁允植为其题碣曰："湖上笠翁之墓"。

李渔是一位非常有个性的封建文人。在清代，士人唯一能走的就是科举之路，但他几试不中后即毅然改辕易辙，以毕生精力从事戏曲、小说创作。面对世人的冷嘲热讽，他虽感怀才不遇而满腹牢骚，却不改初衷，一条道走到黑而毫无悔意。他认为，"以谈笑功臣编摩志士，而使饥不得食，寒无可衣：是笠翁之才可悯也"。[17]他的人生哲学是顺应时代潮流，既要随遇而安，临事又可变通，但为人信守原则是其基本主张。他说："论人于丧乱之世，要与寻常的论法不同，略其迹而原其心，苟有寸长可取，留心世教者，就不忍一概置之。古语云：'立法不可不严，行法不可不恕。'古人既有诛心之法，今人就该有原心之条。"[18]李渔之所以选择从事戏曲和小说的道路，主要是他有一种不愿侍奉新朝、不为大清效力的意念。当然，他依附的新贵均为降清的贰臣，这也是没有办法的事情。他在作品中曾道出自己的苦衷："从来乱离之后，鼎革之初，乞食的这条路数，竟做了忠臣的牧羊国，义士的采薇山，文人墨客的坑儒漏网之处。凡是有家难奔，无国可归的人，都托足于此。"[19]这一点不会影响李渔在浙江小说史上的地位，他的文学活动对浙江乃至中国小说戏曲的发展是有巨大贡献的。

李渔除了小说创作外，他还有剧作即传奇十种，即《笠翁十种曲》。此外，他还有改编前人的戏曲作品多种，正如他自己所说："予改《琵琶》《明珠》《南西厢》旧剧，变陈为新，兼正其失。国人观之，多蒙见许。"[20]他在谈到《凰求凤》时又指出，"此词脱稿未数月，不知何以浪传遂至三千里外"，[21]由此可知他的戏曲在当时演出的盛况！

李渔是浙江清代最负盛名的小说家、戏曲家和小说戏曲理论家。他一生创作颇丰，是清代最多产的作家之一，尤其是他的小说创作，不仅数量多，而且文学成就也非常高，对后世产生了极大的影响，在浙江小说史上占有极为重要的一席之地。李渔在文学艺术方面的贡献是多方面的，无论是小说戏曲创作，还是小说戏曲理论，均有高深的造诣。但鉴于本书的性质，我们着重介绍他的小说理论主张，以确定他在浙江小说理论史上的地位。

二、李渔的小说理论

李渔的文学理论贡献主要在戏曲方面，小说理论不像戏曲理论那样系统，但作为一位著名小说家和理论家，他还是零零碎碎地谈到了不少具有真知灼见的小说理论见解。

（一）对小说社会地位的重视

李渔的小说理论是建立在对小说的社会地位的认识基础之上的。李渔作为一位长期热衷于通俗文学活动的理论家，不遗余力地为提高小说的社会地位摇旗呐喊。

众所周知，在传统的文学观念中，诗歌、散文一直占据着正统地位，传统文人历来不重视小说。小说被看作是与"大道"相对的"小道"，乃属于"不本经传""背于儒术"的"末技"，不能登文学艺术的高雅殿堂。这种传统观念根深蒂固，几乎贯穿了整个两千多年的封建时代。到了李渔生活的清初，小说仍然备受歧视。李渔之前虽然已经有许多小说理论家呼吁提高小说的地位，但仍然没有根本的改观。李渔对文坛上的这种现状非常不满，他在文章中多次表达自己对小说的看法，为提高小说的文学地位而努力。

李渔时代，小说的地位十分低下，一般的传统文人自然也就耻于创作小说，而李渔不仅重视小说，而且以毕生精力从事小说与戏曲创作，这是非常难能可贵的。时人却瞧不起李渔，甚至对他肆意攻击，说他乃"世之腐儒，犹谓李子不为经国之大业，而为破道之小言者"。[22]而李渔对此却不以为意，他认为："若诗歌词曲以及稗官野史，则实有微长：不效美妇一颦，不拾名流一唾，当世耳目为我一新。"[23]这其实就是李渔进步小说观的体现，并以自己创作出优秀的小说作品而自豪。李渔还明确表示："吾于诗文非不究心，而得心应手，终不敢以稗官为末技。"[24]可见，他对小说的看法与传统文人截然相反，认为小说并不是"末技"，而是非常重要的一种文体。

关于对小说的认识，李渔对金圣叹颇为服膺，认为金圣叹耗费毕生精力从事小说的评点与研究，是非常有价值的劳动。李渔指出：

> 文章做与读书人看，故不怪其深；戏文做与读书人与不读书人同看，又与不读书之妇人小儿同看，故贵浅不贵深。使文章之设，亦为与读书人、不读书人及妇人小儿同看，则古来圣贤所作之经、传，亦只浅而不深，如今世之为小说矣。人曰："文士之作传奇，与著书无别，假此以见其才也，浅则才于何见？"予曰："能于浅处见才，方是文章高手。施耐庵之《水浒》，王实甫之《西厢》，世人尽作戏文、小说看，金圣叹特标其名曰《五才子书》《六才子书》者，其意何居？盖愤天下之小视其道，不知为古今来绝大文章，故作此等惊人语以标其目。"噫，知言哉！[25]

由此可见，李渔对金圣叹为反对把小说当作"小道"的传统观念而故意标举《水浒传》为第五才子书的目的，是心领神会的，也是坚决支持的。李渔认为，《水浒传》是古今文学中的"绝大文章"，是最有艺术成就的名著。他不顾时人轻视小说的传统观念，对《水浒传》进行高度评价，其目的就是在为小说争取合法的地位。李渔一生都投入到了小说戏曲的创作中，并把自己的小说作品视为平生最得意之作，这是非常了不起的。

李渔以毕生精力创作了大量优秀的小说作品，并在理论上论述了小说的重要性，这就大大提高了小说的社会地位，为小说最终能够有一席之地作出了重要的贡献。

（二）对小说文体本质的认识与理解

由于小说社会地位低下，传统文人不屑于把精力放在对它的研究上，因此，"小说"这一文体的本质究竟怎样认识，当时很多人还是比较模糊的。李渔对小说有着清醒的认识，他指出：

> 昔弇州先生有宇宙四大奇书之目，曰《史记》也，《南华》也，《水浒》与《西厢》也。冯犹龙亦有四大奇书之目，曰《三国》也，《水浒》也，《西游》与《金瓶梅》也。两人之论各异。愚谓书之奇当从其类，《水浒》在小说家，与经史不类，《西厢》系词曲，与小说又不类。今将从其类以配其奇，则冯说为近是。[26]

李渔的这段文字表明，他具有明确的文体意识，能够将小说与戏曲、史传、宗教经籍等区别开来，并根据它们的不同特点进行分类。在这种认识的基础上，他肯定冯梦龙所说的"四大奇书"是科学的。"四大奇书"之论至今仍然流行，由此可见，李渔对小说这一文体的本质有着自己的正确理解，这体现了他作为小说理论家的高明之处。

李渔对小说文体的认识主要表现在他对小说与戏曲异同的看法上。李渔把他的第一部拟话本小说集命名为《无声戏》。他还在另一部小说集《十二楼》的《拂云楼》中说："此番相见，定有好戏做出来……各洗尊眸，看演这出无声戏。"[27]这表明，李渔认识到小说与戏曲的相同点在于二者都是"戏"，都讲究故事性，而不同点则在于，小说是"无声"的"戏"，是用语言讲故事；而戏曲是"有声"的"戏"，是通过演员对话来讲故事。

关于戏曲与小说的区别，关非蒙先生曾在《〈笠翁阅定传奇八种〉点校说明》中对李渔的认识作了一个很精辟的概括。关先生指出："李渔往往以写小说的笔法写戏，也把写戏的技巧用来写小说。这八种传奇题材广泛，笔锋辛辣，嬉笑怒骂，极尽嘲弄之能事。以李渔戏曲小说对读这八种曲，不难寻出其中瓜葛。"[28]我们翻一下《词源》便可知道，"戏"字具有"游戏"的意思，亦可引申为娱乐。李渔在小说《谭楚玉戏里传情，刘藐姑曲终死节》中就曾借刘绛仙之口解释"戏"说："这个'戏'字怎样解说？既谓之戏，就是戏谑的意思了，怎么认起真来？"从语意上来看，"戏"字指的是歌舞，即人们通常所谓的戏曲。从叙事学的角度来说，小说和戏曲一样都属于叙事体裁，都是通过讲故事反映社会生活的艺术；小说和戏曲所讲的故事都是艺术的真实而非生活的真实，具有很强的"虚构"特征。李渔认为小说是"戏"，自然包含有游戏（娱乐）、歌舞（戏曲）两个方面的意思；至于认为小说之"戏"是"无声"的，也就是说，小说像戏曲一样也艺术地反映社会生活，但不是演员在舞台上载歌载舞艺术地反映生活，而是作家诉诸于语言文字艺术地反映社会生活。李渔的这些见解表明，他认识到小说与戏曲在艺术地反映社会生活的本质上是一致的，而且都具有娱乐的功能，但小说的形态是一种语言的艺术，而戏曲的形态则是舞台的艺术。

李渔把小说与史传、宗教经籍等区分开来，特别是能把小说与戏曲区分开来，这是小说观念的一大进步。通过李渔的论述，浙江小说理论得到进一步丰富，也促使人们更加了解小说这一文体，这是一个非常了不起的成就，为浙江小说理论的发展作出了重要贡献。

（三）对艺术虚构问题的阐述

上文曾论述到，古代小说理论家，包括修髯子（张尚德）这样文学观念比较进步的封建文人，都主张小说乃是正史之余的观点，其"羽翼信史而不违"，[29]仍然把小说和历史典籍混为一谈，这实际上就是反对小说的虚构性。这实际上涉及小说理论的一个重要课题，那就是"艺术真实"和"生活真实"的关系问题，而当时的人们根本不了解这二者之间的区别。乾隆时代的著名文学家纪昀（1742—1805），比李渔晚出生了一百三十余年，但他的小说观念还是比较传统，仍把小说和允许虚构的戏曲严格区分开来，反对小说也可以进行艺术虚构。他曾说过这样一段话：

> 小说既述见闻，即属叙事，不比戏场关目，随意装点……今燕昵之词，媟狎之态，细微曲折，摹绘如生。使出自言，似无此理；使出作者代言，则何从而闻见之？又所未解也。[30]

这就是说，小说不能像戏曲那样任意虚构故事，而应写真实的见闻，这样才能表达作者的心声。所以，纪昀的《阅微草堂笔记》完全写自己的所见所闻，没有虚构的丰富的故事，故文学感染力就显得比较弱。金圣叹虽然朦胧地意识到生活真实的史与艺术真实的小说有"因文生事"与"以文运事"的差异，但这也仅仅是对二者的初步区分。而李渔则不同，他把小说向戏曲靠拢，主张小说必须要有虚构，并从理论上阐释了艺术想象在小说、戏曲创作中的重要性。

关于艺术虚构的问题，李渔指出："幻境之妙十倍于真，故千古传之能以十倍于真之事。"[31]这表明，李渔对具有"艺术真实"的小说是多么看重，认为艺术真实的感染力超过"生活真实"十倍，其实这就充分肯定了虚构的重大意义。但虚构也不能没有限制，否则也不是优秀的小说作品。对此，李渔指出："《齐谐》志怪，有其事，岂必有其人，博望凿空，诡其名焉，得不诡其实。"[32]又说："文章者，心之花也，溯其根荄，则始于天地。"[33]这两句话的意思是说，虚构不是凭空想象、"博望凿空"的，追溯艺术虚构之"根"，乃是客观存在的"天地"。他认为小说必须要符合客观世界的规律，也就是艺术真实要服从于生活真实，即"不诡其实"。他谈到自己的创作体会说："无声戏……幻而能真，无而能有。"[34]只有以生活真实为基础的虚构，才显得更加真实，才能真正起到"十倍于真"的艺术效果。李渔进一步指出：

> 未有真境之为所欲为，能出幻境纵横之上者，我欲作官，则顷刻之间便臻荣贵。我欲致仕，则转盼之际又入山林。我欲作人间才子，即为杜甫李白之后身。我欲娶绝代佳人，即作王嫱西施之元配。我欲成仙作佛，则西天蓬岛即在砚池笔架之前。我欲尽孝输忠，则君治亲年，可跻尧舜彭篯之上。[35]

李渔反复强调，小说创作允许合理想象，但不能"为所欲为"地去做白日梦。小说中的虚构是要受"生活真实"制约的，必须以所见所闻为基础，做到幻中有真，而不能想入非非。只有符合生活规律的虚构才具有理论价值，才符合文学艺术最基本的创作规律。

李渔的可贵之处还在于，他在阐述艺术真实与生活真实的关系时，涉及到了现实主义文学的一个基本理论：文学"典型"的创造。他认为，艺术虚构虽然以生活真实为基础，但也允许"不必尽有其事"。如果小说的人物都是现实中所实有的，那又与正史搅和在一起了。譬如要塑造一个"孝子"的形象，不必拘泥于一个现实中孝子的事迹，所有孝子的行为均可集于一人之身；塑造商纣王的形象，可将所有暴君恶人的劣行都归于他一人："但有一行可纪，则不必尽有其事，凡属孝亲所应有者，悉取而加之，亦犹纣之不善，不如是之甚也，一居下流，天下之恶皆归焉。"[36]这说明，他已悟出了小说塑造人物的基本规律，即在现实原型的基础上，通过艺术虚构进行再创作，使小说中的人物更加丰满和生动，形成带有普遍意义的艺术典型。

李渔对虚构的理解非常深刻，不仅论述了反映当代生活的小说的虚构原则，还提出了历史小说的虚构要求，认为不能把二者同等视之。他说，"若纪目前之事，无所考究，则非特事迹可以幻生，并其人之姓名亦可以凭空捏造，是谓虚则虚到底也""若用往事为题，以一古人出名，则满场脚色皆用古人，捏一姓名不得。……姓名事实，必须有本"。[37]当代小说涉及的往往是"小人物"，没人会注意，人物名字和事迹尽可虚构，只要符合生活规律就可以了。但历史小说就不同了，这类作品往往涉及众所周知的历史名人和重大历史事件，虽然也允许虚构，但人物和事件必须有历史依据，否则就不能给人以真实感。这些真知灼见是李渔的经验之谈，是他本人长期从事小说创作实践而得出的科学结论，对后世的小说创作极富指导意义。

此外，李渔还注意到小说与戏曲在虚构问题上的区别。他认为二者没有太大的不同，因此，他把小说称作"无声戏"，但这毕竟是两种不同的文体，自然虚构原则上也会稍有差异。他指出，"纸上之忧乐笑啼，与场上之悲欢离合""似同而实别"，[38]无声戏（小说）要"悦目"，有声戏（戏曲）要"便口"。[39]但是，他没有对小说与戏曲各自的特殊创作规律作进一步的具体区分，这也算是他的小说理论的一个不足吧。

我们说，李渔强调艺术虚构在小说创作中的重大意义，提出塑造艺术典型的问题，指出当代小说与历史小说对待虚构的不同原则，小说与戏曲称作原则的差异性。这些理论的提出，是浙江古代小说理论的一次重大变革，在中国古代小说史上具有里程碑式的意义。

（四）对小说内容与艺术方法的要求

1. 主张小说要反映现实生活，要写"人情物理"

李渔所生活的时代，写鬼怪的作品充斥了整个文坛："近来牛鬼蛇神之剧，充塞宇内，使庆贺晏集之家，终日见鬼遇怪，谓非此不足悚人视听。"[40]他对这种现象自然极为不满，因此主张小说戏曲要写"人情物理"，不可涉及鬼怪荒唐之事。他说："凡说人情物理，千古相传；凡涉荒唐怪异者，当日即朽。"[41]李渔所说的"人情物理"，就是指活生生的现实生活，人们喜闻乐见的日常琐事。他的这一见解，在小说理论史上有着重要意义，引起后人的密切关注。睡乡祭酒（杜濬）在评论《连城璧》时就指出："无声戏之妙，妙在回回都是说人，再不肯说神说鬼，更妙在忽而说神忽而说鬼，看到后来，依旧说的是人，并不曾说神说鬼，幻而能真，无而能有，真从来仅见之书也。"[42]这一高度评价，充分肯定了李渔小说创作的现实主义精神，对李渔写人情物理的文学思想进行了正确的诠释，强调了李渔的主张是今后小说发展的正确方向。

但是，李渔毕竟是封建时代的文人，他所谓的"人情物理"的内容，既含有社会现实中活生生的日常情景的描写，同时也包含着传统的封建伦理观念，歌颂所谓的"忠孝节义"，表现出他作为士大夫的思想迂腐的一面。根据小说《连城璧》第五回改编的传奇《奈何天》，就是最好的例证。作品的主人公阙里侯是一个丑陋不堪的男子，他凭仗财势骗娶三位漂亮女性为妻。作品的前半部本来是非常成功的，写了三次不公正的婚姻，成功塑造了阙里侯这一好色、无耻的性格，深刻揭露了封建包办婚姻制度给广大女性带来的悲剧命运，具有较高的认识价值和极强的艺术感染力。但作品后半部却写阙里侯突然弃恶从善，受到朝廷钦封，并在一夜间借神仙之力变成美男子，致使三位夫人由厌弃丈夫变为"争宠"、争封诰，闹得十分不堪。最后，作品以皇帝破例赐予三个封诰而圆满结束。我们说，作者为了肯定封建伦理观念，宣扬"义举"必有"善报"和妻不嫌夫丑的封建婚姻观，任意编造"丑"

变"美"的荒唐故事（这本是最反对的东西），大大损害了作品的真实性，造成他"人情物理"的自相矛盾。这种矛盾，反映了进旧时代交替时期封建文人在文学思想上的共同特征。

2. 艺术上主张独创，追求新奇

李渔在艺术上接受了凌濛初的影响，主张独创，追求新奇，这是其小说理论和文学思想的最突出之处。他在诗文、小说和戏曲作品中，一有机会就阐发他的这种主张。具体可概括为以下几个方面：

首先，李渔强调小说不仅要"新"，而且要"奇"。他认为，只有"奇"才能"新"，做到既"新"又"奇"才是真正美的作品。李渔关于新、奇的论述比较多，如：

> 有奇事方有奇文，未有命题不佳而能出其锦心，扬为绣口也。
> 人惟求旧，物惟求新。新也者，天下事物之美称也。而文章一道，较之他物，尤加倍焉。
> 然必此一人一事果然奇特，实在可传而后传之。
> 非奇不传。新，即奇之别名也。[43]

我们知道，李渔的"奇""新"之说，其实在明末就有人提出过，凌濛初也有过"真奇出于庸常"的主张。甚至有的学者能够比较细致的论述这一问题，指出"事奇"与"情奇"之差别。如明人周裕度就曾说过："奇而传者，不出之事是也。实而奇者，传事之情是也。"（《天马媒题辞》）但李渔的认识更细致、内容更丰富，他在前人的基础上进一步提出"奇"与"常"之间的辩证关系。他认为，小说应当从日常生活中寻找新奇的故事，不可过于盲目地去追求事之"奇"。如上文在谈到虚构问题时所说，他反对神怪小说，反对内容涉及荒唐怪异之事，重视表现活生生的日常生活。他指出："世间奇事无多，常事为多；物理易尽，人情难尽。"又说："只当求于耳目之前，不当索诸闻见之外。"[44]也就是说，优秀的作家要善于从平凡的日常生活当中发现"新"东西，做到这些并不是一件容易的事情，因为"奇事无多"，而"常事为多"。所以，他要求作家在人情方面多下工夫。朴斋主人在李渔传奇

《风筝误》总评中指出："扫除一切窠臼，向从来作者搜寻不到处，另辟一境，可谓奇之极，新之至矣。然其所谓奇者，皆理之极平，新者皆事之常有。"[45]这就把李渔"奇""新""常"的关系说分析得非常透彻，这一评价应该说是非常中肯的。

其次，反对雷同、抄袭与摹仿。我们说，李渔一直强调作家一定要有自己的创新，万万不可模仿和抄袭前人的东西，否则就不能给读者或观众耳目一新的感觉，成为文学的垃圾作品。他要求作家"不效美妇一颦，不拾名流一唾，当世耳目为我一新"。认为"文章变，耳目新，要窃附雅人高韵，怕的是剿袭从来旧套文"。[46]他还指出：

> 我行我法，不必求肖于人，而亦不求他人肖我……此物此志也。[47]
>
> 如候虫宵犬，有触即鸣，非有摹仿希冀于其中也。摹仿则必求工，希冀之念一生，势必千妍万态，以求免于拙，窃虑工多拙少之后，尽丧其为我矣。[48]

李渔对作品创新的重视超过了以前的任何一位理论家，他甚至认为，即使小说内容非常奇美，但一旦出现雷同现象，那就不"新"，不新就不可能是美的作品。他曾说"不效美妇一颦"，是说东施并不是不美，只因效颦于人，遂成千古笑谈。我们认为，东施本来美不美我们不必深究，他所举的这个例子是值得我们深思的，可以说至今都有非常重要的借鉴意义。

再次，关于小说内容与形式的关系问题。李渔主张以内容为主，形式为次，形式当服从于内容。他指出："意新为上，语新次之，字句之新又次之。所谓意新者，非于寻常闻见之外，别有所闻所见而后谓之新也，即在饮食居处之内，布帛菽粟之间，尽有事之极奇，情之极艳，询诸耳目，则为习见习闻，考诸诗词，实为罕听罕睹，以此为新，方是询内之新，非《齐谐》志怪，《南华》志诞之所谓新也。"[49]他认为，一篇作品的意、语、字句即内容形式都要新，才是最完美的文学作品。但对它们的要求有轻重缓急之分，"意"之新最重要，其次才是

112

"语""字句"之新。

李渔重视内容之新，反对摹仿古人，纠正了明中叶以来文坛上的不良倾向，在当时有着积极的作用，甚至对我们今天提倡从生活实际出发以不断进行艺术革新，都有一定的借鉴价值和指导意义。在重视内容新的同时，他对语言之新也颇关注。李渔的戏曲理论对语言有着明确的要求，主张曲文应当贵显浅、重机趣、戒浮泛、忌填塞，文贵洁净、声务铿锵、语求肖似。他进一步指出，戏曲的语言"务使心曲隐微，随口唾出，说一人肖一人，勿使雷同，弗使浮泛"。强调语言"说一人肖一人，勿使雷同"，这些主张都符合小说创作的要求，体现了作家在小说戏曲理论方面的真知灼见。

第四，重视作品的结构，这是李渔戏曲理论的核心内容之一。其实，李渔的戏曲理论也符合小说的创作。他特别重视作品结构安排的技巧，认为结构是全剧之关键。他具体指出：

> 结构二字，则在引商刻羽之先，拈韵抽毫之始，如造物之赋形，当其精血初凝，胞胎未就，先为制定全角，使点血而具五官百骸之势。倘先无成局，而由顶及踵，逐段滋生，则人之一身当有无数断续之痕，而血气为之中阻矣。[50]

李渔把结构放在戏剧创作的首位，这对最重词采和音律的明代曲论是一个重大突破。这一理论主张完全可以用于小说。

那么，应当如何设置作品的结构呢？李渔又提出了"立主脑""减头绪""密针线"等一系列著名的文学主张。所谓"立主脑"，即"作者立言之本意也。……一本戏中，有无数人名，究竟俱属陪宾；原其初心，止为一人而设。即此一人之身，自始至终，离、和、悲、欢中具无限情由，无穷关目，究竟俱属衍文；原其初心，止为一事而设。此一人一事，即作传奇之主脑也。"所谓"减头绪"，即"一线到底，并无旁见、侧出之情"，即便是"三尺童子，观演此剧，皆能了了于心，便便于口"。所谓"密针线"，即"凑成之工，全在针线紧密；一节偶疏，全篇之破绽出矣。每编一折，必须前顾数折，后顾数折。顾前者，欲其照映；顾后者，便于埋伏"。这种主张与欧洲 17 世纪古典主义所主张的"三一律"的精髓颇相契合，这种见解至今仍具有艺术实践意义。

（五）对《水浒传》的批评

李渔对《水浒传》的批评文字比较多，内容非常丰富。通过这些文字，我们可以了解他对小说艺术方面的诸多见解，主要是人物个性和情节结构方面多有精彩论述。

李渔在谈到《水浒传》时说过一段很有名的话："务使心曲隐微，随口唾出，说一人，肖一人，勿使雷同，弗使浮泛。若《水浒传》之叙事，吴道子之写生，斯称此道中之绝技。果能若此，即欲不传，其可得乎？"可见，李渔主张小说戏曲要注重区别人物的不同性格，要使演员的语言酷肖剧中人物的身份、思想、感情和个性。"勿使雷同"就是剧中人物的语言不要千篇一律，而要突出鲜明的个性，要有新意。"弗使浮泛"就是剧中人物的语言不要脱离人物及其所处的现实环境，而要具体、实在，吻合剧中的规定情景。据此，李渔认为《水浒传》的叙事在"说一人，肖一人"、不雷同、不浮泛方面堪称"此道中之绝技"。这是赞扬《水浒传》的叙事具有个性化的特色，表明了他要求一切小说都应该注重通过人物的语言刻画人物性格的观点。小说与戏曲一样，人物的语言反映了人物的性格，不同的语言则展示了不同人物的个性。无论是优秀的小说家还是优秀的剧作家，都把通过人物的语言刻画人物性格看作是创作的重点，乃至创作成功与否的重要标志。

《水浒传》最初由北宋末年宋江起义的事迹演变为民间传说，而后在宋元之际以说话、戏曲为主要艺术形式在民间愈演愈盛，最后由作者在此基础上创作出这一小说名著。《水浒传》作为一部长篇小说经历几百年才问世，可谓千锤百炼，精益求精，人物的语言描述势必酷肖人物的性格。李渔称赞《水浒传》的叙事，实际上是以《水浒传》为典型向人们推荐和介绍小说创作技巧的杰出楷模。李渔关于《水浒传》的批评与著名小说理论家金圣叹对《水浒传》的批评也是一致的。如金圣叹称赞说："别一部书，看过一遍即休，独有《水浒传》，只是看不厌，无非为他把一百八个人性格都写出来。"[51]又说："《水浒》所叙，叙一百八人，人有其性情，人有其气质，人有其形状，人有其声口。"[52]李渔、金圣叹两位文学理论家评论对象相同，所见也有很多相同之处，说明他们揭示的是同一个客观真理。

李渔批评《水浒传》，还特别注意其情节结构的安排。他赞扬《水浒传》虽然是"最长最大"的小说，但是前后彼此能够互相关照，情节结构完整紧凑，叙事脉络清楚而又严密。李渔说：

> 一部传奇之宾白，自始至终，奚不啻千言万语。多言多失，保无前是后非，有呼不应，自相矛盾之病乎？……总之，文字短少者易为捡点，长大者难于照顾。吾于古今文字中，取其最长、最大，而寻不出纤毫渗漏者，惟《水浒传》一书。设以他人为此，几同筑篱贮水，珠箔遮风，出者多而进者少，岂止三十六个漏孔而已哉！[53]

这段话表现了李渔对情节结构在小说中的地位和作用非常重视。也就是说，李渔对小说在情节结构方面的创作技巧有着严格的要求。像剧作家创作篇幅冗长的明清传奇一样，小说家在创作长篇小说的过程中往往容易捉襟见肘，顾此失彼，使小说的情节结构不仅松散而且漏洞百出，结果损害了小说的整体艺术美。因此，为了提高和确保小说的艺术水准，对小说家来说，掌握小说的情节结构的创作技巧不能不是一个十分关键的问题。在这一点上，金圣叹也有类似的表述，他在《水浒传》第三十四回写张青、孙二娘再次遇到武松时，旁批道，"妙绝，一篇十来卷文字，回环踢跳，无句不钩，无字不锁"，肯定了《水浒传》的结构照应特点。我们说，李渔能够认识到《水浒传》的情节结构的优点，足见其是一位不亚于金圣叹的高明的小说理论家。

李渔批评《水浒传》的文字似乎并不全面，主要体现在人物个性和情节结构这两个方面，其实这两个方面正是小说创作的关键所在，他对《水浒传》的批评成就，是"水浒学"[54]研究史的重要内容，也是李渔对浙江小说理论的一个重要贡献。

总之，李渔是浙江影响最大的小说家和理论之一，在整个中国小说史上都有着极为重要的地位。他不仅给我们留下了丰富的小说作品戏曲，也留下了大量珍贵的小说戏曲理论遗产。但由于李渔的文学贡献是多方面的，人们往往比较重视他的戏曲理论，其实他的小说理论方面的文字也很重要，我们应该认真总结分析，以肯定他为浙江小说理论所作的贡献，在浙江小说理论史上给他一个应有的重要位置。

第三节　汪象旭、陈士斌：《西游记》评点家

到了清代，小说评点理论可以说达到了鼎盛时期，这期间出现了汪象旭、张竹坡、陈其泰、姚燮等一大批浙籍小说理论家，他们共同把小说理论推向了一个新高潮。

一、汪象旭

汪象旭是清代小说家、小说《西游记》的评点家。他创作的《吕祖全传》是浙江小说史上的重要小说作品，而他的主要文学贡献还是在小说评点理论方面，他对《西游记》的评点对后世产生了巨大影响。

（一）汪象旭的生平与创作

汪象旭原名淇，字右子，号憺漪，别号残梦道人，西陵（今浙江杭州萧山）人。《四库总目提要》误称汪淇字憺漪，钱塘人。其生卒年不详。汪象旭撰有《吕祖全传》一卷，评《西游证道书》一百回。另外，他还与徐士俊合编《尺牍新编》二十四卷，笺释武之望作《济阴纲目》十四卷，撰《保生碎事》一卷。

据《吕祖全传》卷首《憺漪子自纪小引》可知，汪象旭幼年体弱多病，在兄长的关爱和督促下，在家专心读书。弱冠后，主攻举业，期望能获得功名。但当时正值明清易代之际，他屡经变乱，通过科举做官的愿望终成泡影。清顺治十七年（1660），汪象旭父母去世后，他心灰意冷，"遂决意奉玄"，第二年，正式皈依了道教。

汪象旭皈依道教后一年间完成了文言小说《吕祖全传》，他声称这是吕洞宾自撰，显系伪托。《吕祖全传》主要叙述吕洞宾（吕祖）事迹

及其得道的经过，并于康熙元年（1662）刊印问世。康熙二年（1663），他又和黄周星共同评点《西游证道书》，以道教学说来阐释《西游记》这部神魔长篇小说。《西游证道书》于清朝初年刊行，是《西游记》清代刊本中最早面世的评点本。该书目录页题黄周星、汪象旭同评，而正文则题汪象旭"笺评"、黄周星"印正"，可见该书评点的主要完成者是汪象旭，黄氏只是做了些校正工作。卷首有《原序》，题"天历己巳（1329）翰林学士临川邵庵虞集撰"，又有《丘长春真君传》《玄奘取经事迹》，全书每回前均有回评，正文中又有夹评。每回的评语前则只有"憺漪子曰"。汪象旭晚年的事迹不得而知。

汪象旭所撰小说《吕祖全传》，残存一卷。有康熙元年（1662）原刊本。题"唐弘仁普济寺佑帝君纯阳吕仙撰，奉道弟子憺漪子汪象旭重订"。卷前有题为"上清玉虚得道真人白玉蟾"作的《纯阳吕仙传叙》；次为《憺漪子自纪小引》，题"康熙元年初夏西陵奉道弟子汪象旭右子氏书于蜩寄"，两文都称此书为吕洞宾所作。孙楷第《中国通俗小说书目》著录："《吕祖全传》……存清康熙元年刊本。……卷首题云'奉道弟子汪象旭重订'。"[55]他重订《吕祖全传》的时间应早于康熙元年，所谓"汪象旭重订"，纯属汪象旭本人的创作，与改编修改前人作品是完全不同的。

据《憺漪子自纪小引》，汪象旭于清顺治末年皈依道教，该小说即作于顺治末至康熙初年，其主旨是在宣扬求道必须心诚志坚，否则就不能修成正果。作品虽以文言写成，但从谋篇叙事和艺术成就来看，确是一部优秀的小说作品。它采用第一人称的手法，讲述吕洞宾得道的全过程。全书结构严谨，以本人的经历为中心线索贯穿始终，形成一部完整的作品，成为我国最早采用第一人称写法的自传体中篇小说。

汪象旭在小说理论方面的贡献主要是对《西游记》评点，他的《西游证道书》对后世产生了深远的影响。

（二）《西游记》评点

《西游证道书》一百回，全名《古本西游证道书》。目录题"钟山黄太鸿笑苍子、西陵汪象旭憺漪子同笺评"，该书第一回首页题"西陵残梦道人汪憺漪笺评""钟山半非居士黄笑苍印正"。黄太鸿即黄周星，南京人。字九烟，又字景明，明亡后易名黄人，字略似，号笑苍子、半非居士等，明朝遗民，晚年也皈依道教。明崇祯十三年（1640）进士，官直户部主事，明亡后居于浙江湖州的南浔，康熙十九年（1680）端午因不忍亡国之痛，遂效法屈原自沉湖中。该书末有他写的《笑苍子跋语》。文中写道：

> 笑苍子与憺漪子订交有年，未尝共事笔墨也。单阏维夏，始邀过蜩寄，出大略堂《西游》古本属其评正。笑苍子于是书，固童而习之者，因受读而叹曰："古本之较俗本，有三善焉。俗本遗却唐僧出世四难，一也；有意续凫就鹤，半用俚语填凑，二也；篇中多金陵方言，三也。而古本应有者有，应无者无。令人一览了然，岂非文坛快事乎？"

由此可知，《西游证道书》的评语，实出于黄周星、汪象旭两人之手，但汪象旭为主要评点人（为简洁起见，我们以后的评论中，不再对点评者的著作权予以一一强调）。该跋语中的"维夏"，应是康熙二年（1663），也就是说，《西游证道书》刊刻成书，当在此后不久。

小说《西游证道书》对明代流行的《西游记》刻本进行了一次较为彻底的加工改造。对《西游记》的内容有所增删，并修补了一些情节方面的漏洞；对百回本插入的诗体韵文也进行了修饰，使其更加工整，简洁而流畅。尤其值得注意的是，《西游证道书》增加了第九回，即"陈光蕊赴任逢灾，江流僧复仇报本"。该回开头有一段评语，声称该回文字得之大略堂本《释厄传》，这当然是欺人之谈，实际上是黄周星、汪象旭另行创作的。汪象旭在第九回回评中指出，明代的俗本"删去"此回，使唐僧家世履历不明，而九十九回"历难簿"上又载有"遭贬""出胎""抛江""报冤"四难，算不够九九八十一难，令读者茫然不解其故，及他们看到大略堂《释厄传》古本之后，发现对陈光蕊赴官遇难始末记载颇详，故而补刻了第九回。此后，《西游真诠》《西游原旨》《西游正旨》《西游记评注》等，接踵刊刻，而正文全都秉承《西游证道书》，则《西游记》的最后定本就是这部《西游证道书》。

由此可见，《西游证道书》作为一部评点本，其最大的贡献之一就在于评点者对小说文本的增删与加工，如对故事情节疏漏的增补、诗词的修订、叙述的局部清理与修饰等等，尤其是合并明刊本第九、十、十一回为第十、第十一两回，增补玄奘出身一节为第九回，从而成为《西游记》的最后定本，在《西游记》传播史上占有重要的一席之地。

　　《西游证道书》的另一贡献就是评点，但全书的评点内容是所谓"证道"者多，而艺术评析则比较少。作者所谓"证道"其实在《西游记》批评史上没有多少创见，只不过是在前人观点的基础上加以发挥，较之前人阐析得更为细致一些而已。如汪象旭把《西游记》看作"道藏全书"。他在评点中提出："释厄即是证道，证道即是释厄"，还说《西游》一记，处处皆借物证道"，认为"《西游记》一书，仙佛同源之书也""其书离奇浩汗，亡虑数十万言，而大要可以一言以蔽之，曰'收放心而已'。""一百回中，自取经以至正果，首尾皆佛家之事，而其间心猿意马、木母金公、婴儿姹女、夹脊关双等类，又无一非玄门妙谛"；他以为仙佛之道"总不离乎一心"，这就是"全部《西游》之大旨"，等等。这些文字可说是晚明以来《西游记》批评中最常见的言论。由此可见，汪象旭并没有提出多少独到的个人见解，就是把《西游记》看作"证道书"，开了清刊各种《西游记》评点本笺注附会之先河，对后世产生了很大的消极影响。

　　但是，我们也不能简单地否定汪象旭评点的文学价值，他的《西游记》评点中，有些具体论点还是值得我们重视的。如汪象旭的有些评点明显是在针砭时弊，表达自己对黑暗现实不满情绪，具有一定的进步思想倾向。他认为《西游记》的现实主义色彩比较浓厚，如第八十八回取经四众到达玉华县时，唐僧说："人言西域诸番，更不曾到此。细观此景，与我大唐何异，诚所谓极乐世界也。"对此，汪象旭夹评云："然则大唐亦可称极乐世界耶？"再如，评论者就如来佛祖历陈南赡部洲谣杀谤慢之恶一事评论说，"至真至确，犹觉作者厚道，未能尽其万一"（第八回回评），等等。尤其关于小说艺术方面的议论，大多切合小说艺术描写的实际，所归纳的艺术特点也比较细腻、准确，具有一定的理论参考价值，对我们研究《西游记》还是有借鉴意义的。

汪象旭在评点中充分肯定了作者的"绝大手笔"，对《西游记》高超的语言艺术给予了高度的评价。他认为，《西游记》乃"作者绝大手笔，写得淋漓满志"（第五回回评），"行者种种赌斗，尚俱在为意中，独到童变沙弥一节，则匪夷所思矣。我想作者之心，定与心猿之心无二"（第四十六回回评）。再如第十八回评语："篇中描写行者变翠兰处，妙在不真不假，不紧不松，不甜不苦，情文两绝，使老猪笑啼死活不得，才是传神绘影之笔。若使见面就打，何异《水浒传》之'小霸王醉入销金帐'耶？"这些评论文字，都是比较中肯的。

　　此外，汪象旭还对《西游记》的语言艺术进行了认真的分析，认为《西游记》是天下绝奇文字，不愧是锦绣文章。如"行者神通变化莫测，《西游》文字变化亦莫测"（第七十四回回评），再如第十回回评云：

　　　　将言唐僧取经，必先以唐王之建水陆楔之，将言水陆大会，必先以唐王地府之还魂楔之；而唐王地府之游，由于泾河老龙之死；老龙之死，由于犯天条；犯天条，由于怒卜人；怒卜人，由于渔樵问答，噫！黄河之水九曲，泰山之岭十八盘，文心之纡回曲折，何以异此。至其中袁守诚之灵怪，老龙王之痴呆，魏丞相之英雄奇幻，俱写得活泼生动，咄咄逼人。

汪象旭的分析言之有理，持之有据，把《西游记》的语言特色分析得非常透彻，他举例论述之后感叹道："数千年后读者，如睹其貌，如闻其声，岂非天地间绝奇文字！"如此评价还是比较公允的。

　　汪象旭还通过分析《西游记》的艺术成就，对小说的艺术进行了高度的概括，提出了"说假成真"的理论见解和"提纲挈领"的结构谋篇方面的艺术特点，表现了批评者敏锐的文学眼光。如他谈到"说假成真"的艺术特征时说："从来叙事文字，巧拙从何而分？只是拙者说真成假，巧者说假成真耳。如此回所记载宁必确然实有其人其事哉！而传神写照，咄咄逼人，令读者一读不敢疑其假，再读不容不信其真"。（第九十七回回评）再如，他在第八回回评中对《西游记》结构谋篇的特点进行了详细的分析和总结：

> 凡作一部大文字，必有提纲挈领之处，然后线索在手，丝丝
> 不乱。如此书拜佛取经，以唐僧为主，而唐僧所侍者，三徒一马。
> 此三徒一马者，固非长安所随，唐王所赐者也。若必待登程之后，
> 逐一零星凑合，便是《水浒传》中之李逵、武松、鲁智深矣。此
> 书作者之妙，妙在于此一回内，尽数埋伏。一沙、二猪、三马、
> 四猿，先后次第，灼然不紊，及至唐僧出了长安城，过了两界山，
> 一路收拾将来，便有顺流破竹之势，毫不费力。此一书之大纲领
> 也，作文要诀，总不出此，岂独小说为然。

这就涉及《西游记》的艺术构思方面的特点。汪象旭认为小说时刻注
意"提纲挈领"处，能做到前后照应，一丝不乱，结构十分严谨，这
可谓《西游记》构思谋篇方面最突出的艺术成就。如此精彩的评点，
表现出汪象旭非凡的艺术洞察力和文学感受力。

汪象旭还对《西游记》独特的幽默（"谐趣"）艺术进行了高度评
价。与众不同的是，他没有单独分析这一艺术特色，而是将这一特色
与小说中塑造人物和故事情节联系起来进行分析，这就显得更加耐人
寻味。关于孙悟空的例子颇多，如第七回描写孙悟空与如来赌斗能否
翻出手掌，遂一个筋斗飞向远方，看到五根柱子，孙悟空以为已到了
天的尽头，就在其中一个"柱子"上写下"齐天大圣，到此一游"八
个大字。此时评论者夹评道："文字奇妙至此，真正笔歌墨舞，天花乱
坠，顽石点头矣。"如此一点评，真有画龙点睛之妙。第六回写到孙悟
空大闹天宫，在与二郎斗法时变成一个土地庙，眼睛变做了窗棂，这
时评点家在夹评中写道："此变甚奇。不但从古未有，即此猴生平亦属
稀见。"后来孙悟空又变成二郎神模样径往灌口二郎神庙时，他又夹评
说："此变更奇，总是心之灵通所为，不然何不走了。"关于猪八戒的
故事，"谐趣"之处也随处可见。第八回写观音菩萨痛斥猪八戒竟敢拦
路，猪八戒回答观音说："我不是野豕，亦不是老彘，我本是天河里天
蓬元帅……"，这时，汪象旭夹评说："老猪开口，便有天趣。"猪八戒

接着又对观音说，"去也，去也，还不如捉个行人，肥腻腻的吃他家娘，管甚么二罪，三罪，千罪，万罪"，此句下面，又有夹评曰："一团天趣，觉李逵、鲁智深无此爽快。"第三十二回回评，评点者写道，"描写八戒说谎处，奇幻不可思议，即便漆园为经，盲丘作传，恐亦无此神妙，任他愁眉罗汉，怒目金刚，见此俱当鼓掌喷饭"，等等。这些评论颇能启人思索，增添了不少回味的意趣，比某些点评者随意批点些无关紧要的感想要高明得多。

值得注意的是，《西游证道书》的评点往往用戏曲作比喻，如第九回回评云："从来戏场中，必有生旦净丑，试以此书相提而论，以人物则唐僧乃正生也，心猿当作大净，八戒当丑，沙僧当作末。"第十回回评云："此一回乃过接叙事之文，犹元人杂剧中之楔子也。"这些论述，实际上也是对《西游记》幽默特色的一个很好的诠释。

最后需要指出的是，《西游证道书》明显受到明刊本《李卓吾先生批评西游记》的影响，但李贽强调"心"，重在指修身养性；而汪象旭则把"心"当作"证道"之旨，重在论证"成佛作视"之道，这就严重削弱了其评点的理论意义与文学价值，成为汪象旭评点《西游记》的最大缺陷。

二、陈士斌

陈士斌，《西游记》的清代评点家。字允生，号悟一子，山阴（浙江绍兴）人。生卒年及生平均不详。大约生活在康熙三十一年（1692）前后。

陈士斌在文学上的贡献主要是对《西游记》的评点。其评点本为《西游真诠》（一百回），清康熙四十五年刻本，内封题"悟一子批点西游真诠"，首有序，文末署"康熙丙子中秋西堂老人尤侗撰"，次目录，再次为像赞，正文题"山阴悟一子陈士斌允生诠解"。他的评点内容并不多，只有眉批与回评两类。署为"悟一子曰"的回评内容比较丰富，约数千字之多，而眉批仅寥寥数语。所以，陈士斌的评点理论主要体现在回评中。

在评点动机方面，陈士斌与汪象旭有很大的相通之处，也是把《西游记》看作"证道"之书。他在《西游记》第一回回评中指出:"予特悯夫有志斯道而未得真诠,既昧性命之源流,罔达修持之归要。揭数百年袭视之《西游》,示千万世知音之向往。但惜前人索解纰缪,聋聩已久,不得不逐节剖正以指迷津。"对此,清代文学家尤侗又作了进一步解释,他于康熙三十五(1696)在《西游真诠·序》中说:

> 长春微意,引而不发,今有悟一子陈君,起而诠解之,于是钩《参同》之机,抉《悟真》之奥,收六通于三宝,运十度于五行,将见修多罗中有炉鼎焉,优昙钵中有梨枣焉,阿阇黎中有婴儿姹女焉。彼家采战,此家烧丹,皆波旬说也,非佛说也。佛说如是奇矣。……若悟一者,岂非三教一大弟子乎?吾故曰:能解《西游记》者,圣人之徒也。[56]

这就更加明确地指出,陈士斌评点《西游记》的主旨就是要阐释宗教之理,堪为"三教一大弟子"。基于这样的评点动机,陈士斌在《西游真诠》回评中处处可见"尽心知性"之类的话,宗教色彩非常浓厚。其实,陈士斌类似的观点在明代已有人提出,汪象旭则更是开了清刊各种《西游记》评点本笺注附会之先河。但陈氏并非照搬前人的观点,而是在其基础上又有所发挥,表现出自己独到的见解。对此,鲁迅先生在《中国小说史略》第十七篇《明之神魔小说(中)》中曾指出:"作者虽云儒生,此书则实出于游戏,亦非语道,故全书仅偶见五行生克之常谈,尤未学佛,故末回至有荒唐无稽之经目,特缘混同之教,流行来久,故其著作,乃亦释迦与老君同流,真性与元神杂出,使三教之徒,皆得随宜附会而已。"尽管如此,陈士斌的评点中不少内容能触及《西游记》的艺术性,还是有一定文学价值的。

陈士斌指出《西游记》的一些创作特色,似乎对小说中的浪漫主义风格有所领悟。如《西游记》第六十九回唐僧师徒路阻火焰山,孙悟空找翠云山的铁扇公主借芭蕉扇,却被扇到几万里外的小须弥山,灵吉菩萨向孙悟空讲述了铁扇公主的芭蕉扇的来历,此时陈士斌批道:"《西游》如此等处,粗看极其荒唐,细味实在至理。"这说明,陈士斌虽然不能从浪漫主义理论上进行论述，但也反映了他对浪漫主义的特点有着朦胧的认识。此外，陈士斌的评点还具体谈到了小说的创作方法问题。如小说第十回写魏征梦斩泾河老龙，他在回评中写道："仙师非抑魏征也，特借以喻古来世情之变幻，无非伪不征也，无不贞观也。究而言之，不如不登科的进士、能识字的山人、张渔李樵为下稍有定见也。"还不无感慨地指出："世人无有不梦，无有不知梦之幻，无有不知世事如梦之幻，何独于唐之君若相，梦龙求救，梦斩业龙，遂疑为荒唐不经耶？"他能指出小说中的"虚拟"手法，并对这一手法作进一步的阐释，这是了不起的一个成就。

陈士斌还总结了《西游记》塑造人物的特点，尤其对猪八戒的形象赞叹不已。如《西游记》第二十五回"孙行者大闹五庄观"，写孙悟空因偷人参果被镇元大仙的两个道童发现，唐僧问起此事，孙悟空辩解说"不干我事，是八戒听见那两个道童吃，他想一个儿尝新，着老孙去打了三个"，道童说"偷了我四个"，猪八戒却说："既是偷了四个，怎么只拿出三个来分？预先就打起一个偏手。"在这里，陈士斌批点道："八戒有八戒的声口，行者有行者的身份，摩神写意，无不精妙。趣而且妙，酷似八戒，而笔墨游戏惟此为最。"再如第二十三回写"四圣试禅心"，猪八戒禁不住考验，回答老妇人说："他们是奉了唐王的旨意，不敢有违君命，不肯干这件事。刚才都在前厅上栽我，我又有些碍上碍下的，只恐娘嫌我嘴长耳朵大。"陈士斌在此处批道："君子笃于亲，八戒之谓也。不是写出个猪八戒，竟是画出个猪八戒；亦不是画出个猪八戒，竟是现出个猪八戒也。"他的这些评点，非常准确地分析了猪八戒等形象的成功之处，指出了《西游记》塑造人物的特点。

在回评中，陈士斌还指出了小说的独创性问题。如小说第十回"老龙王拙计犯天条，魏丞相遗书托冥吏"，写泾河龙王擅改下雨点数，当被魏征斩首。老龙王求唐太宗令魏征活命，但直到秦叔宝拎来"一个血淋淋的龙头掷在帝前"，魏征才奏己经梦中斩之。陈士斌批道："曹操是睡里杀人，魏征却从梦中斩龙。惟其为异事，所以称为奇文。"陈士斌为《西游记》作者奇特的构思和奇异的想象力大为折服，认为只有令读者感到意外和新奇，才具有艺术感染力，这就是《西游记》会具有永久性艺术魅力的一个重要原因。

总之，陈士斌的评点比起其他评点家成就不是太高，但他也有自己对艺术的独到见解，或多或少还是为《西游记》的流传作出了自己的独特贡献，在中国小说理论史上应有一席之地。

第四节　张竹坡：《金瓶梅》评点家

《金瓶梅》的评点成就最大的就是祖籍浙江的著名学者张竹坡。张竹坡是清代的小说评点家。他对《金瓶梅》的评点可谓是集大成者，是《金瓶梅》评点家中最著名、影响也最大的一位小说理论家。

明末，《新刻绣像批评金瓶梅》对《金瓶梅词话》进行了改写，并有少量评语。张竹坡是以绣像本为底本进行评点与研究的。他写有十几万字的评语，比较全面地总结了《金瓶梅》的艺术成就，对这部长篇小说给予了高度评价。张竹坡堪称《金瓶梅》评点的"权威"，在中国小说理论史上都占有极为重要的地位。

一、《金瓶梅》评点家张竹坡

张竹坡（1670—1698），名道深，字自德，号竹坡，以号行世。祖籍浙江绍兴，明代中叶，张家始迁居徐州。张竹坡于清康熙九年（1670）出生在江苏铜山。他自幼颖慧，不愧神童之誉：两岁即解调声，六岁便能赋诗。张竹坡八岁时正式入塾读书，十五岁开始参加乡试，考取秀才。但时隔不久，他父亲因病去世，其家开始败落。此后，张竹坡命途多舛，五困棘闱而未博一第，仕途极为坎坷。康熙三十二年（1693）秋，张竹坡第四次应举落第，闻说北京有个"长安诗社"，天下名流会聚于此，盛极一时，遂北游京师。他所创作的长章短句，赋成百余首，闻者无不叹服，遂誉满京城。

返回家乡后，对考取功名心灰意懒的张竹坡，总算度过了一段安稳平静的生活。正是看似平静的这段时间，他却作了一件非常不平凡的事情：评点长篇小说《金瓶梅》。康熙三十四年（1695）三月，岁的张竹坡在家乡之皋鹤草堂，开始了他的评点工作，写下了长达十余万的评论文字。

康熙三十五年（1696）年底，张竹坡赴苏州，寻找进身之机，但仍然一无所获。康熙三十七年（1698）春，他离开苏州，匆匆赶到永定河工地。然而，永定河已竣工，张竹坡错失发展的最后机会。壮志未酬的一代文学家，于当年九月十五日一病不起，离开了这个让他充满怨恨的世界，享年仅二十九岁。

张竹坡评本《金瓶梅》全称为《皋鹤堂批评第一奇书金瓶梅》，为此他耗尽了毕生的精力。关于张竹坡评点《金瓶梅》的动机，他自己在《第一奇书非淫书论》中明确指出："世之看者，不以为惩劝之韦弦，反以为行乐之符节，所以目为淫书。……予小子悯作者之苦心，新同志之耳目，批此一书，其《寓意说》内，将其一部奸夫淫妇，悉批作草木幻影，一部淫情艳语，悉批作起伏奇文。"[57]我们认为，评点家的穷愁悲苦激发了自己评刻这部世情小说，以发泄仕途不顺、壮志不酬之苦闷，让世人了解这部伟大小说的艺术价值的同时，自己也可以得到精神的慰藉。众所周知，张竹坡经历了贫困与仕途的曲折，对世情炎凉深有体会，因此，他在《竹坡闲话》中说道：

> 迩来为穷愁所逼，炎凉所激，于难消遣时，恨不自撰一部世情书，以排遣闷怀。几欲下笔，而前后结构，甚费经营，乃搁笔曰：我且将他人炎凉之书，其所以前我经营者，细细算出，一者可以消我闷怀，二者算出古人之书，亦可算我又经营一书。我虽未有所作，而我所以持往作书之法，不是尽备于是乎！然则我自做我之《金瓶梅》，我何暇与人批《金瓶梅》也哉！[58]

张竹坡在《第一奇书非淫书论》中还说："况小子年始二十有六，素与人全无恩怨，本非借不律以泄愤懑，又非囊有馀钱借梨枣以博虚名。"可见他评点这部名著不为私利，而是出于"公心"。

关于张竹坡评点《金瓶梅》的宗旨，他的弟弟张道渊在《仲兄竹坡传》中也有比较详细的记述：

兄读书一目能十数行下，偶见其翻阅稗史，如《水浒》《金瓶》等传，快若败叶翻风。晷影方移，而览辙无遗矣。曾向余曰："《金瓶》针线缜密，圣叹既殁，世鲜知者，吾将拈而出之。"遂键户旬有馀日而批成。或曰："此稿货之坊间，可获重价。"兄曰："吾岂谋利而为之耶？吾将梓以问世，使天下人共赏文字之美，不亦可乎？"遂付剞劂，载之金陵。

由此可见，张竹坡是抱着让世人欣赏小说艺术美的目的，以自己创作一部世情书的严肃认真态度，来评点《金瓶梅》的。因此，他给后人留下的第一奇书评点，可以说是他在穷愁和艰险环境下，饱蘸着血泪而写成的，是极为宝贵的一宗小说理论遗产。

康熙五十四年（1715），刘廷玑在《在园杂志》中写道："《金瓶梅》，真称奇书……彭城张竹坡为之先总大纲，次则逐卷逐段分注批点，可以继武圣叹。是惩是劝，一目了然。惜其年不永，殁后将刊板抵偿夙逋于汪苍孚，苍孚举火焚之，故海内传者甚少。"[59]这说明总评、回批、夹批等均出自张竹坡一人之手，并同时印行问世，著作权没有任何异议。刘廷玑与张竹坡是同时代人，《在园杂志》完稿时张竹坡刚去世不久，而且刘廷玑曾在淮徐一带做官，与张竹坡的同族有着密切往来。所以，刘廷玑的记载应该是符合实际的。另据《张氏族谱》，也可证实以上关于张竹坡评点《金瓶梅》的记载是准确无误的。

二、张竹坡的《金瓶梅》评点

《金瓶梅》是我国明代的四大奇书之一，是中国历史上第一部世情长篇小说。它在清代流传最广、影响最大的版本，就是带有张竹坡评点的《第一奇书》。张评本把《金瓶梅》书名改称《第一奇书》，是继承了冯梦龙的小说史观与四大奇书之说，从而把《金瓶梅》提高到小说史的最高地位。李渔《三国志通俗演义序》曾说："尝闻吴郡冯子犹赏称宇内四大奇书，曰《三国》《水浒》《西游》及《金瓶梅》四种。余亦喜其赏称为近是。"[60]张竹坡正是在冯梦龙和李渔四大奇书之说的基础上，进一步把《金瓶梅》称之为第一奇书。

张竹坡评点《金瓶梅》的文字，既继承了前人的研究成果，又打破了旧的传统看法，对《金瓶梅》作了全面分析，并在组织结构上有很大的发展变化，形成了自己一整套完整的体系。他的评点其形式主要有三类：一是书首专论；二是回首与回中的总评；三是文间的夹批、旁批、眉批等。这些文字中，有概述，有细致的分析，也有三言两语的画龙点睛之笔。其内容是非常丰富的，涉及小说的题材、情节、结构、语言、思想、人物、创作方法和艺术特点等各个方面，对《金瓶梅》这部小说作了全面系统而又细微入微的评论。其中书首的专论以及《批评第一奇书金瓶梅读法》，可以说是《金瓶梅》全书的阅读指导大纲，理论性较强；而回评与旁批则主要用于对部分章节的审美赏析，则具体涉及到小说的艺术技巧问题。

（一）张竹坡对《金瓶梅》的写实成就进行了认真的分析与总结，从而确立了现实主义小说艺术观念

众所周知，张竹坡之前，早就有人谈到过小说的艺术特质问题，阐述过小说与历史的关系问题。如金圣叹认为，小说与历史的区别就在于，前者是"因文生事"，后者是"以文运事"，比较起来，写历史要比写小说困难一些。金圣叹尽管比较重视小说，但毕竟还是受传统文学观念的影响，更强调历史的重要与高雅。对于小说的特质，他没有从艺术真实性角度详加阐释。张竹坡在金圣叹的基础上，论述了小说的艺术真实性问题，并进一步指出写小说要比写历史难，就这一点而论，张竹坡要比金圣叹显得高明，对小说艺术真实性有着明确的认识。他将《金瓶梅》与《史记》进行比较，认为："作《金瓶》者，必能作《史记》也。何则？既以为其难，又何难为其易。"（《批评第一奇书金瓶梅读法》三十四）张竹坡认为，小说作品中的人物与事件虽然是虚构的，但并不是胡乱捏造，而是以作家阅历为基础，又不局限于个人的直接经历，是当时人物与事件的一个概括。这实际上已接近现实主义的典型论了，其小说理论观念远远走在了同时代人的前面。他指出："《金瓶梅》作者，必曾于患难穷愁，人情世故，一一经历过，入世最深，方能为众脚色摩神也。"（《批评第一奇书金瓶梅读法》五十九）也就是说，许多人物和事件都是作家所经历与感悟的，但作家不

可能什么事情都要全部经历，"即如诸淫妇偷汉，种种不同，若必待身亲历而后知之，将何以经历哉！"（同上）但没有经历并不意味着就不真实，作家"一心所通，实又真个现身一番，方说得一番"，要"真千百化身现各色人等"。张竹坡认为，小说的艺术真实要以现实的生活事实为依据，但又不等于生活事实。他提醒读者不能把《金瓶梅》看作"历史"真实，而是要当作"艺术真实"。他能区分出历史与小说的本质不同，甚至涉及我们今天所说的"文学典型"以及"生活真实"与"艺术真实"的问题，这是非常了不起的。

张竹坡非常重视对作者阅历的研究，认为通过作者阅历可以帮助读者理解小说的内涵。但《金瓶梅》的作者至今还是个谜，多少年来，许多评论家都在探讨这个问题，但一直没有定论。对此，张竹坡不主张去任意猜测作者的真实姓名，而且强调这并不是最重要的。他认为，我们只要知道《金瓶梅》作者的大致经历就可以了，该小说作者肯定是有着患难穷愁的经历，对世事感悟颇深，而且有比较深沉的感慨，了解到这些，就可以帮助我们分析小说的认识价值和文学成就。张竹坡在《竹坡闲话》《寓意说》《苦孝说》等评论中，曾涉及"孝子作书"即"苦孝说"的观点，这也是当时比较流行的一种说法。张竹坡主张的是"发愤著书"说，自然对这种观点不可能完全赞同，他也不认为作者就是王世贞。不过，他肯定了"苦孝说"的积极意义，认为这种观点用意无非是"洗淫乱、存孝悌"，目的是想给《金瓶梅》披上合法的外衣，这倒无可厚非。他在《批评第一奇书金瓶梅读法》三十六中说：

　　作小说者，既不留名，以其各有寓意，或暗指某人而作。夫作者既用隐恶扬善之笔，不存其人之姓名，并不露自己之姓名，乃后人必欲为之寻端竟委，说出姓名，何哉？何其刻薄为怀也。且传闻之说，大都穿凿，不可深信。总之，作者无感慨，亦必不著书，一言尽之矣。其所欲说之人，即现在其书内。彼有感慨者，反不忍明言；我没感慨者，反必欲指出，真没搭撒，没要紧也。故别号东楼，小名庆儿之说，既置不问，即作书之人，亦止以作者称之。彼既不著名于书，予何多赘哉！

张竹坡认为小说作者的姓名并不重要，关键是要从作品形象出发，探究作者的阅历与愤懑，在没有掌握可靠的材料时，不可任意推测作者的姓名，也不妄言小说中人物是影射生活中的某人。我们认为，张竹坡的观点纠正了所谓"索隐"派的极端作法，反对把小说的人物事件与现实生活混为一谈，坚持了现实主义的原则，这是他小说批评中的重要内容。

我们说，张竹坡特别强调小说要以作家阅历为基础，但不能将作家见到的、感悟到的生活事实照搬到小说中，必须做到虚构，必须有作家的加工整理和再创造。也就是说，《金瓶梅》决不是像某些人说的是西门庆的一个大账簿。对此，张竹坡针锋相对地指出，《批评第一奇书金瓶梅读法》三十七说："《史记》中有年表，《金瓶》亦有时日也。……此书独与他小说不同，看其三四年，却是一日一时。推着数去，无论春秋冷热，即某人生日，某人某日来请酒，某月某日某某人，某日是某节令，齐齐整整挨去，若再将三五年甲子次序排得一丝不乱，是真个与西门计账簿，有如世之无目者所云者也。故特特错乱其年谱，大约三五年间其繁华如此，则内云某日某节，皆历历生动，不是死板一串铃可以排头数去，而偏又能使看者五色眯目，真有如挨着一日日过去也。此为神妙之笔。"至于大账簿之说，张竹坡不屑地说："其两眼无珠，可发一笑。"事实上，《金瓶梅》作者特别注意通过"幻化"手法，将小说中的市井生活描写得逼真而形象，人物也栩栩如生，令人"不敢谓为操笔伸纸做出来的"，简直就像真的生活、真的人物，"处处以文章夺化工之巧"。张竹坡为小说作者的才华所折服，对《金瓶梅》称颂备至，他在《批评第一奇书金瓶梅读法》六十三中说：

> 其各尽人情，莫不各得天道，即千古算来，天之祸淫善福、颠倒权奸处，确乎如此。读之，似有一人亲曾执笔在清河县前西门庆家里，大大小小，前前后后，碟儿碗儿，一一记之，似真有其事，不敢谓为操笔伸纸做出来的。

张竹坡反对小说照抄生活，强调在作家阅历的基础上具体生动地反映现实生活。他认真总结了《金瓶梅》的写实成就，对小说与历史、艺术虚构与现实生活等问题进行了阐释，打破了将小说为历史附庸的旧观念，从而确立了现实主义小说艺术观。因此我们说，张竹坡最早明确总结了《金瓶梅》写实成就，在总结《金瓶梅》创作经验基础上强调以作家阅历为基础的艺术真实，强调现实生活，又重视作家的主观感受，这标志着浙江小说理论和中国小说理论已进入到了成熟阶段，在小说理论史上是有划时代意义的。

（二）张竹坡通过与历史传奇小说的比较，进一步从题材上分析了《金瓶梅》表现日常生活的基本特征以小说审美对象的变化

众所周知，清代是世情小说成为主流的时代，张竹坡以世情小说的开山之作《金瓶梅》作为批评对象，这是符合历史思潮向写实方向发展的要求的。他从艺术哲学的高度系统地总结了世情小说的创作经验和艺术规律，并通过与历史传奇小说的比较，进一步从题材上分析了《金瓶梅》表现日常生活的基本特征，为写实理论的确立和发展又立新功。

张竹坡认为，与历史传奇小说《三国演义》《水浒传》相比，作为世情小说的《金瓶梅》在"写实"方面前进了一大步。他指出，《金瓶梅》乃是"一篇市井文字"（《批评第一奇书金瓶梅读法》八十）。这个概括非常重要，我们说，世情小说登上小说的历史舞台，主要是以其创作题材的变化引起人们关注的。"市井文字"高度概括了《金瓶梅》题材的特点，明确地指出它不再像历史传奇小说那样描写重大历史事件或传奇英雄的伟大业绩，而是表现把日常生活作为其描写对象。

那么，《金瓶梅》的题材究竟有哪些特点呢？张竹坡通过对比，从两个方面总结了世情小说表现日常生活题材的基本特征，并进一步从审美的高度来评价这部世情小说。

首先，张竹坡认为《金瓶梅》的题材细如牛毛，但它却能以小见大，反映的则是时代精神与时代风貌。我们知道，作为历史传奇小说的《三国演义》和《水浒传》，主要是表现重大的历史事件和传奇英雄的丰功伟业，这类的作品为了突出主题和塑造人物，就必须采用粗犷

的笔调，描写激烈的矛盾冲突、传奇式的故事情节，否则就起不到吸引读者的目的。而作为世情小说的《金瓶梅》就不一样了，它表现的是日常生活琐事，自然就不能再使用粗犷的笔调，而必须以细节的真实来感染读者，以真实的故事和鲜活的人物引起读者审美的兴趣。作为对时代精神十分敏感和具有高深文学修养的张竹坡，对此是深有体会的，对《金瓶梅》的这种题材和表现手法的变化是有着清醒认识的。他准确地概括出《金瓶梅》具有"细如牛毛"[61]"隐大段精彩于琐碎之中"[62]等特色，这是现实主义小说的基本特征。

张竹坡指出了《金瓶梅》具有"细如牛毛"的细节真实特点，并认为读《金瓶梅》"似有一人亲曾执笔在清河县前西门家，大大小小，前前后后，碟儿碗儿，一一记之，似真有其事"。但是，真实的细节，琐碎的日常事件，并不等于说小说就是描写琐屑肤浅、没有意义的东西，正如张竹坡所说，《金瓶梅》是"隐大段精彩于琐碎之中"，是以小见大，反映的则是时代精神与时代风貌，这正是世情小说的重要特点。

如前文所说，作为历史传奇小说的《三国演义》与《水浒传》，主要是反映重大的历史事件，展现历史上丰富多彩的政治、外交与军事斗争，表现传奇式英雄惊天动地的事迹，采用的是粗犷的笔法。这类的小说，自然不可能过多地描写细微的日常生活，否则就无法展现时代风云，塑造时代英雄。而作为世情小说的《金瓶梅》就不同了，它描写的是人情世态，是通过以小见大的形式来表现时代精神，因此，它必须以家庭生活为核心，着重描写人物的日常的琐碎生活，包括人物的爱情、婚姻、发迹变泰的经历等等，以此来反映人际关系，展现时代风貌。张竹坡在《杂录小引》中指出："凡看一书，必看其立架处，如《金瓶梅》内，房屋花园以及使用人等，皆其立架处也。"[63]他认为《金瓶梅》写的是一个家庭的故事，但要了解人物之间的关系，他们的矛盾与斗争，就必须找到其"立架处"，即"房屋花园以及使用人等"，只有这样，才能抓住小说的要害，才能分析这部世情小说的特质。为此，张竹坡列出"西门庆家人名数""西门庆家人媳妇""西门庆淫过妇女""潘金莲淫过人目""西门庆房屋"等，"使看官如身入其中"，这就体现了以家庭环境为小说舞台的思路，显示出题材及写法上与历史传奇小说的不同之处。

为了更好地说明《金瓶梅》的这一题材特点，张竹坡进一步指出："《金瓶梅》因西门庆一份人家，写好几份人家，如武大一家，花子虚一家，乔大户一家，陈洪一家，吴大舅一家，张大户一家，王招宣一家，应伯爵、周守备一家，何千户一家，夏提刑一家，他如翟云峰在东京不算，伙计家以及女眷不往来者不算，凡这几家，大约清河县官员大户，屈指已遍，而因一人写及全县。"[64]是说通过西门庆一人，通过他的一个家庭，作品使我们看到了清河全县的情况，甚至了解到当时整个社会的情况。因此他接着又说："今止言一家，不及天下国家，何以见怨之深而不能忘哉？"[65]张竹坡的这些话，与鲁迅所说《金瓶梅》"着此一家，即骂尽诸色"[66]的观点非常相似。总的来说，他的"以小见大"的概括，正是世情小说反映生活的由粗到细，由浅到深的普遍规律。

其次，正如前文已论述的，张竹坡强调表现日常生活题材必须重视艺术的真实。他肯定小说描写要细微逼真，并指出："稗官者，寓言也。其假捏一人，幻造一事，虽为风影之谈，亦必依山点石，借海扬波。"[67]这就非常准确阐释了小说艺术真实与生活真实的关系问题。

由历史传奇小说到世情小说，作品的题材出现了重大的转变，这就带来了小说审美对象的变化，并导致小说人物从英雄到普通人的转变，小说所表现的"美"的内涵自然也随之而改变。这一转变，实际上是小说发展的必然规律，也是文学逐渐向"平民化""通俗化"方向发展的重要标志。

我们说，历史传奇小说《三国演义》《水浒传》讴歌的是传奇式英雄，崇尚的是崇高和伟大，正如宁宗一先生在《说不尽的金瓶梅》中所说的，这实际上是"表现了作家们的一种气度，即对力的崇拜，对勇的追求，对激情的礼赞。它使你看到的是刚性的雄风，是男性的严峻的美。这美，就是意志、热情和不断的追求""它们美的形态的共同特点是气势。这种美的形态是从宏伟的力量、崇高的精神显现出来的"。但《金瓶梅》所面对的现实世界却并非如此，它是严峻而残酷的时代，

133

是一个没有浪漫和美的时代，是一个充满邪恶的、极度黑暗的时代。显然，《金瓶梅》坚持的是写实原则，作家大胆地把现实中丑恶的事物引进小说，将"丑"作为特殊审美对象，这是对传统美学观念的一个反拨，大大丰富了美学的内涵。作品中"丑"的内容就是：贪财好色的恶霸豪绅西门庆一家及其发生关系的人物的罪恶，这是小说的核心内容。作品正是通过批判这些"丑"，来表达作品主题的，即揭露当时社会（以宋喻明）的黑暗、无耻和腐朽。

张竹坡没有使用"美学"的概念，但他敏感地感觉到，随着时代的发展变化，小说美学观念也必然要随之变化。《金瓶梅》把"丑"扩展到美学领域，正体现了这样一种变化。他在《批评第一奇书金瓶梅读法》四十七中指出："一部书中，上自蔡太师，下至侯林儿等辈，何止百有余人，并无一个好人，非迎奸卖俏之人，即附势趋炎之辈。"正是由于当时的社会到处充满了丑，"丑"成了时代的主旋律，因此，小说必须与时俱进，必须把"丑"纳入审美范畴。张竹坡进一步指出：

> 西门庆是混帐恶人，吴月娘是奸险好人，玉楼是乖人，金莲不是人，瓶儿是痴人，春梅是狂人，敬济是浮浪小人，娇儿是死人，雪娥是蠢人，宋蕙莲是不识高低的人，如意儿是顶缺之人。若王六儿与林太太等，直与李桂姐辈一流，总是不得叫做人。而伯爵、希大辈皆是没良心的人。兼之蔡太师、蔡状元、宋御史皆是枉为人也。（《批评第一奇书金瓶梅读法》三十二）

张竹坡认为，既然到处是无耻小人的世界，到处都是贪、淫和丑恶，所以《金瓶梅》作者故"作秽言以泄其愤也"[68]。在这里，评点家正确解释了"丑"存在的原因，回答了小说中为什么会有如此多的淫秽的"性"描写。说到底，作家是想通过"丑"的描写，来暴露和批判社会的丑恶与腐朽。

尤其难能可贵的是，张竹坡不仅发现了《金瓶梅》描写"丑"的意义，而且能够从美学的角度正确阐释"丑"的审美内涵。张竹坡在《批评第一奇书金瓶梅读法》九十八中指出："读《金瓶》必置名香于几，庶可遥谢前人，感其作妙文，曲曲折折以娱我。"也就说，《金瓶梅》虽然描写了现实中的"丑"，但它却创造了具有艺术"美"的、可以"娱我"的"妙文"，真正起到了化"丑"为美的奇特效果：

> 《金瓶梅》写奸夫淫妇，贪官恶仆，帮闲娼妓，皆其通身力量，通身解脱，通身智慧，呕心呕血，写出异样妙文也……前人呕心呕血做这妙文，虽本自娱，实亦欲娱千百世之锦绣才子者。(《批评第一奇书金瓶梅读法》八十二)

显然，张竹坡认为，《金瓶梅》的美学意义就在于，它把"奸夫淫妇，贪官恶仆，帮闲娼妓"这些丑恶的人物，竟能写成"虽本自娱，实亦欲娱千百世之锦绣才子者"的"妙文"，实在令人拍案叫绝！但《金瓶梅》作者是怎样做到化"丑"为"美"的呢？张竹坡指出："其书凡有描写，莫不各尽人情。然则真千百化身，现各色人等，为之说法也。"(《批评第一奇书金瓶梅读法》六十二) 他还从小说理论的高度进一步分析道：

> 作《金瓶梅》者，必曾于患难穷愁，人情世故，一一经历过，入世最深，方能为众脚色摹神也。(《批评第一奇书金瓶梅读法》五十九)
>
> 做《金瓶梅》之人，若令其做忠臣孝子之文，彼必能又出手眼，摹神肖影，追魂取魄，另做出一篇忠孝文字也。我何以知之？我于其摹写奸夫淫妇知之。(《批评第一奇书金瓶梅读法》五十四)

张竹坡认为，作品之所以"各尽人情""现各色人等"，关键是作家要经历"患难穷愁"，要在现实生活中体察人情世故，在此基础上再通过艺术想象，"方能为众脚色摹神"，把丑描绘得逼真传神。当然，只要能做到这些，无论写丑写美，都能使人物"摹神肖影，追魂取魄"。评点家认为，作家通过化"丑"为"美"，真实地揭示了生活中"丑"的本质及其表现形态。正如18世纪德国著名戏剧家席勒所说的："谁要是抱着摧毁罪恶的目的……那么，他就必须把罪恶的一切丑态在光天化日之下暴露出来，并且把罪恶的巨大形象展示在人类的眼前。"[69]这与张竹坡的论述具有异曲同工之妙！他们都是在说，只有摹神肖影，真实逼真地暴露"丑"，才能最终摧毁"丑"，这样就可以起到通过否定"丑"而肯定"美"的艺术效果。

总之，张竹坡所提倡的"摹神肖影，追魂取魄，各尽人情，现身说法"，正确解释了《金瓶梅》中丑的描写，以"丑"为美是小说美学中的重要内容，是审美的特殊内涵。张竹坡化"丑"为"美"的见解，是对小说理论的极大丰富和发展，也是对小说美学的一个重要贡献。

（三）张竹坡系统地提出了第一奇书"非淫书论"，并进一步指出《金瓶梅》乃是作者的泄愤之作

《金瓶梅》自明代中后叶问世以来，引起了不少文人的兴趣和评论。他们的评论要么模棱两可，讳莫如深；要么明称其为"淫书"，粗暴地予以彻底否定。"淫书"之说流行非常之广，以至于造成人人鄙视《金瓶梅》的现象，忽略了这部小说的文学价值，也大大影响了它的流传。张竹坡一反传统的错误观念，对这部进行了认真的分析与研究，指出《金瓶梅》不是什么"淫书"，乃是一部有着丰富内涵的伟大作品。

张竹坡在《批评第一奇书金瓶梅读法》八十二中，愤然反驳了人们对《金瓶梅》的严重歪曲，他指出："然则《金瓶梅》是不可看之书也，我又何以批之以误世哉？不知我正以《金瓶》为不可不看之妙文，特为妇女必不可看之书，恐人自不知戒而反以是咎《金瓶梅》，故先言之，不肯使《金瓶》受过也。"他又接着写道："今止因自己目无双珠，遂悉令世间将此妙文，目为淫书，置之高阁，使前人呕心呕血做这妙文，虽本自娱，实于百世之锦绣才子，乃为俗人所掩，尽付流水……"他反复强调《金瓶梅》乃是世间之"妙文"，决不能因书中有一些性描写就把它视作"淫书"。

张竹坡运用发愤著书说来评价《金瓶梅》，认为它与司马迁写《史记》是类似的，乃是一部泄愤一书。张竹坡在《第一奇书非淫书论》中指出，《金瓶梅》亦如《诗经·国风》：

《诗》云：以尔车来，以我贿迁。此非瓶儿等辈乎！又云：子不我思，岂无他人。此非金、梅等辈乎！狂且狡童，此非西门、敬济等辈乎！乃先师手订，文公细注，岂不曰此淫风也哉？所以云《诗》三百，一言以蔽之曰：思无邪。注云：诗有善有恶，善者起发人之善心，恶者惩创人之逆志。圣贤著书立言之意，固昭然于千古也。

这就论证了《金瓶梅》一书的性质，指出这是一部史公文字，绝非一般"淫书"可比。张竹坡在《批评第一奇书金瓶梅读法》五十三说："凡人谓《金瓶》是淫书者，想必伊只知看其淫处。若我看此书，纯是一部史公文字。"联系他在《金瓶梅寓意说》中所谓"稗官者，寓言也。其假捏一人，幻造一事，虽为风影之谈，亦必依山点石，借海扬波"的说法，则他的"史公文字"说便有了具体的内容。他看出小说是以宋喻明，反映的是明代的社会现实，决非什么"淫书"，这表现了张竹坡的真知灼见。

张竹坡进一步指出，作者能著出这样的伟大作品，必定是有特殊缘故的。他说："作者无感慨亦必不著书，一言尽之矣。其所欲说之人，即现在其书内，彼有感慨者，反不忍明言，我没感慨者，反必欲指出。"（《批评第一奇书金瓶梅读法》三十六）还说："故此回历叙运艮峰之赏无谓，诸奸臣之贪位慕禄，以一发胸中之恨也。"[70]肯定《金瓶梅》作为"愤书"的重要价值。

张竹坡的评点并非一时的意气，而是非常客观严肃的。他也具体指出了小说中的色情描写。但是，从小说的整体内容来看，色情描写毕竟是少的，而且作品的色情部分基本上都涉及的是西门庆，意在揭露西门庆的荒淫与无耻，不能因此就把《金瓶梅》整部小说看作是淫书。张竹坡强调指出，应从整体上认识《金瓶梅》的主导倾向，不要只着眼于一言半语的淫语，或者专门找色情的地方去读，认真对待这部小说，采用正确的读法，这是至关重要的。

张竹坡独具慧眼，指出《金瓶梅》是泄愤之作，这就肯定了这部小说的思想性和倾向性，总结了小说的主旨所在。《金瓶梅》描写了西门庆家族从暴发到衰落的短暂过程。他分析了小说"因一人写及全县"，由"一家"而及"天下国家"的写作方法，即通过对西门庆及其家庭罪恶的揭露，反映了当时整个社会的问题。诚然，除了西门庆外，《金瓶梅》还写了很多地方贪官、市井恶霸与地痞流氓等，但张竹坡认为这都是在衬托西门庆，并通过西门庆这一主人公，揭露最高统治者的罪恶：

> 写陈三、翁八之恶，衬起苗青；写苗青之恶，又衬起西门庆也。然则写王六儿、夏提刑等无非衬西门庆也。西门庆之恶十分满足，则蔡太师之恶不言而喻矣。（第四十七回回评）

他进一步指出，西门庆只是当时社会的一个代表而已："见西门庆之恶，纯是太师之恶也。夫太师之下，何止百千万西门？而一西门之恶已如此，其一太师之恶为何如也。"（第四十八回回评）由此可见，张竹坡对当时的社会认识多么深刻，其不满与愤慨是多么强烈，所以他在《批评第一奇书金瓶梅读法》九十四至九十七中分别写道：

> 读《金瓶》必须置唾壶于侧，庶便于击。
> 读《金瓶》必须列宝剑于右，或可划空泄愤。
> 读《金瓶》必须悬明镜于前，庶能圆满照见。
> 读《金瓶》必置大白于左，庶可痛饮以消此世情之恶。

可见，张竹坡对明代社会的愤懑之情，认为《金瓶梅》就是在揭露当时的世情、社会风尚和道德观念，是一部典型的"愤世"之作。

　　总的来说，张竹坡通过评点《金瓶梅》，认识到这不是一部淫书，而且他具体感受到了作者在黑暗现实作真实描写时所表露的愤恨之情，认为作者有愤懑，《金瓶梅》就是暴露世情之恶的泄愤之作。尤其值得注意的是，他把暴露封建社会政治黑暗，揭露世情之恶，直斥时事的《金瓶梅》，提到了和《史记》《诗经》等同等的文学地位，驳斥了当时流行的淫书论，肯定了其文学价值与认识价值，表现了他进步的文学思想和超人的艺术眼光，这在浙江乃至中国小说史上，都是具有重要意义的。

（四）张竹坡全面细致地分析《金瓶梅》的结构等特点，提出了"趁窝和泥"法，这是对小说艺术技巧论的一大丰富

张竹坡的评点形成系统的《金瓶梅》艺术论，其中关于小说结构论述，"趁窝和泥"法的提出，在小说理论史上具有重大的意义。他认为，《金瓶梅》的结构有很大程度的创新，在此之前问世的《水浒传》等小说，往往采用单线发展的结构方式，而《金瓶梅》则是采用穿插曲折的网状形结构，这种结构也是《红楼梦》作者曹雪芹非常欣赏的一种结构形式。由此可见，张竹坡的这一发现与论述，确实是了不起的一个成就。他指出：

> 然则《金瓶梅》，我又何以批之也哉？我喜其文之洋洋一百回，而千针万线，同出一丝，又千曲万折，不露一线。闲窗独坐，读史读诸家文少假偶一观之，曰：如此妙文，不为之递出金针，不几辜负作者千秋苦心哉？久之心胆怯焉，不敢遽操管以从事，盖其书之细如牛毛，乃千万根共具一体，血脉贯通，藏针伏线，千里相牵，少有所见，不禁望洋而退。[71]

张竹坡注意到，《金瓶梅》以西门庆一家为主线，围绕它涉及众多的家庭与人物，形成了一个互相贯通关联的网状结构。张竹坡通过与《史记》的比较，进一步指出这种结构的特点，并认为掌握这种结构形式是不容易的，对小说作者大加赞赏。他说："《金瓶梅》是一部《史记》。然而《史记》有独传，有合传，却是分开做的。《金瓶梅》却是一百回共成一传，而千百人总合一传内，却又断断续续各人自有一传。固知作《金瓶》者，必能作《史记》也。何则？既已为其难，又何难为其易？"（《批评第一奇书金瓶梅读法》三十四）《金瓶梅》涉及如此众多的人物，但繁而不乱，线索非常清晰，这是因为作者具有高超的结构艺术才能，善于把握人物之间的关系，该"收"则收，该"分"则分。他说："劈空撰出金、瓶、梅三个人来，看其如何收拢一块，如何发放

开去。看其前半部止做金、瓶，后半部止做春梅，前半人家的金、瓶，被他千方百计弄来，后半自己的梅花，却轻轻的被人夺去。"（《批评第一奇书金瓶梅读法》一）张竹坡认为，小说第一回是全书的"总纲"，第五十一回又是后半部的"分纲"。有这两回作支撑，人物虽多，并不能造成结构的混乱，使得小说的脉络清晰可辨。

张竹坡认为，《金瓶梅》情节结构有一个非常重要的特点，那就是作者采用了"趁窝和泥"的手法。所谓"趁窝和泥"法，简单说来，就是指在"正经"文字中"穿插"他人他事。譬如某回主要写西门庆，有关西门庆的文字就是所谓的"正经"文字；同时穿插应伯爵、花子虚、夏提刑等人的故事。这一方法是贯穿《金瓶梅》一书的最基本的情节结构方法。"趁窝和泥"法的提出具有十分重要的意义，它大大拓展了小说艺术的空间描绘，为我们研究《金瓶梅》提供了一个非常重要的理论武器。

张竹坡最先提出"趁窝和泥"这一概念，是在《金瓶梅》第十九回的回评之中。在该回评中，他一方面解释什么是"趁窝和泥"，另一方面也指出这是小说最常用的一种结构手法，在作品中"篇篇如是"。这一回的回目是"草里蛇逻打蒋竹山，李瓶儿情感西门庆"，该回主要写西门庆与李瓶儿的婚事，其故事梗概是：花子虚死后，李瓶儿等待西门庆接她完婚，但由于西门庆忙于他事，一直没有等到，遂招赘医生蒋竹山在家。西门庆知道后，令草里蛇等把蒋竹山毒打一顿，遂迎娶李瓶儿过门，并对她百般虐待。李瓶儿对西门庆的折磨毫无怨言，终于使西门庆回心转意。在该回回评中，张竹坡指出：

> 上文自十四回至此，总是瓶儿文字内穿插他人，如敬济等，皆是趁窝和泥。此回乃是正经写瓶儿归西门氏也，乃先于卷首将花园等项题明盖完，此犹娶瓶儿传内事，却接叙金莲敬济一事，妙绝。《金瓶》文字，其穿插处，篇篇如是。后生家学之，便会自做太史公也。[72]

张竹坡指出，小说十九回就成功使用了"趁窝和泥"法，本回的"正经"文字即主干部分是西门庆与李瓶儿的婚事。也就是说，他们两人的故事为小说的基本框架，围绕着这一主干情节，出现了其他人物与事件，李瓶儿方面：她为了讨好西门庆的妻妾，看望西门庆正妻吴月娘，专门去为潘金莲拜寿，吴月娘等人为李瓶儿做生日，招赘蒋竹山等。西门庆方面：他与众帮闲去丽春院嫖娼，他亲家陈洪及其主子杨戬的败落，女婿陈敬济与女儿西门大姐来家避难，派遣家人来保到东京行贿等等。通过具体情节，我们对张竹坡所说的"趁窝和泥"理解得就更加清楚了，即《金瓶梅》在安排小说结构时，总是以纵向推进的主干情节为基本框架，而借人物关系横向展开，不断穿插进与主干人物情节相关而又相对独立的其他人物事件，从而在突出主线的前提下，形成一种纵横交错的情节格局。这种结构方法就是"趁窝和泥"。

　　张竹坡提出"趁窝和泥"的理论，还涉及到小说艺术中如何处理时间和空间的理论问题。如果小说中需要同时描写若干个人物与事件，那么，最好的艺术处理就是采用"趁窝和泥"的方法，这样处理既能使主干情节的时间与空间独立发展，不至于被其他情节干扰，而且其他情节也能相对独立的发展，这样就可以造成主干情节与其他情节同时并存的"假象"，使读者产生一种立体感，结构上又显得杂而不乱，起到很好的一种艺术效果。

　　"趁窝和泥"处理时间与空间的基本模式是：主干情节（即"窝"）的发展是纵向的，它的故事发展的时间与空间是相对封闭的，作者在主干故事发展中的适当时间和空间，将其故事分割成几个片段，在这些片段之间插入其他情节或其他情节的片段。插入的其他非主干情节，就是所谓的"泥""泥"不论是一次叙完，还是分为几个片段，它们都不会影响到"窝"的时间与空间，双方都是相对独立的。也就是说，主干情节永远是小说的中心线索，是主线；其他情节永远是次要线索，是支线。这样使得小说故事线索分明，结构复杂而又严谨，形成一种网状形式，使读者感到主干情节不是先后发展的，而是同时并进的。这就很好地处理了只有影视才能解决、文字无法解决的情节同时发展怎么办的难题。在《金瓶梅》的第六十五、六十六两回，主干情节讲的是李瓶儿长达一个多月的丧事，主要情节包括吊唁、念经、出殡、守灵、荐亡等等，但小说并不是一口气把这"五七"内的事情叙完，而是分成了几个片段。作者利用这几个片段的间隙，插入了几个其他事件，有的事件是一次讲完的，有的是分成若干次的。如贲四女儿长姐的出嫁、韩道国与西门庆谈他的生意、蔡京管家差人给西门庆下书等，就是一次叙完的；西门庆宴请钦差黄六太尉，分四次叙完；西门庆"收用"奶妈如意儿及潘金莲争风吃醋，分两次叙完。一月多的时间写了这么多的事件，却能够写得主次分明，这正是成功使用"趁窝和泥"手法的结果。

在谈到"趁窝和泥"法的具体运用时，张竹坡在《批评第一奇书金瓶梅读法》十三中指出：

> 读《金瓶》须看其入笋处，如玉皇庙讲笑话，插入打虎；请子虚，即插入后院紧邻；六回金莲才热，即借嘲骂处，插入玉楼；借问伯爵连日那里，即插入桂姐；借盖卷棚，即插入敬济；借瞿管家，插入王六儿；借翡翠轩，插入瓶儿生子；借梵僧药，插入瓶儿受病；借碧霞宫，插入普静；借上坟，插入李衙内；街拿皮袄，插入玳安、小玉。诸如此类，不可胜数，盖其用笔不露痕迹处也。其所以不露痕迹处，总之善用曲笔逆笔，不肯另起头绪用直笔顺笔也。夫此书头绪何限，若一一起之，是必不能之数也。我执笔时，亦必想用曲笔逆笔，但不能如他曲得无迹，逆得不觉耳，此所以妙也。

对于"趁窝和泥"法的具体运用，张竹坡在此论述甚详，具有可操作性和实用价值。他将主干情节的可以中断处称之为"入笋处"，只有在这时才可以插入其他情节，其实，他在以上引文中所罗列的例子，都是在说明这一问题。此外，他在这里又运用了两个新的词语，即"直笔顺笔"与"曲笔逆笔"。前者是指作家以直起直泻的叙述方法将空间中并列的若干事件一一分别叙出；后者则指插入的其他情节，但后者必须围绕前者来展开，是为前者服务的。

张竹坡认为，小说不能只用"直笔顺笔"，否则像《金瓶梅》这样的作品"头绪何限，若一一起之，是必不能之数也"，所以，必须采用"趁窝和泥"之法。只有采用这种方法，才能通过插入其他情节来拖住时间、拓展空间，也才能使作品"用笔不露痕迹处"，从而把事件在空间中并列、语言在时间中先后承续的冲突调合得天衣无缝，这正是"趁窝和泥"的重要作用。

我们说，张竹坡的"趁窝和泥"法对于打破传统的线性结构，从而拓宽小说艺术的空间描绘，具有极其重大的文学意义。《金瓶梅》之前的小说，情节描写的形式基本上以纵向推进为主，它们以主人公的活动为线索，按照时间的先后顺序安排情节，一泻到底，就像《金瓶梅》中的"窝"，没有插入的"泥"。还以《三国演义》和《水浒传》为例，它们的结构安排就是如此，总是以主人公的活动为基本线索，然后沿直线方向以时间先后为序展开故事，没有任何其他故事的穿插，显得非常单调，只能描写重大历史事件或英雄传奇故事，而不适合家庭日常生活的描写。《金瓶梅》就不同了，它采用的是一种开放式的结构，故事一方面向纵深直线发展，同时又能横向拓展，既扩大了情节流动的空间，又给读者造成众多事件同时发展的感觉。我们说，这样的网状结构优点非常明显，它可以使小说容纳更多的内容，可以更加全面地表现日益丰富而复杂的现实生活。

张竹坡的这一理论与英国小说理论家福斯特的见解有着惊人的相似之处，福斯特在他的理论专论《小说面面观》中指出："故事是一些按时间顺序排列的事件的叙述……就故事在小说中的地位而言，它只有一个优点：使读者想要知道下一步将发生什么，从而满足读者最原始的好奇心。"[73]显然，福斯特是在讽刺那些只按时间先后顺序安排故事情节的作品，这些作品要么就像福斯特说的故事平淡无奇，只能使读者早些"知道下一步将发生什么"，以"满足读者最原始的好奇心"；要么就是通过大量的偶然性巧合与悬念设置，使故事情节委婉曲折或惊险离奇，满足读者爱热闹的心理，以此来弥补作品在空间描绘方面的缺陷。而《金瓶梅》由于采用了"趁窝和泥"法，就很自然地造成故事的丰富与生动，令读者欣赏到更多的丰富多采的生活画面。正如张竹坡所说的："《金瓶梅》纯是异样穿插的文字。惟此数回乃最为清晰者……一边敲击正文，全不费呆重之笔，一边却又照管家里众人，不致冷落，直一笔作三四笔用也。"（第三回回评）他进一步指出：

> 一部一百回，乃于第一回中，如一缕头发，千丝万丝，要在头上一根绳儿扎住。又如一喷壶水，要在一提起来，即一线一线同时喷出来……盖人一手写一处不能，他却一手写三四处也。玉皇庙是一处，十兄弟是一处，道士是一出，画虎是一处，真虎是一处，打虎人又遥在一处，跃然欲动，而沧州郡且明明说出也。[74]

张竹坡所说的"一笔作三四笔""一线一线同时喷出来""一手写三四处"，无非还是强调"趁窝和泥"法的重要性，它可以多侧面地表现生活，扩展小说的空间，再现生活的广阔性、多面性和复杂性。

总之，张竹坡通过对《金瓶梅》的深入研究，提出了"趁窝和泥"法，准确地指出了《金瓶梅》的结构特点，这在中国小说理论史上，具有重大的意义，对后世产生了深远的影响。

（五）张竹坡详细分析了《金瓶梅》刻画人物性格的艺术特点，大大丰富了人物典型性格论

张竹坡分析《金瓶梅》中的人物，主要接受了金圣叹点评《水浒传》的影响。我们知道，金圣叹特别重视人物的个性，并提出了《水浒传》中的人物具有"特犯而不犯"即同类型的人物又能各具个性特征的著名论断。由于《水浒传》中的人物性格相对稳定，其发展变化并不是很明显，因此，他特别重视人物的性情、气质、形状、声口等方面的特点。张竹坡批评《金瓶梅》，虽然同样是重视人物的个性特征，但由于《金瓶梅》中的人物性格与《水浒传》的相对稳定不同，它有着明显的发展变化，所以，他总结人物性格特点时也与金圣叹有很大区别。也就是说，张竹坡特别注重人物个性的发展变化，注重人物性格的矛盾性、多样性和复杂性，对金圣叹的人物论有继承又有发展。他对人物性格新特点的总结，是小说理论的一大进步。

张竹坡在分析《金瓶梅》中的人物性格时，常常使用"情理"一

词。这一概念早就有人提出过，并非他个人的发明创造，但他所使用的这一概念与前人诗文论中所说的"情理"，在内涵方面有了很大的变化，是对前人理论的继承和发展。众所周知，李卓吾强调穿衣吃饭便是人伦物理，顾炎武则主张从具体事物中探求真理，而浙籍理论家李渔则主张小说戏曲写人情物理，尤其是对他产生重大影响的金圣叹，又有他自己的理解。

但张竹坡与前人、尤其与金圣叹是有明显区别的。他所提出的"做文章不过情理二字"，显然是把对"情理"的把握作为人物塑造的关键乃至全部小说创作的基础。这正是他与金圣叹小说理论的显著区别。金圣叹对小说创作的认识，偏重于作家的主观精神活动。他提出"才子文心""直以因缘生法为其文字总持"，提出"亲动心而为"与"其文亦随因缘而起"，都更多地强调了创作中主体的随意性。与他相比，张竹坡的"情理"主张，是强调小说创作必须以情理为依据，这显然是把理论的目光转移到了客观现实的一边。他还把对"情理"的把握，与人生经历联系在一起，指出："必曾于患难穷愁，人情世故，一一经历过，入世最深，方能为众脚色摹神也。"（《批评第一奇书金瓶梅读法》五十九）这与金圣叹主张从因缘生法入手去认识事物的"格物之法"相比，也更明显地体现了其"情理"论的写实特征。

张竹坡继承了上述思想的合理内核，把"理"这一抽象概念还原于具体日常生活之中。他认为，人物不再是孝、智、勇、忠义等理念的化身，而是动态的活生生的现实生活中人。他在《批评第一奇书金瓶梅读法》四十三中指出：

> 做文章不过情理二字。今做此一百回长文，亦只是情理二字。于一个人的心中，讨出一个人的情理，则一个人的传得矣。虽前后夹杂众人的话，而此一人开口，是此一人的情理。非其开口便得情理，由于讨出这一人的情理，方开口耳。是故写十百千人，皆如写一人，而遂洋洋乎有此一百回大书也。

显然，张竹坡是把"情理"作为人物性格的本质特性、内在依据而提出的，特别强调"讨得情理"的重要。他认为，情，就是指人情、性情；理，在现实日常生活中不再是指超越感性世界的永恒理念。也就是说，情理决定着人物在某种场合说什么话、做什么事。

在此基础上，张竹坡进一步提出，优秀的小说作品要刻画出人物的个性特征，要为"众脚色摩神""各各皆到""特特相犯，各不相同"，强调写出鲜活的"这一个"。他不仅要求写出人物的个性，而且强调能写出同类人物的个性才更加高明，即所谓"特犯而不犯"。要做到这些并不容易，必须要"讨得情理"，抓住人物性格的独特性，否则，就会使小说人物千人一面，万人同声，犯雷同化、概念化的错误。他认为《金瓶梅》作者就是一位塑造人物的高手，能够准确把握人物性格的独特性，做到"特犯而不犯"。张竹坡在《批评第一奇书金瓶梅读法》四十五中写道：

> 《金瓶梅》妙在于善用犯笔而不犯也。如写一伯爵，更写一希大。然毕竟伯爵是伯爵，希大是希大，各自的身分，各人的谈吐，一丝不紊。写一金莲，更写一瓶儿，可谓犯矣。然又始终聚散，其言语举动，又各各不乱一丝。写一王六儿，偏又写一贲四嫂；写一李桂姐，偏又写一吴银姐、郑月儿；写一王婆，偏又写一薛媒婆、一冯妈妈、一文嫂儿、一陶媒婆；写一薛姑子，偏又写一王姑子、刘姑子。诸如此类，皆妙在特特犯手，却又各各一款，绝不相同也。

张竹坡对《金瓶梅》塑造人物的特色非常赞赏，认为作者能够根据人物性格的特点，使用不同笔法来刻画，这正是一般作家所无法做到的。他还指出，《金瓶梅》作者用笔十分精细，能做到滴水不漏："于西门庆不作一文笔，于月娘不作一显笔，于玉楼则纯用俏笔，于金莲不作一钝笔，于瓶儿不作一深笔，于春梅纯用傲笔，于敬济不作一韵笔，于大姐不作一秀笔，于伯爵不作一呆笔，于玳安儿不着一蠢笔。此所以各各皆到也。"（《批评第一奇书金瓶梅读法》四十六）因此，"刚写王六儿，的是王六儿。接写瓶儿，的是瓶儿。再接写金莲，又的是金莲，绝不一点差错"（第六十一回回评）。这些形象之所以个性鲜明，还与作家善于把握人物的语言特点分不开：《金瓶梅》写潘金莲"一路开口一串铃，是金莲的话，作瓶儿不得，作玉楼、月娘、春梅亦不得，故妙"（第六十一回夹批）。这些见解都是非常尖锐而深刻的。

张竹坡对《金瓶梅》"特犯而不犯"的特点体察非常细致，认为小说作者不仅做到了同类人物有不同的个性，即便是同样的场合，同样的行为，不同的人物其表现也有不同，这是由其身份、地位及人际关系的不同所决定的。如第六十二回写瓶儿之死，同在灵堂哭瓶儿，但"西门是痛，月娘是假，玉楼是淡，金莲是快。故西门之言，月娘便恼；西门之哭，玉楼不见；金莲之言，西门发怒也。情事如画"。[75]张竹坡认为，小说通过这样一个场面，就把西门庆的妻妾们不同的性格特征展现在了读者面前。

难能可贵的是，张竹坡能够发现《金瓶梅》善于在矛盾对立中塑造人物性格，这在某种意义上已接近了后来的辩证法思想，是非常了不起的一个成就。他认为，《金瓶梅》中人与人之间的关系非常复杂，既互相对立，矛盾交织；又互相利用，相互依存。根据矛盾性质的不同，又可分为不同层次的矛盾。如"金莲死官哥，官哥死瓶儿，西门死武大，金莲死西门，敬济死金莲"（第八十七回回评），均为互为因果的关系。这种矛盾表现在人物的性格方面，又可分为主宾、映衬、对比、对立、正反、虚实、前车后车等不同类型。如小说第六十五回在写到李瓶儿死后，着重表现的是奶妈如意儿与西门庆之间的关系。张竹坡在该回的回评中说：

> 如意儿者，如意原为插瓶之物，今瓶坠而如意存，故必特笔写之，写如意原以写已死之瓶儿也。况瓶儿已死，即西门意中人，而奶子如之，所为如意儿也。总之为金莲作对，以便写其妒宠争妍之态也。故蕙莲在先，如意儿在后，总随瓶儿与之抗衡，以写金莲之妒也。如耍狮子必抛一球，射箭必立一的，欲写金莲而不写一与之争宠之人，将何以写金莲？故蕙莲、瓶儿、如意皆欲写金莲之球之的也。

张竹坡还对小说中所有人物之间的关系进行了认真的分析，最后得出一个重要结论："危机相依，如层波叠起，不可穷止。何物作者能使大千世界，生生死死之苦海水，尽掬入此一百明珠之线内！嘻，技至此无以复加矣。"（第八十七回回评）张竹坡通过对李瓶儿之子官哥之死，对"三章约"等关键性事件的描述，精辟分析了西门庆、月娘、金莲、瓶儿、敬济、玉萧、书童之间既冲突又相依的复杂矛盾关系，总结出了《金瓶梅》在矛盾中刻画人物性格的重要特色。

尤其是，《金瓶梅》在处理人物方面，特别注重人物性格的发展变化，既体现出人物的个性化，又能使小说的线索有一个清晰的发展过程。张竹坡非常欣赏李瓶儿的形象塑造。这个女性在开始时似乎是一个泼妇、淫妇，尤其对于她丈夫来说，她完全是一个害人者。但改嫁西门庆后，她心满意足，逐渐表现出其温厚善良的本性，最终成为一个受害者。而作品写李瓶儿，同时又写出了潘金莲的性格，这正是《金瓶梅》作者的高明之处。张竹坡在回评中写道："上文生子后，至此方使金莲醋瓮开破泥头，瓶儿气包打开线口。盖金莲之刻薄尖酸，必如上文如许情节，自翡翠轩发源，一滴一点，以至于今，使瓶儿之心深惧，瓶儿之胆暗摄，方深深郁郁闷闷，守口如瓶，而不轻发一言以与之争，虽瓶儿天性温厚，亦积威于渐以致之也。"[76] 小说表现潘金莲迫害李瓶儿，是颇具技巧的。张竹坡指出：

> 此回方写蕙莲，夫写一金莲，已令观者发指，乃偏又写一似金莲。特特犯手，却无一相犯。而写此一金莲必受制于彼金莲者，见金莲之恶，已小试于蕙莲一人，而金莲恃宠为恶之胆，又渐起于治蕙莲之时。其后遂至陷死瓶儿母子，勾串敬济，药死西门，一纵而几不可治者，皆小试于蕙莲之日。西门入其套中，不能以礼治之，以明察之，惟有纵其为恶之性耳。吾故曰：为金莲写肆恶之由，写一武大死；为金莲写争宠之由，乃写一蕙莲死也。[77]

就这样，温厚善良的李瓶儿最终死于非命，小说成功地完成了这一形象的塑造。对于《金瓶梅》的结构等艺术手法，张竹坡还做了很多概括，尤其是"趁窝和泥"的技法的提出，在浙江小说理论史上意义是非常重大的。

更为难能可贵的是，张竹坡还进一步发现，《金瓶梅》在刻画人物性格时非常注意从人物生活的环境中描写性格及其变化，这甚至与恩格斯的"典型环境中的典型人物"有某些类似之处。张竹坡认为，潘金莲是《金瓶梅》重点刻画的一个人物，为了塑造她的性格，作者特别注意介绍其"出身之处，教习之人"（第二十三回回评），即出身于王招宣府，教习之人就是林太太。小说有意把林太太写成一个荒淫无度之人，正是为了说明嫉妒泼辣、淫荡成性的潘金莲其性格的形成原因，她早期生活的环境对其性格有重大的影响，"王招宣府内，固金莲旧时卖入学歌学舞之地也""一裁缝家九岁女孩至其家，即费许多闲情教其描眉画眼，弄粉涂朱，且教其做张做致，乔模乔样""今看其一腔机诈，丧廉寡耻，若云本自天生，则良心为不可，而性善为不可据也。吾知其二三岁时，未必便如此淫荡也"（第二十三回回评）。正是有了这样的环境，才造就了潘金莲复杂的性格特征。

总之，张竹坡对《金瓶梅》塑造人物的特点进行了认真分析，提出了一系列重要的人物论观点，比他之前的金圣叹的人物论要丰富和深入得多。张竹坡总结《金瓶梅》的典型性格论，对后世产生了深远的影响。

张竹坡批评《金瓶梅》的最有价值的理论见解，主要体现在他对《金瓶梅》作品本身进行鉴赏时所写的读法和回评中。但他一旦离开了具体的作品，在说孝道、论寓意时，他的"苦孝说""寓意说"就显得非常教条、抽象和迂腐了。张竹坡就是这样一位思想上保守、艺术上进步、理论上修养极高的充满矛盾的人物。加之评点方法本身的局限，他推求作者的创作意图和艺术构思时，是从自己的感受和"文心"出发的，主观色彩比较强，不免有随意武断、牵强附会之嫌。而且关于片面，对《金瓶梅》的艺术性一味鼓吹，不分析其缺陷与不足；具体分析有时也太琐碎，每一字句都逆溯其源而求其命意所在。因此，我们对张竹坡的小说理论当进行认真细致的分析，弃其糟粕，取其精华可也。

第五节　陈其泰：《红楼梦》评点家

清代《红楼梦》评点出现了很高的成就，浙江红学研究影响最大的当推陈其泰，他的文学活动大大丰富了红学研究的领域，在中国小说理论史上占有重要的一席之地。

一、陈其泰的生平与文学活动

陈其泰（1800—1864），清代小说《红楼梦》评点家。浙江海盐人，祖籍海宁。字静卿，号琴斋，别号桐花凤阁主人。他自幼聪明好学，嘉庆二十年（1815），仅有十五岁的陈其泰拔府，震惊乡里。道光四年（1824）科试考为一等，并补廪。道光六年（1826）的岁试、道光七年（1827）的科试，陈其泰都是府学一等，可谓少年得志。但他此后多次参加乡试，却均未考中。道光八年（1828），陈其泰因屡试不中，按照惯例报捐，以廪贡身份监紫阳书院。

此后，陈其泰又多次参加乡试，直到道光十九年（1839）才终于中举。接下来至少参加过两次会试，但还是屡试不中。他一直热衷于科举，但仕途非常不顺，不得已，曾担任云和训导、长兴县教谕等，并曾两度被延入浙江巡抚幕中任职，自负奇才的他却一生郁郁不得志，只能在交游和创作中打发时光，这却反而造就了一代文学大家。

陈其泰一生著述颇丰，主要著作有《行素斋诗文集》《行素斋子史札记》《琴斋随笔》《春熙书屋诗文抄》《桐花凤阁诗文稿》《鸿雪词》《宫闱百咏》等。陈其泰藏有一部乾隆五十七年壬子萃文书屋木活字本《新镌全部绣像红楼梦》（后人称程乙本），他在这个本子上作了大量评、批。其后，墨录斋主人曾手抄斯评，罕为人见；今人刘操南据陈其泰手稿评本辑有《桐花凤阁评红楼梦辑录》一书，1981年由天津人民出版社排印。

陈其泰十七岁始读《红楼梦》，二十五岁写《吊梦文》，至四十三岁时才最终完成《红楼梦》评本的研究工作，历时二十五年，倾注了他一生的智慧和心血。其评本长期以钞本形式流传于世，原稿本今存杭州市图书馆。他评《红楼梦》主要有四种形式：眉批、行间批、总评和回目修改，总计二十余万字。"回目修改"本人将在下节文字中专门论述。在这些评、批中，陈其泰对《红楼梦》提出了一些独特的见解。

陈其泰出身海盐望族，但传至他这一代，"食指渐繁，家道中落"，只得"在抚院记室凡二十年"，一生郁郁不得志。由于他经历坎坷，对世态的炎凉、人情的冷暖有着深切的体会，所以陈其泰评论《红楼梦》，既不同于王希廉、张新之、姚燮等封建文人那样故意拔高《红楼梦》，以宣扬其陈腐的说教；也不同于一般读者欣赏《红楼梦》的爱情故事，以当作茶前饭后的消遣。作为一个才华横溢而又潦倒的进步文人，陈其泰是带着怀才不遇的怨愤之情来理解和研究《红楼梦》这部伟大小说的。

二、陈其泰的《红楼梦》评点

陈其泰是清代小说《红楼梦》评点家。他的评论对红学研究产生了极为深远的影响。《桐花凤阁评红楼梦》在旧红学史上占有重要地位，陈其泰也因之成为旧红学史上最有成就的红学家之一。

陈其泰首先充分肯定了《红楼梦》在中国文学史上的崇高地位，认为它是古今少见的文学名著。他指出："《国风》好色不淫，《小雅》怨悱而不怒《乱》。若《离骚》者，可谓兼之。继《离骚》者，其为《红楼梦》乎？"他将《红楼梦》与屈原的《离骚》相提并论，这种评价在当时是极为罕见的。陈其泰还认为，《红楼梦》不是像其他作品那样是作家基于一时的兴趣而创作的，它是曹雪芹耗费大量心血、发愤著书的结果，作者"感愤抑郁之苦心，乃有此悲痛淋漓之一书"，因此，决不能以寻常写情作品来看待这部爱情小说巨著。

陈其泰的《红楼梦》评点涉及多方面的成就，我们不妨从以下几个方面来进行简单的论述。

（一）陈其泰评点的重点是用"写情说"与"发愤著书说"来研究、批评《红楼梦》

他认为，《红楼梦》重点就是写情，全书"尽此一情字"（第一回眉批），并且对作品中自然率真的至情进行了热情赞颂。他说：

> 《红楼梦》中所传宝玉、黛玉、晴雯、妙玉诸人，虽非中道，而率其天真，皭然泥而不滓。所谓不屑不洁之士者非耶？其不肯同乎流俗，合乎污世；卓然自立，百折不回，不可谓非圣贤之徒也。若宝钗、袭人则乡愿之尤，而厚于宝钗、袭人者无非悦乡愿，毁狂狷之庸众耳。王熙凤之为小人，无人而不知之；宝钗之为小人，则无一人知之者；故乡愿之可恶，更甚于邪慝也。读是书而谬以中道评宝钗，以宝玉、黛玉、晴雯、妙玉诸人为怪僻者，吾知其心之陷溺于阉媚也深矣。（第三回回评）

陈其泰肯定了贾宝玉、林黛玉、晴雯和妙玉等这些"非中道"者，认为他们虽然不符合封建道德的规范，但其"率性天真""不肯同乎流俗"的自然本性，是值得肯定的。而对于薛宝钗之类是"中道"者，即符合封建伦理道德规范的人物，则进行了尽情的讽刺与批判，因为这些人物泯灭了人的天性，扼杀了人的真情，是虚伪的人物。评论家特别厌恶虚伪、阴险者，称王熙凤是"小人"，但她"小人"得光明正大；以"贤淑"自居的薛宝钗"小人"得非常隐蔽，这就更加可恨，是真正的"小人"。他称薛宝钗既"为待选而来，自是禄蠹一流人物"（第四回回评）。第三回回评末尾关于"中道"人物的分析说得好：

> 以中道律书中之人，惟迎春、李纨、岫烟，庶乎近之。若宝钗辈纯乎人欲而汩没天性，其去道也远矣。世俗之见，以宝钗为贤能，以湘云为豪爽，以元春为有福，以探春为有才。且以贾政为正直，以王夫人为英明，而不知瓮里醯鸡，安能几及云中鸡犬哉。

他不仅批评薛宝钗的虚伪，还能指出以往人们认为比较可爱的人物的本性，认为这些人与宝钗没有本质的区别：如探春曾向宝玉说过"纲常大体"的话，因此她也是"毫无人心者，方能说出此等语"（第一百二回行间评）；贾雨村是"宝玉之所鄙也，自是禄蠹本色"（第一回眉批）；北静王多次鼓励宝玉求上进，故"此亦禄蠹也"（第十五回眉批），等等。陈其泰站在歌颂真情、至情的立场上，揭示出了《红楼梦》反道学、反礼教的主旨，这是非常了不起的见解。

陈其泰对男女之间真诚执着的感情，更是大加赞美。他毫无保留地肯定宝黛之间的爱情，并不无感叹地说："夫得一知己，死可不恨，黛玉而得宝玉，诚可知己矣，虽死，又何恨焉。独宝玉遇知己之人，而不能大白其知己之心，又不幸而竟为不知己之事，卒欲向知己者一诉之而不可得。呜呼，恨何如也。"（第一百四回回评）在第四十四回回评中，陈其泰又说：

> 宝玉深于情者，而从不着意于警幻所训之事，其于袭人之流，结欢于此事，正不钟情于此人也。若其于黛玉，则冰清玉洁，惟求心心相印而已。所以欲得为偶者，即紫鹃所谓"万两黄金容易得，知心一个也难求"。既得其人，必不忍相离耳。非慕色也，非好淫也。若徒欲真个销魂，则宝钗之美，何逊黛玉。宝钗而外，美人正多，而无一钟其情者，何耶？

评点家强调指出，宝黛之间的感情不是一般意义上的恋情，更不是重在性爱的夫妇之情，而是以心换心的生死之情。为了说明这种真情的特殊涵义，陈其泰特别指出知心之情与床第之淫欲的区别，他说："宝玉温存旖旎，直能使天下有情人皆为之心死。然所重者知心，在感情，绝不在淫欲，岂复尘世所有。"（第四十四回回评）又说："宝玉之情，不在私情，而在真情。"（第七十七回眉批）所以，他告诫读者，"读《红楼梦》而存一男女之见以论宝玉，则处处皆错"。（第五回回评）他认为，所谓真情至情，就是指出宝玉"专心致意于黛玉，两人心心相印，纯是天性，绝无人欲，故非美色所得而间，非柔情所得而动，非毁誉所得而惑，非死生所得而移"（第一百九回回评）。并进一步指出："宝玉黛玉，知男女一生必有一婚一嫁之事，断无不婚不嫁之人，故不能不以此事关心，岂如宝钗之志在夫荣妻贵，朝欢暮乐哉。"在这里，评点家歌颂的是宝黛之爱的"天性"，抨击的是宝钗之流的"人欲"。前者指生死不移、心心相印的真的爱情，是出于自然天性的情爱；后者指以婚姻为手段想要达到的目的，是受"经济文章""夫荣妻贵""衣锦还乡"等所污染的欲望。陈其泰可谓作者的"知己"，指出了《红楼梦》的"真情"的内涵，并能体会到作品反封建思想的深刻意蕴。我们认为，在陈其泰生活的时代，能够对爱情作出如此深刻的分析，甚至可以形成一套"爱情理论"，这是非常难得的。

陈其泰的"爱情理论"还不止这些，他通过对宝玉与其他女性的关系的分析认为，宝玉的"真情"乃是"泛爱"与"至情"的统一体。他把宝玉关心体贴大观园的女性们的行为，概括为"泛爱"。他在第四十四回回评中写道：

> 宝玉亦好色矣。而其言曰：但愿诸人与我相聚至死，诸人哭我之泪漂没我之尸骸。既而又曰：只好个人得个人眼泪。呜呼，世之溺情床第者，曾得人眼泪否耶？当其缠绵枕席，海誓山盟。临去徘徊，依依执手。非不泪盈枕畔，泪湿罗中。逮骨冷形销，拊膺大恸，痛不欲生，积久不忘。提起泪下者，有几人哉。夫泪从心出，体交而非心知，曷以得之。宝玉之于美人，务在以心相交接，使美人体会我心，至于终身不忘。斯已足矣。其于平儿也，一理妆而平儿知其心。其于香菱也，一换裙而香菱知其心。绝无丝毫亵狎，而已有非常之乐。

他认为宝玉"好色"与贾琏之流不同，这是指对女性的"泛爱"。这种爱是"务在以心相交接，使美人体会我心，至于终身不忘"。这是对纯洁天然的真情的尊重和理解，是最为真诚无私的关爱。而对于男女之间的真正爱情，贾宝玉则只专情于林黛玉一人，这是刻骨铭心的爱，是"非死生所得而移"的"至情"。二者的区别是非常明显的，但又不是没有任何关系。于是陈其泰山得出了这样一个结论："泛爱"与"至情"之"真"是贾宝玉性格的重要特征，这也是他区别于其他恋爱中的男性的重要标志。写宝玉"泛爱"的真诚是为了烘托其"至情"的真诚，这样就把宝玉的"情"提升到一个空前的高度，以此来说明宝玉真情、至情的纯洁与无私。所以，陈其泰能够理解宝黛感情纠葛的原因，并体味到宝玉因此而产生的深沉痛苦。他指出："世人皆为黛玉哭耳。仆所哭者，尤在宝玉焉。断痴情之痛，不若成大礼之痛为更深。夫自古皆有死，为黛玉哭，恨可言也；民无信不立，为宝玉哭，恨不可言也。天下古今第一有情人，偏生屈作负心人。此段奇冤诉于人，人不知白；诉于天，天不能言，岂不痛哉。"（第九十七回回评）他在第一百四回回评中又说：

> 屈子作《离骚》，太史公作《史记》，皆有所大不得已于中者，故发愤而著书也。夫得一知己，死可不恨。黛玉而得宝玉，诚可知己矣，虽死，又何恨焉。独宝玉遇知己之人，而不能大白其知己之心，又不幸而竟为不知己之事，卒欲向知己者一诉之而不可得。呜呼，恨何如也。仅有一人知己，而间其不知己者不一人。人人不知己，而蛊惑之，束缚之，必欲使之贰于不知己之人而后已，而我之知己则已死矣。我之所以报知己者，非惟不能大白于知己之前，并无以白之人人，白之天下后世也。于是，不得不作书以白之。吾不知作者有何感愤抑郁之苦心，乃有此悲痛淋漓之一书也，夫岂可以寻常儿女子之情视之哉！

这就是说，曹雪芹创作《红楼梦》，与屈原创作《离骚》，司马迁创作《史记》一样，都是"发愤著书"的。曹雪芹之所以"愤"，根据陈其泰的理解，即从作者以贾宝玉自况的观点出发，认为主人公有不同于淫欲私情的真情，"至情"是建立在"泛爱"基础之上的，这种天然纯洁的感情偏偏又不能诉诸唯一的知己，偏偏因不知己的蛊惑束缚而又负心于知己，这悲痛抑郁蕴于心而无法宣泄，于是著书以抒发其愤慨之情。

（二）陈其泰的评点还涉及《红楼梦》的结构、情节设置等艺术成就，并一一指出其独到之处

他认为《红楼梦》在篇章布局、艺术构思方面是煞费苦心的，并在回评中逐一点出了小说开场文字的不同凡响和作者精心的结构安

排。如"此回文字，皆为后文伏案。袭人一言，伏谗构之根。倪二借银，伏祸败之事。小红遗帕，伏宝钗嫁祸黛玉之言，且为凤姐疏远贾芸时作一线索也"（第二十四回回评）。"铺写繁缛，自不可少。行酒令宝钗听出黛玉念词曲中语，为后文张本"（第四十回回评）。"赖家开宴，半属闲文，借此生出事端耳。后几回佳境，俱从此开出"（第四十七回回评）。小说第十七回写"大观园试才题对额"，他评点道：

> 有造园林之才者，未必有写园林之笔；而擅写园林之笔者，不难兼造园林之才。胸中丘壑，腕下烟霞，作者殆两擅长乎。若逐一填开，则是匠头立承揽，白蚂蚁写经账耳。此回妙诀，全在从贾政眼中看出来，能参活法，读之如在目前，可当卧游。更妙在未曾游毕，当有馀不尽之致。益见此园广大，使人想象无穷。文字之妙，偏于没文字处生色，尤奇。宝玉而试联额，游时既免寂寞，而其非庸才，已可知矣。

陈其泰指出作者并未安排主人公将全园游毕，这是有意留下余地，令读者觉此园之广大而想象无穷，并赞叹小说的"文字之妙，偏于没文字处生色。"这种评论是颇有见地的，把《红楼梦》结构安排的巧妙之处分析得淋漓尽致，艺术眼光是非常高超的，堪称曹雪芹的文学知己。

（三）对于《红楼梦》的人物塑造艺术，陈其泰的评点也有比较细致的分析，这是其小说"艺术论"中的核心内容

陈其泰指出，《红楼梦》有化僵为活、机动多变的表现手法，即作者在描写人物形象时能不断转换叙述角度，多层次、多侧面地刻画人物，使人物形象具有立体感。如关于贾宝玉形象的塑造，先是从王夫人口中"引出宝玉，笔情幻妙，作者总不肯使一直笔也"（第三回回评）。再从叙述者的角度评价宝玉，从黛玉眼中看宝玉，等等，这样宝玉的形象就立起来了。林黛玉的形象也是这样，写她初至贾府，先写众人眼中的黛玉，其次是凤姐眼中的黛玉，最后写贾宝玉眼中的黛玉，经过反复"皴染"，这位美丽而有个性的贵族小姐形象就活灵活现地呈现在了读者面前。

陈其泰还指出，作者善于通过烘衬比较的手法来刻画人物性格。他在第二十二回眉批中指出，作品"处处以湘云之老实，衬宝钗之奸。湘云、宝钗皆与黛玉异趣而宝钗浑然不露"。该回回评又说："湘云只是烘衬宝钗之人。或借其老实处，形宝钗之奸诈；或借其卤莽处，见宝钗之深沉，不可竟作湘云文字读也。"这一见解是比较高明的，说明评论家非常理解小说作者的苦心，真正把握住了作者塑造人物的高超技能。我们知道，黛玉、宝钗是作品描写的两个主要人物，黛玉聪明孤高，似难写而实易，因为她本质纯洁而单纯，没有什么心机；宝钗稳重通达，似易写而实难，因为她在稳重中深藏心机，城府比较深。陈其泰体会到了作者写此注彼，将这两个人物形象用对比来刻画性格的特点，他说："写黛玉难而易，写宝钗易而难。以黛玉聪明尽露，宝钗则机械也。非宝钗则黛玉之精神不出，非金锁则宝钗之逼挣犹松。生瑜生亮，实逼此处。于是机诈生焉，忧虞起焉，涕泪多焉，口舌烦焉，疾病作焉。无数妙文，皆从此而出。凡写宝钗者，皆所以为写黛玉也。"（第八回回评）

　　除以上作者常用的塑造人物的艺术外，陈其泰还论述了《红楼梦》其他一些方法，如旁敲侧击法："金桂为人，不堪已极。特特详叙，究是何意。细思之，乃知作者所以丑薛氏也。书中恶尤氏，则叙尤二姐乃尤老娘出身以丑之。恶凤姐，则叙王仁为丑之。恶邢夫人，则叙邢大舅以丑之。正面不好着笔，叙其族类之不堪，是旁敲侧击法也。"（第三回眉批）再如心理描写："黛玉闻信之下，甚难描写。'此时心里'云云，刻画入微，形容尽致。即'你去罢'三字，亦不能容易说出。'颤巍巍'者，十分经意而出之情状也。始则'脚软如蹬棉花'，神气夺也。既而'脚步如飞'，肝火动也。不知作者从何处体会到此。"（第一百二十回回评）这段描写确实是高鹗后四十回中难得的精彩篇章，是刻画黛玉最成功的手法之一。陈其泰的这些分析，都是非常精辟独到的。

　　（四）陈其泰还专门谈到了高鹗后四十回的问题，对其成败得失均有独到见解，值得我们借鉴

　　陈其泰肯定了后四十回的某些成就，如前文所谈到的第一百二十

回在塑造人物方法的特点，把林黛玉的性格刻画得感人至深。第一百三回成功使用旁敲侧击之法，也是了不起的成就。但评点家也实事求是地指出了后四十回大量存在的败笔。如第一百十二回眉批："妙玉生平，何尝自居于六根清净，并未盗虚名也。若如所言，将与宝玉亲昵狎亵，乃谓之有真情，而非盗虚名耶。此评误矣。悔而改之，庶为妙公一白其冤。"第一百十五回回评写道："书中有名之女子，皆有归结。惟叙史湘云后半截太觉草草。既不叙其夫婿之姓名，亦不详其出嫁之始末。前后太不相称矣。"又接着说："至于李纹、李绮乃书中无关紧要之人，前文不过为大观园燕集繁盛时，点缀花簇而已，正不必特叙其婚姻之事也。且以李绮配甄宝玉，只不过一娶一嫁，无可渲染，未免辜负生花之笔乎。"尤其是"描摹宝玉、黛玉、妙玉诸人，不免沾涉情欲"。批评了后四十回中的败笔，并指出续作者严重歪曲了曹雪芹的原意。

我们知道，在程乙本引言中，程伟元、高鹗曾说收集《红楼梦》后四十回的过程是"集腋成裘"，此语一直为人所忽略，陈其泰点出后四十回"多败笔"的缘由就在于"集腋成裘"，而前八十回与后四十回亦非一人一时而作。他多次指出后四十回人物情节上有"脱节舛谬"之处，与前八十回人物性格不统一，情节有矛盾，不合理，这是高出前人的创见，是红学史上的重要研究成果。

陈其泰科学的批评方法也是值得我们重视的。他凭借文学家的敏锐眼光，认识到"作者自谓假语村言，读者切勿刻舟求剑，胶柱鼓瑟"，这对于当时盛行的"纳兰成德家事"说以及后来大盛的"索隐"派，是颇有深意的。陈其泰可谓独具慧眼，比"附会"说和"索隐"派要高明得多，不愧是旧红学史上的一位理论大家。

三、陈其泰《红楼梦回目拟改》的贡献

值得注意的是，陈其泰藏有一部乾隆五十七年壬子萃文书屋木活字本《新镌全部绣像红楼梦》（即程乙本），他以这个本子为蓝本对《红楼梦》的回目加以评论和修订，这就是著名的《红楼梦回目拟改》。

陈其泰的《红楼梦回目拟改》问世后，人们往往忽略它的成就，

研究陈其泰的文章对此基本上避而不谈。究其原因，应该是认为它对《红楼梦》研究没有多少建树，不值一提。顾鸣塘先生在《中国古代小说百科全书》"陈其泰"词条中提到了它并进行了评述，表明顾先生对陈其泰的研究非常认真，掌握资料比较全面，这是值得我们研究者肯定和学习的。但顾鸣塘先生也认为"回目拟改"成就不大，"多为败笔"。他评述说：

> 在整个的评批中，陈其泰的'回目拟改'则多为败笔，如《情切切良宵花解语　意绵绵静日玉生香》这一妙对，他竟批为"此二句费解"；又如他将"贤袭人娇嗔箴宝玉"改为"刁袭人娇嗔箴宝玉"；再如将"美香菱屈受贪夫棒"改为"美香菱屈受狂夫棒"，均为妄改之例，这些都是因为才识所限，未能正确完满领会小说作者创作意图所致。[78]

顾鸣塘先生的这段话不是没有一点道理，他所举"败笔"条目中有的也能成立，但对陈其泰整个"回目拟改"的成就基本否定，就过于偏颇了。笔者认为，陈氏《红楼梦回目拟改》中确实存在着败笔，但这仅仅是个别现象，总的来说还是颇有建树的。关于顾先生的这段评语，值得商榷的主要有三点：一是认为陈其泰的整个"回目拟改""多为败笔"，这是本文商榷的重点；二是关于陈其泰"回目拟改""失败"的原因是"因为才识所限，未能正确完满领会小说作者创作意图所致"；三是所举"妄改"的例子中有的条目存在错误，对陈其泰《红楼梦回目拟改》原文看错了，这应该说是顾先生的一个疏漏。

（一）陈氏"回目拟改"并非"多为败笔"，恰恰相反，其成就是主要的，它在《红楼梦》研究史上应该有一席之地

众所周知，由于曹雪芹过早地去世，《红楼梦》的内容包括回目尚未来得及最后润色，有的地方毛糙或出现矛盾是在所难免的；高鹗、程伟元"补着"[79]《红楼梦》，主要目的是使《红楼梦》这部小说"完整"，有一个结局，以迎合读者的阅读心理，便于传播和销售。程、高既然以商业赢利为目的，自然也就创作得很仓促，没有呕心沥血地反

复修改和加工。在这种情况下，陈其泰修订一下《红楼梦》的回目是有必要的。陈其泰的《红楼梦》"回目拟改"共涉及三十三个回目，[80]其中富有真知灼见、具有参考价值的修改意见就有二十条之多，这是不容我们忽视的。

笔者认为，这二十条修改意见，基本上可以分为四种情况：

1. 程乙本中的部分回目存在着对仗不工，主要是虚实不对的缺憾，对此，陈其泰均一一指出，并提出了值得参考的修改建议。如：第十一回《庆寿辰宁府排家宴　见熙凤贾瑞起淫心》的回目，陈评说"虚实不对"。建议"熙凤"改为"美色"；第五十一回《薛小妹新编怀古诗　胡庸医乱用虎狼药》，陈评说"'胡庸医'句率对无谓"。但没有提出具体修改意见，将"薛小妹""胡庸医"分别改为"薛宝琴""胡君荣"即可；第七十四回《惑奸邪抄检大观园　矢孤人杜绝宁国府》，陈其泰建议"孤人"改为"清洁"。笔者认为这三回的回目改得非常恰切，因为"寿辰"与"熙凤"，小妹与庸医，"奸邪"与"孤人"均不对仗。陈其泰的这些意见都有参考价值。

2. 程乙本中有的回目存在着赘字现象，经陈其泰修改后显得更为简洁，读起来更加通顺。这样的例证很多，如第三十九回《村老老是信口开河　情哥哥偏寻根究底》，陈评认为，"是""开河"删去，改为"说神灵"。"偏寻根究底"改为"痴心寻庙宇"。改后即成了《村老老信口说神灵　情哥哥痴心寻庙宇》。"是""偏"二字纯属多余，读起来也别扭，删去为是。此外，贾宝玉听刘老老"说神灵"后，派小厮茗烟到处寻庙宇，表现了贾宝玉这个贵族公子的好奇和对"女儿"的特别关注，这些所谓"乖张"的举动，更符合贾宝玉的叛逆性格；第五十二回《俏平儿情掩虾须镯　勇晴雯病补孔雀裘》，陈评说"'勇'字不妥，何不删去？""俏"与"勇"纯属多余，对塑造人物起不了什么作用，删去为是；第六十四回《幽淑女悲题五美吟　浪荡子情遗九龙佩》，陈评说"必欲凑成八字一句，遂多赘字"。建议"幽""浪"，删去。第六十九回《弄小巧用借剑杀人　觉大限吞生金自逝》，陈其泰建议删去"用""生"二字。修订之后确实既简洁又流畅，艺术效果更佳。

3. 程乙本中还有的回目存在着用词不当的缺陷，读来令人费解。

对此，陈其泰虽然有个别回目没有提出具体的修改意见，但他均予以一一指出，提出的修改意见也与作者原意颇为相符。如：第一回《甄士隐梦幻识通灵　贾雨村风尘怀闺秀》，陈评说"怀闺秀未合书中所叙情节"，改为"咏歌兆"。笔者认为改得非常有道理。《红楼梦》中贾雨村的形象颇有深意，作者曹雪芹主要通过写贾雨村的宦海沉浮，以强化人生富贵不可能长久的主题，第一回用"咏歌兆"暗示贾雨村即将发迹，他宦海沉浮的一生就此拉开了序幕，这样更符合曹雪芹的原意；而"怀闺秀"只是写贾雨村认识甄家丫头，无非表现甄家对他恩重，而他忘恩负义，功名利禄心太重而已，这仅仅是他性格的一个侧面而已，是其形象意义的支流而非主流。若照原来的回目，确实"未合书中所叙情节"。再如：第三十六回《绣鸳鸯梦兆绛芸轩　识分定情悟梨香院》，陈评说"'兆'字不醒"。建议改为"警"字，因为该回写薛宝钗无意听到贾宝玉梦中说道："和尚道士的话如何信得！什么是金玉姻缘，我偏说木石姻缘！"[81]说明宝玉爱得是黛玉，向往的是木石姻缘，这是对薛宝钗的"警示"，用"征兆"的"兆"字与作品原意不符；第四十二回《蘅芜君兰言解疑癖　潇湘子雅谑补馀音》，陈评说"此二句欠明白"，该回写薛宝钗发现林黛玉读过《牡丹亭》和《西厢记》，于是就说了一番语重心长的话，令黛玉非常感激。此后，林黛玉又拿着刘老老开玩笑，称其为"母蝗虫"。而回目中的"兰言解疑癖""雅谑补馀音"似乎也有道理，但确实有些费解，不能令读者一目了然；第四十八回《滥情人情误思游艺　慕雅女雅集苦吟诗》，陈评说"'雅集'二字不切"，该回写香菱羡慕才女，一心想做个"雅女"，于是拜林黛玉为师，勤奋刻苦地学习作诗，工夫不负有心人，最终获得了成功。但是，回目中的"雅集"二字确实令人匪夷所思；第七十回《林黛玉重建桃花社》，"建"改为"启"，因为以前已建过桃花社，用"启"字更为贴切；第九十四回《宴海棠贾母赏花妖　失宝玉通灵知奇祸》，陈评说"自失玉后，黛玉不与宝玉相见是情已断矣，无所谓奇祸也""失"后改为"通灵妙玉示乱笔"；第九十七回《守官箴恶奴同破例　阅邸报老舅自担惊》，陈评说"贾政与薛蟠，并非舅甥"。这当是高鹗的失误，提得很有道理，但陈其泰并没有拟改，大概因为若改为"姨夫"则不对仗，一时找不到合适的字眼；第一百九回《候芳魂五儿承错爱　还孽债迎女返真元》，陈评说"'迎女返真元'，欠妥"。这些意见都有一定的道理，可供红学研究者参考。

4. 由于陈其泰所用版本问题，他提出的一些疑问和修改意见虽然似无必要，我们通过脂评抄本甲戌本、己卯本和庚辰本来看，这些问题是不存在的。但就陈其泰所用的程乙本来说，其意见还是有道理的，体现了陈其泰特有的文学鉴赏水平和艺术修养，如：第七回《送宫花贾琏戏熙凤　宴宁府宝玉会秦钟》，陈评说"送宫花之人，适值两人午睡相狎之时，两事并作一句，意欠明白"。这一提法很有道理，但陈其泰没有改动。不过，脂评抄本甲戌本、己卯本和庚辰本的该回回目是"送宫花贾瑞叹英莲，谈肆业秦钟结宝玉"。这样一来就不存在陈其泰所说的缺陷了，这是版本造成的；第八回《贾宝玉奇缘识金锁　薛宝钗巧合认通灵》，陈评说"'巧合'二字，用意未醒"，改为"巧计"。本回回目有误，脂评抄本甲戌本、己卯本和庚辰本是"薛宝钗小恙梨香院　贾宝玉大醉绛芸轩"。这样就明白了；第十七回《大观园试才题对额　荣国府归省庆元宵》，陈评说"首句一口说尽，次句侵入下回"改为"大观园筑成胜景　贾宝玉小试仙才"，第十八回《皇恩重元妃省父母　天伦乐宝玉呈才藻》，陈评说"两句平仄不对。有祖母在，不止父母也。盛世隆恩元妃归省，天伦至乐宝玉呈才"，所评颇有道理。但脂评抄本甲戌本、己卯本和庚辰本是两回合而为一个回目："大观园试才题对额　荣国府归省庆元宵"，这样就不存在"次句侵入下回"的问题了；第三十回《宝钗借扇机带双敲　椿龄画蔷痴及局外》，陈评说"'机带双敲'四字，扭捏欠明白。龄官之名，添一字亦拙"。脂评抄本甲戌本、己卯本和庚辰本"椿龄"为"龄官"，这就没问题了。至于"机带双敲"，显然是说薛宝钗的反应敏捷，借机报复，这并不难理解。

（二）陈其泰多才多艺，文学艺术修养极高，而且对《红楼梦》研究用力甚勤，说他"才识所限，未能正确完满领会小说作者创作意图"似欠公允，值得商榷

笔者认为，陈其泰的"回目拟改"肯定有失误的地方，但这是个别现象，有的是属于版本本身的问题，有的是陈其泰过于较真。但顾

鸣塘先生说他"才识有限"是不公允的，至于"未能正确完满领会小说作者创作意图"，表面看自然很有道理，因为除了曹雪芹本人，不可能有第二个人能"正确完满领会小说作者创作意图"。谈到这个问题，我们有必要简单地了解一下陈其泰的"才识"和对《红楼梦》研究的成就。

1. 陈其泰的才艺、著述

陈其泰博学多识，著述甚丰，涉及诗、词、文、评论等，主要著作有《行素斋诗文集》《行素斋子史札记》《琴斋随笔》《春熙书屋诗文抄》《桐花凤阁诗文稿》《鸿雪词》《宫闺百咏》《桐花凤阁评〈红楼梦〉辑录》等。陈其泰的诗文哀婉缠绵、浓艳流丽、善用骈体，极富文采，他"天资高敏，文笔雄健，势若建瓴，不可遏止。诗古文辞，无所不长。剧谈时事，议论风生。经济文章，渊源有自"[82]"骈体诗词，无不擅长"。[83]

陈其泰在艺术领域也颇有建树，他的画作在当时颇有名气，如《月龄双泛图》《江行望庐山积雪行看子》等，其代表作是由《竹楼问字》《小巢雅集》《云门观瀑》《镜湖秋泛》《禹穴探奇》《清溪垂钓》《三江泄水》《乘风破浪》等八幅作品组成的《镜湖钓游图册》。苗怀明先生说，"他的绘画水平比较高，和他交往密切的黄燮清、朱锦琮、朱葵之等都曾咏吟过他的作品。他的作品以《镜湖钓游图册》为最有名"。[84]可见，陈其泰确实是一个多才多艺的学者，决非"才识"有限者可比。

2. 对《红楼梦》研究用力甚勤，对小说主旨的认识见解深刻

陈其泰出身浙江海盐的望族，但至陈其泰时已家道中落，不得不"在抚院记室凡二十年"，以"笔耕"终其一生。他与曹雪芹的生活经历颇为相似，从贵族公子变成了一贫如洗的书生，对人世间的辛酸有着非常深切的感受，可谓是曹雪芹的"知己"，因此陈评《红楼梦》，既不同于姚燮、王希廉、张新之等站在封建卫道的正统立场上"拔高"《红楼梦》，也不同于一般读者从言情小说的角度一味猎奇或消遣，而是作为一个失意文人，带着满腔的怨愤来体味这部伟大的小说，把它当作一部世界名著来认真研究。正如张庆善先生所说，陈其泰"二十五岁开始写评，用了将近二十年，到他四十三岁的时候才全部写

完"[85]。黄霖先生也说:"陈氏十七岁始读《红楼梦》,二十五岁写《吊梦文》,后列陈评之首,到四十三岁时才逐渐写定评论,历时二十五载,是他倾注了一生心血的精心结撰之作。"[86]

陈其泰对《红楼梦》主旨的研究也是匠心独运,有独到而深刻的见解。他采用写情说与发愤著书说来研究《红楼梦》,认为这部小说"尽此一情字"(第一回眉批)[87],对小说中"不肯同乎流俗,合乎污世;卓然自立,百折不回"的富有"真情"的人物大加赞赏:"以宝玉、黛玉、晴雯、妙玉诸人为怪僻者,吾知其心之陷溺于阉媚也深矣。"(第三回总评)而对那些符合封建伦理道德规范的人物,因其泯灭天性、扼杀真情的人物,如薛宝钗、北静王、贾雨村等,则表示极度的厌恶。陈其泰所谓的"真情",是一种心心相印、患难相依、生死不渝的感情,"夫得一知己,死可不恨,黛玉而得宝玉,诚可知己矣,虽死,又何恨焉"(第一百四回回评)。为了说明这种真情,陈其泰特别指出"真情"与"私情"的区别。他认为,所谓真情,即宝玉"专心致意于黛玉,两人心心相印,纯是天性,绝无人欲,故非美色所得而间,非柔情所得而动,非毁誉所得而惑,非死生所得而移"(第一百九回总评)。在才子佳人小说多将私情与真情混为一谈的清代,陈其泰特别指出《红楼梦》"真情"之内涵,并指出作品反封建、反道学、反礼教思想的主旨,可谓深得曹雪芹创作之"三昧",这在旧红学史上是非常难得的。

对《红楼梦》的本事研究,陈其泰也有真知灼见。他认为"作者自谓假语村言,读者切勿刻舟求剑,胶柱鼓瑟",对于当时盛行的"纳兰成德家事"说以及后来大盛的索隐,陈氏可谓独具慧眼。他还从写情说的角度指出后四十回作者的不足:"描摹宝玉、黛玉、妙玉诸人,不免沾涉情欲。"陈氏还以为宝钗、金锁是为"金玉良缘"与"木石前盟"的矛盾,同情叛逆者鄙视卫道者,在旧红学中也是比较独特的。陈评认为《红楼梦》的价值和精神在于:"《国风》好色不淫,《小雅》怨悱而不怒《乱》。若《离骚》者,可谓兼之。继《离骚》者,其为《红楼梦》乎?"认为《红楼梦》是《离骚》之后的又一名著,肯定了《红楼梦》在中国文学史上的崇高地位。我们说,陈其泰对《红楼梦》的主旨做如此深刻的分析,也决非"才识"有限者所能做到的。

3. 对《红楼梦》艺术价值的分析符合艺术规律

陈其泰详细评析了《红楼梦》的篇章布局、艺术构思，逐一点出了小说开场文字的不同凡响和作者煞费苦心的安排。在评论"大观园试才题对额"一回时，陈氏指出作者并未安排贾政等人将全园游毕，这就有了不尽之致，可令读者感到此园之广大而想象无穷。因而他感叹道："文字之妙，偏于没文字处生色。"（第十七回回评）

陈其泰对《红楼梦》塑造人物的艺术，大致从四个方面做了细致而精彩的分析：（1）《红楼梦》有"化板为活"的表现手法，即作者在描写人物形象时能不断转换叙述角度。如从王夫人口中"引出宝玉，笔情幻妙，作者总不肯使一直笔也"（第三回回评）。（2）"皴染"之法的运用。关于林黛玉至贾府时，第一层写众人看黛玉，第二层写凤姐看黛玉，第三层写宝玉看黛玉。通过反复的"皴染"，使林黛玉的形象就活灵活现、跃然纸上了。（3）善于通过烘衬比较刻画人物性格，如湘云与宝钗的对比："湘云只是烘衬宝钗之人。或借其老实处，形宝钗之奸诈；或借其卤莽处，见宝钗之深沉，不可竟作湘云文字读也。"（第二十二回眉批）黛玉与宝钗的对比：黛玉聪明孤高；宝钗才高圆通，城府颇深，陈评体会到作者若不用对比手法，很难将这两个人物写活："写黛玉难而易，写宝钗易而难。以黛玉聪明尽露，宝钗则机械也。非宝钗则黛玉之精神不出，非金锁则宝钗之逼拶犹松。生瑜生亮，实逼此处。于是机诈生焉，忧虞起焉，涕泪多焉，口舌烦焉，疾病作焉。无数妙文，皆从此而出。凡写宝钗者，皆所以为写黛玉也。"（第八回总评）（4）旁敲侧击之法的运用，如"金桂为人，不堪已极。特特详叙，究是何意。细思之，乃知作者所以丑薛氏也。书中恶尤氏，则叙尤二姐乃尤老娘出身以丑之。恶凤姐，则叙王仁为丑之。恶邢夫人，则叙邢大舅以丑之。正面不好着笔，叙其族类之不堪，是旁敲侧击法也"。（第三回眉批）

陈其泰对《红楼梦》艺术的精彩分析确实令我们折服。再如，他评论十七回时说："有造园林之才者，未必有写园林之笔；而擅写园林之笔者，不难兼造园林之才。胸中邱壑，腕下烟霞，作者殆两擅长乎？"如此精辟的评语不胜枚举。

陈其泰对《红楼梦》艺术的分析，显示了他犀利的艺术眼光和深厚的艺术功底，为红学研究立下赫赫战功，正如黄霖先生所说："陈氏及其评论，无论是思想观点还是艺术眼光，都使他成为旧红学史上一颗耀眼的明星。"（《红楼梦研究史》）

由此可见，顾先生认为陈其泰"才识有限"是偏颇的，说他"未能正确完满领会小说作者创作意图"自然有道理，但笔者认为评论文章中还是少用此类语言，如果像陈其泰这样的人都理解不了《红楼梦》，我们今天又有多少人配研究《红楼梦》呢？看来，顾先生对陈其泰的评价是有欠公允的。

（三）所举"妄改"的例子，有的条目也值得商榷

毋庸讳言，陈其泰的"回目拟改"确实存在着一些失误的地方。根据笔者的分析，其失误之处主要有：第十九回《情切切良宵花解语 意绵绵静日玉生香》，陈评说"艳绝"，只是一句评语，算不上"回目拟改"；第二十回《王熙凤正言弹妒意 林黛玉悄语谑娇音》，陈评说"此二句费解"。本回写贾环与莺儿因赌博闹矛盾，赵姨娘不问青红皂白，对贾环说了一些不该说的话，恰被王熙凤听到，于是训斥了赵姨娘一番，以压制她的"妒意"，接着又写到林黛玉拿史湘云发音不准开玩笑，这没有什么费解的；第二十一回《贤袭人娇嗔箴宝玉 俏平儿软语救贾琏》，陈评说"以袭人为贤，欺人太甚"，建议改为"刁"。陈其泰很明白作者的意思，但没弄明白作者的艺术手法。"贤"字显然是"明褒暗贬"手法，因为曹雪芹讨厌袭人的为人，正是通过这一手法对她进行入木三分的讽刺。曹雪芹惯用类似手法，如开篇描写贾宝玉是采用的"明贬暗褒"的手法。陈其泰的这一失误是非常明显的；第二十六回《蜂腰桥设言传心事》，陈评说"欠明白"。该回写贾芸在蜂腰桥附近遇到小红，通过小丫头坠儿传递感情，没有什么不明白的。第三十八回《林潇湘魁夺菊花诗 薛蘅芜讽和螃蟹咏》，陈评说"'讽和'二字欠明白"。薛宝钗之螃蟹咏有讽刺之意，她自视甚高，故写此诗；第八十回《美香菱屈受贪夫棒》，陈其泰建议"贪"改为"狂"，这种修改没有什么实际意义，纯属多此一举。

顾鸣塘先生所举"贤袭人娇嗔箴宝玉"改为"刁袭人娇嗔箴宝玉"；

再如将"美香菱屈受贪夫棒"改为"美香菱屈受狂夫棒",均为妄改之例。这一批评有道理,前文已作分析。但他说的"《情切切良宵花解语 意绵绵静日玉生香》"这一妙对,他竟批为'此二句费解'"。他将陈其泰原文搞错了。其实,这一回目陈其泰的评语是"艳绝"二字,第二十回《王熙凤正言弹妒意 林黛玉悄语谑娇音》批的才是"此二句费解"。顾鸣塘先生将《回目拟改》的内容搞错,说明他像其他学者一样,偏重于陈其泰回评、眉批等方面的成就,而对《回目拟改》未能引起足够的重视。

陈其泰的《红楼梦回目拟改》尽管存在一定的失误,但笔者认为其成就还是主要的,其中不少的拟改还是有道理的,是比较科学的,体现了陈其泰对《红楼梦》研究的真知灼见,一定程度上丰富了《红楼梦》研究的内容。甚至可以说,它对我们研究《红楼梦》具有珍贵的资料价值和借鉴意义,也是我们研究陈其泰学术思想的一个重要依据。

总之,陈其泰对《红楼梦》的评点,无论是思想观点还是艺术眼光,都有着重要的理论价值,足以使他成为中国旧红学史上的一颗耀眼的明星,成为浙江小说理论史上的著名评点家。

第六节 其他小说评点家

浙江清代小说评点取得了巨大的成就,除了著名的评点家汪象旭、陈士斌、张竹坡、陈其泰之外,还出现了方舒岩的《聊斋志异》评点,平步青的《儒林外史》评点等,他们一起把小说评点推向了高潮。

一、方舒岩

方舒岩是清代著名学者,《聊斋志异》评点家。他一生致力于小说的校注和研究工作,尤其是他对《聊斋志异》的评点,体现了他对文言小说理论的真知灼见,在浙江小说理论史上占有重要的地位。

方舒岩的生卒年不详。浙江淳安县人。嘉庆八年(1803)曾在安徽歙县教书,此后长期生活在安徽。嘉庆十六年(1811)前后,他开始评点蒲松龄的《聊斋志异》。经方舒岩评点过的《聊斋志异》现存一〇三篇。其评语集中在一抄本上，计四册八卷，现藏于安徽省博物馆。

方舒岩在安徽的活动，《聊斋志异》批语中有多处记载，如《江城》篇云："岁癸亥，余与孙佩金、吴效昆，同馆上长林。"据道光《歙县志》卷一"都鄙"记载：十八都下有自然村名"上长林"者。《姊妹易嫁》篇评曰："歙县曹文敏公祖墓，先亦别姓旧穴，因水蚁改葬去，曹以贱价得之，今发一侍郎、一宫保、一太傅矣。"又《公孙九娘》篇载："歙县贾某，居梁下，娶某氏，生子女各一，即客苏州……此嘉庆十六年事。"他在评点《聊斋》时多处记下了徽州的掌故传闻，尤其是两篇与所评《聊斋》篇什相类的徽州故事，情节曲折，文笔洗炼，颇具文言短篇小说的规模，反映了清代徽州妇女的家庭与婚姻生活，具有较高的社会认识价值和文学价值。

方舒岩家境贫寒，曾做过私塾先生，对封建社会中下层人民的生活比较熟悉，这就决定了他对《聊斋志异》的批评思想是比较进步的，认识价值很高。方舒岩对《聊斋志异》的评点，在形式上以论赞为主，大都属总评，进行艺术分析的眉批、旁批和夹批之类的评点文字几乎没有。他的评语主要是对作品主旨的揭示，并常常联系当时的社会现实发表一些感慨与议论，而对小说的艺术特点及美学特征评论不多，说明评点家似乎过于重视小说的思想价值，而忽略或没有重视《聊斋志异》巨大的艺术成就。

方舒岩对下层人民的疾苦比较了解，对地方恶霸的罪行也比较熟悉，所以，他的评语相当一部分都是触时感事而发的，对当时的社会现实进行了揭露和批判。他在评《赵城虎》时指出：

　　赵城妪竟得此虎子哉！方虎噬其子，向邑令以求伸，是欲执鬼缚魅也。脱非老妪，鞭棰且不免。何能伏虎？此所谓不入虎穴，焉得虎子也。吾又思：夫虎究非人，犹能生则致养，丧则致哀以悔祸。彼虎而冠者，所在多有，且日肆其爪牙，以弱肉强食为固然，而不知稍戢，则猛于虎者矣。安得下庄子尽刺而窜切之，庶虎风其不行欤?

方舒岩把赵城妪向官府求助看作"欲执鬼缚魅",把官府大堂比作"虎穴",把官吏视为"猛于虎者",其比喻非常生动形象,寓有"官吏连畜生都不如"和"比老虎更残忍"之深意,无情地揭露了封建贪官污吏的无耻嘴脸,对下层人民的不幸深表同情。

方舒岩有感于当时处处是"冤狱"的社会现实,特别痛恨封建官吏的执法不公,在这方面甚至比蒲松龄有过之而无不及。蒲松龄往往劝说人们寄希望于"冥报",这表现了蒲松龄的理想和愿望,但也是他思想的消极之处,而方舒岩则对当时的现实有着比较清醒的认识,不相信人间有什么"冥报"。他在评论《李伯言》时指出:"彰善瘅恶,阳世之大法,奈刀笔吏往往失之不平;转望冥报,阎罗肯任其责哉?青天白日,曲直莫分,岂酆都黑暗之中反能代为剖析?此含冤者终难昭报也。然火烧堂廉,王生受笞,又何以闻?则无其理者,不妨姑传其事,使狂悖者稍知敛迹,又未必非圣王神道设教之意也。"方舒岩认为含冤者"终难昭报"的原因是"刀笔吏往往失之不平",这是人世间的事;他肯定"阳世之大法"的现实性,"姑传其事,使狂悖者稍知敛迹",方舒岩在此点明了蒲松龄劝惩的意旨,充分肯定了蒲松龄小说内容的进步意义。

方舒岩评点的内容是非常丰富的,不仅揭露了封建贪官污吏的罪恶,对下层人民的不幸深表同情,而且对于封建知识分子的软弱和无能,小市民阶级的虚荣心及其封建道德观念,都有不同程度的涉及和批评。他对《聊斋志异》中所刻画的不得志的封建知识分子,不仅仅是同情其不幸遭遇,更主要的是一针见血地指出了他们的致命弱点,那就是他们只能作为封建统治阶级的附庸而存在,即所谓"士患不自立"。他批评《叶生》时指出:"此忘死而卒酬其志,俱足为文章吐气,然则士患不自立耳,一时蹭蹬何有哉?"《红玉》一篇,"异史氏"蒲松龄篇末云:"其子贤,其父德,故报之也侠。"针对这番话,方舒岩表达了自己不同的看法,他认为:"相如乌得贤?逾墙钻穴而不知羞,杀父夺妻而不能报,即云具讼几遍,尝胆图仇,皆虚词耳。曷足贵乎?

其尤失者，在抱子先逃一节，幸而侠士警邑宰而救之，不然，口具难糊，何能娶妻生子，以功名富贵显于当时哉？呜呼！此冯翁言其浮荡，而侠士直视之为不足齿之伧也！"真是"百无一用是书生"啊，方舒岩以现实的态度批评了冯相如的寒碜和浮荡，软弱和无能；与此同时，他又期望冯相如之类的知识分子能够振奋起来，向社会去抗争，去建功立业，以实现自己的理想。

作为封建时代的文人，一般都或多或少表现出一些"忠孝"方面的道德说教，而方舒岩对《聊斋志异》的评点旧道德说教并不多，而且还有着一些新思想新意识，这是非常难能可贵的。如他评论《瞳人语》："世人之目，或眯或明，皆自取之，良然。但芙蓉新妇，车幔洞开，召人窥视，亦未免冶容诲淫，婢其责人而不自责耶？何其虐也？"他批评的不是"不持仪节"的秀才方栋，而是故作姿态的"非同田舍娘子"的贵族妇女。方舒岩在《胡四娘》的评语中还提出了"虽庸众亦得自见其片长"的见解，这就肯定了人人都有独立的生存和潜在的能力，其思想具有明显的民主倾向。

方舒岩对蒲松龄所宣扬的佛道迷信思想非常不满，常提出批评。如他评论《成仙》："至偕隐则有之，共仙则难信，世上岂真有神仙耶？仙人岂真能易人之身耶？果尔，则易其身，何不并易其心，使自知之而自诛之，何以假之梦耶？"评论《鲁公女》："一经咒能令死者可生，老者可少，空王之法力，宏哉！独怪卢女于张，因年貌不符而复死，死知其是而复生，岂死生由己耶？"从而纠正了蒲松龄思想的消极因素。

方舒岩在列举传闻异同和对一些篇章的考据方面，也有独到之处。如他评论《鸦头》："鸦头，非王文无以脱勾栏，非王孜无以出囚室。顾孜当弃诸襁褓，不知谁父，安知谁母？则抚养之功不可缺也。然吾尝游燕都育婴堂矣，方春作保孤会时，迎神演戏，观者如堵。婴孩不下数十，卧一土坑，类骨瘦面黄，水浆多不继者，故死之十八九，存者不得一二。虽曰'育婴'，其实杀之矣！"通过方舒岩的这些见闻记录，使人们了解到当时所谓育婴堂的真相，从而可以知道《聊斋志异》中所描绘的抚育孤儿成长的育婴堂，只是寄托了作者的理想，现实中是不可能存在的。

总之，方舒岩对《聊斋志异》的评点有其独特之处，尤其是其批评思想非常进步，具有超前意识。这些评点文字，不失为研究《聊斋志异》和文学批评史的有用参考资料。他的评语中一些有价值的见解是值得后人重视的，甚至至今仍有借鉴意义。

二、平步青

平步青是清代著名学者、文学批评家。他的文学理论，尤其是小说理论，对后世产生了很大影响，在浙江小说理论史上占有一席之地。

平步青（1832—1896），清代学者。字景荪，别号栋山樵，又号霞偶、侣霞、霞外、常庸等。浙江山阴（今浙江绍兴）人。咸丰五年（1855）中举，同治元年（1862）考中进士。历任翰林院编修、侍读、江西粮道，曾署江西按察使。同治十一年（1872），平步青弃官回到家乡，专心治学。他博览群书，手抄无间，终成一代学问家。

平步青一生著述甚丰，晚年自定《香雪崦丛书》二十种，但他不轻易示人，所以流传不多。主要有《南雷大全集叙录》《楼山堂全书叙》《考定南雷》《读经拾沈》《读史拾沈》《樵隐昔呓》《霞外捃屑》等。《国朝文椒》六卷，是他对有清一代数百家散文略依时代为序一一加以题评，实为一部清代题辞体散文史。平步青学识渊博，涉猎广泛，对小说颇为重视。曾手校《陶庵梦忆》《明斋小识》《两般秋雨庵随笔》《寄蜗残赘》等笔记八十八种。他撰写的《霞外捃屑》一书，亦多采小说家之书。其论及戏曲、小说和诗文，为世所重。他在小说理论方面的贡献主要体现在《霞外捃屑》一书中。

平步青长于目录学，是著名的考证大师，他对《儒林外史》的评点成就主要在考证方面。众所周知，清代干嘉以来，考据学大兴，影响所及，在《儒林外史》的序跋评点中，关于人物原型和情节来源的考证占了很大比重。这属于"原型批评"，平步青就是代表人物之一。

《儒林外史》经常从笔记旧籍和社会传闻里撷取轶闻逸事作情节素材。平步青对此有很多考证。如第五十三回正文写虔婆谈论国公府里"斗大的夜明珠挂在梁上，照得一屋都亮"，平步青指出了这个情节的

来源:"用《默记》李后主事。""天一评""天二评"解释《默记》云:"王铚《默记》:宋平江南,大将得李后主宠姬,夜见灯烛则云烟气。问:宫中不燃灯耶?曰:宫中每夜悬大宝珠,光照一室如昼日。"另外,平步青《霞外捃屑》卷九《小栖霞说稗》专门考据小说戏曲,对《儒林外史》尤为用力,广征博引,论证其源流演变,或补充发挥,或正讹纠谬,计有数十事,在当时可谓《儒林外史》考证之集大成者,是《儒林外史》研究史上的重要成就。

在《儒林外史》研究中,考证工作具有特殊意义。因为作者把自己和亲友作为生活原型描写到小说中去,因此对其家世生平和交游经历等等的考证,就不仅是一般意义上对于作者的了解,而且已经成为对于生活原型和小说人物之间的关系,对于生活真实与艺术真实之间关系的研究,对于理解作者的创作方法和思想倾向,都有重要的作用。只是清代的研究者们对此开掘不够深入,而且往往容易犯混淆的错误,简单地将原型同小说人物等同起来。平步青对这种作法颇为不满,金和在《儒林外史》跋中说"杜少卿为先生自况",平步青就对此提出了批评,说小说人物"事本子虚",不可"粘滞"。他在这方面的见解,对于探究典型与原型之间的关系,是很有价值的。只是探讨得比较肤浅,尚未形成系统化的小说理论。

在原型考证方面,《儒林外史》最具代表性,书中的杜少卿、杜慎卿、虞育德、庄绍光、马二先生、迟衡山、牛布衣、权勿用、萧云仙、杨执中、匡超人、娄氏兄弟等人物,均能考证其来历或原型,颇为后人所服膺。《霞外捃屑》卷九《小栖霞说稗·儒林外史》云:

书中杜少卿(仪)乃先生自况。慎卿(倩)为青然。虞果行(育德)为吴蒙泉(培源)。庄绍光(尚志)为绵庄。马纯上(静)为全椒冯粹中。迟衡山(均)为樊南仲(明征,字圣模,一字轸亭,包容人。著书四十余种)。武正字(书)为程文。平少保为年羹尧。凤四老爹(鸣岐)为甘凤池。牛布衣为朱草衣(卉)。权潜斋(勿用)为是镜(见《茶馀客话》《东皋杂录》)。萧云仙(采)为江某。赵雪斋(洁)为宋某。随岑庵(为)为杨某。杨执中(允)

为汤某。汤提督（奏）为杨某（申报馆又有天目山樵评本。跋云即《述学》之杨凯）。匡超人（迥）为汪某。荀（枚）为苟某（评本云云，似指卢雅雨）。……范进士（进）为陶某（或指芜湖陶西圃镛）。娄玉亭（琫）、娄瑟亭（瓒）为桐城张廷璐兄弟（评本云溧阳史氏）。韦思元（阐）为韩某。沈琼枝即《随园诗话》（卷四）所称松江张宛玉。

考证如此之细致，真是煞费苦心。难能可贵的是，他与有的所谓考证者的"猜测"不同，而是引用大量的资料，与书中人物进行对照。他能够把考证过程及原型事迹尽可能指出，并佐以其他证据，以此来证明他对某人物形象原型的考证，这是比较可贵的。如：

严致中（大位）为庄某（按庄某，殆指有恭，以其为粤东人，而不甚通文理也。《啸亭杂录·瞿圃状元条》，即指庄）。高翰林为郭某（郭长源，字时若，江都人，雍正壬子解元。《秋灯丛话》卷十六云："长源入闱，一字未成。邻号老叟以鼻衄盈卷，以文授郭，遂冠多士。书中云发解，云三艺无一字杜撰，盖即讯其事。若全椒郭运青侍讲肇镜，乾隆丁巳进士。"《随园诗话》卷六有《诗虽工气脉不贯其人殆不能时文者》一条，与此不同）。

我们认为，考证小说人物在现实中的原型，这对我们研究小说是有一定帮助的，尤其便于我们分析作品的社会意义和思想价值，他的"原型批评"总的说是有文学价值的。

此外，平步青对小说作家及作品中人物、事件、名物的考证，也是颇有资料价值的。如对《三国演义》中的貂蝉的考证，《霞外捃屑》卷九《小栖霞说稗·斩貂蝉》云：

杂剧有《关公月下斩貂蝉》，因《后汉书·吕布传》，有私与董卓傅婢通事，傅会成之。复卿曰："《徐文长集》（卷十七）《奉师季先生书》云：'世所传操闭羽与其嫂于一室，羽遂明烛以达旦。

事乃无有。盖到此田地，虽庸人亦做得，不足为羽奇。虽至愚人，亦不试以此。以操之智，决所不为也。阳节潘氏，盖亦看《三国志》小说而得之者。如所谓斩貂蝉之类，世皆盛传之，乃绝无有，此不可不考也。'"……是蝉固实有其人，特非《布传》所通傅婵，亦未为圣帝斩……天池谓秉烛达旦事乌有，足证阳节潘氏（荣）总论之轻信小说，刁（貂）蝉则非无其人。

我们认为，他的这一考证颇有道理。由于《三国演义》历史真实的成分比较多，人们往往将虚构的人物当成历史人物，经平步青在大量资料基础所作的考证，我们才知道历史上并无貂蝉其人。另外，他还考证了《残唐五代史演义》中的"五龙逼死王彦章"，《飞龙传》中的赵匡胤赌博等情节，指出哪些是历史真实，哪些情节属于艺术虚构，这也有利于我们的研究工作。尤其是，他对小说中习见的"文武解元"等名物，亦详辨其源流，对研究者颇有参考价值。但我们也应注意，他的所有考证并非都是正确的，有些考证则属牵强附会，这需要研究者加以辨析和认真探讨。

平步青对小说艺术特征也有所剖析，这主要表现在他肯定小说与其他文学体裁不同，与史书更是有着本质的差别，他强调艺术虚构应是小说的最重要的特点。他认为："《残唐五代传》小说，与史合者，十之一二，余皆杜撰装点。小说体例如是，不足异也"（《霞外捃屑》卷九《一军中有五帝》）。肯定小说是可以虚构的。在谈到《水浒传》时，他指出：

泊者，众水之所聚也。……凡东平州等处各山之水，俱向西流，至梁山为水洼，故称"泊"焉。……迨顺治七年，河南金龙口决，黄水漫淤，而安山（梁山改）湖竟成平陆。康熙十八年，听民开垦。乾隆十四年，升科纳粮。安山湖向称四水枢之一者，一望尽为禾黍，无复滴水；而土人犹有梁山泊之故名，熟在人口。《宋史》所载宋江事，乃在江淮，不在山东。《水浒》中所载州县，皆施耐庵弄笔，凭空结撰，按之《宋史》地志，率多不合，且有无其地者。阅者不可以为实事，而求其地与其人，以责耐庵之不学也（卷九《梁山泊》）。

认为小说《水浒传》与历史著作《宋史》是两码事，小说可以把发生在江淮地区的起义移动山东，这是允许的，读者不可把历史真实与小说虚构混为一谈。平步青对小说家的文心，也偶有细致的体会。如他指出《儒林外史》托称明代而用清代官制，"此等皆稗官家故谬其辞，使人知为非明事。亦如……《红楼梦》演国朝事，而有兰台寺大夫、九省总制节度使、锦衣卫也"（同卷《儒林外史》）。这也没有什么不可以，小说是允许也是可以虚构的。在当时的时代，平步青在小说理论方面能认识到这些，也是非常了不起的。

平步青的小说理论比较零散，既不系统，更没有形成小说理论体系，某些论述甚至还有自相矛盾之处。但他的文学活动为我们留下了大量的珍贵资料，尤其是在考证方面取得的一些成果，为我们研究中国古典小说特别是《儒林外史》，提供了很大的帮助。另外，他的文学活动大大提高了小说的地位，并能触及小说的艺术本质，这在当时的条件下也是不容易的。

总之，浙江小说理论发展到清代，开始出现明显转型的迹象。这时期出现了袁枚的文言小说理论、李渔的白话小说理论等，尤其是出现了张竹坡、陈其泰、方舒岩和平步青等一批专职理论家，成就斐然。浙江小说理论在新的形势下出现了一个非常兴盛的局面，理论建树是以往时代所无法比拟的，也为浙江小说理论在近代的转型奠定了基础。

注释：

[1]鲁迅. 中国小说史略. 上海古籍出版社，1998：178.

[2]袁枚. 答惠定宇书. 李渔全集. 浙江古籍出版社，1992.

[3]袁枚. 答蕺园论诗书. 李渔全集. 浙江古籍出版社，1992.

[4]袁枚. 小仓山房文集（卷十三）. 文海出版社有限公司，1981.

[5]袁枚. 小仓山房文集（卷二十六）. 文海出版社有限公司，1981.

[6]袁枚. 小仓山房文集（卷三十一）. 文海出版社有限公司，1981.

[7]袁枚. 随园诗话. 人民文学出版社，1982.

[8]袁枚. 答戴敬咸孝廉书. 李渔全集. 浙江古籍出版社，1992.

[9]李渔. 闲情偶寄：器玩部，制度第一. 李渔全集（第三卷）. 闲情偶寄. 浙江古籍出版社，1992.

[10]李渔. 与陈学山少宰书. 李渔全集. 浙江古籍出版社，1992.

[11]黄鹤山农. 玉骚头（序）. 李渔全集. 浙江古籍出版社，1992.

[12]李渔. 山居杂咏. 李渔全集. 浙江古籍出版社，1992.

[13]李渔. 辛卯元日. 李渔全集. 浙江古籍出版社，1992.

[14]黄鹤山农. 玉骚头（序）. 李渔全集. 浙江古籍出版社，1992.

[15]李渔. 一家言全集（卷四）. 芥子园杂联序. 李渔全集. 浙江古籍出版社，1992.

[16]李渔. 一家言全集（卷三）. 上都门故人述旧状书. 李渔全集. 浙江古籍出版社，1992.

[17]李渔. 与陈学山少宰书. 李渔全集. 浙江古籍出版社，1992.

[18]李渔. 十二楼（卷十一）. 生我楼. 上海古籍出版社，1992.

[19]李渔. 连城璧（全集第三回）. 乞儿行好事，皇帝做媒人. 上海古籍出版社，1992.

[20]李渔. 一家言全集（卷八）诗题. 李渔全集. 浙江古籍出版社，1992.

[21]李渔. 一家言全集（卷二）. 乔王二姬传. 李渔全集. 浙江古籍出版社，1992.

[22]余怀. 一家言全集（序）. 李渔全集. 浙江古籍出版社，1992.

[23]李渔. 与陈学山少宰书. 李渔全集. 浙江古籍出版社，1992.

[24]杜浚. 十二楼序（引）. 上海古籍出版社，1992.

[25]李渔. 闲情偶寄·词曲部. 李渔全集（第三卷）. 浙江古籍出版社，1991：24.

[26]李渔. 三国演义（序）. 李渔全集（第十八卷）. 浙江古籍出版社，1991：538.

[27]李渔. 十二楼. 上海古籍出版社，1992：107.

[28]关非蒙.《笠翁阅定传奇八种》点校说明. 李渔全集（第六卷）.

浙江古籍出版社，1992.

[29] 修髯子. 三国志通俗演义引. 见《三国志通俗演义》卷首. 上海古籍出版社，1980.

[30] 盛时彦. 姑妄听之（跋）. 见纪昀. 阅微草堂笔记. 上海古籍出版社，1998：567.

[31] 李渔. 闲情偶寄·词曲部. 李渔全集（第三卷）. 浙江古籍出版社，1991.

[32] 李渔. 曲部誓词. 李渔全集. 浙江古籍出版社，1992.

[33] 李渔. 名词选胜（序）. 李渔全集. 浙江古籍出版社，1992.

[34] 杜浚. 连城璧（第十回评语）. 上海古籍出版社，1992.

[35] 李渔. 闲情偶寄·词曲部. 李渔全集（第三卷）. 浙江古籍出版社，1991.

[36] 李渔. 闲情偶寄·词曲部. 李渔全集（第三卷）. 浙江古籍出版社，1991.

[37] 李渔. 闲情偶寄·词曲部. 李渔全集（第三卷）. 浙江古籍出版社，1991.

[38] 李渔. 窥词管见. 李渔全集. 浙江古籍出版社，1992.

[39] 李渔. 笠翁诗馀（自序）. 李渔全集. 浙江古籍出版社，1992.

[40] 朴斋主人. 风筝误（剧末总评）. 李渔全集. 浙江古籍出版社，1992.

[41] 李渔. 闲情偶寄·词曲部. 李渔全集（第三卷）. 浙江古籍出版社，1991.

[42] 杜浚. 连城璧（第十二回回末评语）. 李渔全集. 浙江古籍出版社，1992.

[43] 李渔. 闲情偶寄·词曲部. 李渔全集（第三卷）. 浙江古籍出版社，1991.

[44] 李渔. 闲情偶寄·词曲部. 李渔全集（第三卷）. 浙江古籍出版社，1991.

[45] 朴斋主人. 风筝误（总评）. 李渔全集. 浙江古籍出版社，1992.

[46] 李渔. 比目鱼·村氓. 李渔全集. 浙江古籍出版社，1992.

[47]李渔. 诗韵（序）. 李渔全集. 浙江古籍出版社，1992.

[48]李渔. 一家言释义. 李渔全集. 浙江古籍出版社，1992.

[49]李渔. 窥词管见. 李渔全集. 浙江古籍出版社，1992.

[50]李渔. 闲情偶寄. 李渔全集（第三卷）. 浙江古籍出版社，1992.

[51]金圣叹. 读第五才子法. 见朱一玄等编. 水浒传资料汇编. 南开大学出版社，2002：220.

[52]金圣叹. 第五才子书水浒传序三. 丁锡根编著. 中国历代小说序跋（下）. 人民文学出版社，1996：1484.

[53]李渔. 闲情偶寄·时防漏孔. 李渔全集（第三卷）. 浙江古籍出版社，1992.

[54]韩洪举. 研究"水浒学"应注意使用正确的批评方法. 信阳师范学院学报，2001（3）.

[55]孙楷第. 中国通俗小说书目. 人民文学出版社，1982.

[56]尤侗. 西游真诠（序）. 西游记资料汇编. 南开大学出版社，2002：319.

[57]张竹坡. 第一奇书非淫论. 金瓶梅资料汇编. 南开大学出版社，2002：423.

[58]张竹坡. 竹坡闲话. 金瓶梅资料汇编. 南开大学出版社，2002：415.

[59]刘廷玑. 在园杂志（卷二）第 107 则. 历朝小说. 中华书局，2005.

[60]李渔. 三国志演义（序）. 李渔全集. 浙江古籍出版社，1992.

[61]张竹坡. 竹坡闲话. 金瓶梅资料汇编. 南开大学出版社，2002：415.

[62]张竹坡. 第一奇书凡例. 金瓶梅. 齐鲁书社，1987：2.

[63]张竹坡. 金瓶梅杂录小引. 金瓶梅资料汇编. 南开大学出版社，2002：424.

[64]张竹坡. 金瓶梅讲坛. 八十四.

[65]张竹坡. 第一奇书金瓶梅（第七十回回首总评）. 金瓶梅资料汇编. 南开大学出版社，2002.

[66]鲁迅. 中国小说史略. 上海古籍出版社，1998.

[67]张竹坡. 金瓶梅寓意说. 金瓶梅资料汇编. 南开大学出版社，2002：418.

[68]张竹坡. 竹坡闲话. 金瓶梅资料汇编. 南开大学出版社，2002：415.

[69]席勒. 强盗（第一版序言）. 人民文学出版社，1956.

[70]张竹坡. 金瓶梅（第七十回回评）. 金瓶梅资料汇编. 南开大学出版社，2002.

[71]张竹坡. 竹坡闲话. 金瓶梅资料汇编. 南开大学出版社，2002：415.

[72]张竹坡. 金瓶梅（第十九回回评）. 金瓶梅资料汇编. 南开大学出版社，2002.

[73]福斯特. 小说面面观. 花城出版社，1981：75.

[74]张竹坡. 金瓶梅（第一回回评）. 金瓶梅资料汇编. 南开大学出版社，2002.

[75]张竹坡. 金瓶梅（第六十二回回评）. 金瓶梅资料汇编. 南开大学出版社，2002.

[76]张竹坡. 金瓶梅（第四十一回回评）. 金瓶梅资料汇编. 南开大学出版社，2002.

[77]张竹坡. 金瓶梅（第二十二回回评）. 金瓶梅资料汇编. 南开大学出版社，2002.

[78]刘世德. 中国古代小说百科全书. 中国大百科全书出版社，1998：33.

[79]韩洪举. 高鹗后四十回是续书还是补著. 光明日报，2005-6-24.

[80]朱一玄. 红楼梦资料汇编. 南开大学出版社，2001：711～715.

[81]曹雪芹著. 高鹗续，郑庆山校. 脂本汇校石头记. 作家出版社，2003：371.

[82]参见《海宁渤海陈氏家谱》之《第十六世广文琴斋公》，转引自刘操南《桐花凤阁评〈红楼梦〉辑录》代序，天津人民出版社，1981

年版。

［83］《海盐县志》卷十七《人物传·文苑》。

［84］苗怀明.《红楼梦》评点家陈其泰生平考述. 红楼梦学刊，1996年（1）.

［85］张庆善. 桐花凤阁主人陈其泰《红楼梦》评点浅谈. 红楼梦学刊，1991（3）.

［86］黄霖等. 中国小说研究史. 浙江古籍出版社，2002：193.
下引黄霖先生语同此，从略。

［87］陈其泰. 红楼梦回评. 见朱一玄. 红楼梦资料汇编. 南开大学出版社，2001：715.
下引陈氏评语同此，从略。

第四章　近代小说理论家

　　进入近代以来，浙江小说批评的形式明显趋于多样化，这是近代浙江小说演变的必然结果。这时期出现的姚燮、俞樾仍然采取小说评点和"序"文的传统形式进行小说批评，而钟骏文则涉及到翻译小说的批评理论，尤其是出现了王国维这样的采取西方美学文学观点来研究中国古典小说的新现象，他的《红楼梦评论》采取全新的批评方法来建树自己的小说理论，在浙江乃至中国小说史理论上，均占有极为重要的地位。

　　19 世纪末，康有为、梁启超等一部分进步知识分子开始探求中国的出路，谋求社会变革，这一具有资产阶级性质的维新运动发展为戊戌变法，成为中国社会经济发展的一次契机，可惜遭到了保守派的血腥镇压。与此同时，广大群众自发组织的义和团运动兴起，展开了反对帝国主义的斗争，可惜参加者思想素质太低，又没有正确的行动纲领，结果也遭到失败。维新思潮、义和团运动均发生在北方，但对南方仍产生了重大的影响。浙江民间会党此时复起，发动了多次反帝反封的暴力斗争，与北方的政治运动遥相呼应。同时，浙江的一些进步人士也积极从事宣传变法的活动，为救亡图存的维新运动作出了应有的贡献。一位浙江知识青年这样形容当时的社会局势："猛虎斗我前，群魑啖我后，上有危石之颠坠，下有熔石之喷涌。"[1]在这一咄咄逼人的严峻现实面前，中国人要么顺其自然，等待亡国灭种；要么奋起抗争，或能救亡图存。在当时，由于西方资本主义新学说、新思想在中国已经得到了广泛传播，中国人不再像 19 世纪那样缺乏信仰，盲目地进行斗争；现在人们可以树立起新的政治理想，以新思想、新学说来武装自己的头脑，中国人的抗争开始走上了正确的轨道。

　　随着经济的发展，浙江的社会阶级和阶层都发生了变动。不但资产阶级队伍壮大，浙江的产业工人队伍也迅速壮大，对社会的影响大大加强。知识分子阶层脱颖而出，他们宣传新思潮，传播科学文化，加速了浙江社会的变动，并且在全国产生了很大的影响。

浙江历来被誉为"文物之邦"，其传统文化之发达，是举世公认的，笔者所撰《浙江古代小说史》（杭州出版社）以三十余万的篇幅，对浙江文学的一个分支进行了比较详细的介绍。但到了近代，随着西学东渐潮流的影响，随着新时代思想的不断变迁，古老的浙江文化再也无法维持原貌，必然要随着社会潮流出现新的变化。一方面，浙江的传统"雅"文化逐渐向"俗"文化方向发展；另外，符合时代潮流的新文化被先进的浙江知识分子引进浙江，从而使浙江的文化在近代经历了从传统向近代的转型。

甲午战争之后，资产阶级维新运动兴起。维新派在政治、经济、教育等领域实施变法主张的同时，在文学领域也展开了革新运动。一些浙江文学家也加入了这个运动，并作出了很大的贡献。在文学理论方面，蒋智由提出了比较系统的文学革新理论。他认为，文学革新的目的应该是建立资产阶级自由文学，应遵循艺术规律，构造文学之"理想之美"。夏曾佑不仅倡导"新诗"，在小说理论方面也有佳绩，其《小说原理》是浙江近代小说史上一部重要的理论著作。在文学革新方面作出较大贡献的还有秋瑾和章太炎，后者还是著名的文学理论家。但更令浙江人感到骄傲的，也是这时期浙江文学最有代表性的人物，是具有全国影响的文学大家王国维。他的《人间词话》和《红楼梦评论》，在文学理论方面取得了极高的成就，是浙江近代文学最重要的组成部分之一。

"一定的文化是一定社会的政治和经济在观念形态上的反映。"[2]在中国近代史上，帝国主义文化和半封建文化占统治地位。同时，由于资本主义的发展，民族资产阶级成为新的政治力量，产生了资产阶级民主主义文化。可是，"因为中国资产阶级的无力和世界已经进到帝国主义时代，这种资产阶级思想只能上阵打几个回合，就被外国帝国主义的奴化思想和中国封建主义的复古思想的反动同盟所打退了，被这个思想上的反动同盟军稍稍一反攻，所谓新学，就偃旗息鼓，宣告退却，失了灵魂，而只剩下它的躯壳了"。[3]浙江近代小说和小说理论中，既有表现奴化思想和复古思想的作品和著作，又有表现资产阶级改良主义思想和革命思想的作品和著作。后者具有不同程度的进步性，取得了一定的成就，在近代文化史上有着重要的地位。

近代小说和小说理论有一些新的特点。首先，小说与政治关系非常密切，各阶级、各派别，都自觉地运用小说宣传自己的政治主张。反帝、反封建成为近代小说的重要主题。其次，小说的取材范围进一步扩大，如官僚制度的腐败，帝国主义的侵略，各次重要战争和革命运动，乃至妇女的解放，反对迷信等，无一不在小说中得到反映。第三，在艺术手法上，除继承古典小说的传统外，同时也接受了西方小说的影响，表现出某些新的特色。

第一节　姚燮：《红楼梦》评点家

清代的小说评点是浙江小说理论的一大特色，取得的成就举世瞩目。近代，浙江小说评点的成就仍然比较突出，姚燮在《红楼梦》评点家方面的建树值得我们关注。他的评点更注重考证和资料整理，因而有人说姚燮是《红楼梦》研究史上的一位统计学家。

一、姚燮的生平与文学活动

姚燮（1805—1864），晚清文学家、《红楼梦》评点家。字梅伯，号复庄，又自署野桥、东海生、大梅山民等。浙江镇海人。祖籍浙江诸暨，后迁北仑，姚燮即出生于北仑。其祖父姚昀著有诗集，在地方上颇有文名，父亲姚成是县学秀才，曾在镇海乡勇局任职，故姚姓在北仑称得上是书香门第。姚家有"小有居"，内"泉石寄邃，花木茂微"，每逢春秋佳日，姚昀便邀当地文士来"小有居"饮酒、赏花、赋诗。姚燮自幼就是在诗的熏陶下长大的。

姚燮自幼聪慧过人，刚满周岁便识字二百余。髫龄入私塾读书，五岁即能作诗，童年所作《灯花诗》，大受父辈诗友赞赏，可说是个神童。他喜欢唐诗，曾与小伙伴结成诗社，模仿大人吟诗酬唱。以后他博览群籍，涉猎面很广，对经史子集、传奇小说、道藏释典，无不观览。因此，姚燮多才多艺，学识非常渊博，他不仅在诗、词、骈文等文学领域有成就，同时对经史也颇有研究，并且善于绘画，对绘画的鉴赏水平也是非常高的。著名画家任渭长的画，是由于首先得到姚燮的鉴赏赞誉而负盛名，成为南派画家的一代宗师。

道光六年（1826），姚燮考中秀才，此后十来年中，他经常外出，广交朋友，与友人一起研讨经史，作诗论文，谋求发展。可惜的是，姚燮虽然才高学富，只是在科场上却很不得意。他于道光八年、十一年、十二年三次赴杭州应乡试，均未考中，直到道光十四年（1834），二十九岁的姚燮才考取举人。此后，他先后五次赴京参加会试，均名落孙山。以后他便绝意仕途，在家坐馆教学，发奋著述。姚燮一生著述丰富，所授弟子满浙江，名重一时，堪称浙东名士。但读书人不会理财，中年时家道中落后，生计无着。又因鸦片战争，英侵略军攻陷北仑，全家避难宁波，生活更加困窘，以至于弄到寄食道观、当道士糊口的穷困地步，晚境是非常悲凉的。

鸦片战争以后，诗人的心情更加沉重、激昂，诗境也更加开阔，其后期诗风趋向悲壮，国难、家难促使姚燮思想感情出现了极大的变化。他的诗文著作大部分收集在《疏影楼词》《复庄诗问》和《复庄骈俪文榷》中。

姚燮以诗才著称，实际上他在学术上的成就实不在诗词之下。他对戏曲、乐府研究功夫很深，著有《今乐考证》十二卷、《复庄今乐府选》五百卷。《今乐考证》分《缘起》和《著录》两部分。此外，他对《红楼梦》的评点也值得我们重视，所著《读红楼梦纲领》在旧红学史上也有一定的地位，是我们研究《红楼梦》的一篇重要文献资料。

二、姚燮的《红楼梦》评点

姚燮应试的失意和遭遇的坎坷是他的不幸，但却成全了他在文学上的成就。他没有公务缠身，有了足够时间进行著述。姚燮为人博学多才，"自经传子史至传奇小说，以旁逮乎道藏空门者言，靡不览观"

（徐时栋《姚梅伯传》），在文学上的成就是多方面的，尤其是小说理论方面的成就，在《红楼梦》的研究史上有着重要地位。

姚燮的《红楼梦》评点，有《总评》《回评》和《夹评》，其中《回评》的成就稍高一些。除评点《红楼梦》外，姚燮另编著有《读红楼梦纲领》一书，将小说中的有关事物分类编述，详加统计。姚燮的这种很别致的评论方式，能帮助读者理清作品描写事实，理解作品意义，也可为研究者提供资料线索。

（一）《总评》

姚燮的《总评》主要是抄录姜祺的《红楼梦诗》和兰卿的旁批而成。他在《读红楼梦纲领》评及姜祺《红楼梦诗》时曾说："词甚卑浅，不足讽也。其有旁批论断者，系兰卿氏笔，多有可采。"兰卿情况未详。姚燮既采录兰卿批语入《总评》，当也反映他的看法。《总评》有八十个条目，条数虽然不少，但各条文字不多，只是对小说中或人或事，表示一种看法或态度，基本上没有作具体分析。举若干条如下：

> 贾母第一会寻乐人，亦第一不解事人。
>
> 指袭人为妖狐，李嬷嬷自是识人。
>
> 薛姨妈寄人篱下，阴行其诈。笑脸沉机，书中第一，尤奸处，在搬入潇湘馆。
>
> 凤姐坏处，笔难罄述，但使事老祖宗作一环婢，自是可儿。
>
> 宝钗奸险性生，不让乃母。
>
> 凤之辣，人所易见，钗之谲，人所不觉，一露一藏也。
>
> 人谓凤姐险，我谓平儿尤奸，盖凤姐亦被其笼络也。
>
> 王夫人代袭人行妒，于晴雯一事尤谬误。
>
> 花袭人者，为花贱人也。命名之意，在在有因，偶标一二，余俟解人自解。
>
> 鲍二嫂曰阎王，尤三姐曰夜叉，都为二奶奶定评。
>
> 打王善保家的，仅仅一掌，我犹恨其少。
>
> 警幻仙姑第一淫人，玉犹后焉。
>
> 兼美为钗黛关锁。

> 贾蔷真是假墙，庙中固多此物。然一入庙中，便知将军何也。[4]

由上述可知，《总评》以谈人为主。《总评》中自贾母、元妃以至于傻大姐、多姑娘，所论多人，但除"兼美为钗黛关锁"一句外，竟没有一条谈及林黛玉，颇觉意外。论人之中，多贬宝钗、斥凤姐，也非创见。但说凤姐、平儿相比，"平儿尤奸"，却是闻所未闻的奇谈怪论。从小说所写凤姐、平儿两人言谈行事来看，无论如何不能得出这个结论。平儿思想平庸，处事多委曲求全，但她并未像王熙凤那样作恶多端。《总评》说王熙凤"亦被其笼络"，并进而说她比凤姐"尤奸"，显然是欠妥的。

《总评》中论及小说全书题旨有一条说："秦，情也。情可轻，而不可倾，此为全书纲领。"这里又有一个"纲领"。"秦""情""轻""倾"，并以为"情"若"倾"，那就要绳之以"理"，这就反映出了评论者封建保守的思想观点。用谐音法唱出来的老调，没有多少思想价值。

（二）《回评》

姚燮回末之《回评》，较之《总评》，篇幅要大得多。其评论之中，有时涉及讥评世情，寄寓了自己的感慨之情。如云：

> 此时雨村在穷困中，犹不失读书人本色。不知后来一入仕途，且居显要，便换一副面目肺肠。诚何故也，然今日已成为通病矣！（第一回回评.）
>
> 石呆子因几柄旧扇，致身亡产尽，与王忠恳爱《清明上河图》，同以怀古膺无妄之灾。匹夫无罪，怀璧其罪，其斯之谓欤！（第四十八回回评）[5]

此外，如第一回回评，从"士隐之依丈人"及"黛玉之依外祖母""邢岫烟之依姑母"等为例，说明"依人者之必无好收成"；又如一百十八回回评中，评赖尚荣上任宴贺极其破费，"其妈请酒时，二三万银子，不在意中"，而"家主势败，借银五百，只十之一，更陈许多苦绪"，于是感叹说:"雪中送炭,自古为难,况奴才乎?噫嘻奴才!奴也有财,奴也有才!"该回回评还说:"卖巧姐一节,似出情理之外。盖作者深恶熙凤为人,谓宜得此孽报。又见世间不少王仁、贾芸一流人,特地捏出几个豺狼,令人发指。"并接着感叹道:"邢德全为贾琏母舅,王仁系巧姐母舅。有此两母舅,为甥者何处生活!"还有的评语借题发挥,表示出对科举制度的不满:"贾氏渐复兴旺,必多有照应。惜环儿有服,不能入场。若其混进,亦必中式,不比孤寡奇士,年年打螟蛉也。"(第一百十九回回评)通过这些评语可以看出,评者对世情冷暖、社会上的不正之风等,是颇多感慨的,而其评论又比较符合实际,并不是一味乱发牢骚,这显然是可取的。

《回评》中也有些文字涉及小说的艺术问题,如第五回回评云:"此回是大开,一百十六回是大合。此回以前之四回是缘起,一百十六回以后之四回是余波。"类似的文字还有一些,只可惜数量不是太多。

《回评》评论人物,各条文字也不多。对于薛宝钗和林黛玉,采取同情黛玉、揭露宝钗的态度,显然可取,但议论比较简略。如三十六回回评曰:"前段写分例银,是花姑娘,分未正而名已定也。此段写梦中语,是薛姑娘,名未正而分已定也。吾为颦儿晴姐叹焉。"再如"膀子在林姑娘身上,可以一摸,非姐姐之不可摸,惟妹妹乃值得摸耳"。(第二十八回回评)钗黛优劣论,没有多少创见,也缺少详细的分析。

姚燮对晴雯评价颇高,对袭人则多有揭露。如在第七十七回回评赞晴雯说:"晴雯临走,绝不作一乞恩词说,可怜颜色,于生死患难交,足觇风概焉。"接着又说:"晴雯以被撵之后,宝玉犹私行探望。其两人之百千万种情绪,此以泪酬,彼以指甲与贴身袄报之。其归来不告袭人,可见袭人非宝玉之真知己。"该回回评还详细评价了袭人之为人:

袭人件件事均能体贴宝玉,晴雯为宝玉得意之人,袭人岂有不知?乃晴雯遭谗被撵,袭人袖手旁观,并不肯在王夫人前,帮晴雯说几句好话,且晴雯虽因王善保家的而撵,而袭人亦不得辞其咎。或曰:"晴雯之撵,实因王夫人盛怒之下而撵,即聪明如凤姐,持爱若宝玉,尚不敢撄锋,更何论于袭人?"予曰:"不然,是特因袭人不肯向王夫人言耳。倘言而不听，则晴雯之撵，方与袭人无干，而袭人则上可以对宝玉，下亦可以对晴雯，似此方称两全。就今而论，晴雯之撵，无与袭人，吾不信也。"

对袭人的品行进行了抨击，并指出"晴雯之死"她是难辞其咎的。在评论宝玉时，多有惊人之语，如："宝玉心地明朗，而众人反以为痴呆。如此痴呆，世不多得。"（第七十一回回评）"宝玉以芳官年小，不可被大的欺侮，袒庇私情，亦征公道。我仪图之，定为护花鸟转世。"（第七十回回评）"宝玉服侍委屈人，色色周匝。厥后以并蒂兰替他簪鬓，则一片光明，无障无碍，猥云得意之乐，吾知其久在意中。"这也算是他的一家之说。

姚燮的《回评》有一个他评所没有的特点，即常在每回之末记出此回小说所写是何年何月之事。有时只作简要交代，有时则详为疏解，这当引起我们的注意。如第八回有一条说：

> 按，前第三回，黛玉入荣府依外家，查系己酉年秋晚冬初，自后一切事情，至宝、黛过梨香院，薛姨妈处饮酒遇雪，皆本年冬底事也。入第九回宝玉与秦钟入塾为始，当系次年初春矣。迨后十一回中，记贾敬生日在九月时，并追叙上月中秋云云，又记冬底林如海云云，至治秦氏之丧，又是一年之春矣。作者虽未表明又是一年，而书中之节次具在也。故入第九回，即为入书正传之第二年庚戌，迨至十二回春日治秦氏之丧，则入书正传之第三年辛亥也。阅者记清。

> 己酉、庚戌两年过接处，作者欠界划清楚。令粗心读过者，无界限可寻，然断断不能并作一年事也。

我们认为，小说是文学作品，何必如此琐琐证明！评者乐此不疲，并嘱读者"记清"，其实一般读者哪有此等兴趣。而且姚评中交代的时间，不少是出于他自己的补充，以自己的主观推论，为小说中时间交代作补充，自然难于确实。但个别地方，因仔细顾及小说中人物事件的年龄岁月，倒也能发现《红楼梦》本子这方面的疏忽之处。如四十五回回评云："按黛玉以十七岁死，在乙卯年，逆推是年壬子，则为十四岁，原刻是年作十五岁，则与宝玉同庚矣。然宝玉生日在四月，黛玉生日在二月十二日，何以宝呼黛为妹，黛呼宝为哥耶？可见十五二字，为十四之误无疑也。况宝长黛，书有明文，今故更正。"还有的回评在提醒读者时间的同时，也将故事思路予以理顺，多少有点价值。如第十二回回评："前三回黛玉入荣府，为入书正传之第一年己酉。至第九回闹书房，入第二年庚戌，至此回末，则第二年又尽矣。下自治秦氏丧起，为第三年之春辛亥。至第十八回元妃归省，乃入第四年壬子之春。节次分明，不得草草读过。"

姚燮评点本问世之初，有人就曾评论说："山民评无甚精义，惟年月岁时考证綦详，山民殆谱录家也。"[6]这个评论似乎有些尖刻，但大致还是比较公允的。

（三）《夹评》

《夹评》的文字也是不容忽视的，有的往往是三言两语式的点评，有的则展开联想，表达自己对艺术的看法。它表现出姚燮对《红楼梦》的感受，不少属于画龙点睛之笔。

姚燮喜欢点评小说中的人物，能做到爱憎分明，表现出自己的进步思想。如第七十四回评云："吾愿以柳湘莲之鞭，治天下之谗色而生妄心者；吾愿以贾探春之掌，治天下之挟私而起衅者。"夹批道："我心一快。"第九十八回小说叙述到黛玉之死时，评论家夹批曰："黛玉气断之时，即宝钗成婚之候。新房热闹，满室合奏笙箫；旧院凄凉，半空亦有音乐。夫笙箫者，生所同也；音乐者，死所独也。黛玉亦何慊乎宝钗！"写出了人间不平事常有，几家欢乐几家愁啊！这里也表现了姚燮对黛玉的同情和对宝钗的不满。

有的夹批涉及到评论家的艺术观，如第五回"体贴"二字下有一段比较长的夹批，表现的内容还是比较丰富的：

> 宝玉于园中姊妹及丫鬟，无在不细心体贴：钗、黛、晴、袭身上，抑无论矣；其于湘云也，则怀金麒麟相证；其于妙玉也，

于惜春弈棋之候，则相对含情；于金钏也，则以香雪丹相送；于莺儿也，则于打络时哓哓诘问；于鸳鸯也，则凑脖子上嗅香气；于麝月也，则灯下替其篦头；于四儿也，则命其剪烛烹茶；于小红也，则入房倒茶之时以意相眷；于碧痕也，则群婢有洗澡之谑；于玉钏也，有吃荷汤时之戏；于紫鹃也，有小镜子之留；于藕官也，有烧钱之庇；于芳官也，有醉后同榻之缘。

关于贾宝玉对众女子的"体贴"，姚燮不厌其烦地一一予以罗列，并通过比较指出其程度的差异。该项工作究竟对研究《红楼梦》有多少意义我们姑且不论，他的这种对应比较方法还是值得肯定的。

（四）《读红楼梦纲领》

姚燮除上述评点之外，另编有《读红楼梦纲领》一书（此书后来民国年间铅印本改题《红楼梦类索》）。卷首有姚燮咸丰十年（1860）自序，大意谓"雪芹氏以涵古盖今之学，撰空前绝后之书""上自公卿，下及屠贩，罔不读之而啧啧然称道之。然心解者少，耳食者多，大抵经绪纷繁，得此遗彼，信非澄心默识，有不能辨其途者"。于是"分类搜缉（辑）之，为读者作指南之旨，而以鄙见所获者附之。至章晰条分，余别有著"。所谓"别有著"者，指的是我们上面介绍过的他在《红楼梦》本子上的评点。

《红楼梦纲领》（咸丰十年）是最早研究《红楼梦》的专著。在此之前虽然已有周春的《阅红楼梦笔记》（乾隆五十九年）一书，但该书属于笔记体读物，缺少系统性，对后世的影响也不大。《红楼梦纲领》分为《人索》《事索》《余索》三种，详细统计了《红楼梦》中的有关事物的分类编述。

《人索》编叙贾氏本族及王公勋戚乃至书中出现的杂流人品等，把人物分为王公勋戚、内外官爵、贾氏本族、贾氏亲属、门客、家人僮仆、杂流人品、贾氏内属、贾氏渊眷等类型，分别进行统计。据其叙录，《红楼梦》中王公勋戚内外官爵东平郡王、南安郡王等94人，贾氏本族贾敷、贾珠、贾环等34人，贾氏亲属邢德全、王仁、薛蟠等16人，门客詹光、单聘仁等7人，家人僮仆来升、赖升、赖大等69

人，杂流人品冯紫英、冷子兴等 62 人，贾氏内属史太君、邢氏、王氏等 23 人，贾氏渊眷邢嫂子、薛姨妈等 18 人，乳娘仆妇王嬷嬷、李嬷嬷等 56 人，妾婢赵姨娘、袭人等 83 人，女伶龄官、芳官等 12 人，女冠妙玉、净虚等 11 人，又女属拾余周贵妃、刘姥姥等 34 人。以上计男子 282 人，女子 237 人，共 519 人。此外，另列警幻仙姑、空空道士、茫茫真人等十三人。其实，《红楼梦》书中究竟有多少人？历来说法不一。诸联《明斋偶评》说男子 232 人，女子 189 人。姜祺《红楼梦诗·自序》说男子 235 人，女子 213 人。我们认为，《红楼梦》中的人物，有的有姓名，有的没有姓名；有的有名无姓，有的有姓无名；还有的有活动，而有的并没有什么事迹，只是书中人物提及，情况繁杂，要详确无误地统计出人数是非常困难的。而姚燮对《红楼梦》中的人物不厌其烦地进行统计，可见他对《红楼梦》的兴趣是多么浓厚！

《事索》主要是推算小说故事发生的年月、地域、宅第和书中提到的器物、艺文等。器物中记有小说里出现的洋货，如金西洋自行船、波斯国玩器、俄罗斯雀金呢裘等。艺文记有贾雨村中秋对月有怀五律、跛道人好了歌、甄士隐解好了歌长短曲一章等，并编集小说中出现的方言谐谚自两字句至五十余字句不等，其中还对小说提到的戏曲节目进行归类统计。

《余索》中包括《丛说》《纠疑》《诸家撰述提要》。其中《丛说》较为重要，举凡小说中人物的生日、死亡人物的不同情状、府中各人的月费、府中出纳之财数、园中之韵事，凡可统计列出者均为写出。如有一条遍记元春、宝钗、王夫人、贾琏、林黛玉、袭人、宝玉、岫烟、宝琴、凤姐、贾母等许多人的生日。又有一条值得我们关注：

> 林如海以病死；秦氏以经阻不通，水亏火旺，犯色欲死；瑞珠以触柱殉秦氏死；冯渊被薛蟠殴打死；张金哥自缢死；守备之子以投河死；秦邦业因秦钟、智能事发老病气死；秦钟以劳怯死；金钏以投井死；鲍二家的以上吊死；贾敬以吞金服砂胀死；多浑虫以酒痨死；尤三姐以姻亲不遂携鸳鸯剑自刎死；尤二姐以误服胡君荣药，将胎打落后被凤姐凌逼吞金死，鸳鸯之姊害血崩山死；

黛玉以忧郁隐痛绝粒死，晴雯以被撵气郁害女儿痨死；……凤姐
以痨弱被冤魂索命死；香菱以产难死。则足以考终命者，其惟贾
母一人乎！

他引录王雪香总评中的文字说："一部书中，凡寿终夭折、暴亡病故、
丹戕药误，及自刎被杀、投河跳井、悬梁受逼、吞金服毒、撞阶脱精
等事，件件俱有。"然后即遍寻小说中秦氏、瑞珠、冯渊、尤二姐、尤
三姐等三十二人的不同死因、死状以证实王雪香这段话，对《红楼梦》
人物描写特点作出了高度评价。《丛说》有些条是姚燮的评论。如说：
"以金桂之蛊惑，而蝌儿能坚守之，古之所难；以赵姨娘之鄙劣，而政
老偏宠嗜之，亦世之所罕。"但总的说来，这类评论性文字的篇幅只占
《丛说》中的一小部分。其余大抵说来，是将小说中有关事物分类编述，
与文学批评关系不大。

　　《余索》中的《诸家撰述提要》是对《红楼梦》续书和其他著作版
本情况和内容的评述，它包括兰皋居士的《绮楼重梦》、白云外史的《后
红楼梦》、海圃主人的《续红楼梦》和姜祺的《红楼梦诗》等，其中涉
及到续书十四种。如评兰皋居士的《绮楼重梦》云："兰皋居士著，嘉
庆乙丑瑞凝堂刊本。原名《红楼续梦》，缘坊刻有'续红楼'与'后红
楼'，遂易此名。其大旨翻前书之案，以轮回再世圆满之。然词多猥狎，
与原书相去远矣。"对其他续书的评价也大抵如此，虽只有三言两语，
但评价比较中肯，尤其提供了大量有关《红楼梦》续书的珍贵资料，
可资续书研究者借鉴。《纠疑》主要是指出《红楼梦》前后矛盾及疏漏
之处，如《红楼梦》第十八回已经明确交代，元妃省亲是在"正月十
五日上元之日"，第十九回又说元妃走后，园中陈设之物"收拾了两三
天方完"，也就到了正月十七、十八日；第二十一回接叙贾琏独宿至少
"十二日"，当是正月二十九日以后，而小说的第二十二回则写凤姐对
贾琏说："二十一日是薛妹妹的生日，你到底怎么样呢？"这自然是指
正月二十一，因为接下来过生日的情节中，多次提到"大正月里"。
姚燮发现时间有问题，他说："以下第二十二回，接写宝钗生日。如在
正月二十一日，则是省亲以后，至此不过十七、八至二十间，三、四

日内事也。余尚无可议者，其最不合理，是凤姐大姐种痘，贾琏独睡半月后数语，如云果有半月，则此时当是二月初上矣，何以下回开卷便说二十一日是某某生日耶？"所以他郑重指出："何作者荒谬乃尔！此等处须酌改之。"我们知道，由于曹雪芹的过早去世，《红楼梦》没来得及做最后的润色和加工，难免会出现一些所谓的"败笔"，但这并不影响《红楼梦》的伟大成就。对此，姚燮也是非常清楚的。他在《纠疑》中有个声明："今条著其可疑者如左，非敢吹毛之求，亦明读者之不可草草了事云尔。"他只是实事求是地指出一些小毛病，但这一工作仍有其价值所在，通过他的"纠疑"，可以帮助我们了解《红楼梦》的创作情况，也有利于我们全面研究和评价《红楼梦》的艺术成就。

姚燮的《读红楼梦纲领》是最早的红学专著，在红学史上还是有一席之地的。只是其中的《人索》和《事索》算不上是《红楼梦》的评论著作，只是有关《红楼梦》的"类索"而已。前人说姚燮是谱录家，就其对《红楼梦》有关材料摘录、编排、统计而论，我们确实可以说，姚燮在《红楼梦》研究史上是一位重要的统计学家。但其中的《余索》还是有一定学术价值的，即便是对人物、事物的统计，对我们研究《红楼梦》也是有贡献的，不能一笔抹杀。

第二节　俞樾：序文形式的小说批评家

俞樾是清代著名学者、小说理论家。他的《重编七侠五义传》序和著作中对《红楼梦》等名著的评论，都体现出的他对小说的理论见解，对后世的侠义小说和名著研究产生了重大的影响。

一、俞樾的生平与文学活动

俞樾（1821—1906），晚清著名文学家、教育家、书法家。字荫甫，号曲园，世称曲园先生。浙江湖州府德清县城关乡南埭村人，后迁居杭州。他一生孜孜不倦致力于教育，辛勤笔耕，著有五百卷学术巨著《春在堂全集》。

道光三十年（1850），俞樾进士及第，改翰林院庶吉士，咸丰二年（1852）为翰林院编修，咸丰八年（1858）改任河南学政，就在这一年，因"试题割裂"事件，被人参劾，险遭杀身之祸。"试题割裂"事件的详细情况是这样的：清代科举考试的试题，虽然都出自"五经"，但为了隐僻起见，却故意强截句读，割裂经文。这次俞樾在主持童生考试时，有一题是"王速出令反"。这话本出自《孟子》："王速出令，反其旄倪。"[7]是把下句的"反"字硬割裂下来，连到上句的末尾。另一个试题是"二三子何患乎无君我"，也是出自《孟子》"二三子何患乎无君，我将去之"一句。他这样做，本是一种文字游戏，但俞樾在会试时竟出这样的考题，也实在有些大胆。因为这两题别人可以曲解为"王出令使造反"和"无君而有我"，这在封建专制时代属于大逆不道。所以，当曹御史提出参劾时，俞樾有口难辩，虽赖朝臣保奏，仍被革职，永不叙用。

俞樾被革职后，以读书教育著书为生，并终生不仕。俞樾历主讲苏州紫阳、上海求志、德清清溪、归安龙湖等书院，而立杭州诂经精舍至三十一年，为从来所未有。他性尚雅，厌声色，既丧母妻，终身布衣素食，注重养生之道，故老而精神不衰。读书著作颇有规律，每年都有著作问世。晚年闭门著述四十余载，足迹不逾江浙一隅，而声名扬溢海内外，慕名远道而投者，络绎不绝。所著凡五百余卷，统称《春在堂全书》，共二百五十卷。除《群经平议》五十卷、《诸子平议》五十卷、《茶香室经说》十六卷、《古书疑义举例》七卷外，其《第一楼丛书》三十卷、《曲园俞楼杂纂》共百卷，并颇资考证。馀见自著全书录要中。1907年2月5日，俞樾在杭州去世，享年八十六岁。《清史稿》卷四百八十二有传。

俞樾作为晚清有名的朴学家，但他非常喜爱小说，在其所著《春在堂随笔》《小浮梅闲话》《九九消夏录》《茶香室丛钞》《茶香室续钞》《茶香室三钞》《壶东漫录》等七种著作中，直接叙及古典小说计有《三国演义》《水浒传》《西游记》《金瓶梅》《红楼梦》《儒林外史》等二十余部，为明代胡应麟以来所罕见。当然，他的有关小说的文字，多为本事源流的考证，是王国维所说的"以考证之眼读之"的代表作，虽在中国小说研究史上具有一定的贡献，但理论建树不是太大。他对侠义小说《三侠五义》的贡献倒是非常突出的。

俞樾是跨越中国古代和近代两个时代的人物，他的思想是非常复杂和矛盾的。一方面，他看到了清王朝腐朽、没落的现实，所以，他支持办"洋务"，实行变法维新。他自己也有条件地接受西方现代文化和接触西方各界人士。有意思的是，他在《告西士》等诗作中，竟浮想联翩，展望科学发达以后，人类可以遨游太空，登月亮，游金星。在19世纪，当人类还没有发明航空器械以前，他能有这样的新思想、新认识，实在是难能可贵的。可是，在另一方面，俞樾又身为封建官僚，罢官后仍主持书院几十年，重名教礼义，是晚清的一代宗师。因而，他对于整个封建制度和清王朝的统治，却又是极力维护的。当他得知他的得意门生章太炎参加革命活动时，就勃然大怒。光绪二十七年（1901），他竟发展到面责章太炎"不忠不孝"，并声称要把章太炎革出教门。但是，作为资产阶级革命家的章太炎，并没有屈服于他的老师的压力，反而立场坚定地写了《谢本师》以表明他坚持革命的决心，并宣布从此和俞樾断绝师生关系。这个悲剧是俞樾的保皇立场造成的。

二、《重编七侠五义传》序

光绪十五年（1889），俞樾得到一本题为《三侠五义》的小说，兴奋不已，对它进行加工改造，并写下了著名的《重编七侠五义传》序一文。

《三侠五义》原是明代出现的含有六十二个包公故事的杂记《包龙图百家公案》，后经说书艺人石玉昆加工改造，并参考了其他一些有关包公断案的白话小说，编辑成唱本《包公案》，又名《龙图公案》。后来，又有人在此基础上增饰为小说，题《龙图耳录》。后又有问竹主人加以修润，更名为《忠烈侠义传》，光绪五年（1879）首刊，并更名《三侠五义》，俞樾所得即此版本。他对此书颇为欣赏，并认为第一回"狸猫换太子"事"殊涉不经"，遂"援据史传，订正俗说"，重写了第一回。又以"三侠"即南侠展昭、北侠欧阳春、双侠丁兆兰、丁兆蕙，实为四侠，增以小侠艾虎、黑妖狐智化、小诸葛沈仲元共为七侠；原五鼠即钻天鼠卢方、彻地鼠韩彰、穿山鼠徐庆、翻江鼠蒋平、锦毛鼠白玉堂仍为"五义"，遂易书名为《七侠五义》，并为之撰序。

这里反映了俞樾关于小说的学术观，可供历史小说创作的参考。他对小说的艺术研究也很精湛，赵景深又说：俞樾对于这书的评话特性也有极好的比喻："事迹新奇，笔意酣恣，描写既细入毫芒，点染又曲中筋节。正如柳麻子说《武松打店》，初到店内无人，蓦地一吼，店中空缸空甏皆瓮瓮有声；闲中着色，精神百倍。如此笔墨，方许作评话小说；如此评话小说，方算得天地间另一种笔墨。"如果有人写一部《中国俗小说史》，不可不能提到俞樾。

《重编七侠五义》序体现了俞樾的文学见解。序云：

> 往年潘郑盦尚书奉讳家居，与余吴下寓庐相距甚近，时相过从。偶与言及今人学问远不如昔，无论所作诗文，即院本、传奇、平话、小说，凡出于近时者，皆不如干、嘉以前所出者远甚。尚书云：有《三侠五义》一书，虽近时所出而颇可观。余携归阅之，笑曰："此《龙图公案》耳，何足辱郑盦之一盼乎？"及阅至终篇，见其事迹新奇，笔意酣恣，描写既细入毫芒，点染又曲中筋节。正如柳麻子说"武松打店"，初到店内无人，蓦地一吼，店内空缸空甏皆瓮瓮有声。闲中着色，精神百倍。如此笔墨，方许作平话小说；如此平话小说，方算得天地间另是一种笔墨。乃叹郑盦尚书欣赏之不虚也。[8]

俞樾序中说到的潘郑盦，即潘祖荫（1830—1890），字伯寅，号郑盦，江苏吴县人，官至工部尚书，好阅读和收藏通俗小说。俞樾对《三侠五义》的看法显然受到了他的启发，而俞樾也自有其目光敏锐处。这首先在于：他看出了《三侠五义》"算得天地间另是一种笔墨"，也就是说，他揭示了侠义小说乃是一种不同于以往历史小说、世情小说、英雄小说、公案小说之外的新型小说，具有一种别开生面、独立存在的价值。接着他又写道：

惟其第一回叙"狸猫换太子"事，殊涉不经。白家老妪之谈未足入黄车使者之录，余因为别撰第一回，援据史传，订正俗说；改头换面，耳目一新。又其书每回题"侠义传卷几"，而首页大书"三侠五义"四字，遂共呼此书为《三侠五义》。余不知所谓"三侠"者何人。书中所载南侠、北侠、丁氏双侠、小侠艾虎，则已得五侠矣。而黑妖狐智化者，小小侠之师也；诸葛沈仲元者，第一百回中盛称其"从游戏中生出侠义来"，然则此两人非侠而何？即将柳青、陆彬、鲁英等概置不数，而已得七侠矣，因改题《七侠五义》，以副其实。至颜查散为后半部书中之主，而以"查散"二字为名，殊不可解。此人在后半部竟是包孝肃替人，非如牛驴子、苦头儿、麦先生、米先生诸人呼牛呼马无关轻重也。余疑"查散"二字乃"眘敏"之讹。"眘"，为古文"慎"字，以"眘敏"为名，取慎言敏行之义。萧管中郎、衣冠优孟本无依据，何惮更张？奋笔便改，不必如圣叹之改《水浒传》，处处托之古本也。惟其中方言俚字连篇累牍，颇多疑误，无可考正，则姑听之，读者自能意会耳。（光绪己丑七月既望曲园居士俞樾书）

他分析了侠义小说之所以"另是一种笔墨"的特点。他的分析是比较简单粗略的，但与其他人的有关论述综合起来加以考察，还是可以窥见他们对于侠义小说的历史渊源、内容特点、流行基础和艺术特色等都是有所认识的。

俞樾一见《三侠五义》，即认为"此《龙图公案》耳"。他的这一认识实际上来自《三侠五义》卷首由问竹主人撰写的《忠烈侠义传》序。他在该序开头写道：

是书本名《龙图公案》，又曰《包公案》，说部中演了三十余回，从此书内又续成六十多本。虽是传奇志异，难免怪、力、乱、神。兹将书翻旧出新，添长补短，删去邪说之事，改出正大之文，极赞忠烈之臣、侠义之事。且其中烈父烈女，义仆义鬟，以及吏役、平民、僧俗人等，好侠尚义者，不可枚举，故取名曰："忠、烈、侠、义"四字，集成一百二十回。

它指出了侠义小说源自公案小说。我国的公案小说具有悠久的历史。宋元话本中，就有"说公案"一家。明清以来一直比较流行，就名《龙图公案》的小说而言，现存还有刊本近三十种之多。但这类小说主要是记述断案析狱之事，不重豪侠英雄之举。古代自《史记·游侠列传》、唐传奇《虬髯客传》等以来，写豪侠英雄的小说也有传统。然而，写清官断案折狱者实渊源于法家，记侠客英雄义举者则肇始于墨家，本是各异其趣的。如今侠义小说如《三侠五义》，既写"忠烈之臣"，又叙"侠义之事"；既以包公为"纲领"，又写"好侠尚义者，不可枚举"，将两者糅合在一起，自成了一种特色。问竹主人、俞樾等于揭示侠义小说内容特点的同时，也指出了它们的历史渊源，这对于我们全面、正确地认识侠义小说是有帮助的。

侠义小说之所以在近代风行，自有其社会原因。对此，侠义小说论者俞樾等也接触到了这一问题。众所周知，中国近代社会，外患内暴，民不聊生，但长期处于屈辱状态下的平民百姓，一时并不易认识到自身的力量，往往把希望寄托于他们理想中的救星，希望他们能出来行侠仗义，除暴安良，以恢弘人间之正气。一些稍有正义感的文人，既不满黑暗的现实，又不敢反抗封建统治，写出像《水浒传》那样"犯上作乱"的作品。于是，那些既能为民除害，又能为国锄奸；既能寄托着百姓的理想，而又不悖"纲常""名教"的清官和侠士就自然地成为作品中的主人公。

侠义小说的基本特点，《重编七侠五义》序中多有涉及。概括起来大致有如下几点：一是"事迹新奇"。他指出："事迹新奇，笔意酣恣，描写既细入毫芒，点染又曲中筋节……如此笔墨，方许作平话小说，如此平话小说，方算得天地间另是一种笔墨。"也就是说，只有叙惊天动地之事，写敢作敢为之人，才能产生"惊心动魄"的艺术效果。二是"刻画尽致"，不停留在故事的叙述层次上，而是要着力于描绘，注意细节的点染，所谓"描写既细入毫芒，点染又曲中筋节"。三是"文字贯通"，即故事完整，情节连贯，来龙去脉，一清二楚。四是人物单纯，好坏分明，"善恶邪正，各有分别"，让读者能直接地作出价值判断，不求深邃的意蕴。以上各端，诚如俞樾所说，实不出"平话小说"特点的大范围，故后来鲁迅先生说："侠义小说之在清，正接宋人话本正派，固平民文学之历七百余年而再兴者也。"[9]

但鲁迅先生只说对了一半，清代侠义小说（即鲁迅先生说的"平民文学"）确实是接宋人话本正派，与俞樾的见解相类似，但在众多的作品中，唯有《七侠五义》成就较高，其他作品不足为道。俞樾只对这一部作品感兴趣，也就不足为怪了。

三、《红楼梦》等名著的批评

俞樾对于小说的见解，除了《重编七侠五义》序一文外，主要体现在他的《春在堂随笔》《小浮梅闲话》《九九消夏录》《茶香室丛钞》《茶香室续钞》《茶香室三钞》《壶东漫录》等著作中，涉及到了《三国演义》《水浒传》《西游记》《金瓶梅》《红楼梦》《儒林外史》等多部名著。

俞樾从封建正统观念着眼，重视小说劝善惩恶的社会作用。这突出表现为扬《阅微草堂笔记》而抑《聊斋志异》，他在《春在堂随笔》写道："纪文达公尝言：《聊斋志异》一书，才子之笔，非着书者之笔也。先君子亦云：蒲留仙，才人也。其所藻绘，未脱唐、宋小说窠臼；若纪文达《阅微草堂五种》，专为劝惩起见，叙事简，说理透，不屑于描头画角，非留仙所及。余着《右台仙馆笔记》，以'阅微'为法，而不袭'聊斋'笔意，秉先君子之训也。"[10]这里表现出其思想守旧的一面。

俞樾在小说理论方面建树不大，但他以考据家的眼光，重在考证小说的本事。他在《小浮梅闲话》中论及《开辟演义》《封神演义》《三国演义》《西游记》《隋唐演义》等作品时，均主要考证其典故源流，《茶香室丛钞》亦多考证小说之笔。不少考证堪称精审，颇有参考价值。如《曲园杂纂》卷三十八《小浮梅闲话》云：

宋江事，见《张叔夜传》……（所引原文从略）是宋江降后，无使讨方腊事。方腊事，见《童贯传》……又《韩世忠传》……是擒方腊者韩世忠也。乃生前既为辛兴宗冒功，而数百年后，稗官演说，又归之于武松。抑何蕲王之不幸也！唯《侯蒙传》：宋江寇京东，蒙上书言宋江以三十六人横行齐、魏，官军数万，无敢抗者，其才必过人。今青溪盗起，不若赦江，使讨方腊以自赎。帝曰：蒙居外不忘君，忠臣也。命知东平府，未至而卒。是赦宋江以讨方腊，侯蒙有此议，而实未之行。小说家即本此附会耳。又宋江原止三十六人，周公谨载其名于《癸辛杂识》云：宋江、晁盖、吴用、卢俊义、关胜、史进、柴进、阮小二、阮小五、阮小七、刘唐、张青、燕青、孙立、张顺、张横、呼延绰、李俊、花荣、秦明、李逵、雷横、戴宗、索超、杨志、杨雄、董平、解珍、解宝、朱仝、穆横、石秀、徐宁、李英、花和尚、武松。今小说家以三十六人为天罡，又增益地煞七十二人。而此三十六人中，晁盖又不与焉，李英讹为李应，皆非其真也。明郎仁宝《七修类稿》云：《三国》《宋江》二书，乃杭人罗本贯中所编。昨于旧书肆中得抄本《录鬼簿》，乃元人大梁钟继先作，载宋元传记之名，而于二书之事尤多。据此，知原亦有本，因而增成之也。

他对《水浒传》的本事考证就非常详细，颇有资料价值，并带有自己的分析和观点，可供我们参考。《茶香室丛钞》卷十七《小关索》一节，对关索其人进行了考证："宋范公称《过庭录》曰：'忠宣守信阳时，汉上有巨贼曰罗堃，拥众直压郡界。忠宣集郡僚谋守御，皆懦怯无敢当者。有酒吏秦生请行，独以数十骑直对敌垒。贼副小关索者，领十馀骑饮马河侧，秦射中贼关索而死。贼众窜走。'"他接着谈到的自己的看法："按，世俗以关索为汉前将军之子，实无其人。乃宋时贼盗中即有小关索之名，则其流传亦远矣。"又引用资料说："《癸辛杂识》载龚胜与《宋江等三十六人赞》，其《赛关索杨雄赞》云：'关索之雄，超之亦贤。'则似古来真有关索其人也。"这些考证的价值是值得肯定的。

此外，关于《水浒传》中的人物本事，《茶香室丛钞》卷十七《宋江等三十六人》,《茶香室续钞》卷十六《梁山泺贼》,《茶香室三钞》卷三《高俅》、卷七《一丈青》,《茶香室四钞》卷三《刘豫》等,均有大量考证材料。这里不再一一列举了。

俞樾是著名的红学家,在红学史上有着重要的地位,因此他在《红楼梦》本事考证方面值得我们关注。关于小说作者的考证,《曲园杂纂》卷三十八《小浮梅闲话》云:

> 《红楼梦》一书,脍炙人口,世传为明珠之子而作。明珠之子,何人也?余曰:明珠子名成德,字容若。《通志堂经解》每一种,有纳兰成德容若序,即其人也。恭读乾隆五十一年二月二十九日上谕,成德于康熙十一年壬子科中式举人,十二年癸丑科中试进士,年甫十六岁,然则其中举人止十五岁,于书中所述颇合也。此书末卷自具作者姓名曰曹雪芹。袁子才《诗话》云:"曹〈练〉[楝]亭康熙中为江宁织造,其子雪芹,撰《红楼梦》一书,备极风月繁华之盛。"则曹雪芹固有可考矣。又《船山诗草》有《赠高兰墅鹗同年》一首云:"艳情人自说《红楼》"。注云:"传奇《红楼梦》,八十回以后,俱兰墅所补。"然则此书非出一手。按,乡会试增五言八韵诗,始乾隆朝,而书中叙科场事,已有诗,则其为高君所补可证矣。(纳兰容若《饮水词集》有《满江红》词,为曹子清题其先人所构楝亭,即曹雪芹也)

关于《红楼梦》的作者,俞樾考证了纳兰成德说,但并没有肯定其著作权,还是强调为曹雪芹所著,尤其可贵的是,他还考证了八十回之后的作者为高鹗,这当是对《红楼梦》研究的巨大贡献。在《茶香室三钞》卷九《明珠家累世富厚》中,他彻底否定了纳兰成德说:

> 国朝礼亲王昭梿《啸亭杂录》云:"明太傅广置田产,市买奴仆,厚加赏赉,使其充足,无事外求;立主家长,司理家务,奴隶有不法者,许主家立毙杖下。所逐出之奴,皆无容之者,曰:'伊于明府尚不能存,何况他处也?'故其下爱戴,罔敢不法。其

后田产丰盈，日进斗金，子孙历世富豪。至成安时，以倨傲和相，故撄法网，籍没其产，有天府所未有者。"世传《红楼梦》小说，为衍说明珠家事。今观此，则明珠之子纳兰成德至成安籍没时，几及百年矣，于事固不合也。《啸亭杂录》又载癸酉之变云："有侍卫那伦者，纳兰太傅明珠后也。少时，家巨富，凡涤面银器，日易其一，晚年贫瘘，一冠数年，人多笑之。是日应值太和门，闻警趋入，遂被害。"按：此亦可见明珠家之久富矣。又云："纳兰侍卫宁秀，为太傅明珠曾孙，生时有髭数十茎，罗罗颐下。年弱冠，颜貌苍老，宛如四五十人，未三十即下世，其家因之日替，亦一异也。"小说家所称"生有异征"者，岂即斯人与？

否定了纳兰成德说，也就是完全肯定了曹雪芹的著作权，这在红学史上有着极为重要的意义。此外，俞樾还对《红楼梦》中的人物本事进行了考证，如《茶香室三钞》卷七《十二钗》：

> 国朝朱彝尊《静志居诗话》云："赵彩姬，字今燕，名冠北里。时曲中有刘、董、罗、葛、段、赵、何、蒋、王、杨、马、褚，先后齐名，所称'十二钗'也。"按此则今小说中所称"金陵十二钗"，亦非无本。

再如《俞楼杂纂》卷四十《壶东漫录·林四娘》：

> 《红楼梦》小说，有咏林四娘事，此亦实有其人。王渔洋山人《池北偶谈》云："闽陈宝钥字绿崖，观察青州。一日，燕坐斋中，忽有小鬟，年可十四五，姿首甚美，褰帘入曰：'林四娘见。'逡巡间，四娘已至前万福。蛮髻朱衣，绣半臂，凤觜靴，腰佩双剑，自言故衡王宫嫔也，生长金陵，衡王以千金聘妾入后宫，宠绝伦辈，不幸早死，殡于宫中，不数年国破，遂北去。妾魂魄犹恋故墟，今宫殿荒芜，聊欲假君亭馆延客，愿无疑焉。自是日必一至。久之，设具宴陈，嘉肴旨酒，不异人世，亦不知从何至也。酒酣，

叙述宫中旧事，悲不自胜，引节而歌，声甚哀怨，举坐沾衣置酒。一日，告陈，言当往终南山，自后遂绝。有诗一卷，其一云'静锁深宫忆往年，楼台箭鼓遍烽烟。红颜力弱难为厉，黑海心悲只学禅。细读莲花千百偈，闲看贝叶两三篇。梨园高唱兴亡事，君试听之亦惘然。'"是林四娘事甚奇。而云早死殡于宫中，则与小说家言不甚合，或传闻异词乎? 考之《明史》，宪宗之子祐𪸩，封衡王，就藩青州，其元孙常瀳，万历二十四年袭封，不载所终。林四娘所云，国破北去者，即斯人矣。

这些观点未必都是成立的，但他提供的这些资料，无疑对我们研究《红楼梦》是有参考价值的。

俞樾以考证而著称，没有专门的关于《红楼梦》批评专著。不过他的笔记小说《痴女子》，却体现了他对《红楼梦》的评价。

《痴女子》是俞樾笔记小说集《耳邮》中的一篇，是作者讲述的一痴情女子因读《红楼梦》而死的故事，其中包括作者所发表的评论。他在这篇笔记小说的"非非子曰"中，对"痴女子"为情而死给予充分的肯定，并表达了他对《红楼梦》思想和艺术的理解，提出了《红楼梦》是一部真情、至情之书，肯定了贾宝玉、林黛玉之间的理想爱情。《痴女子》虽说是一篇笔记小说，但叙事部分不多，议论的成分却比较大，因此，我们可以把它当作一篇小说评论文章来读。从作品的实质来讲，它应当属于小说形式的评论文章，是对红学研究的一个重要贡献。

俞樾的这部作品首先涉及的一个问题是，《红楼梦》究竟属于怎样性质的一本书? 当时虽然也有人提出是写情小说，但还是有不少人认为《红楼梦》是所谓的幻书、悟书。针对学术界的这样一种现状，俞樾通过《痴女子》一文，断然否定了《红楼梦》是所谓的"悟"书、"幻"书之说，他认定《红楼梦》乃是一部写"情"的书，而且强调写的是人间的"真情""至情"。

当时的人们往往把《红楼梦》看成是"悟书"，就是佛教"悟"的概念，把《红楼梦》理解成宗教色彩浓厚的小说。俞樾则认为《红楼梦》决不是什么"悟"书，而是写情之书，即今天所说的爱情小说。他作如此判断的理由是，《红楼梦》中的主人公贾宝玉与林黛玉自始至终都在相爱，他们简直就是"情"的化身，主人公们或生或死，或疯或癫，或离或合，或哭或笑，或病或愈，无不是为了爱情。宝玉虽然最终出家，但他不是悟佛，而是悟情，别人出家是笃信宗教达到了极点，而贾宝玉出家则是笃情达到了极点，他永远也忘不了林妹妹，因而美丽如花、用尽心机的薛宝钗也拴不住他的心。由此可见，小说中的"情"到了无以复加的程度。俞樾把这种"情"也称之为"悟"，但他对此有自己的理解，他指出："其悟也，乃情之穷极而无所复之，至于死而犹不可已。无可奈何，而姑托于悟。"[11]换言之，俞樾所说的"悟"是"情"到了极点，完全可以借用"悟"字来形容。这就是说，俞樾把"悟"当成了"真情""至情"的代名词。其实，如果我们如此理解"悟"的话，《红楼梦》确实是一部"悟书"，俞樾对《红楼梦》的分析是非常精辟的。

说到有人称《红楼梦》为"幻"书，俞樾也有自己的理解。我们知道，佛教徒把现世称为虚幻的尘世，故有"幻世""幻尘"之说。当时有人就认为《红楼梦》是"幻"书，作品的人物是虚幻的，主人公贾宝玉、林黛玉之事是不存在的。所以，《痴女子》中的女子为书中的宝玉而死，是荒唐的，彻底否定了"痴女子"的进步性，同时也把《红楼梦》的积极意义给抹杀了，甚至不相信人间有真情的存在。俞樾借用佛教学说驳斥那些认为《红楼梦》是"幻"书者，充分肯定人间真情的存在，并指出："女子之死，为情也，非为宝玉也。"这就肯定了所谓"痴女子"为情而死的价值所在。俞樾针对佛教的"虚幻"说，对"真"与"幻"作了辨证的解释，表现了他对《红楼梦》中"情"的看法。他说："且情之所结，无真不幻，亦无幻不真。""真情"达到极点，便给人以虚幻的感觉，正如人品质高尚到了极点，就有假的感觉一样。其实，如果认真读一下《红楼梦》的话，便不难理解曹雪芹对"情"的看法，《红楼梦》第一回写道："假作真时真亦假，无为有处有还无。"[12]这就非常清楚地告诉我们，任何东西太真时，似乎假，太虚幻，反而是真。而且贾宝玉就是"情"之化身，所以俞樾进一步指出："安知书中之宝玉、梦中之宝玉，不真成眼中之宝玉耶？"因此，那个痴女子为宝玉而死，其实就是为"情"而献身，当然要予以肯定，实际上也就是对伟大爱情小说《红楼梦》的肯定。

俞樾对红学的重要贡献就在于，他不仅肯定了《红楼梦》中的"情"的描写，赞扬了男女主人公的"真情"与"至情"，而且还进一步为"情"划分出几个类型，并提出了宾正、正变、虚实等一系列概念，这在红学史上是一件了不起的工作。

俞樾以宝黛之"情"与一般的夫妻（他人）之情进行了比较，认为世间存在着不同类型的情。他指出，宝黛"两人为情之主，而他人皆为情之宾"；"两人者情之正也，而他人皆情之变"；"两人者情之实也，而他人皆情之虚"。这就是他为"情"所划分的类型，并为此提出宾主、正变、虚实的概念。俞樾对这些概念解释说：所谓宾主之别，是指宝黛乃"有情之人"，他们的"情"决非他人所能比，这是人间至情的典型，当为情之主；而一般的夫妻之情是次要的情，是一般男女间的性爱，当为情之宾。所谓正变之别，是指宝黛之情"穷极而无所复之，至于死而犹不可已"，是说他们之间的感情至死也不可改变；而他人之情可能因受到主客观条件的变化而变化，其夫妻情不过"男女夫妇房帏床第而已"。宝黛之情不仅是性的需要，更是精神的需要，对象无法改变，故为正体；他人仅仅是性的需求，对象只要是异性即可，是可以改变的，故为情之变体。所谓虚实之别，是指宝黛之情乃爱情之至，"一成而不变，百折而不回，历千万结而不灭。无惬心之日，无释念之期。……即有灵心妙舌、千笔万墨，而皆不能写其难言之故之万一"。因此，他们的情为情之"实"；而一般的夫妻之情，不过是满足性的需要，具有可改变性，不属于"至情"。正如俞樾所说："苟别异一男女，而与其所悦者品相若，吾知其情之移矣。"因此，他人的情乃为情之"虚"。由这三个概念我们可以看出，俞樾对"情"的类型的划分，无非是强调至情。由此可以得出结论：《红楼梦》是一部歌颂爱情的书，而且是一部歌颂"至情"的书，其伟大之处也就在这里。

俞樾如此推崇宝黛式的所谓"至情"，那么，他认为的"至情"的内涵究竟是什么？俞樾在作品中议论道："夫情者，大抵有所为而实无所为者也，无所不可而终无所可者也，无所不至，而终无所至者也。"也就是说，男女"至情"（真正的爱情）是一种实实在在的行为，是"有所为""无所不可""无所不至"的，甚至付出生命的代价；即便未能结合，没有获得至情之实（得到性爱），即"实无所为者""终无所可者""终无所至者"，这并不影响宝黛式爱情之"真"、之"至"。俞樾进一步解释说："宝玉黛玉之情，未尝不系乎男女夫妇房帏床笫之间，而绝不关乎男女夫妇房帏床笫之事。"他所说的至情是"情"的最高境界，能不能结合倒在其次。于是他得出结论：宝黛之至情之所以感人，就是因为他们之间的"情"达到了"忘我"的最高境界，什么夫妻性爱，什么甜言蜜语，对他们来说都已无关紧要了。

俞樾接着又分析了宝黛所达到"最高境界"的"至情"的内容，他在作品中指出，所谓至情就是：

> 移之不可，夺之不可，离之不可，合之犹不可。未见其人，固思其人。既见其人，仍思其人。不知斯人之外更有何人，亦并不知斯人即是斯人，乃至身之所当、心之所触、时之所值、境之所呈，一春一秋，一朝一暮，一山一水，一亭一池，一花一草，一虫一鸟，皆有凄然欲绝、悄然难言、如病如狂、如醉如梦、欲生不得，欲死不能之境，莫不由斯人而生，而要反不知为斯人而起也。虽至山崩海涸，金消石烂，曾不足减其毫末而间其须臾，必且致憾于天地，归咎于阴阳：何故生彼，并何故生我，以致形朽骨枯、神泯气化，而情不与之俱尽。

他的这种概括是非常生动而全面的，他指出了宝黛之至情与一般夫妻之情的根本区别，认为宝黛爱情是世间最伟大的感情，而《红楼梦》自然也就成为古往今来描写爱情的最伟大的作品。

总之，俞樾通过《痴女子》这部作品，歌颂了宝黛非同一般的爱情，并对爱情进行分类研究，比较研究，他对爱情的探讨可谓深刻之至。在此基础上，他肯定宝黛的这种至情，认为这是世间爱情的最高境界，即今天所谓的"理想化的爱情"。为此，他肯定那个"痴女子"

为宝玉（情）而死，否定了当时普遍流行的"痴女子"死得不值的说法，认为为爱而死是值得的。

俞樾多以经学家、考据家的眼光来看待小说，因而在小说理论上建树不多，但他以学者的身份重视小说，并亲自参与修订小说，对于提高小说地位，扩大小说影响，仍有一定作用。

第三节　钟骏文：善于借鉴西方小说理论的小说家

钟骏文是清代小说批评家。他的小说批评思想总的倾向显得比较保守，但有些艺术见解还是值得我们借鉴的。此外，他对西方小说的偏见，从反面使我们了解到我国近代批评界接受西方新思想、新小说理论的艰难历程。

一、钟骏文的小说观

钟骏文（1865—？），字八铭，别署寅半生。浙江萧山人。钟骏文是晚清时期一位小说理论研究者。他出生在一个不得志的知识分子家庭，本人以教书为业。科举制度废除后，寅半生因仕途断绝，而转向创办杂志。

钟骏文少有大志，他自己做梦也想不到以后会创办杂志。他自述自己年轻时"头角露峥嵘，交推誉众口。少年具大志，功名视反手，大言日炎炎，立身期不朽。负籍访名师，联床聚益友。议论高千古，文章穷二酉。理学探程朱，金石摩蝌蚪"。而且在"八应秋试"中，"六次出房，两次堂备"，以证实其见识高超、文笔出众。但是结果呢？却是"临榜被黜"。中国知识分子梦寐以求的功名已成虚幻，但人总得活下去啊！于是，钟骏文将希望寄托在创办杂志《游戏世界》了。这是他本人的不得已，但却成就了一位小说理论家。

钟骏文自光绪三十三年（1907）起主编《游戏世界》，于第一期至第十八期连载《小说闲评》，对当时发表的近七十种小说进行简短扼要的评价，他认为优秀的作品，就赞以"佳构""名作"；反之，则斥之

"毫无生趣""一望无余"。他认为做这项工作是"为购小说者作指南之助"，也充分体现了他独特的艺术观念和小说见解。

钟骏文认识到小说的重要性，也承认小说在文坛上的统治地位，他在自己主编的《游戏世界》杂志上连续发表《小说闲评》，也可看出他对小说的关注。需要强调的是，他的文学鉴赏能力是非常高的，特别重视小说的艺术成就，对当时文坛小说泛滥、良莠不齐的现象颇为不满。他在《游戏世界》第一期（1906）发表的《小说闲评·叙》中开篇就讲："十年前之世界为八股世界，近则忽变为小说世界，盖昔之肆力于八股者，今则斗心角智，无不以小说家自命。于是小说之书日见其多，著小说小说之人日见其多，略通虚字者无不握管而著小说。循是以往，小说之书，有不汗牛充栋者几希？顾小说若是其盛，而求一良小说足与前小说媲美者卒鲜。"尤其可贵的是，他能指出是什么原因造成这样的现象，又是什么原因写不出像《水浒传》《红楼梦》那样的古典名著？他在《叙》文中接着与道：

> 何则？昔之为小说者，抱才不遇，无所表见，借小说以自娱，息心静气，穷十年或数十年之力，以成一巨册，几经锻炼，几经删削，藏之名山，不敢遽出以问世，如《水浒》《红楼》等书是已。今则不然，朝脱稿而夕印行，一刹那间即已无人顾问。盖操觚之始，视为利薮，苟成一书，售之书贾，可博数十金，于愿已足，虽明知疵累百出，亦无暇修饰。甚有草创数回即印行，此后竟不复续成者，最为可恨。

这一见解还是非常有道理的。钟骏文的观点不仅符合当时的实际情况，又何尝不适用于今天呢。笔者认为，他的这一见解具有很高的小说理论价值。学术界经常谈到中国小说为什么发展到《红楼梦》成了无法逾越的顶峰？其原因当然是多方面的，钟骏文所讲的则是非常重要的一个因素。

钟骏文对小说之情景逼真、情节离奇、结构严谨、笔墨隽雅等特点特别欣赏，对不具备上述特点的作品就予以否定。他非常推崇吴沃尧的《恨海》，认为该作"区区十回，独能压倒一切情书，允推杰构"，并每回加以评赞。如第二回评曰："写未嫁小儿女情事逼真。盖被一段，细腻熨贴，为历来小说中所仅见。"第十回评曰："写棣华客邸侍疾，至遁迹空门，是笔是墨，是泪是血，凝成一片。灯下读此，真觉悲风四起，鬼话啾啾，林颦卿焚稿，有此缠绵，无此沉痛，为之不欢者累日。笔墨之感人有如此。"当时出现的资产阶级革命小说《洗耻记》，他特别反感，大加贬斥："大旨以革命为主，不伦不类，事同儿戏，阅之令人头脑胀痛。鄙意以来数册，不如藏拙为是。"甚至骂之为"立撕小说"。我们认为，《洗耻记》的艺术水准确实比较粗糙，这表现了钟骏文敏锐的艺术眼光，但也不能不承认，钟骏文对革命题材的小说从来就不感兴趣，说明他的思想倾向是比较保守的。其思想的保守，不仅表现在对国内小说的评价，对外国小说也是如此。

二、对译著《迦因小传》的评论

钟骏文对英国小说《迦因小传》的评论值得我们重视。该小说的作者是英国以善写通俗小说著称的哈葛德，他一生共创作 57 部小说，林纾翻译其 25 种（其中已刊 23 种，未刊 2 种）。对中国读者来说较为陌生的哈葛德，其《迦茵小传》却走红近代中国，这在文学史上颇为罕见。

哈葛德（1856—1925）出生于英国诺福克郡的布拉登汉姆，早年毕业于伊帕斯维克普通学校，修法律专业。1875 年服务于南非的英国殖民政府，任纳塔尔总督亨利·布威尔勋爵的秘书，后一度出任当地最高法院院长，1881 年回国后始创作小说。他曾先后游历过荷兰、墨西哥、巴勒斯坦、埃及等地，每次归来总有新作问世。他擅长写历史题材，其小说内容多是充满"异国情调"的冒险、神秘、离奇与曲折的故事。《鬼山狼侠传》《蛮荒志异》《埃及金塔剖尸记》等比较有影响。他的《迦茵小传》算不上世界名著，但在一个偶然的机会为上海虹口中西书院学生杨紫麟发现于旧书铺内（杨这样声称，未必如此）。这部小说原名为 Joan Haste，经杨紫麟节译、包天笑（包公毅）润饰后，取名《迦因小传》，以蟠溪子（杨紫麟）的译者署名于 1901 年在《励学译编》杂志上连载，1903年又由文明书局出版发行单行本。这部小说只译了一半，托言"惜残缺其上帙。而邮书欧美名都，思补其全，卒不可得"。[13]其实这是欺世之谈，是译者有意删节的，其目的是为隐去迦茵与亨利热恋怀孕并有一私生子的情节，以保全迦茵之"贞节"。

这个删节本引起了林纾的极大兴趣，他认为该书"译笔丽赡，雅有辞况"，惜其未能译全。林纾在译哈葛德的小说时无意中发现了此书的足本，非常高兴，欲将此书邮寄蟠溪子，然不知"蟠溪子"为何人，现在何处，只好于1904年与魏易重新翻译，并自谦云"向秀犹生，郭象岂容窜稿；崔灏在上，李白奚用题诗。特吟书精美无伦，不忍听其沦没，遂以七旬之力译成"。[14]为与前者有所区别，他在"因"字上加一草头，取名《迦茵小传》，1905年由商务印书馆出版。林纾对此书颇下了一番工夫，他不仅为之撰写译序，还作《调寄买陂塘》一首冠于书前。

这部译作于1905年2月由商务印书馆初版，1906年9月已发行三版，1913、1914年再版，先后编入《说部丛书》《林译小说丛书》。该书销售的具体数字，至今没有确切的统计。但从时人来往书信、文集札记可知，其销路极畅。林译本因译文的精彩，在青年中有极大影响。它打动了才子佳人们的芳心，亦引起许多近代中国知识分子的强烈共鸣。夏曾佑卧病中读到此书，百感交集，题词曰："会得言情头已白，捻髭想见独沈吟。"[15]

但是，《迦茵小传》却引起封建卫道士的大肆攻击。金松岑甚至将当时社会道德混乱、西方思潮和生活方式的广泛流行统统"归罪"于《迦茵小传》等，其实，这恰恰从反面证明了《迦茵小传》在传播资产阶级民主思想方面所起的巨大作用。他说：

> 曩者，少年学生，粗识自由平等之名词，横流滔滔，已至今日，乃复为下，多少文明之确证，使男子而狎妓，则曰：我亚猛着彭也，而父命可以或梗矣。(《茶花女遗事》)今人谓之外国《红楼梦》，女子而怀春，则曰：我迦茵斯德也，而贞操可以立破矣。(《迦茵》小说，吾友包公毅译，迦茵人格局为吾所深爱，谓此半

面妆文字胜于足本。今读林译，即此下半卷内知尚有怀孕一节。西人临文不讳，然为中国社会计，正宜从包君节去为是，此次万千感情，正读此书而起）[16]

事过两年，卫道者寅半生（钟骏文）在杭州的一家消遣性杂志《游戏世界》（寅半生为主编）上撰文指出：

> 吾向读《迦因小传》而深叹迦因之为人清洁娟好，不染污浊，甘牺牲生命以成人之美，情界中之天仙也；吾今读《迦因小传》，而后知迦因之为人淫贱卑鄙，不知廉耻，弃人生义务而自殉所欢，实情界中之蟊贼也。此非吾思想之矛盾也，以所见译本之不同故也。盖自有蟠溪子译本，而迦因之身价忽登九天；亦自有林畏庐译本，而迦因之身价忽坠九渊。……
>
> 今蟠溪子所谓《迦因小传》者，传其品也，故于一切有累于品者皆删而不书。而林氏之所谓《迦因小传》者，传其淫也，传其贱也，传其无耻也，迦因有知，又曷贵有此传哉！[17]

寅半生站在封建传统道德和教化的立场上，对林纾大肆抨击。他认为，蟠溪子为迦茵"讳其短而显其长"，使人们为之神往；而林纾则"暴其行而贡其仇"，使人们为之鄙夷。蟠溪子为迎合传统礼教，在译述过程中有意隐去迦茵与亨利邂逅相遇登塔取雏的浪漫故事，删削了迦茵与亨利相爱私孕的情节，把亨利为爱情不顾父母之命而与迦茵自由恋爱的内容亦删而不述，堪称翻译中"春秋笔削"的典范。而林译本则对这些情节作了完整的译述。故道学家们均把林纾视为中国礼教的罪人，蟠溪子之流则成了维护传统道德的功臣。

由寅半生的攻击，正可窥见林纾鲜明的反封建思想。在林纾的笔下，迦茵是资本主义社会中一位备受凌辱、轻蔑而又富于反抗精神、热烈追求爱情幸福的女性，他以饱蘸感情的浓墨重彩，描写了一位美丽、善良而又具自我牺牲精神的女性，表现了林纾不同于世俗的反传统反封建的进步思想。由此可见，钟骏文的思想是比较落后、甚至是反动的。

钟骏文的小说观念是比较保守的，尤其是文学思想显得迂腐可笑，但这是时代局限造成的，我们不能因此就彻底否定他的小说理论贡献。事实上，钟骏文在小说理论界确实不为人们所重视，这是非常不应该的。我们认为，他对小说艺术性的重视，对今之小说无法超越古之小说原因的分析，对当时流行小说的艺术评价，这是浙江小说理论史上的重要收获，可以说至今都有一定的参考价值和指导意义。

第四节　王国维：近代小说理论体系的建构者

近代出现了小说理论大家王国维，使浙江近代小说理论达到了高峰。王国维在小说批评方面的贡献主要体现在他的划时代著作《红楼梦评论》。这是我国第一篇借鉴西方文艺理论来研究中国古典名著的专论。他在方法论方面的建树，拉开了中国小说"批评派"的序幕。

一、王国维的生平与文学活动

王国维（1877—1927），初名德桢，后改为国维；字静安，亦字伯隅；初号礼堂，后更为观堂，又号永观。浙江海宁人。十六岁中秀才，但后屡应乡试未中。光绪二十四年（1898），王国维来到上海，在当时维新派的刊物《时务报》任书记、校对工作，深受新学的影响。这期间，他常到罗振玉主办的东文学社学习外文，从日籍教师那里接触到了康德、叔本华的哲学。光绪二十七年（1901），罗振玉出资让他留学日本，学习理科。但不到一年，他就因病回国，"自是以后，遂为独学之时代"（《三十自序》），潜心钻研康德、叔本华等西方哲学和美学。光绪二十九年（1903）起，王国维先后在通州、苏州等地师范学堂任教习，讲授哲学、心理学、伦理学、社会学等课程。三十岁前后，其嗜好"渐由哲学而移于文学"（《三十自序》），致力于《人间词》的创作和词曲研究。

光绪三十二年（1906），王国维随罗振玉来到北京。第二年起任学部总务司行走，学部图书馆编译、名词馆协修等职。也就是在这个时候，他潜心研究中国戏曲史和词曲，著有《曲录》《宋元戏曲考》《人间词话》等重要学术著作。辛亥革命后，王国维同罗振玉一起逃往日本，居于京都五年之久，以清遗老自称。这期间，他埋头研究古文字、古器物、古史地和音韵学等，尤其在甲骨文、金文和汉晋简牍的考释方面，用力甚勤。

1916 年，王国维返回上海，为犹太巨商编译《学术丛编》。此后，他又兼任哈同创办的苍圣明智大学教授。1922 年受聘任北京大学研究所国学门通讯导师。1923 年"应诏"北上，任逊帝溥仪"南书房行走"，食五品俸禄。1925 年应聘任清华国学研究院研究导师、教授，学术兴趣更加广泛，除研究古史外，还作西北史地和蒙古史料的整理考订工作。1927 年 6 月，北伐军进抵郑州、直逼北京，王国维留下"五十之年，只欠一死，经此世变，义无再辱"的一纸遗言，自沉于颐和园昆明湖，给中国知识界留下了深深的遗憾，是学术界的巨大损失，同时也给后人留下了难解之谜。

王国维生活在近代中国急剧变革的时代，他的政治立场一直追随着康有为的节奏，前期倾向于维新改良，后期日趋顽固保皇。而在学术上，他的成就远超康有为，甚至不亚于梁启超。王国维可以说是使新学与旧学、西学与中学交融的一个杰出的代表人物，在哲学、史学、文学、教育学、文字学、考古学等方面都取得了卓越的成就，为推动中国学术的现代化作出了重大贡献，堪称一代国学大师。就文学方面言，王国维的诗词创作颇具特色。他自信所填之词"自南宋以后，除一二人外，尚未有能及余者"（《三十自序》）。但他的主要成就还是在文学理论方面。其主要文学理论著作有：《叔本华之哲学及教育学说》《红楼梦评论》《文学小言》《屈子文学之精神》《古雅之在美学上之位置》《人间词话》《宋元戏曲考》等。这些著作吸收了西方哲学、美学理论及其方法，并注意同中国传统文化精神相结合，在一系列理论问题上均有大胆的开拓，成为中国近代学贯中西的学术巨人。

王国维非常重视对小说戏曲的研究。他对古典名著《三国演义》《水浒传》等颇有研究，并给予了高度评价。但王国维在小说理论方面最突出的贡献还是他的《红楼梦评论》。《红楼梦评论》最初连载于光绪三十年的《教育世界》，次年收入《静庵文集》，是红学史上里程碑式的理论文献。

二、《红楼梦评论》的理论建树

王国维的《红楼梦评论》问世之前，红学家们都是采用"评点""索隐"、繁琐"考证"等方法来研究《红楼梦》，这些陈旧、落后、僵化的研究方法长期占据着红学界，红学研究一直没有突破性的进展。《红楼梦评论》不仅是《红楼梦》研究史上的第一篇从文学角度比较系统、全面地论述《红楼梦》的长篇专论，而且还是最早站在"世界文学"的新高度，引用西方美学理论研究这部巨著的重要论文，并较早地在文学研究中使用比较的方法。虽然王国维的方法论有欠系统和科学，还谈不上建立理论体系，甚至存在着严重的思想缺陷，但他在方法论方面的建树，拉开了中国小说"批评派"的序幕。可见，《红楼梦评论》的方法论有着极为重要的价值，值得我们借鉴和研究。

（一）高度重视红学研究中的方法论问题

王国维发表《红楼梦评论》（1904）时，评点派在红学界一直占据着统治地位，此外，"索隐"法和"影射""自传"说也开始蔚然成风。王国维对这种研究方法非常不满，他认为文学研究一定要重视方法论问题，否则，对《红楼梦》的研究就不会有突破性的进展。他的这一见解可以说是《红楼梦》研究史上第一次对旧红学的方法论提出了质疑。

王国维为什么如此重视方法论，并对旧红学的方法能第一个提出批评呢？这涉及他对文艺创作的性质和特点的新认识。他指出，红学家们之所以把主要精力都耗费在"索此书之主人公为谁"，是受了当时繁琐考证之学盛行的影响；同时，"读小说者亦以考证之眼读之"，也反映了人们并不了解文艺本身的特点。他对文艺（王国维谓"美术"）的性质和特点是这样认识的：

> 美术之所写者，非个人之性质，而人类全体之性质也。惟美

术之特质贵具体而不贵抽象，于是举人类全体之性质置诸个人之名字之下，譬诸"副墨之子""洛诵之孙"，亦随吾人之所好名之而已。善于观物者，能就个人之事实，而发见人类全体之性质。今对人类之全体，而必规规焉求个人以实之，人之知力相越，岂不远哉！[18]

他认为，文艺所描写的是"有意味的形式"的自然人生，而决非某些历史人物和事件的实录。按照叔本华的话说，雕刻、绘画再现人之美，难度最大的是，"在同一个个体中，同时地完整地再现出个人的特征与族类的特性"。[19]小说与戏剧作品中的人物也是如此。无论名之为"副墨之子"或"洛诵之孙"诸如此类，都需具备这种特性。在文艺作品中，"个人总是从属于人类；另一方面，人类又总在个人中显露自己，而这种个人是真正具有特殊的理想的意义的"。[20]作为人物的"贾宝玉"如此，作为事物的"红楼""葬花"等也是如此。文艺创作的性质和特点主要就在于它"贵具体而不贵抽象"，不能把小说创作中某一个人物形象与现实生活中的某个人混为一谈。这说明，王国维对文艺的性质和特点有着比较进步的认识和独到的见解，基于此，他明确地指出繁琐"考证"等是错误的方法论：

> 综观评此书者之说，约有两种，一谓述他人之事，一谓作者自写其生平也。第一说中，大抵以贾宝玉为即纳兰性德，其说要非无所本。案性德《饮水诗集·别意》六首之三曰："独拥余香冷不胜，残更数尽思腾腾。今宵便有随风梦，知在红楼第几层？"又《饮水词》中《于中好》一阕云："别绪如丝睡不成，那堪孤枕梦边城？因听紫塞三更雨，却忆红楼半夜灯。"又《减字木兰花》一阕咏新月云："莫教星替，守取团圆终必遂。此夜红楼，天上人间一样愁。""红楼"之字凡三见，而云"梦红楼"者一。又其亡妇忌日作《金缕曲》一阕，其首三句云："此恨何时已？滴空阶，寒更雨歇，葬花天气。""葬花"二字始出于此。然则《饮水集》与《红楼梦》之间稍有文字之关系，世人以宝玉为纳兰侍卫者殆

由于此。然诗人与小说家之用语，其偶合者固不少，苟执此例以求《红楼梦》之主人公，吾恐其可以傅合者，断不止容若一人而已。[21]

王国维对旧红学以《红楼梦》"述他人之事"的牵强附会的说法提出异议，认为那种以小说与某人诗文中用语相同，即以小说中人物附会为该诗文作者的看法并不妥当，这种批评简要而中肯。的确，如果"执此例以求《红楼梦》之主人公"，则可以附会为贾宝玉者何止纳兰性德一人！可是，从"稍有文字之关系"即去求索《红楼梦》所"影射"的人物的评论家，不仅王国维以前有，王国维以后也大有人在，由此可证，《红楼梦评论》批评这种陈旧的方法论，其价值是巨大的，意义也是深远的。

接着，王国维又批评了"作者自写其生平"的说法，即后来的"自传"说。他写道：

至谓《红楼梦》为作者自道其生平者，其说本于此书第一回"竟不如我亲见亲闻的几个女子"一语。信如此说，则唐旦之天国喜剧，可谓无独有偶者矣。然所谓亲见亲闻者，亦可自旁观者之口言之，未必躬为剧中之人物。如谓书中种种境界，种种人物，非局中人不能道，则是《水浒传》之作者必为大盗，《三国演义》之作者必为兵家，此又大不然之说也。[22]

王国维指出，所谓"亲见亲闻"，不一定作者"躬为剧中人物""亦可自旁观者之口言之"，小说中的事件未必就是作者本人的经历。我们也认为，作品中的主人公可能有作者本人的影子，也就是说，很多文学作品都带有自传性，但这并不意味着就是作者本人的真实"传记"。令人遗憾的是，王国维对这种错误认识提出批评已有百年了，今天还有人在干着"抄录"贾宝玉的经历来写"曹雪芹传"的蠢事，这说明，王国维的上述见解不仅具有现实意义，而且具有深远的历史意义。

需要说明的是，王国维并不是完全反对使用"考证"方法来研究文学，他认为，如果以"作者之姓名与其着书之年月"作为"考证之题目"当然是允许的，但要考定小说中的某人即是生活中的某人就犯了方法论上的错误，应毫不留情地予以否定。

王国维既然批评旧的方法论，他自然主张和采用了与旧红学方法论截然不同的全新的批评方法。

（二）世界文学的新视角

20世纪初期，红学们尚未接触到西方文艺理论，基本上是就《红楼梦》而研究《红楼梦》，或者联系一下中国的现实与历史作一些生发而已，研究视角非常狭窄。王国维写作《红楼梦评论》时，已经阅读了大量的西方哲学美学著作，其研究视角已大为拓宽。他在《静安文集·自序》中说，他的《红楼梦评论》的"立论""全在叔氏之立脚地"。可见，《红楼梦评论》乃是以叔本华哲学美学思想作中国古典小说评论的产物，是王国维借鉴并运用西方美学理论及其方法论，对中国古典小说《红楼梦》予以解析的一次大胆尝试。它打破了中国传统文学狭隘的批评模式，将《红楼梦》置于世界文学的大背景之下，以崭新的世界文学的眼光审视它的价值、意义及局限，为中国传统小说批评开了新风气，对后世文学批评影响很大。

王国维站在世界文学的高度，对《红楼梦》予以重新定位和进行全新评价，称它是一部"宇宙之大著述"，并批评了封建统治者轻视《红楼梦》价值的反动立场。他在《红楼梦评论》中写道："我辈之读此书者，宜如何表满足感谢之意哉！而吾人于作者之姓名尚未有确实之知识，岂徒吾侪寡学之羞，亦足以见二百余年来吾人之祖先对此宇宙之大著述如何冷遇之也！谁使此大著述之作者不敢自署其名？此可知此书之精神大背于吾国人之性质，及吾人之沉溺于生活之欲而乏美术之知识有如此也。然则予之为此论，亦自知有罪也夫。"[23]这表现了作者极为强烈的愤慨！《红楼梦》问世以来，封建统治者把《红楼梦》当作一部"淫书"加以污蔑和禁毁。一些封建文人要么在文字狱面前谨小慎微，不敢染指；要么将其视为才子佳人小说；或者进行一些无聊的繁琐考证。王国维第一个为《红楼梦》及其作者所遭受的迫害与冷遇大鸣不平，大胆地提出是"谁使此大著述之作者不敢自署其名"，当然是封建统治者、文字狱的制造者！一部本应使国人感到骄傲的世界名著竟遭到如此待遇，王国维非常惋惜。于是，他要重新确立《红楼梦》在世界文学史上的地位。

王国维没有将《红楼梦》仅仅看作中国小说，而是把它视为一部探讨全人类自古以来共同面对的人生问题的小说，认为它是一部"宇宙之大著述"。按今天的话说，王国维是以"全球性思维"的视角从事文学研究的，这就站到了世界文学的高度，以一个完全崭新的视角来评判、衡量这部中国的世界名著。王国维在《红楼梦评论》中指出，以人生之美术的标准观来审视中国之美术，"而美术中以诗歌戏曲小说为其顶点，以其目的在描写人生故。吾人于是得一绝大著作曰《红楼梦》"。[24]在王国维看来，《红楼梦》是反映整个人类的问题。比如饮食男女是人类的大欲；但男女之欲，尤强于饮食之欲。两千年间能解决这一问题的，从哲学上讲只有叔本华，而从文艺上讲那就是中国的古典名著《红楼梦》了。因为这部小说的开篇关于男女之爱的解释，就通过描写石头的"来历"说明了"生活之欲之先人生而存在，而人生不过此欲之发现"的道理，这完全符合叔本华的先验论。而一百一十七回和尚与宝玉谈论"来处来，去处去"等，就"实示此生活此痛苦之由于自造，又示其解脱之道不可不由自己求之者也"。其中谈到"还玉"，就是指要拒绝一切"生活之欲""玉"即生活之"欲"也。而拒绝生活之欲的最好办法就是出世。可见，王国维对《红楼梦》特别推崇的原因，就在于它道出了人生痛苦的解脱之道，"解脱"就是《红楼梦》的根本精神，也是人类共同之"精神"。

更难能可贵的是，王国维还将研究《红楼梦》的视野进一步扩大，把它看作一部人类的"悲剧"，而且是"悲剧中之悲剧"。这样，王国维就第一次使《红楼梦》当之无愧地跻身于世界大悲剧的行列，完全有资格与《哈姆雷特》等世界著名悲剧作品相提并论！

根据叔本华有关悲剧的分类，认为悲剧有三种：第一种，"由极恶之人极其所有之能力以交构之者"；第二种，"由于运命者"；第三种，"由于剧中之人物之位置及关系而不得不然者，非必有蛇蝎之性质与意外之变故也"。王国维认为《红楼梦》属于第三种，而第三种悲剧较之前两种更高。"何则？彼示人生最大之不幸，非例外之事，而人生之所固有故也"。他用"人生之所固有"的悲剧观之世界性视野来分析《红楼梦》，并具体结合宝黛悲剧的分析，认为《红楼梦》毫无疑问属于"悲剧中之悲剧"：

> 　　就宝玉、黛玉之事言之：贾母爱宝钗之婉嫕，而惩黛玉之孤僻，又信金玉之邪说，而思厌宝玉之病；王夫人固亲于薛氏；凤姐以持家之故，忌黛玉之才而虞其不便于己也；袭人惩尤二姐、香菱之事，闻黛玉"不是东风压西风，就是西风压东风"之语（第八十一回），惧祸之及，而自同于凤姐，亦自然之事也。宝玉之于黛玉，信誓旦旦，而不能言之于最爱之之祖母，则普通之道德使然，况黛玉一女子哉！由此种种原因，而金玉以之合，木石以之离，又岂有蛇蝎之人物、非常之变故行于其间哉？不过通常之道德、通常之人情、通常之境遇为之而已。由此观之，《红楼梦》者，可谓悲剧中之悲剧也。[25]

　　根据王国维的理解，《红楼梦》的悲剧并非偶然变故造成，更非因王熙凤等某些蛇蝎人物。《红楼梦》的悲剧是当时整个社会"通常之道德，通常之人情，通常之境遇"所造成，因此带有普遍的必然性。这一见解比许多红学家都深刻得多。

　　总的来说，王国维将《红楼梦》誉为"一绝大著作"，认为"其目的在描写人生"是"悲剧中之悲剧"，这是当时自《红楼梦》诞生以来的最新评价。尤其是，歌德的"世界文学"观念当时还没有传入中国，王国维只是本着自己深厚的文学功底和对文艺的敏锐见解，竟然做到从人生与文艺高度评价《红楼梦》小说之意义与价值，实属石破天惊。

　　（三）用全新的比较方法分析作品

　　正是由于王国维在《红楼梦评论》中所体现的世界文学的新视角，说明王国维具有面向世界和人类的广阔视野，因此，他对西方的文艺理论和西方文学非常感兴趣。在研究《红楼梦》过程中，他自觉地使用比较研究等的新的方法也就不足为奇了。

我们知道，比较文学（Comparative Literature）是一门新兴的学科，中国人直到20世纪三四十年代以后才开始熟悉这一新生事物。但是，作为思维方法的比较研究，在中国可谓源远流长，早在东汉时代，随着佛经翻译工作的发展，佛经研究者为了便于理解佛学概念的含义，往往与中国哲学中的概念进行比较，这种做法被称为"格义"。由于佛学对文人的创作产生很大影响，于是就有人把佛经故事与中国古老传说进行比较，以考察它们的内在联系，唐代段成式在《酉阳杂俎》中就作过这类工作。这大概就是比较文学的萌芽。但是，在鸦片战争以前的闭关自守的封建时代，中国还没有条件进行跨国界的比较研究。只有到了近代世界市场形成以后，比较文学的发展才成为可能。马克思、恩格斯在《共产党宣言》中指出：

> 资产阶级，由于开拓了世界市场，使一切国家的生产和消费都成为世界性的了……物质的生产是如此，精神的生产也是如此。各民族的精神产品成了公共的财产。民族的片面性和局限性日益成为不可能，于是由许多种民族的和地方的文学形成了一种世界的文学。[26]

西方人通常认为，比较文学渊源于歌德提出的"世界文学"概念，正式确立当在19世纪。因此，我们可以断定，王国维当时尚不可能知道什么是比较文学。他之所以运用比较方法进行文学批评，是因为他阅读了大量的中西方文学与理论著作，熟悉比较研究是一种全新的有价值的方法论，运用这一方法可以拓宽文学研究的领域，得出文学作品的真正内涵和价值。

王国维在对《红楼梦》精神展开分析时，自觉地采用了比较的方法。他的比较研究属于平行研究，这比"美国学派"所倡导的平行研究要早半个世纪。在分析《红楼梦》之精神时，他提出，叔本华谓"男女之爱之形而上学"，乃是要从哲学上解决情欲问题，而《红楼梦》不仅提出了这个问题，而且予以解决了，即《红楼梦》一书的精神乃是"以生活为炉，苦痛为炭，而铸其解脱之鼎"。一言以蔽之，《红楼梦》

之精神就在于道出了人生痛苦的"解脱"之道。在论述此问题时，王国维将《红楼梦》与德国诗人歌德的《浮士德》作了比较。他说："美术之务，在描写人生之苦痛与其解脱之道……夫欧洲近世之文学中，所以推格代（今译歌德）之《法斯德》（今译《浮士德》）为第一者，以其描写博士法斯德之苦痛，及其解脱之途径，最为精切故也。若《红楼梦》之写宝玉，又岂有以异于彼乎？彼于缠陷最深之中，而已伏解脱之种子……读者观自九十八回以至百二十回之事实，其解脱之行程，精进之历史，明了真切何如哉！且法斯德之苦痛，天才之苦痛；宝玉之苦痛，人人所有之苦痛也。其存于人之根柢者为独深，而其希救济也为尤切。"[27]通过比较，王国维得出了这样的结论：《红楼梦》描述贾宝玉较之歌德描述浮士德更具广泛的人性，更具价值和普遍意义。这样一比较，《红楼梦》的"精神"就更容易把握了。

王国维在论述《红楼梦》精神时，还从宗教角度进行了比较。王国维认为，他自己的"解脱"说与宗教有着密切的关系，哲学家与宗教家追求"解脱"的主张是一致的。他说："世界之大宗教，如印度之婆罗门教及佛教，希伯来之基督教，皆以解脱为唯一之宗旨，哲学家说，如古代希腊之柏拉图，近世德意志之叔本华，其最高之理想，亦存于解脱。"[28]他正是认为《红楼梦》"以解脱为最高之理想"，写出了教人以"解脱之道"，所以芸芸众生，"宜如何企踵而欢迎之也"。由此可见，王国维是自觉地意识到他对《红楼梦》的评论符合宗教观点，并且认为他有关《红楼梦》乃是"描写人生之苦痛与其解脱之道"的评论，是跟叔本华的哲学思想、佛教和基督教的教义完全一致的。

另外，王国维在评价《红楼梦》的美学价值时，也使用了比较的方法。他将《红楼梦》与我国其他戏曲小说作品作了比较，他认为，《牡丹亭》《长生殿》以及《红楼梦》以后出现的《儿女英雄传》《红楼复梦》等都是"始于悲者终于欢，始于离者终于合"，很合乎"吾国人之精神，世间的也，乐天的也"；而《红楼梦》和《桃花扇》则是另一种类型的作品，都属于悲剧："故吾国文学中，其具厌世解脱之精神者，仅有《桃花扇》与《红楼梦》耳。而《桃花扇》之解脱，非真解脱也……故《桃花扇》之解脱，他律的也；而《红楼梦》之解脱，自律的也。

且《桃花扇》之作者，但借侯、李之事，以写故国之戚，而非以描写人生为事。故《桃花扇》者，政治的也，国民的也，历史的也；《红楼梦》，哲学的也，宇宙的也，文学的也。此《红楼梦》之所以大背于吾国人之精神，而其价值亦即存乎此。彼《南桃花扇》《红楼复梦》等，正代表吾国人乐天之精神者也。"[29]通过比较分析，王国维认为，《红楼梦》乃是"彻头彻尾之悲剧"，而"与一切喜剧相反"。而且，《红楼梦》属于三种悲剧中第三种，即"其感人贤于前二种远甚""由此观之，《红楼梦》者，可谓悲剧中之悲剧也"。显然，王国维这里完全运用了叔本华的美学理论观点来评论《红楼梦》，并通过与《桃花扇》的比较得出《红楼梦》不仅是悲剧，而且是悲剧中之悲剧。此外，王国维在肯定悲剧的美学价值的同时，批评了中国大多作品如《南桃花扇》《红楼复梦》之类的乐天精神，认为这些大团圆式作品的美学价值无法与《红楼梦》相提并论，这确是非常有见识的认识和评价。

由于受当时社会及文化条件的限制，王国维的比较研究尚属表面，理论深度还不够，更谈不上建立比较文学理论体系。但是，他在《红楼梦》研究中所表现出的比较意识和比较方法的运用，大大丰富并拓宽了文学研究的方法论，也为我国比较文学学科的建立奠定了一定的基础。

三、《红楼梦评论》的局限性

王国维使用全新的方法论来研究《红楼梦》，取得上述巨大的成就。但王国维不加分析地套用叔本华的哲学美学理论，着眼于人的"生活之欲"的所谓"罪恶"，虽然看到了宝、黛悲剧属于普遍的社会现象，却未能正确剖析造成他们悲剧的时代原因。此外，他运用西方美学理论研究《红楼梦》毕竟是初步尝试，难免有些机械，以致造成了严重的悲观主义思想缺陷。《红楼梦评论》通篇充满着叔本华和宗教的消极说教，造成论文方法论上的形而上学的片面性和绝对性，加之王国维所固有的虚无主义人生观，使得《红楼梦评论》存在着不可克服的矛盾。事实上，用悲观主义、虚无主义的人生哲学，是无法解释实实在在的人类生活，也无法解释反映现实人生的现实主义巨著《红楼梦》

的。如果说人世生活只有苦痛的话,那么人类生活的支柱又是什么呢?难道人生的全部内容是为了解脱痛苦而苦苦挣扎吗?因此我们说,王国维所概括的《红楼梦》的"精神"乃是人生苦痛之解脱的悲观主义是极端错误的。

其实,王国维后来对自己用悲观主义来阐释《红楼梦》思想的错误有所觉察。《红楼梦评论》写成的第二年,他在《静安文集·自序》中谈到自己撰写《红楼梦评论》的思想背景时说,当时他正"读叔本华之书而大好之……其所尤惬心者则在叔本华之知识论,汗德(今译康德)之说因之以上窥,然于其人生哲学,观其观察之精锐与议论之犀利,亦未尝不心怡神释也。后渐觉其有矛盾处。去夏所作《红楼梦评论》,其立论虽在叔氏之立脚地,然于第四章内已提出绝大的疑问"。[30]这"疑问",就是指《红楼梦评论》第四章末尾在引述叔本华有关宗教"解脱"的说法之后,对于彻底"解脱"是否可能产生了怀疑。他说:"释迦、基督自身之解脱与否,亦尚在不可知之数也。""解脱之足以为伦理学上最高之理想与否,实存于解脱之可能与否?"对"解脱"说的怀疑可以说是王国维思想的积极表现的火花,但遗憾的是,他的这一思想在《红楼梦评论》中没有充分发挥出来。

总之,《红楼梦评论》虽然有着一定的局限性,但它毕竟是王国维借鉴并运用西方美学思想及其方法论,对中国古典小说的代表作予以解析的初次大胆尝试。它打破了中国传统文学批评的固有模式,将中国古典小说置于世界文学大背景之下,以崭新的世界文学的眼光来审视它的美学价值、思想意义及局限,并大胆使用比较这一全新的方法,大大拓宽了《红楼梦》研究的方法论内涵,为红学乃至整个中国传统小说的批评开了新风气,《红楼梦》研究从此走上了正确的批评轨道。

第五节　夏曾佑:近代小说理论的演进者

夏曾佑是浙江近代著名的诗人、小说理论家,他的《小说原理》以及与严复合著的《本报附印说部缘起》,是对近代小说理论的重要贡献，标志着浙江小说理论的演进，在浙江小说理论演变史上占有重要的地位。

一、夏曾佑的生平与文学活动

夏曾佑（1863—1924），字穗卿，号碎佛。笔名别士。浙江杭州人。父亲夏鸾翔，精通算学，官詹事府主簿，早逝。夏曾佑二十六岁中举。光绪十六年（1890）中进士，授礼部主事、泗州知州，充两江总督文案。不久，他结识了梁启超、谭嗣同等人，开始与他们一起讨论"新学"。光绪二十二年（1896）底，夏曾佑应同乡孙宝琦之邀赴天津任育才馆教师。同时，与严复、王修植等人一起创办《国闻报》，积极宣传西方资产阶级的学术文化和政治思想，对戊戌变法起了推动作用，并与上海的《时务报》遥相呼应，维新思潮的声势更为浩大。光绪二十四年（1898），《国闻报》停刊，育才馆解聘，夏曾佑的思想一度非常低沉。翌年底，他就任安徽祁门县知县，光绪二十八年（1902）离任后，寓居于上海。不久，以直隶州知州用，旋丁母忧返回故里。

光绪三十二年（1906）四月，夏曾佑以清廷五大臣之一的身份赴日本考察宪政，历时两个月。此后，又为两江总督特派随员，赴京会议官制。光绪三十四年（1908），他署理安徽广德知州。辛亥革命后，一度退居，后曾任北洋政府教育部社会教育司司长、北京图书馆馆长。民国初，夏曾佑曾参与发起"孔教公会"，并开始对佛学产生浓厚的兴趣。他用进化论观点研究中国古代史，所著《中国历史教科书》在当时产生了一定的影响。

夏曾佑是"诗界革命"的倡导者之一，在诗坛上享有盛誉，与黄遵宪、蒋智由一起被梁启超称为"近世诗界三杰"。夏曾佑的诗不受古诗规范羁绊，能真实地抒发自己的情感，确有新诗气象。他的诗作，除散见于当时报刊外，有《夏别士先生诗稿》（传抄本），原为夏氏外甥朱义康录其遗诗所成，共百余题、两百余首。梁启超《饮冰室诗话》引述的夏曾佑诸诗，与《夏别士先生诗稿》所收文字略有出入。

光绪二十二年（1896）前后是夏曾佑思想最活跃的时期。当时，他不仅与谭嗣同、梁启超试作"新诗"，还在《国闻报》起草《本报附印说部缘起》一文，大力倡导创作新小说和翻译外国小说。1903 年《绣像小说》第三期上，他又以"别士"之名登载了《小说原理》一文。晚年嗜酒成癖，尤喜谈佛。1924 年 4 月 14 日，夏曾佑病逝于北京，享年 61 岁。

二、夏曾佑的小说理论贡献

夏曾佑在小说理论方面的贡献主要体现在他的《本报附印说部缘起》和《小说原理》两文中。这两篇文章的论述方式与传统小说理论的印象式批评有着明显的区别，不再是"感想式"的发表一些议论，而是涉及一系列小说理论问题，在浙江小说理论史上占有极为重要的地位。

《小说原理》发表时明确署名"别士"，自然出于夏曾佑之手。而《本报附印说部缘起》一文初发表时没有署名，梁启超在《小说丛话》中说，此文"实成于几道与别士之手"，是他与严复两人合作完成的。作为资产阶级维新派的第一篇小说长篇专论，洋洋洒洒万余言，以其崭新的观点和论述方法，在当时的小说界引起了很大的震动。

（一）强调小说的社会功用，以提高小说的社会地位

夏曾佑"小说界革命"的倡导者之一，竭力为小说争得一席之地位。为此，他特别强调小说的社会功用。他在《本报附印说部缘起》一文中认为，小说可以反映一个国家的思想文化发展史，是"正史之根"。还说，小说可以影响到"人心"，是"心史"，它可以决定"人身之所作"而左右历史发展之进程。文章指出："若因其虚而薄之，则古之号为经史者，岂尽实哉！岂尽实哉！"他还列举了《三国演义》《水浒传》《红楼梦》等小说对人心风俗的影响，充分说明小说社会作用的巨大："天下之人心风俗，遂不免为说部所持。"此文还指出了小说具有"易传"之功能，它的语言不像经史那样深奥，其用语"与口说之语言相近"，而且形象直观，具体感人，内容又多反映"日习之事"，表达出人们的思想感情，因此，人人喜爱读小说。他在《小说原理》中进一步指出，小说既然历来倍受欢迎，具有极强的艺术感染力："明乎此理，则于斯二者之间，有人作为可骇可愕可泣可歌之事，其震动

于一时，而流传于后世，亦至常之理，而无足怪矣。"在这样的情况下，他们主张大力刊印小说，其"宗旨所在，则在乎使民开化"。我们说，梁启超反复强调小说可以"新民"，这与夏曾佑的思想是颇为一致的。

在《小说原理》中，夏曾佑还考察了小说自古至今的发展演变，认为从汉魏晋小说到唐传奇，又从宋代章回小说直到清代，其发展演变的事实均说明这样一个道理，"六艺附庸，蔚为大国，小说遂为国文之一大支矣"，其对人心风俗之影响，"力殆出六艺九流上"。由此可见，小说的社会功能是如此之大，但历来处于附庸地位，这是很不正常的文学现象。所以，他反复强调小说的社会功能，力争使小说占有重要的文学地位。

（二）论述了小说的基本特征，并对小说的创作规律进行了分析和总结，不乏真知灼见

夏曾佑在《本报附印说部缘起》中总结了小说内容的特点，认为它与诗词、散文等的内容是不一样的，小说的内容主要是描写"公性情"，他指出："凡为人类，无论亚洲、欧洲、美洲、非洲之地……莫不有一公性情焉……何谓公性情？一曰英雄，一曰男女。"[31]小说的内容，就是描写这样的公性情。显然，夏曾佑是以人性论和进化论的观点，来阐释小说内容特点的。

在《小说原理》一文中，夏曾佑详细论证了小说的文体特征，指出小说具有形象直观和高于生活的艺术特点。他指出："人生既具灵明，其心中常有意念，展转相生，如画如活，自寤彻寐，未曾暂止。"而人生的这种意念需要通过游览交谈、观赏绘画、阅读小说和经史等对应物来实现。他进一步指出，在以上这些对应物中，"看画最乐"，因为"人心之所乐者有二：甲曰不费心思，乙曰时刻变换"。而看画受到内容的局限，小说则不同，它所反映的景物事件更为广泛，"世间有不能画之事，而无不能言之事"。也许有人会说，史书的内容不是也很丰富吗？这话自然是有道理的，但史书与小说比较起来，事件平淡而文字简素，而小说则能"以详尽之笔，写已知之理也"。所以，小说最符合读者"不费心思"的心理需求，又能做到"时刻变换"。对于后者，夏曾佑解释说，小说可以在"一榻之上，一灯之下，茶具前陈，杯酒未

磬，而天地之君子、小人、鬼神、花鸟杂沓而过吾之目"。意思是说，即便在有限的时空内，它仍能使读者得到转换场景，感知外界的满足。通过与画和史书的比较，指出了小说的形象直观和高于生活的基本特征。

夏曾佑在《本报附印说部缘起》中还通过与史传进一步的比较，详细论述小说的叙事性、虚构性和语言艺术的特征。他在文中写道："书之纪人事者，谓之史；书之纪人事而不必果有其事者，谓之稗史。此二者，并纪事之书，而难言之理则隐寓焉。"这就指出了小说的叙事性特征。他认为，小说所叙之事不必是现实生活中的真人真事，作者的思想倾向可以隐含在人物故事的描写之中。他制定了区别小说与史书的五项原则：第一，所用的语言文字是否"为此种人所行用"；第二，"其书之所陈"是否与"口说之语言相近"；第三，"语言简略与否"；第四，所言之事是否为"日习之事"；第五，"所言之事是虚事还是实事"。这五项原则，实际上是他总结的小说的五个特点，或者他认为小说必须具备这些特点，这是对小说基本特征的新概括和新总结，体现了他对于小说本体性质的认识。

关于小说的创作，夏曾佑还提出了"五易五难"说，并举《三国演义》《水浒传》《金瓶梅》《红楼梦》等实例进行分析：

一、写小人易，写君子难。人之用意，必就已所住之本位以为推，人多中材，仰而测之，以度君子，未必即得君子之品性；俯而察之，以烛小人，未有不见小人之肺腑也。试观《三国演义》，竭力写一关羽，及适成一骄矜灭裂之人……

二、写小事易，写大事难。小事如吃酒、旅行、奸盗之类，大事如废立、打仗之类。大抵吾人于小事之经历多，而于大事之经历少。《金瓶梅》《红楼梦》均不写大事……《三国演义》《列国演义》，专写大事，遂令人不可向迩矣。

三、写贫贱易，写富贵难。此因发愤著书者，以贫士为多，非过来人不能道也。观《石头记》自明。

四、写真事易，写假事难。金圣叹云：最难写打虎、偷汉。

227

今观《水浒》写潘金莲、潘巧云之偷汉，均极工；而武松、李逵之打虎，均不甚工……

　　五、写实事易，叙议论难。以大段议论羼入叙事之中，最为讨厌。读正史传者，无不知之矣。若以此习加之小说，尤为不宜。有时不得不作，则必设法将议论之痕迹灭去始可。如《水浒》吴用说三阮撞筹，《海上花》黄耳姐说罗子富，均有大段议论者。然三阮传中，必时时插入吃酒、烹鱼、撑船等事；黄二姐传中，必时时插入点烟灯、叫管家等事，其法是将实景点入，则议论均成画意矣。不然刺刺不休，竟成一《经世文编》面目，岂不令人喷饭？[32]

这是他所归纳的小说创作规律，虽然其中所述有不正确的地方，但大致还是强调小说当是作家自身生活经历和生活体验的结晶，它反映的是复杂纷繁的现实生活，优秀的作品都不可能是凭主观想象去任意创作的，所以，要创作出好的作品是非常不容易的事情。通过这些原则，我们可以看出夏曾佑是主张现实主义创作方法的。夏曾佑作为维新派的小说理论家，能够遵循文学理论自身的逻辑发展，指出梁启超等过于强调写政治小说是违背了小说的艺术特点和创作规律，这样的作品不可能成为优秀之作，事实证明，夏曾佑的这种理论见解大都比较正确，至少是小说理论在近代的一大收获。

　　（三）主张小说通俗化、普及化，建议译介西方小说，以开启民智

　　夏曾佑是维新派的代表人物之一，他大力提倡小说的普及化。他认为，"（中国）古人之为小说，或有精微之旨寄于言外，而深隐难求，浅学之人，沦胥若此，盖天下不胜其说部之毒"。因此，要开启民智，必须普及小说；普及小说，就必须通俗化。他拿西方国家和日本作例子，在《本报附印说部缘起》中指出："欧美、东瀛，其开化之时，往往得小说之助。"所以，他希望多翻译西方小说，让读者了解西方社会的情况，以西方为借鉴，大力普及小说，以达到教育国民之目的。这一主张，是与梁启超等维新派的主张完全吻合的。

　　（四）主张对小说进行分类，这也是夏曾佑的重要理论贡献

对于小说的源流分类，夏曾佑指出小说与弹词、曲本应当予以的区分，并将小说分为可供学士大夫和妇女粗人阅读的两类。这实际上是主张将小说分为通俗小说与高雅小说两种类型。这说明，他看到了中国读者群的复杂性，文化水平比较低下的"民众"包括"妇女"数量比较多，应当有专供他们阅读的小说作品。他同时指出当时流行的"打鼓书""唱文书"这类通俗的小说必须进行改良，使"深闺之戏谑，劳侣之耶禺，均与作者之心，入而俱化"，从而达到启蒙"妇女与粗人"的效果，推动社会前进。这与维新派所倡扬的功利主义的小说观是一致的，既有其局限性，但在当时还是有其理论价值的。

（五）《小说原理》中的理论缺陷

需要指出的是，《小说原理》中也存在着一些明显的矛盾和缺陷，如《小说原理》中的一大段论述："以大段议论羼入叙事之中，最为讨厌。读正史传者，无不知之矣。若以此习加之小说，尤为不宜……"（详见上文所引"五易五难"说第五）他认为，叙事与议论是两种不同的表达方式，应当运用于不同的文体。他甚至主张写史就不应该发议论，最好用史实来说话，讲究形象的小说，就更不应该议论了。我们认为，小说确实不要议论太多，正如夏曾佑所主张的，作者的思想观念可以隐藏于形象和故事之中。近代作家吴趼人就非常善于处理思想与形象、叙事与议论的关系。他不是纯美论者，认为小说也要像历史一样，"非徒记其事实之谓也，旌善惩恶之意实寓焉"，[33]他从事小说创作表明其"改良社会之心，无一息敢自已焉"；[34]但他同时也非常清楚，"善教育者德育与智育本相辅；不善教育者，德育与智育转相妨"，[35]因此竭力主张小说要"寓教育于闲谈，使读者于消闲遣兴之中，仍可获益于消遣指际"。吴趼人通过更巧妙的方法让读者接受小说中的思想，用更符合小说艺术规律的方式去进行政治的道德的宣传，这样的艺术效果会更好。从这个意义上说，夏曾佑的主张当然是对的。但他的主张还是太极端了，过分反对议论，无疑是对议论价值认识得还比较肤浅。按照他的主张，司马迁《史记》中的"太史公曰"也不该有，托尔斯泰、陀思妥耶夫斯基、泰戈尔等人的小说，也不是优秀之作了。小说创作中的叙事和议论，没有什么对什么不对的说法，应该根据具体情况作具体分析。

《小说原理》关于"五易五难"说的第四条，也存在着很大的问题。尤其是对《水浒传》中关于"武松打虎"情节真实性问题的考证，实际上是陷入了"繁琐考证"的泥潭。他根据打虎的姿势进行考证后认为，"武松打虎"的情节是不真实的。他在《小说原理》中写道：

> 夫虎为食肉类动物，腰长而软，若人力按其头，彼之四爪可上攫，与牛不同也。若不信，可以一猫为虎之代表，以武松打虎之方法打之，则其事之能不能自见矣。盖虎本无可打之理，故无论如何写之，皆不工也。打虎如此，鬼神可知。[36]

在夏曾佑看来，《水浒传》的这一著名情节是不真实的，是作者的败笔。我们认为，他的这种研究方法是值得商榷的。我们姑且不讲武松按虎头而打之符不符合虎的生理构造，从生理学的角度来谈文学显然是不科学的，是不符合文学自身规律的。关于"武松打虎"的故事，几百年来一直深受广大读者的喜爱，从未有人怀疑过它的真实性。退一步讲，即使说武松打虎的姿势不符合虎的生理构造的话，那么它仍然是符合艺术真实的，尤其是从接受心理上早已为人们所认可，这就是优美的艺术珍品。因而我们说，夏曾佑的这种繁琐考证方法是不可取的。

总的来讲，夏曾佑在小说理论方面虽然存在着一些矛盾和缺陷，个别论述有悖文学发展规律，但他的《本报附印说部缘起》和《小说原理》的贡献还是主要的，是不可抹煞的。他对小说特征的认识和对小说创作规律的总结，对小说社会功能及文学地位的强调，对小说的分类和小说普及、翻译西方小说等主张，是近代小说理论的重要成就，在浙江小说理论史上都有着重要的意义，对以后的小说理论产生了重大影响。

第六节 章太炎：近代革命家兼小说家

章太炎是浙江近代著名的民主革命家思想家、著名学者。他的研究范围涉及小学、历史、哲学、政治等，著述甚丰。尤其对小说的一些论述，表现了他独到的小说观。鲁迅先生对章太炎曾给予很高评价。

一、章太炎的生平与文学活动

章太炎（1869—1936），名炳麟，初名学乘，字枚叔，因仰慕顾炎武（曾用名为绛），更名为绛，号太炎，浙江余杭人。他是近代最负盛名的朴学大师，且于治学之馀，关心国家大事，积极参加革命活动，成为中国近代著名的革命家，也是浙江文学史上最有影响的学者之一。

章太炎早年曾跟随浙江著名小说批评家俞樾在杭州诂经精舍攻读"稽古之学"。1894 年，清政府在中日甲午战争中战败。在民族危机深重的刺激下，章太炎投笔从戎，参加强学会，投身于救国救民的政治斗争中去。1897 年，章太炎担任《时务报》撰述，宣传维新变法。他于 1998 年 2 月上书李鸿章，希望他能抓住"转旋逆流之机"，[37] 有所作为。不久，"戊戌变法"失败，章太炎遭到清政府通缉，被迫东渡日本，对改良主义运动的失败深感惋惜。

1900 年，义和团运动爆发，八国联军侵入中国，进一步暴露了清政府的腐朽透顶，章太炎受到极大的震动，开始放弃了改良主义的幻想，并宣布与之决裂。1902 年初，章太炎在日本与孙中山相识，他们商讨了"开国的典章制度"和中国的土地赋税等问题。翌年，他在《苏报》上发表著名的《驳康有为论革命书》和《序〈革命军〉》，驳斥了康有为的保皇主义思想，认为改良主义在当时的中国是行不通的，唯一出路就是通过革命推翻腐朽的满清王朝。此事触怒清廷，同年 6 月，章太炎遭到逮捕，入狱三年。1904 年，他与蔡元培等合作，发起光复会。1906 年 6 月出狱后，他被孙中山迎至日本，担任同盟会机关刊物《民报》的主编。这期间，他继续撰写文章，阐述自己的革命思想。1908

年 10 月，日本政府下令查禁《民报》，章太炎据理力争，表现了其坚强的革命斗争精神。

辛亥革命后，章太炎从日本返回祖国，主编《大共和日报》，并任孙中山总统府枢密顾问。但时隔不久，他开始对辛亥革命表示不满，参加张謇统一党，与同盟会决裂。他曾一度反对孙中山，支持袁世凯。不久，宋教仁被刺，他发现袁世凯野心勃勃，遂指责其"包藏祸心"，结果为袁所关押，直到袁世凯死后才获释出狱。此后，章太炎曾参加反对北洋军阀的斗争。但他对革命前途越来越失望，逐渐颓唐。1917年，他脱离孙中山改组的国民党，在苏州设章氏国学讲习会，以讲学为业，专心从事古代文史的研究。1935 年在苏州主持章氏国学讲习会，主编《制言》杂志。晚年，章太炎仍然关心国事，当日本侵略者占领东北时，他挺身而出，谴责国民党政府"怯于御敌而勇于内争"，直至1936 年临去世前，他仍坚持抗日，始终保持着爱国主义的伟大情怀。

章太炎不仅是一位政治活动家，也是一位极有成就的学者。他在文学、历史学、语言学等方面，均有成就。他写有大量宣传革命的诗文，在当时产生了很大的影响，但不少文章文字古奥，令人费解。他的著作《新方言》《文始》《小学答问》等，上探语源，下明流变，有很高的学术价值。他有关儒学的著作比较多，如《儒术新论》《订孔》等。他的著述除刊入《章氏丛书》《续编》外，遗稿又刊入《章氏丛书三编》。

关于章太炎的一生，鲁迅先生曾作过详尽的评述。他在《关于章太炎先生二三事》中写道："考其生平，以大勋章作扇坠，临总统府之门，大诟袁世凯的包藏祸心者，并世无第二人；七被逮捕，三入牢狱，而革命之志终不屈挠者，并世亦无第二人。这才是先哲的精神，后生的楷范。"至于章太炎晚年的错误，鲁迅先生在该文中说："既离民众，渐入颓唐，后来的参与投壶，接受馈赠，遂每为论者所不满，但这也不过白圭之玷，并非晚节不终。"[38]这种全面而中肯的评价，当称的论。

二、章太炎的小说观

作为著名的政治活动家和一代朴学大师，章太炎的学术成就极高，可谓中国近代最有影响的学者之一，但他的小说观念却是非常保守的。他对于"晚世小说"十分不屑，也正是出于这样的原因，他自己一生都没有创作小说作品。他在《与人论文书》中曾写道：

> 小说者，列在九流十家，不可妄作，上者宋钘着书，上说下教，其意犹与黄老相似。晚世已失其守。其次曲道人物风俗，学术方技，史官所不能志，诸子所不能录者，比于拾遗，故可尚也。其下或及神怪……《搜神记》《幽明录》亦可以贵。唐人始造意为巫蛊媟嬻之言，晚世宗之，亦自以小说名，固非其实。夫蒲松龄、林纾之书得以小说署者，亦犹《大全》《讲义》诸书，傅于六艺儒家也。[39]

通过这段话可以看出，章太炎对"小说"这一概念的认识还比较保守，甚至还停留在古老的"九流十家""正史馀唾"的阶段上，这与他作为古文家、致力于经史研究有一定的关系，不过以"思想保守"著称的其同时代人古文家林纾，却对小说认识得比较深刻，小说观念也比章太炎进步得多。究其原因，还是章太炎沉浸于博大精深的中国古代学术著作中不可自拔，总认为小说难以与之比肩，加之他对西方小说的了解更少，故造成其小说观念的落后。

但是，我们也不能就此否定章太炎对小说理论的贡献，在小说概念还没有十分明确的时代，还出于"百家争鸣"阶段，每个人都有自己的看法，这也是无可厚非的。而且，章太炎在小说主题等方面，也有自己独到的见解，给我们以有益的启示。他在为黄小配的小说《洪秀全演义》所写的序中，对"演义小说"的起源、特点和意义进行了论述，肯定了这一小说形式的存在价值。作为一名资产阶级革命宣传家，章太炎对思想进步的作品总是评价很高的。他高度赞扬了《洪秀全演义》的文学价值，肯定了这部小说的民族主义主题。他在序文中写道：

> （起义）虏廷官书虽载，既非翔实，盗憎主人，又时以恶言相
> 诋。近时始有搜集故事为《太平天国战史》者，文辞骏骧，庶足
> 以发潜德之幽光，然非里巷细人所识。夫国家种族之事，闻者
> 愈多，则兴起者愈广。诸葛武侯、岳鄂王事，牧猪奴皆知之，
> 正赖演义为之宣昭。今闻次郎为此，其遗事既得之故老，文亦适
> 俗。[40]

章太炎从民族革命的思想出发，高度评价《洪秀全演义》的贡献，认
为这部小说可以使民众了解洪秀全抗清的事迹，鼓舞人们"亦思复有
洪王作也"，投入到反抗清朝统治的革命斗争中去。他对"演义"这一
小说形式仍然是从"存古"的意义上去理解，而无视其文学艺术上的
价值。他对这部小说如此热情地给予肯定，也是出于其民族革命宣传
的目的，有着强烈的革命色彩。这与蔡元培用"索隐"方法研究《红
楼梦》，从"反清""革命"等方面来解释曹雪芹的这一古典小说名著，
可以说是如出一辙，这大概是"革命家学者"从事小说理论研究的一
个共同特征吧。

第七节　蔡元培：《红楼梦》索隐派的开创者

蔡元培是近代著名教育家、小说家。他一生致力于教育事业，在
中国享有盛誉。他的《石头记索隐》是研究《红楼梦》的专著，被称
为旧红学索隐派的代表作，在浙江小说理论史上产生了很大影响。

一、蔡元培的生平与文学活动

蔡元培（1868—1940），字鹤卿，号民友，改号孑民。浙江绍兴人。
少孤，自幼勤奋好学。曾入同乡徐树兰"古越藏书楼"校书，有机会
得以博览群书，奠定了他以后成为大学者的坚实基础。光绪十五年

（1889），蔡元培考中举人，翌年会试联捷，光绪十八年（1892）补殿试，成为晚清进士，改庶吉士。散馆，授编修。甲午战争之后，蔡元培愤于国势衰微，渴望国富民强，遂重视西学，支持维新变法，特别佩服谭嗣同。戊戌变法失败后，蔡元培失意南归，担任绍兴中西学堂监督，并主嵊县剡山书院，大力提倡新学。《辛丑条约》签订后，蔡元培对清廷的腐败更加不满，渐萌革命之志。光绪二十七年（1901），他来到上海，在南洋公学执教。翌年，他与章太炎、蒋观云等创立中国教育会，并亲自担任会长。此后，蔡元培又创办了爱国学社、爱国女学，并创编《俄事警闻》（后改为《警钟日报》），提倡民权、女权，鼓吹反帝排满的政治思想。光绪三十年（1904），他与陶成章等组织光复会，仍任会长。翌年，蔡元培加入同盟会，主持上海分部的工作。

光绪三十三年（1907），蔡元培赴德国莱比锡大学留学，主攻哲学、美学和文学。1911年回国后，他就任民国临时政府教育总长，尝试教育改革，废除读经。不久，他因对袁世凯不满，愤然辞去教育总长职务，再赴德国，在世界文明史研究所从事学术研究工作。1913年，蔡元培闻知宋教仁遇刺而回国，"二次革命"失败后又赴法国，专门从事著述。1916年回归后，他担任了北京大学校长，遵循思想自由、兼容并包原则治校，提倡科学、民主，扶植新文化，成为中国著名的教育家。"五四"运动爆发，他愤慨于政府镇压学生运动，一度辞去校长职务。不久，蔡元培以北京大学校长身份赴欧美，专门考察教育。1923年，蔡元培再次辞去校长职务，赴德国汉堡大学研究民族学，1926年回国。此后，他历任国民党中央监委、大学院院长、代理司法部长、监察院长。1929年后专任中央研究院院长。

1932年，蔡元培与宋庆龄等发起中国民权保障同盟，坚持抗战，支持国共合作。1937年移居香港，1940年在香港去世，享年72岁。

蔡元培与王国维同为中国近代美学的开创者。他的美学观导源于康德，而又汇通中西。蔡元培坚持超功利的"纯粹美感"论，以"超脱""普遍""有则""必然"为"美感之界说"，强调"情感作用"与"具体想象"提倡美育。他在《红楼梦》研究方面也有成就，其《石头记索隐》开了索隐派红学的先河，对后世产生了很大的消极影响。蔡元培工诗文，所撰小说《新年梦》亦颇具特色。著述合刊《蔡元培全集》。

二、《石头记索隐》

蔡元培的《石头记索隐》出版于 1917 年，由于作者是著名的教育家和学者，所以，该书一问世就产生了很大的影响，成为旧红学索隐派的代表作。

1916 年到 1919 年，在这还不到四年的时间里，仅"索隐派"的大部头著作就出版了三种，即王梦阮沈瓶庵的《红楼梦索隐》、蔡元培的《石头记索隐》、邓狂言的《红楼梦释真》。特别是两部"索隐"，在当时产生了很大的消极影响。它们不仅篇幅浩繁，又有蔡元培这位著名学者和革命家的鼎鼎大名，因而，"索隐"式的红学研究一度成了红学界的主流。

那么，什么是"索隐"式的研究？关于这一点，郭豫适先生在他的《红楼研究小史稿》中阐释得非常清楚。郭先生指出，这类索隐派著作，既不同于在此之前出现的《红楼梦偶说》《梦痴说梦》之类的旧红学家的著作，它们是紧紧围绕《红楼梦》作品本身，无非是摘录、评述一下小说中的人物与事件，借此发泄自己对人生或世情的感慨；也不同于后来出现的《红楼梦考证》《红楼梦辨》《红楼梦新证》等新红学考证派的著作，它们是死死认定小说中的贾府就是曹雪芹家的曹府，不遗余力地去考证贾府和曹家的家事。索隐派著作与这两者截然不同，它们是竭力去"索隐"。郭先生说：

> 所谓"索隐"，意思就是探索幽隐，即寻求小说所"隐"去的"本事"或"微义"。其实就是穿凿附会、想入非非地去求索《红楼梦》所影射的某些历史人物或政治事件。这类文字说起来是在研究《红楼梦》，但它主要的并不是从小说《红楼梦》本身出发，而是从那些索隐家头脑里的某种主观意念出发，他们各自把一些看似跟《红楼梦》有关的东西拿来跟小说里面的人物事件互相比附、印证，并从而去评论《红楼梦》的意义和价值。实在说来，

他们真正研究的并不是《红楼梦》本身，而是与《红楼梦》及其作者关系不大、甚至毫不相干的东西。[41]

其实，早在20世纪之前，就已经出现了"索隐"式的红学研究方法，封建时代的红学家们已开始在求索《红楼梦》的"本事"了。如陈康祺就认为《红楼梦》是写康熙朝大学士明珠家事的。[42]持相同的看法的还有张祥河《关陇舆中偶忆编》、梁恭辰《北东园笔录》四编、张维屏《国朝诗征略二编》等。周春在他著名的《阅红楼梦随笔》中则认为是影射金陵张侯家事的，各种说法不一而足。到了20世纪初，蔡元培等更是继承和发展了这一研究方法，形成了红学史上的一个盛极一时的流派。其实，这种"索隐"式研究无非是通过玩文章游戏，将小说中的某个故事与史料中的类似记载进行比照，然后证明《红楼梦》原来是写某某历史人物或某人的家事，《红楼梦》的某一故事就是影射历史上发生的某一政治事件，等等。

20世纪初影响如此之大的"索隐派"著作，其内容究竟是什么呢？我们引一段《红楼梦索隐》中的话就非常清楚了：

> 是书（指《红楼梦》）全为清世祖与董鄂妃而作，兼及当时诸名王奇女也。相传世祖临宇十八年，实未崩殂，因所眷董鄂妃卒，悼伤过甚，遁迹五台不返，卒以成佛。当时讳言其事，故为发丧。世传世祖临终罪己诏，实即驾临五台诸臣劝归不返时所作。语语罪己，其忏悔之意深矣。……父老相传，言之凿凿，虽不见于诸家载记，而传者孔多，决非虚妄。[43]

该段话是说，《红楼梦》一书写得就是顺治帝与董鄂妃的爱情故事。小说中的贾宝玉影射的是顺治皇帝，林黛玉影射的是董鄂妃，亦即传说中的江南名妓董小宛。这种"索隐"方法实在荒唐，是评论者自己任意捏造的，与《红楼梦》没有任何关系。

蔡元培的《石头记索隐》虽然没有《红楼梦索隐》篇幅长，但由于蔡元培个人的学者声望，因而该书出版后影响非常大。他认为《红楼梦》是一部政治小说，"作者持民族主义甚挚，书中本事在吊明之亡揭清之失，而尤于汉族名士仕清者寓痛惜之意"。由于曹雪芹"虑触文网，又欲别开生面"，不得已如此隐晦，故研究《红楼梦》必须采用"索隐"之法。根据他的"索隐"，贾宝玉乃是影射康熙帝的太子胤礽，林黛玉则影射朱彝尊（朱竹垞），薛宝钗影射高江村，贾探春影射徐健庵，王熙凤影射余国柱等等。像这样的"影射"法，实在没有什么高明之处，只是前人的一种翻版而已。

蔡元培在《石头记索隐》中指出：

> 《石头记》者，清康熙朝政治小说也。作者持民族主义甚挚，书中本事在吊明之亡揭清之失，而尤于汉族名士仕清者寓痛惜之意。当时既虑触文网，又欲别开生面，特于本事以上加以数层障幕，使读者有横看成岭侧成峰之状况。

这就是蔡元培对《红楼梦》一书的基本认识。他认为，以前的红学家只是涉及《红楼梦》的表面情况，而未能深入挖掘出这部小说所隐藏的"本事"。蔡元培声称，《红楼梦》所含的"本事"一般人是看不出来的，只有个别人才能发现书中的玄机。他在《石头记索隐》中写道：

> 阐证本事，以《郎潜纪闻》所述徐柳泉之说为最合，所谓宝钗影高澹人、妙玉影姜西溟是也。近人《乘光舍笔记》谓书中女人皆指汉人，男人皆指满人，以宝玉曾云男人是土做的，女人是水做的，尤与鄙见相合。

在这种思想的影响下，蔡元培进一步发扬广大之。根据他的研究，《红楼梦》中的贾宝玉乃是影射康熙帝的太子胤礽，林黛玉则是影射朱彝尊（朱竹垞）。此外，薛宝钗、探春、王熙凤、史湘云、妙玉，则分别影射高江村、徐健庵、余国柱、陈其年、姜西溟。总之，《红楼梦》中的十二钗，都是当时著名的文人。

蔡元培指出，他的"索隐"方法是有根据的，主要依据三条研究原则，即"品性相类者""轶事有征者"和"姓名相关者"。也就是说，凡是小说中人物与当时文人只要品性相类、轶事有征或者姓名相关的，就认定是影射某个文人。譬如用第一种方法，他认为薛宝钗"阴柔"，自然影射高江村；妙玉"孤高"，自然就影射姜西溟，因为他们"品性相合"。用第二种方法，由于"宝玉曾逢魔魇"，这是太子胤礽；由于"凤姐哭向金陵"，这就是余国柱，因为他们的"轶事有征"。用第三种方法，由于"探春"与"探花"有关，因此贾探春影射的是中过探花的徐健庵；"宝琴"与"习琴"有关，因此，宝琴就自然是影射曾学过弹琴的辟疆了，如此等等，诸如此类。

蔡元培也反对"牵强附会"的索隐派研究方法，而认为自己与他们不同，因为他是有"标准"、有理论依据的。但问题是，他的所谓标准和理论依据能不能成立，是不是科学的标准。我们认为，他的标准显然是不科学的，最起码是不严谨的。他提出三个方法，在将小说人物与现实人物进行"比照"时，看哪种方法能勉强说得通，就用哪种方法，并不是限定一种统一的方法，其随意性自然太强了。其实，蔡元培的这种方法本身就是牵强附会。他脑子里已经先确立了十二钗就是当时的著名文人，然后再用他的方法去"证实"它，看起来似乎有理论依据，实际上与其他索隐派的方法和胡适的"自传说"没有本质的区别，显然是唯心主义的研究方法。

尤其需要指出的是，蔡元培的所谓三条标准本来已经够随意的了，即使这样他还是不能始终贯彻。既然根据自己的原则推求出小说某人是现实中的某人，就不能够再说小说中某人又影射现实中的某种机关、某种职务，这就不是一一对等了，这又是蔡元培红学研究的致命伤。譬如他说：

> 贾政者，伪朝之吏部也。贾敷、贾敬，伪朝之教育也（《书》曰"敬敷五教"）。贾赦，伪朝之刑部也，故其妻氏刑（音同刑），子妇氏尤（罪尤）。贾琏为户部，户部在六部位居次，故称琏二爷，其所掌则财政也。李纨为礼部（李礼同音）。康熙朝礼制已仍汉旧，故李纨虽曾嫁宝珠，而已为寡妇。其所居曰稻香村，稻与道同音。

> 其初名以杏花村，又有杏帘在望之名，影孔子之杏坛也。

蔡元培认为，"所谓贾府即伪朝也"。既然是伪朝，贾府中当有六个人物影射朝廷的六个基本机构，即吏、户、刑、礼、工、兵六部。于是，他就让不同辈分、不同性别的四个人物来影射其中的四个部门。但问题是，前面不是让小说人物影射现实中的人吗？而且十二钗影射的都是著名文人，怎么现在又让人物影射机关部门呢？更说不通的是，这四个人物的辈分与性别又不一致，显然是硬拼乱凑的。至于只有四个部门，那显然是找不出与"兵""工""相合"的人物来了，只好避而不谈，装糊涂罢了。

总的来说，《红楼梦》中的人物，无论是影射现实中人还是影射什么机关部门，这主要看蔡元培的需要而定，要它影射什么就影射什么，完全是主观主义思想在作怪，其方法的科学性实在令人怀疑。

蔡元培的研究方法存在很多问题，当他具体运用于《红楼梦》研究时，自相矛盾的毛病随处可见。如他认为小说中的妙玉影射姜西溟，其理由是"西溟性虽狷傲，而热衷于科第"。按照蔡元培的索隐方法之三大原则，这似乎符合其"品性相类"一条，姜西溟与妙玉的性格均有些"狷傲"。但是，他把妙玉的"走火入魔"说成是"热衷于科第"，这就不符合他的三大原则了，姜西溟的确是热衷于科第，直到年已古稀还科考不已，妙玉怎么热衷啦？凭什么说"走火入魔"就属于"热衷科第"呢？再者，蔡元培引《红楼梦曲》"好高人共妒，过洁世同嫌"，还引妙玉的话说："我自玄墓到京，原想传个名的。"这样说来，"想传名"与"过洁"不又矛盾了吗？妙玉的"过洁"与姜西溟的"热衷科第"也是矛盾的。所以我们说，蔡元培的研究是有问题的，是不科学的。

人物的索隐如此，思想政治意义的索隐也是如此。蔡元培把《红楼梦》说成是政治小说，也属牵强附会之举。如说："书中红字，多影朱字，朱者明也，汉也。"具体细节方面的评论也是牵强附会的，如说："宝玉有爱红之癖，言以满人而爱汉族文化也。好吃人口上胭脂，言拾汉人唾余也！"蔡元培还就他非常服膺的《乘光舍笔记》中"书中女人皆指汉人，男人皆指满人”的观点，进一步予以"索隐"。他在《石头记索隐》中写道：

> 我国古代哲学，以阴阳二字说明一切对待之事物。易坤卦象传曰：地道也，妻道也，臣道也。是以夫妻君臣分配于阴阳也。《石头记》即用其义。

蔡元培接着讲到史湘云与翠缕谈阴阳的事（《红楼梦》第三十一回），翠缕有这样的话："主子为阳、奴才为阴，我连这个大道理也不懂得？"于是，他就分析说："清制，对于君主，满人自称奴才，汉人自称臣。臣与奴才，并无二义。以民族之对待言之，征服者为主，被征服者为奴。本书以男女影满汉以此。"如此索隐，《红楼梦》还怎么研究下去！

众所周知，索隐派的著作，对后来的红学研究产生了极大的消极影响。索隐派主张者不理解文艺创作与社会现实的关系，不懂得文艺创作源于生活而高于生活的基本原则。他们把小说中的故事简单地还原为历史或现实中的真人真事，彻底否定了文学创作的典型化原则。另外，他们也没有弄清楚文学批评的意义，总想通过自己的研究，来证明《红楼梦》是一部有历史文献价值的小说，甚至证明它是一部政治小说。

我们认为，蔡元培的红学研究，其研究动机或者说研究初衷是好的，希望通过这部文学名著来促进民族革命运动。但是，学术研究是科学研究，不能违背文学批评的一般规律，去任意歪曲或曲解文学作品。由于索隐派的非科学的研究方法，其影响又是如此之大，几乎占据了红学研究的主流地位，使20世纪红学历程在世纪之初就走向了死胡同。

总之，近代浙江小说批评的形式明显趋于多样化，这是近代浙江小说演变的必然结果。俞樾采取小说"序"文的传统形式进行的小说批评，钟骏文所涉及到的翻译小说理论，尤其王国维所采取西方美学文学观点来研究中国古典小说的新现象，都取得了很高的文学成就，是浙江乃至中国小说理论史上的一个大丰收时期。

注释：

[1]大我. 新社会之理论. 浙江潮，第 8 期.

[2]毛泽东. 新民主主义论. 毛泽东选集（第 2 卷）. 人民出版社，1991.

[3]毛泽东. 新民主主义论. 毛泽东选集（第 2 卷）. 人民出版社，1991.

[4]姚燮. 红楼梦总评. 红楼梦资料汇编. 南开大学出版社，2003.

[5]姚燮. 红楼梦回评. 红楼梦资料汇编. 南开大学出版社，2003.

[6]忏玉楼丛书提要. 北京图书馆出版社，2002.

[7]孟轲.《孟子》之《梁惠王》篇.

[8]俞樾. 重编七侠五义·序. 石玉昆编. 七侠五义（卷首）. 上海古籍出版社，1993.

[9]鲁迅. 中国小说史略. 上海古籍出版社，1998.

[10]俞樾. 春在堂随笔（卷八）.

[11]俞樾著，陈戌国点校. 耳邮·痴女子. 岳麓书社，1986.
以下引文同此，从略.

[12]曹雪芹. 红楼梦（第一回）.

[13]蟠溪子. 迦因小传（引言）. 晚清文学丛钞（小说戏曲研究卷）. 中华书局，1966：283.

[14]迦茵小传（小引）. 林琴南书话. 浙江人民出版社，1999：24.

[15]题词《积雨卧病读琴南迦茵小传有感》. 迦茵小传. 商务印书馆，1981：2.

[16]金松岑. 论写情小说与新社会之关系. 新小说，1905（6）.

[17]钟骏文. 读《迦因小传》两译本书后. 游戏世界（寅半生为主编），第十一期.

[18]郭豫适编. 红楼梦研究文选. 华东师范大学出版社，1988：174.

[19]叔本华著. 英译本. 意志和表象的世界（第一卷）. 佩因译. 1969：285.

［20］叔本华著. 英译本. 意志和表象的世界（第一卷）. 佩因译. 1969：291.

［21］郭豫适编. 红楼梦研究文选. 华东师范大学出版社，1988：174～175.

［22］郭豫适编. 红楼梦研究文选. 华东师范大学出版社，1988：175.

［23］郭豫适编. 红楼梦研究文选. 华东师范大学出版社，1988：165～166.

［24］郭豫适编. 红楼梦研究文选. 华东师范大学出版社，1988：162.

［25］郭豫适编. 红楼梦研究文选. 华东师范大学出版社，1988：167～168.

［26］马克思恩格斯选集（第 1 卷）. 人民文学出版社，1972：254～255.

［27］郭豫适编. 红楼梦研究文选. 华东师范大学出版社，1988：165.

［28］郭豫适编. 红楼梦研究文选. 华东师范大学出版社，1988：171.

［29］郭豫适编. 红楼梦研究文选. 华东师范大学出版社，1988：166.

［30］王国维著. 静安文集. 光绪三十一年印本.

［31］几道，别士. 本馆附印说部缘起. 见陈平原等编. 二十世纪中国小说理论资料（第一卷）. 北京大学出版社，1997：18.

［32］夏曾佑. 小说原理. 绣像小说，1903（3）.

［33］吴趼人. 月月小说（序）. 见陈平原等编. 二十世纪中国小说理论资料（第一卷）. 北京大学出版社，1997：186.

［34］我佛山人. 两晋演义（自序）. 见陈平原等编. 二十世纪中国小说理论资料（第一卷）. 北京大学出版社，1997：189.

［35］吴趼人. 月月小说（序）. 见陈平原等编. 二十世纪中国小说理论资料（第一卷）. 北京大学出版社，1997：186.

［36］夏曾佑. 小说原理. 绣像小说，1903（3）.

［37］章太炎. 上李鸿章书. 章太炎政论选集. 中华书局，1977：54.

［38］鲁迅. 关于章太炎先生二三事. 鲁迅全集.

［39］章太炎. 与人论文书. 章太炎政论选集. 中华书局，1977：155.

［40］章太炎. 洪秀全演义（序）. 见陈平原等编. 二十世纪中国小说理论资料（第一卷）. 北京大学出版社，1997：362.

［41］郭豫适. 红楼研究小史稿. 上海文艺出版社，1980：137.

［42］陈康祺. 郎潜纪闻二笔. 中华书局，1984.

［43］红楼梦索隐提要. 中华小说界，1914（6），（7）.

第五章　现代小说理论家

　　浙江小说理论发展到现代，出现了鲁迅、茅盾、俞平伯这样的小说理论大家，占据了全国小说理论成就的"半壁江山"，成为浙江小说理论史上继明清小说理论以来的一个最高峰。出现这种文学现象决不是偶然的。这当然跟他们依托上海，跟整个中国历史特点有着最密切的关系，但我们也不能忽视浙江丰厚的文化底蕴，造就了一批又一批的小说理论大师，浙江小说理论取得的成就令全国震惊，也是浙江人的骄傲。

　　1919 年的"五四"运动，标志着中国社会进入到一个新的时期，浙江的"现代文学"由此拉开了序幕。这时期，浙江出现了一大批著名的小说理论家，把浙江小说理论推向了高峰。

　　浙江的进步知识分子为中国共产党的创建作出了巨大贡献，他们创办刊物宣传马克思列宁主义，深入厂矿开展工人运动。尤其值得注意的是，金华义乌人陈望道在其家乡翻译了《共产党宣言》，并于 1920 年 8 月正式出版。这是浙江现代史上的重大事件，它教育了第一代共产党人，为中国共产党创建提供了理论依据。共产党最初的创建者，将近一半来自浙江，由此可见浙籍先进分子对创建中国共产党所起的重要作用。中共"一大"的最后一天，在浙江嘉兴的南湖完成了最后所有议程，在浙江的土地上宣告了中国共产党的正式诞生。

　　国共合作期间，浙江省的工农运动迅速发展，掀起了反帝反封和反对军阀的政治斗争，有力地支援了北伐战争。但是，随着革命运动的进一步深入，国民党右派势力开始蠢蠢欲动。面对严酷的政治局势，共产党早期领导人则表现软弱，节节退让，手握兵权的蒋介石在江浙财团支持下，对共产党发动突然袭击，浙江的大批共产党人惨遭杀害，轰轰烈烈的大革命就这样以失败而告终。从此，浙江进入了"蒋家王朝"反动统治时期。

1927 年大革命失败后，针对国民党文化战线上的"围剿"政策，革命文学运动需要成立联合的文艺团体。当时大批知识分子纷纷来到上海，1930 年 3 月 2 日，中国左翼作家联盟在上海正式成立，先后担任过"左联"领导的有鲁迅、夏衍、田汉、茅盾、冯雪峰、丁玲等。"左联"在组织上接受中共中央宣传部的指导。"左联"无论是在成立过程中还是在成立后，浙籍文学家一直起着极为重要的作用。而且，浙籍左翼文学家的思想和创作，客观上影响了浙江境内文学发展的走向，浙江境内的左翼文学开始萌芽和发展起来。不过，由于国民党的政治高压政策，浙江省的左翼文学成就并不大，但它却代表了浙江文学和整个中国文学发展的正确方向。

"新月派"的代表人物也多是浙江籍的文人。该派是与左翼文学相对抗的文学组织，其主要成员都曾留学于英美，思想比较活跃。1928 年 3 月，他们在上海创办《新月》杂志，其发刊词是浙江籍著名作家徐志摩写的《新月的态度》。在该文中，作者提出了反对文学上的十三种倾向，其中有偏激派、攻击派、狂热派、主义派、标语派等，这显然是针对革命文学而发。梁实秋在《文学与革命》等文章中，提倡健康、尊严、普遍的人性，这些超阶级的文学主张实际上属于资产阶级文学的范畴，他们的主张奠定了新月派的政治倾向，带有一定的局限性。尽管如此，徐、梁等人在文学界的成就还是得到人们普遍认可的。

除了"左联"和新月派的浙籍文学家外，浙江还有一大批有影响的文学家。如嘉兴人朱生豪，从 1936 年开始翻译莎士比亚全集，但由于他英年早逝，其庞大的翻译计划没有全部完成。尽管如此，他仍翻译完成了三十部高质量的作品，为中国的翻译事业作出了巨大贡献。镇海人鲁彦以创作小说著称，其作品具有自然、朴实的风格，对人物的性格特征、心理变化描绘得非常细腻，成为中国现代文学中的著名小说家。

抗日战争期间，浙江省政府迁至永康，文化中心也随之南移。原来在上海的大批浙籍文化人纷纷返回浙江，云集金华、丽水等地，金华一时成为战时浙江的文化中心，文学创作出现了短暂的繁荣局面。

值得注意的是，尽管浙江自古出文人，浙籍作家几乎占据中国文学的"半壁江山"，但由于浙江毕竟不是全国的文化中心，因此一些著名的浙籍文学家的活动空间主要不是在浙江，不少人多活跃于中国大都市上海。也正是由于他们以上海作依托，受到中国文化中心的熏陶，才成长为中国一流的文学家。但这也不能说与浙江没有关系，他们出生在"人杰地灵"的浙江，其青少年时期又主要生活在家乡，所以，他们所创造的辉煌仍然显示了浙江所拥有的无可争辩的文化人才优势，是浙江源远流长的文化积淀孕育了他们，这也充分表明了浙江深厚的文化底蕴。

第一节　鲁迅：现代小说理论的开拓者

鲁迅是中国现代著名文学家、小说家和小说史家。他的小说理论贡献是多方面的，我们主要从《中国小说史略》的贡献、关于《红楼梦》的小说理论两个方面来研究鲁迅在小说理论方面的建树。

一、鲁迅的生平与文学活动

鲁迅（1881—1936），名周树人，字豫才，笔名鲁迅等，浙江绍兴人，1881年9月25日生于绍兴一个没落的封建家庭。童年时代，鲁迅在家乡读私塾。1893年，他的祖父因科场作弊案被下狱。不久，他的父亲又病逝，从此周家逐渐败落。童年的不幸遭遇，给鲁迅幼小的心灵蒙上了一层阴影，对他思想的形成产生了重大的影响。

1898年5月，鲁迅赴南京求学。他先后就读于江南水师学堂和南京陆师学堂附设的矿务铁路学堂，开始接受维新思想的影响。这时期，严复翻译的《天演论》已经问世，达尔文的进化论学说深深吸引了鲁迅，这对他世界观的形成产生了重要影响。1902年3月，鲁迅东渡日本，开始了他赴日求学的艰难历程。1904年夏，他于东京弘文学院毕业后又入仙台医学专门学校，立志成为一名医生。1906年春，因受日俄战争时国人围观中国人被杀、表现麻木的刺激，遂弃医从文，提倡文艺运动，以期拯救国民精神。1906 年，他从仙台回到东京，开始专门从事文学活动，筹办杂志，翻译外国小说等。他与弟弟周作人合作翻译了大量欧美的短篇小说，结集为《域外小说集》，并于 1909 年正式出版。

1909 年夏，鲁迅回国，在杭州和绍兴任教。这期间，鲁迅发表了他的第一篇小说《怀旧》。辛亥革命后，应蔡元培之邀赴南京入临时政府教育部，不久随部迁京，曾任北京政府教育部佥事等职，并在北京大学和女子师大等校任教。这段时间，鲁迅思想比较沉闷，没有写出高质量的小说和论文，属于反思与积累阶段。但 1918 年起，他思想活跃起来，积极参加"五四"新文化运动，以一系列白话短篇小说创作显示了文学革命的实绩，同时发表大量批判旧思想旧文化的杂文，为新文化运动摇旗呐喊，被称为新文化运动的旗手和主将。

鲁迅 1926 年前的作品，结集出版的有《呐喊》《坟》《热风》《彷徨》《野草》《朝花夕拾》《华盖集》和《华盖集续编》等。1926 年 8 月，鲁迅因支持爱国学生运动而受反动当局迫害，遂南下，先后任教于厦门大学和中山大学。1927 年 4 月，因不满国民党统治辞去中山大学一切职务，同年 10 月移上海定居。此后，专门从事进步社会活动和革命文学活动，曾先后加入中国自由运动大同盟、中国左翼作家联盟和中国民权保障同盟。1936 年 10 月 19 日病逝于上海。逝世前，结集出版的杂文集还有《而已集》《三闲集》《二心集》《南腔北调集》《花边文学》《集外集》等。全部遗著被整理成《鲁迅全集》。

鲁迅在古代小说研究方面的贡献主要是《中国小说史略》，初版于20 年代，30 年代初形成最后的修订本。1924 年 7 月，鲁迅应邀赴西安讲学，讲稿题为《中国小说的历史的变迁》（共六讲）。由于该文的内容与《中国小说史略》基本吻合，故《中国小说史略》一书多将其作为附录。作为《中国小说史略》的副产品，鲁迅还辑成《小说旧闻钞》和《唐宋传奇集》，分别于 1926 年和 1927 年问世。1931 年，鲁迅还为日本学者增田涉讲解中国小说史，其中提出的若干新见解，反映在增田涉翻译的《支那小说史》[1]译者注中。在这前后，鲁迅还陆续发表过一些论及中国小说研究的杂文，主要有《魏晋风度及文章与药及酒之关系》《〈游仙窟〉序言》《流氓的变迁》《关于〈唐三藏取经诗话〉的版本》《上海文艺之一瞥》《谈金圣叹》《论讽刺》和《六朝小说和唐代传奇文有怎样的区别？》等。这些杂文是鲁迅对古代小说研究的重要成果。

鲁迅在小说理论方面的贡献是多方面的，鉴于本书的性质，仅就他的几个方面谈一下自己的看法。

二、《中国小说史略》

《中国小说史略》是中国文学史上的第一部小说史，在浙江乃至中国小说史上有着开山的作用。

鲁迅自幼就特别喜欢中国古代小说，创作之余，长期致力于古代小说的研究工作，曾辑有《古小说钩沉》（1912）。1920 年 8 月，鲁迅受北京大学等高校之聘讲授中国小说史，开始对古代小说作更为深入系统的研究，写成《小说史大略》讲义，以写印本形式刊行于 1921 年。1923 年底前后刊行的排印本易名为《中国小说史大略》，由原来的十七篇增加至二十六篇。不久，他又对讲义稿作增补更改，最后定名为《中国小说史略》（二十八篇），北京大学新潮社于 1923 年 12 月和 1924 年 6 月分上下两卷出版。后来北新书局重印时，将上下卷合成了一册。1930 年 11 月，鲁迅对《中国小说史略》作了重要的修订，仍由北新书局 1931 年 7 月印行出版，即为通行本。

鲁迅作为中国古典小说研究的最杰出的学者之一，其主要学术成就及其学术影响，集中表现在如下两个方面：

第一，在系统地整理研究中国小说史资料的基础上而完成的中国第一部小说史专著，不仅从根本上结束了"中国之小说自来无史"的局面，而且建立了中国小说史的体系，成为中国小说史研究的第一块基石。

《中国小说史略》共二十八篇，除第一篇"史家对于小说之著录及论述"外，其余二十七篇以时间先后顺序，分别探讨了中国古代小说的渊源（神话与传说）；对汉朝小说的数量进行认真统计，对其真伪进行了科学的辨析；就"六朝之鬼神志怪书"和《世说新语》在中国小说史上的意义和价值进行了评论。然后，他对"唐之传奇文""宋之志怪及传奇文""宋之话本""宋元之拟话本""元明传来之讲史""明之神魔小说""明之人情小说""明之拟宋市人小说及后来选本""清末之拟晋唐小说及其支流""清之讽刺小说""清之人情小说""清之以小说见才学者""清之狭邪小说""清之侠义小说及公案"和"清之谴责小说"等，进行了详细的介绍和评论，资料十分丰富，线索非常清晰。

全书纵论中国古代小说的酝酿、产生、发展和变迁，系统而全面地梳理了中国古代小说演变发展的基本轨迹。它不仅清晰地勾勒出了中国古代小说的全貌轮廓，而且对其中各种类型的代表性作品的题材来源、故事演变、创作年代、版本流传以及作者生平事迹作了考证研究。特别是对中国古代小说的几个主要类型的划分以及特点的归纳分析，对若干代表性作品的思想内容、艺术特色和得失的论述，更是简洁而精辟，历来为小说研究者所引用。可以说，这是一部自成体系、具有历史发展完整性的中国小说通史。

作为中国的第一部小说史专著，《中国小说史略》尽管在若干问题上参考或借鉴了其他研究者（如胡适）的研究成果，也尽管"限于经济，所以搜集的书籍，都不是好本子，有的改了字面，有的缺了序跋"，[2]致使书中存在一些学术性瑕疵。对此，鲁迅也有客观清醒的认识。他在《后记》中叙述到编著此书的困难，虚心指出资料不够完备的缺陷。但总的来说，这部著作对于构建中国小说史研究学科确实具有重要的开拓性意义，郑振铎称之为"是一部奠基的大著作"，给予了准确而高度的评价。

第二，鲁迅对中国小说史的研究高屋建瓴，其方法论和具体观点为后来的研究者所借鉴，其高度概括的具体评论大多成为后人引证的经典话语。

鲁迅曾从理论上明确提出进行文学研究要讲求"史识"，[3]他的这部小说史著作就充分显示了这一要求：重视"史"的线索，即从浩繁复杂的史料和错综复杂的文学现象中，梳理出"史"的脉络。他指出，"讲文学的著作，如果是所谓史的，当然该以时代来区分"，[4]"从倒行的杂乱的作品里寻出一条进行的线索来"。[5]此外，鲁迅还注重对文学现象的内部原因和外部原因的分析，主张多侧面、多角度地分析问题，并在具体的文学研究中大量运用比较方法，以避免片面和单一，能够全面地研究文学问题和文学现象。鲁迅将文学史研究与文学资料研究区别开来，这是他的一大文学功绩。

鲁迅对中国古代小说的发展变迁及其代表性作品的一些评论话语，对古代小说研究具有指导性意义，长期为人们引用不衰，成为研究古代小说的理论依据。如第八篇谈到唐传奇和第十二篇谈到宋代小说时指出：

> 小说亦如诗，至唐代而一变，虽尚不离于搜奇记逸，然叙述宛转，文辞华艳，与六朝之粗陈梗概者较，演进之迹甚明，而尤显者乃在是时则始有意为小说。

> 宋一代文人之为怪，既平实而乏文彩，其传奇，又多托往事而避近闻，拟古且远不逮，更无独创之可言矣。然在市井间，则别有艺文兴起。即以俚语著书，叙述故事，谓之"平话"，即今所谓"白话小说"者是也。

虽短短数语，却具有重要的文学价值。前者把六朝小说发展至唐代所产生的变化，唐传奇与六朝小说的区别，即唐人有意识地创作小说，唐传奇在六朝小说的基础上发展的痕迹，均概括得言简意赅。后者准确地比较出唐传奇与宋代传奇的区别，并分析了传奇小说逐渐走向衰落的原因，指出市井平话小说的兴起，以至造成了文言小说向白话小说的转变。

鲁迅对某类或某部小说的评论，也非常精确、独到。如认为《红楼梦》的主要价值是"敢于如实描写，并无讳饰，和从前的小说叙好人完全是好，坏人完全是坏的，大不相同"，由此把"传统的思想和写法都打破了"；[6] 认为《水浒传》中的人物"因为不反对天子，所以大军一到，便受招安，替国家打别的强盗——不'替天行道'的强盗去了。终于是奴才"；[7] 还考证《西游记》中孙悟空的原型，认为这一形象是"袭取无支祁的";[8]论《三国演义》由于"作者所表现的和作者所想象的,不能一致",因而书中多有"文章和主意不能符合"的缺点,特别是"要写曹操的奸,而结果倒好象是豪爽多智;要写孔明多智,而结果倒好象狡猾"。[9]需要指出的是,他的这一见解有人提出不同看法,认为该小说的主客观主题并无明显矛盾。尽管如此,他的话对我们认识《三国演义》的实际艺术水准富还是有一定启迪性的。

鲁迅的评论往往能抓住要领,具有很强的文学洞察力。如评论《金瓶梅》时指出,"作者之于世情,盖诚极洞达,凡所形容,或条畅,或曲折,或刻露而尽相,或幽伏而含讥,或一时并写两面,使之相形,变幻之情,随在显见,同时说部,无以上之",[10]这是对《金瓶梅》的准确评价。评《儒林外史》,"迨吴敬梓《儒林外史》出,乃秉持公心,指摘时弊,机锋所向,尤在士林,其文又戚而能谐,婉而多讽:于是说部中乃始有足称讽刺之书",在结构上,"全书无主干,仅驱使各种人物,行列而来,事与其来俱起,亦与其去俱讫,虽云长篇,颇同短制"[11],这对《儒林外史》讽刺艺术的成就以及体裁结构特点的分析,也是极为中肯的。评论《聊斋志异》,能通过与其他志怪小说进行比较,准确把握其艺术成就:

> 《聊斋志异》虽亦如当时同类之书,不外记神仙狐鬼精魅故事,然描写委曲,叙次井然,用传奇法,而以志怪,变幻之状,如在目前;又或易调改弦,别叙畸人异行,出于幻域,顿入人间;偶述琐闻,亦多简洁,故读者耳目,为之一新。

鲁迅对《聊斋志异》的艺术通过比较方法概括得十分准确,文字也生动传神,可谓难得的脍炙人口的评论文字。

鲁迅的《中国小说史略》不仅小说史料极为丰富,而且理论概括独到精深,不愧是中国小说史上"小说史"著作的开山之作。

三、关于《红楼梦》的小说批评

鲁迅没有写过关于《红楼梦》的专著,他对《红楼梦》的评论主要体现在他的小说史专著《中国小说史略》和长文《中国小说的历史的变迁》中，此外还有论及《红楼梦》和有关问题的二十余篇文章。这些文字基本上写于20世纪二三十年代，其主要内容大致可分为三个方面：一是对《红楼梦》思想和艺术的评论，二是对高鹗续书和其他续书的评论，三是对《红楼梦》研究问题的评述。鲁迅通过对《红楼梦》的考证和评论，纠正了考证派的偏颇，给《红楼梦》研究指明了正确的方向。

（一）论《红楼梦》的思想和艺术

考证派把《红楼梦》称为世界文学中的二流作品，而鲁迅则驳斥了这种说法，对《红楼梦》在中国小说史上的崇高地位，对其思想价值和艺术成就给予了充分而精当的评价。

在《中国小说史略》中，鲁迅着重地指出了《红楼梦》在小说创作中的不同凡响。他说，《红楼梦》"全书所写，虽不外悲喜之情，聚散之迹，而人物事故，则摆脱旧套，与在先之人情小说甚不同"[12]。在《中国小说的历史的变迁》中，鲁迅对《红楼梦》的艺术创造及其在中国小说史、文学史上的价值和地位，更进一步作了充分的肯定。他说："至于说到《红楼梦》的价值，可是在中国底小说中实在是不可多得的。其要点在敢于如实描写，并无讳饰，和从前的小说叙好人完全是好，坏人完全是坏的，大不相同，所以其中所叙的人物，都是真的人物。总之自有《红楼梦》出来以后，传统的思想和写法都打破了。——它那文章的旖旎和缠绵，倒是还在其次的事。"[13]鲁迅非常注重《红楼梦》所体现出来的创新精神，"自有《红楼梦》出来以后，传统的思想和写法都打破了"。《红楼梦》所写的虽仍是一些"悲喜之情，聚散之迹"，但它的人物事故，却已经"摆脱旧套"，与先前那些小说大不相同。曹雪芹摒弃了才子佳人小说从概念出发去塑造公式化人物形象的方法，他笔下的人物不是简单地"好人完全是好，坏人完全是坏"，他的人物源于生活而又经过艺术的再创造，获得艺术上的高度真实性，"所以其中所叙的人物，都是真的人物"，都是现实生活中的活生生的人物。鲁迅认为，这才正是《红楼梦》思想艺术价值的突出和最宝贵之处。他的"自有《红楼梦》出来以后，传统的思想和写法都打破了"一语，真是小说史上了不起的著名论断。

鲁迅不仅把《红楼梦》与过去的小说进行比较，还把它跟以后出现的小说相比较。1934年，他在为英译中国短篇小说集《草鞋脚》所作的《小引》中指出："在中国，小说是向来不算文学的。在轻视的眼光下，自从十八世纪末的《红楼梦》以后，实在也没有产生什么较伟大的作品。"[14]通过比较和认真的分析，鲁迅认为《红楼梦》是我国自有小说创作以来最伟大的一部小说，任何作品都不能与之相比。

众所周知，《红楼梦》自诞生以来，对它进行正面评价的历代都不乏其人。但人们对《红楼梦》除称赞其写出了"人生如梦"的"真谛"外，一般也仅仅欣赏它对爱情的艺术描写和生动精细的艺术笔法等。而鲁迅首先着重从《红楼梦》的整体艺术创造，从《红楼梦》思想艺术所体现出来的创新精神来肯定它的重要意义和重要价值。认为《红楼梦》"那文章的旖旎和缠绵，倒是还在其次的事"。这就显示出，鲁迅对《红楼梦》的评论比旧红学家和胡适等人的考证派要高明、深刻得多。

鲁迅对《红楼梦》思想内容和小说主人公的评析，着重于其"悲剧"性质和社会意义。他指出："《红楼梦》中的小悲剧，是社会上常有的事。"[15]在《中国小说史略》中谈到贾宝玉"爱博而心劳，而忧患亦日甚矣"之后，着重地评述贾府"颓运方至，变故渐多"。在这种情况之下："宝玉在繁华丰厚中，且亦屡与'无常'觌面，先有可卿自经；秦钟夭逝；自又中父妾厌胜之术，几死；继以金钏投井；尤二姐吞金；而所爱之侍儿晴雯又被遣，随殁。悲凉之雾，遍被华林，然呼吸而领会之者，独宝玉而已。"在1927年所作的《〈绛洞花主〉小引》中，鲁迅对贾宝玉的社会内容进一步作了分析，并结合小说作者的思想来论述这个人物形象的塑造。鲁迅说："在我的眼下的宝玉，却看见他看见许多死亡；证成多所爱者，当大苦恼，因为世上，不幸人多。惟憎人者，幸灾乐祸，于一生中，得小欢喜，少有挂碍。然而憎人却不过是爱人者的败亡的逃路，与宝玉之终于出家，同一小器。但在作《红楼梦》时的思想，大约也只能如此；即使出于续作，想来未必与作者本意大相悬殊。惟被了大红猩猩毡斗篷来拜他的父亲，却令人觉得诧异。"[16]

鲁迅指出，贾宝玉看似痴狂乖僻，但其思想性格和言语行动，反映了封建社会一种现实，即"多所爱者，当大苦恼，因为世上，不幸人多"，而贾宝玉的出家，并非仅仅由于黛玉之死，同时也因为"他看见许多死亡"。这样，世上"不幸人多"，宝玉"看见许多死亡"，就跟鲁迅上面说到的《红楼梦》里的悲剧，"是社会上常有的事"的评述完全一致。这些评论并不只是对小说中个别人物的悲剧命运而言，也并不只是对于《红楼梦》描写内容的概括，是对《红楼梦》所反映的封建社会的黑暗现实所作的揭示和批判。鲁迅正是从《红楼梦》能够真实反映封建社会的本质面貌的社会意义的角度，来肯定它的人物描写的真实性和艺术成就。鲁迅还指出，贾宝玉的出家并不是一种偶然性的命运安排，乃是在产生《红楼梦》那样的历史条件之下作家思想状况的必然反映。他分析了在那样的社会中，"爱人"和"憎人"对于某些人来说，其间并无不可逾越的鸿沟。像贾宝玉这样的人物，就其形象发展的逻辑来说，他的出家的结局乃是处在当时历史条件下作家所能设想的道路。"憎人却不过是爱人者的败亡的逃路"，宝玉出家这一行动本身并不是应当肯定的积极的行动，所以鲁迅批评说这是"小器"。但鲁迅又历史地指出，"在作《红楼梦》时的思想，大约也止能如此"，所以《红楼梦》后面写贾宝玉出家这个结局，即使出于高鹗的续作，"想来未必与作者本意大相悬殊"。鲁迅在这里除了指出续作写贾宝玉披大红猩猩毡斗篷拜见他父亲贾政这样的描写不真实，"令人觉得诧异"之外，认为续作里面写贾宝玉的结局是出家，大致是合乎曹雪芹本意的。因为即便是曹雪芹，他也是不能超越产生《红楼梦》的时代条件的限制，无法为他笔下的主人公找到其他现实的可靠的出路，这是时代所造成的。

鲁迅评析贾宝玉形象的可贵之处在于，当红学家们正在长篇累牍、喋喋不休地争论贾宝玉这个人物形象影射谁的时候，当考证派"自传说"大为盛行的时候，他却能联系《红楼梦》所反映的社会悲剧的性质，联系处在一定历史条件之下的小说作者的思想来加以评析，并得出科学的论断。这又正是鲁迅高明于胡适等人的地方。

鲁迅除强调《红楼梦》"摆脱旧套"的创新精神之外，还肯定了《红楼梦》在语言艺术方面，特别是在对话描写方面的成就。

　　鲁迅曾经把《红楼梦》和巴尔扎克的小说相比。他说："高尔基很惊服巴尔扎克小说里写对话的巧妙，以为并不描写人物的模样，却能使读者看了对话，便好象目睹了说话的那些人"，"中国还没有那样好手段的小说家，但《水浒》和《红楼梦》的有些地方，是能使读者由说话看出人来的"。[17] 我们知道，巴尔扎克是 19 世纪法国伟大的小说家，《红楼梦》是 18 世纪的中国作品。《红楼梦》的出现比巴尔扎克的小说早得多，但它在语言艺术方面的成就不亚于巴尔扎克的作品。因为语言是思想的外壳，文学作品乃是一种语言的艺术，文学语言的成功与否对于一部文学作品来说至关重要。"能使读者由说话看出人来"，这不是一般作家都能做到的。这是跟作家对现实生活中的人物及其思想和语言非常了解和熟悉，对生活中的语言进行了提炼和加工，并且在他的小说中使人物的语言充分地典型化、个性化分不开的。只有具有鲜明的个性化的语言，才能塑造出具有鲜明的个性化的人物形象。《红楼梦》在这方面达到了很高的成就，曹雪芹实在是我国古代一位杰出的语言艺术大师。

　　鲁迅认为，《红楼梦》里的贾宝玉、林黛玉，都是写得非常成功的、富有动人艺术力量的文学典型。他曾经表述了他对《红楼梦》中人物形象的深切的感受，说："《红楼梦》里面的人物，象贾宝玉林黛玉这些人物，都使我有异样的同情。"[18] 文学作品里面的人物能够感动读者，甚至能够引起读者的"异样的同情"，这正是文学作品中人物形象具有高度的艺术真实性，在艺术上达到很高成就的标志。贾宝玉、林黛玉这一对文学形象，鲜明地保存在鲁迅的印象里，就连贾宝玉"绛洞花主""无事忙"的绰号，以及他所说的"病笃乱投医"，和林黛玉所说的"不是东风压倒西风，就是西风压倒东风"这样富有形象性和表现力的话，也为鲁迅所记得并且巧妙地运用在文章和书信里。由此可见，鲁迅对贾宝玉、林黛玉这两个人物及其语言的印象很深，也可见《红楼梦》在人物形象塑造和语言艺术上的巨大成功。

　　鲁迅对《红楼梦》思想艺术所作的这些评论，特别是关于《红楼梦》的艺术独创性，关于《红楼梦》悲剧的社会性质和贾宝玉这一典型形象社会意义的评析，放在二三十年代的历史条件下，联系当时许多有关《红楼梦》的评著来看，就更显得难能可贵。

（二）鲁迅论高鹗续书及其他续书

鲁迅认为，高鹗的后四十回，无论从思想性或是从艺术性上看，都远不如曹雪芹前八十回。他在《中国小说史略》中指出："后四十回虽数量止初本之半，而大故迭起，破败死亡相继，与所谓'食尽鸟飞独存白地'者颇符，惟结末又稍振。"[19]这就明确肯定高鹗续书中"大故迭起，破败死亡相继"的写法，是"颇符"《红楼梦》前八十回故事发展的趋势和曹雪芹原意的，并点明续书关于贾家结局安排的失误。鲁迅没有简单地肯定或否定高鹗续书，而是在分析后四十回存在的矛盾中对它加以适当的肯定和批评。他进一步分析了高鹗续书违背曹雪芹原意的原因："其补《红楼梦》当在乾隆辛亥时，未成进士，'闲且惫矣'，故于雪芹萧条之感，偶或相通。然心志未灰，则与所谓'暮年之人，贫病交攻，渐渐的露出那下世光景来'（戚本第一回）者又绝异。是以续书虽亦悲凉，而贾氏终于'兰桂齐芳'，家业复起，殊不类茫茫白地，真成干净者矣。"[20]高鹗续书中有比较成功的地方，是由于高鹗"未成进士"的处境和心情，跟曹雪芹的"萧条之感"有所相通的结果；而高鹗续书出现失误，是由于高鹗那种"心志未灰"、对封建科举和自己的仕途抱有期望的思想感情，跟曹雪芹那种"贫病交攻"、对封建社会制度的没落有更加深刻的认识，这两者"绝异"的缘故。当高鹗以他那种艳羡仕途的封建庸俗的思想感情来叙写贾氏结局的时，自然就出现了贾氏"家业复起"的结局了。鲁迅用比较的评析的方法，深刻地论述了高鹗后四十回跟曹雪芹前八十回的不同，从根本上说乃是高鹗和曹雪芹两人世界观、人生观的不同对他们在小说创作上所起的决定作用。对《红楼梦》后四十回进行如此深刻的评析，这实在是考证派不能做到的。

鲁迅对《红楼梦》、对后四十回续书和对其他续书，常常采取比较式的评论。1925年，他在《论睁了眼看》一文中写道："《红楼梦》中的小悲剧，是社会上常有的事，作者又是比较的敢于实写的，而那也并不坏。无论贾氏家业再振，兰桂齐芳，即宝玉自己也成了个披大红猩猩毡斗篷的和尚。和尚多矣，但披这样阔斗篷的能有几个，已经是'入圣超凡'无疑了。至于别的人们，则早在册子里一一注定，末路不过是一个归结；是问题的结束，不是问题的开头。读者即小有不安，也终于奈何不得。"[21]这是对《红楼梦》进行一分为二的评析，对《红楼梦》尤其是对续书中贾宝玉披阔斗篷之类的局限性和糟粕作了批判的评述之后，紧接着又评述了高鹗后四十回以外的另外一些续书。鲁迅写道："然而后来或续或改，非借尸还魂，即冥中另配，必令'生旦当场团圆'，才肯放手者，乃是自欺欺人的瘾太大，所以看了小小骗局，还不甘心，定须闭眼胡说一通而后快。赫克尔（E.Haeckel）说过：人和人之差，有时比类人猿和原人之差还远。我们将《红楼梦》的续作者和原作者一比较，就会承认这话大概是确实的。"[22]鲁迅实事求是地指出，《红楼梦》的"小悲剧"是社会上普遍的现实的反映，也指出小说中人物结局"早在册子里一一注定"的局限性，并指出高鹗续书所写的"家业再振，兰桂齐芳"和贾宝玉所披斗篷也与众不同这些封建性的糟粕，这是需要坚决摒弃的。

鲁迅认为，另外一些续书比高鹗续书更加恶劣、荒唐。在那些续书中，或则"借尸还魂"，或则"冥中另配"，必令"生旦当场团圆"，是一些"自欺欺人的瘾太大"的庸劣作家在"闭眼胡说"了。鲁迅先是比较出高鹗续书不如曹雪芹原著，继而比较出其他续书不如高鹗续书，最后又引用德国著名生物学家赫克尔（今译海克尔）的话，"将《红楼梦》的续作者和原作者一比较"，以表现出那些荒唐庸劣的续作者与伟大的小说家曹雪芹不可同日而语。

总之，鲁迅对高鹗续书的评价是比较客观的。他既适当地肯定了后四十回"颇符"曹雪芹原著之处，又指出续作违背曹雪芹原意之处，从总体上指出续作思想艺术远逊曹雪芹原著，这种评论是实事求是的。

（三）鲁迅论《红楼梦》研究问题

鲁迅对《红楼梦》研究中的错误倾向也提出了中肯的批评，发表了一些很好的看法。他最反对《红楼梦》评论和研究中的主观主义态度。他说："《红楼梦》是中国许多人所知道，至少，是知道这名目的书。谁是作者和续者姑且勿论，单是命意，就因读者的眼光而有种种：经学家看见《易》，道学家看见淫，才子看见缠绵，革命家看见排满，流言家看见宫闱秘事……。"[23]鲁迅正是在批判上述对《红楼梦》"命意"种种主观随意性的意见之后，接着表达了自己对小说中主人公和小说内容的理解："在我的眼下的宝玉，却看见他看见许多死亡；证成多所爱者，当大苦恼，因为世上，不幸人多。"的确，"读者的眼光"、评论者的眼光确是不同。在鲁迅看来，《红楼梦》乃是叙写世上"不幸人多"的作品，而贾宝玉则是一个处于此种社会，因见"许多死亡"而大苦恼的"多所爱者"。鲁迅跟那些只着眼于"淫"或"缠绵"，或主观主义地猜测书中隐藏《易》道、"排满"和"宫闱秘事"之类的看法大不相同，他着眼于《红楼梦》所反映的社会现实，所以很容易把握《红楼梦》和贾宝玉这个人物典型所反映的社会悲剧的实质。鲁迅之所以能这样来认识和评论《红楼梦》，不仅来源于他对《红楼梦》的深入的研究，更重要的是由于他对人生、对文艺以及对文学作品和社会生活的关系具有正确的深刻的理解。

鲁迅在《中国小说史略》中，曾经对《红楼梦》研究的诸种观点作了介绍和评论。他认为，在《红楼梦》研究中，"刺和申""藏谶纬""明易象"之类，是"悠谬不足辩"的说法。而对"世所广传"的"纳兰性德家事"说、"清世祖与董鄂妃故事"说和"康熙朝政治状态"说三种观点，通过引证胡适、孟森的考证成果，一一予以否定。

鲁迅在否定上述三种说法之后，认可了《红楼梦》是作者"自叙"的说法。他说："然谓《红楼梦》乃作者自叙，与本书开篇契合者，其说之出最先，而确定反最后。"他承认"自叙"说，说明当时胡适的观点影响之大，也说明鲁迅当时思想的局限性。但不同的是，鲁迅所理解的"自叙"说是："曹雪芹实生于荣华，终于零落，半生经历，绝似'石头'。"鲁迅认为曹雪芹是《红楼梦》小说中贾宝玉的模特儿；但他并没有像考证派那样，全然把贾宝玉和曹雪芹混为一谈，并进而认定小说中的贾府就是曹家。由于《中国小说史略》和《中国小说的历史的变迁》分别是鲁迅1920年在北京、1924年在西安讲学时的讲稿。他当时还未形成马克思主义文艺观，因而暂时同意了"自叙"说。后来，随着世界观的最终形成和对《红楼梦》进一步深入的认识，鲁迅纠正了自己的观点，开始批评"自叙"说了。

1936年，鲁迅在《〈出关〉的"关"》一文中，在论及小说中人物形象和模特儿的关系时写道："然而纵使谁整个的进了小说，如果作者手腕高妙，作品久传的话，读者所见的就只是书中人，和这曾经实有的人倒不相干了。例如《红楼梦》里贾宝玉的模特儿是作者自己曹沾，《儒林外史》里马二先生的模特儿是冯执中，现在我们所觉得的却只是贾宝玉和马二先生，只有特种学者如胡适之先生之流，这才把曹沾和冯执中念念不忘的记在心儿里：这就是所谓人生有限，而艺术却较为永久的话罢。"[24]鲁迅这里指出，讨论小说中人物是否有模特儿是一回事，评论小说中的人物形象则是另外一回事，胡适把二者混为一谈是荒谬的。鲁迅这些评论当然是正确的，因为优秀作家塑造的概括性很大的成功的人物典型，他所概括的社会内容和蕴藏的思想意义已远非现实中人可比。虽然塑造人物典型时采取了生活中人作模特儿，但那是经过作家艺术概括和典型化了的，这个"书中人"跟"曾经实有的人"已经是"不相干了"。

与对胡适的"自传"说的批评相联系，鲁迅还在一些文章中强调指出，文学作品的真实性并不等于记录事实。他认为，一部小说真实性的高低与否乃在于小说本身，而不在于它是否"有时不合事实"。他说："但只要知道作品大抵是作者借别人以叙自己，或以自己推测别人的东西，便不至于感到幻灭，即使有时不合事实，然而还是真实。……倘有读者只执滞于体裁，只求没有破绽，那就以看新闻记事为宜，对于文艺，活该幻灭。而其幻灭也不足惜，因为这不是真的幻灭，正如查不出大观园的遗迹，而不满于《红楼梦》者相同。"[25]这又进一步说明文学作品和新闻记事的区别。文学创作反映社会生活是经过艺术典型化的过程的，它"即使有时不合事实，然而还是真实"，这正是它的特点。大观园是文学化的产物，不能在现实中硬要找出它的遗迹。鲁迅这些论述，既是对于那种以为贾宝玉即是曹雪芹，小说中的贾府即是事实上的曹家看法的驳斥，也是对文学创作的性质和特点的很好论述。

此外，鲁迅对《红楼梦》研究中那种钩沉索隐、烦琐考证的做法是很反感的。1933 年，他在《谈金圣叹》一文中指出，《红楼梦》研究中这类做法是与金圣叹的影响分不开的："清中叶以后的他的名声，也有些冤枉。他抬起小说传奇来，和《左传》、杜诗并列，实不过拾了袁宏道辈的唾余，而且经他一批，原作的诚实之处，往往化为笑谈，布局行文，也都被拖到八股的写法上。这余荫，就使有一批人，堕入了对于《红楼梦》之类，总在那里寻求伏线，挑剔破绽的泥塘"[26]。《红楼梦》研究出现鲁迅说的"寻求伏线，挑剔破绽"的做法，一方面是跟金圣叹的影响有关，一方面也是旧红学索隐派研究习惯的遗留。

总之，鲁迅在《红楼梦》研究方面的贡献是多方面的，他批评了旧红学家的错误做法，一定程度上也纠正了新红学考证派的偏颇，他的意见是我们《红楼梦》研究者值得借鉴的。

第二节　茅盾：现代小说理论的杰出代表

浙江现代小说理论由茅盾等人推向辉煌，这也是中国现代小说理论的巅峰。茅盾不仅是浙江重要的小说作家，而且是最有建树的小说理论家之一，他在全国乃至在世界文坛上，都有着重要的一席之地。

一、茅盾的生平与文学活动

茅盾（1896—1981），原名沈鸿，又名沈德鸿，字雁冰，浙江桐乡乌镇人。他幼年丧父，在母亲严格的督促下，很早就阅读了《三国演义》《西游记》等古典名著，为以后的文学活动奠定了基础。嘉兴府中学期间，因反抗学校当局的压迫，学校当局勒令其退学，后转入杭州安定中学学习。毕业后，他考入北京大学预科。1916 年预科毕业，因家境窘迫辍学，入上海商务印书馆任编辑。随即开始在《学生杂志》《学灯》等刊物上发表文章，由此走上了文学道路。

五四运动后，茅盾积极参加新文学运动。1920 年初发表《新旧文学平议之评议》一文，表现了他的"艺术为人生"的进步见解。1921

年文学研究会成立，茅盾成为它的发起人。同年，他担任《小说月报》主编，开始对该刊物进行全面革新，促进了新文学的发展，但也因此受到顽固派的攻讦，一年后被迫辞去了主编职务。随后，茅盾又任教于上海大学，并积极参加了"五卅"运动。1926年初，他赴广州参加当时革命政党召开的会议，同年三月，"中山舰事件"发生，回到上海，年底又去大革命的中心武汉，担任《民国日报》主笔，从事革命宣传工作。茅盾在这一段时间的经历，成为其文学创作的重要素材。

茅盾早期的文学活动，主要是从事文艺理论批评和外国文学的翻译。第一次大革命失败后，他一度非常苦闷，转而进行小说创作。1927年秋至1928年春，他创作了第一部作品《蚀》。三部曲以大革命前后某些小资产阶级知识青年的思想动态和生活经历为题材，刻画了那一历史时期一部分小资产阶级知识青年的幻灭、动摇和追求以至最终失败的结局，暴露了在革命浪潮中以及在这浪潮退落以后反动势力的猖獗。茅盾当时的心情非常矛盾，他发表《幻灭》时就署名"矛盾"，后来《小说月报》编者认为"矛盾"显然是假名，怕引起反动派的注意，因而建议他改为"茅盾"[27]。1929年创作《虹》时，茅盾的情绪已明显好转。1930年春，茅盾相继完成了中篇小说《路》《三人行》等。1932年前后，茅盾创作进入高潮，先后完成了长篇小说《子夜》和短篇小说《林家铺子》《春蚕》等著名作品。尤其是《子夜》的问世，显示了无产阶级革命文学在小说创作方面的重大实绩，成为中国现代小说史上最重要的长篇小说之一。

第二次国内革命战争时期，茅盾继续开展文艺理论批评工作。他的《鲁迅论》等论作家的系列论文，系统分析了"五四"以来一些作家的创作道路和特色，是当时文艺批评的重要成果。抗战时期，茅盾最初在上海主编《烽火》周刊。上海沦陷后去香港，并辗转于长沙、武汉、广州等地。1938年中华全国文艺界抗敌协会成立，茅盾当选为理事。1941年"皖南事变"以后，他于香港写成长篇小说《腐蚀》，揭露了国民党特务机构残害人民的罪行，引起强烈反响。解放战争时期，茅盾投入反内战反迫害的民主运动，并结合国民党统治区的具体条件，积极宣传文艺为工农兵服务的文学主张。此后，他主要从事文艺理论批评和指导青年作家的工作，为新中国的文学事业作出了重要贡献。

茅盾是现代浙江最著名的小说家之一，在全国有着巨大的影响。茅盾的作品为辛亥革命以后近半个世纪内现代中国的社会风貌及其变化、各个阶层的生活动向及彼此之间的冲突，作了生动鲜明的反映，而且大多具有深厚的历史内容。

二、茅盾的小说理论贡献

茅盾是中国小说史上的伟大作家和小说理论家，在浙江小说理论史上占有极为重要的一席之地。

（一）茅盾对古代小说及其小说源头之一的神话均作了细致的分析和研究，提出了一系列重要的理论见解

五四前后，茅盾对神话产生了浓厚的兴趣，他阅读了大量有关古希腊、罗马、印度、埃及等民族的神话典籍，以及19世纪后期欧洲神话学的著作，深受英国安得路·朗的人类学方法与遗形学理论的影响。他认为，原始人的生活方式与世界观对神话的性质、内容及其产生发展，起着极为重要的制约作用，从而提出了中国神话是"中华民族信仰与生活状况的反映"的重要观点。茅盾将中国古代神话划分为三种类型：一是"原形神话"，主要反映民族历史的最初遗形；二是"变质神话"，这是由宗教迷信产生的；三是反映方士仙家思想的"次神话"。由于中国神话在发展演变中已被历史化、藻饰化、哲义化和宗教化了，所以，要研究中国古代神话就必须追根溯源，以探索其原始本相。他对原始人的生活方式与世界观进行了深入研究，并进一步论证其对神话的性质、内容、创作过程及演化的重大影响。茅盾发现，与古希腊等神话相比，中国的神话比较零散、庞杂和增饰过多，与神话的原始本相相差甚远。他在浩繁的神话资料中，通过认真的比较、辨伪、钩沉和整理工作，认定只有《山海经》《楚辞》和《淮南子》才是中国古代神话的原始典籍，其中神话价值最高的当推《山海经》。他作出如此判断是有理论根据的，即以故事是否符合"原始信仰和原始生活"为准则。茅盾对神话的理论阐释，是中国神话学研究的重要成就。

除了神话理论的建树外，茅盾用力最勤的还是对小说的研究。他采用中西对比的手法，对中国古代小说的进行重新认识和评价，力图探寻出中国小说的弊端，以便使中国小说能够沿着正确的方向发展，其《中国文学内的性欲描写》就是这类理论文章的代表。他认为，中国古代小说作品中不少都涉及性欲的描写，从理论上讲，这是允许的，西方小说中就有很多成功的例子。但是，中国古代小说在性欲描写方面却走向了极端。众所周知，男女性爱本来是对封建道德的叛离，是人的个性的张扬，而中国古代小说中不少作品涉及大量的性描写，与思想的进步根本沾不上边，这哪里算得上是真正的文学！茅盾对中国古代小说有关性欲描写内容进行全面考察后，认为性欲小说的源头乃是汉代人所撰《飞燕外传》。从小说发展史上的角度来说，从汉代的《飞燕外传》到宋代的《迷楼记》，再到明代的《金瓶梅》，直至清代的《肉蒲团》，可以说是文言小说向白话小说的发展演变，但同时也证明了色情描写逐渐增加的事实。茅盾认为，之所以出现这种文学现象，是与不同时代的性观念有着密切的关系。法国作家莫泊桑的《漂亮朋友》，其实也涉及了性欲描写，但该作品中的性描写完全出于反映社会生活的需要，是小说的有机组成部分；而《金瓶梅》中存在的大量赤裸裸的性变态描写，是与反映世情完全无关的，这显然与明代自成化后朝野竞供房术的风气有着密切的关系。茅盾认为，中国古代小说的性描写之所以落后于西方，一是"禁欲主义的反动"；二是"性教育的不发达"。如此绝妙的分析，是茅盾长期对中西小说研究的结果，是对小说理论的重要贡献。

茅盾高度评价《水浒传》《红楼梦》《儒林外史》的现实主义艺术成就，尤其对《水浒传》特别欣赏。他在《谈〈水浒〉的人物和结构》一文中指出，《水浒传》人物描写艺术非常出色，尤其"善于从阶级意识去描写人物的立身行事"，作品"人物的一切都由人物本身的行动去说明"。小说的结构安排，更体现了作者的匠心独运，善于"把若干主要人物的故事分别编为各自独立的短篇或中篇"，同时又能做到"前后勾联""变化错综"，实在是了不起的成就。茅盾的这些精辟的论述，表现了高超独到的艺术眼光，但他断言《水浒传》在结构方面胜过《红楼梦》，似乎有些夸大其辞了。

需要指出的是，茅盾是一位社会活动家，他对现实主义小说情有独钟，对古代浪漫主义小说评价不高，这主要体现在他的《夜读偶记》（1958）中。他认为古代小说发展史就是现实主义与反现实主义的历史，浪漫主义属于反现实主义，其成就无法与现实主义比肩，这是他小说批评的一大局限。

（二）"人生文学"主张的理论价值

作为文学理论家，茅盾提出了"人生文学"的概念，对后世小说创作产生了重大影响。这一主张有着非常丰富的内涵：

第一，文学与人种。茅盾指出："文学与人种很有关系。人种不同，文学的情调也不同，那一种人，有那一种的文学，和他们有不同的皮肤、头发、眼睛等一样。"[28]他认为，东方民族比较含蓄，因此东方文学具有超现实性；而西方民族较为坦率奔放，所以西方文学更注重现实性。但西方不同的民族，其文学又有差异，比如英国文学和法国文学相较，由于法国人更为外向，因此法国小说中的人物也就显得更热烈、更活泼。我们认为，茅盾所说的文学与人种的关系，其实就是文学与民族的关系。不同的民族，所创造的文学自然也就不同，这就是所谓文学的民族特色。茅盾关于文学与人种关系的论述，是我们研究民族文学的重要理论武器。

第二，文学与环境。茅盾指出："环境和文学，关系非常密切，不是在某种环境之下的，必不能写出那种环境；在那种环境之下的，必不能跳出了那种环境，去描写出别种来。"他认为，现实主义作家不可能脱离他所处的环境，其作品必然是当时环境作用的产物，否则作品就不可能具有真实性。我们知道，恩格斯就特别重视文学与环境的关系，他在《致哈克奈斯》的信中所提出的"典型环境中的典型人物"是著名论断，就是强调环境的重要性。茅盾当时还不是马克思主义理论家，但他的文学见解与马克思主义文学观是相通的，这也体现了文学理论的客观性。他认为，尽管有的作家声称自己的作品与环境无关，其实这是欺人之谈，其作品必然要受到环境的影响。不过，浪漫主义文学中确实存在一些表现神秘自然的诗歌作品，似乎与环境关系不大，但如果从诗人对环境的超越来看，其实仍是对环境的认同，因为他们的诗歌的内涵仍和他们所处的环境有着密切的关系。茅盾不仅强调文学是环境的产物，而且还提出作家如果对所处环境比较陌生，可以主动去熟悉和改变自己的环境，否则就无法创作出真实的文学作品。他指出："在能做小说的人去当兵打仗以前，我们大概没有合意的战争小说可读，正如在无产阶级不能执笔做小说以前，我们将没有合意的无产阶级小说可读一样。"[29]也就是说，作家如果对所处环境不熟悉，自然写不出真实的作品，但一旦熟悉了自己的环境，也就自然而然写出真实的作品。需要指出的是，茅盾重视环境对文学的制约作用，但更强调社会环境的作用。他指出："环境本不是专限于物质的，当时的思想潮流，政治状况，风俗习惯，都是那时代的环境。"他所说的文学与环境的关系，实际上主要指文学与社会环境的关系。总的来说，茅盾认为，环境特别是社会环境，对文学创作是至关重要的，这是茅盾现实主义理论的精髓所在，对后世的文学创作产生了重大的影响。

第三，文学与时代。茅盾谈到文学与时代的关系时指出，"时代精神支配着政治、哲学、文学、美术等等，犹影之与形"。他认为，文学不可能不受时代精神的支配，因此，不同的时代就有不同时代的文学，而同一时代必然会产生共同时代的文学。他具体解释说："各时代的作家所以各有不同的面貌，是时代精神的缘故。""同一时代的作家所以必有共同一致的倾向，也是时代精神的缘故。"茅盾所论述的是文学的时代精神问题，这是小说研究中的重要理论课题，也是最基本的问题之一。

第四，人格与环境。茅盾还非常重视作家的人格与环境的关系，他指出："从事革命的人，讲话总带着革命的气概；生在富贵人家的，虽热心于平民主义，有时不期然而然的有种公子气出来。"茅盾认为，作家的人格形成不是偶然的，这是由他们所处的环境决定的。文学创作与环境关系密切，作家的人格也与环境密不可分，可见，环境与文学的关系是多么值得重视，这是文学理论的一个重要课题，茅盾反复强调环境与文学的关系不是偶然的。

第五，文学与人生。茅盾特别重视文学对人生的指导意义。他认为文学源于人生，但它又可以指导人生。他指出："文学的职务乃在以指示人生向更美善的将来这个目的寓于现实人生的如实表现中。"[30]这是茅盾对文学价值和意义的正确理解，是对文学与人生的关系的最好阐释。他认为，文学只有具备改造人生的功能，才算是真正意义上的文学，才是进步的文学。不过，茅盾过于强调文学对人生的反作用力，这又有些夸大文学的作用，这是不符合马克思主义文学观的极端理解，把文学与人生的关系进行了片面化的解释。

作为人生派的代表人物，茅盾的上述文学主张产生了积极的影响，对当时及以后的小说创作具有一定的促进作用，在浙江现代小说理论史上具有重大的意义，也是中国小说理论的一大收获。

（三）关于文学的"客观性"

茅盾非常重视文学的"客观性"。他认为，作家要写出真实的优秀作品，就必须提高自己的思想，还要深入到实际生活中去。但茅盾并非一开始就如此，他提出文学的"客观性"之前，也曾走过一段弯路。

茅盾早年并不欣赏现实主义，而是接受了表象主义和新浪漫主义等的影响。谈到现实主义文学，他曾指出其存在着严重的缺点：

> （艺术）本来不能专重客观，也不能专重主观。专重主观，其弊在不切实；专重客观，其弊在枯涩而乏轻灵活泼之致。讲到批评呢，虽是写实主义的好处，同时也是写实主义的缺点。他把社会上各种问题一件一件分析开来，尽量揭穿他的黑幕，这一番发聋振聩的手段，原自不可菲薄；但是徒事批评而不出主观的见解，便使读者感着沉闷烦扰的痛苦，终至失望。[31]

这说明，茅盾早期并没有真正理解现实主义，反而觉得表象主义等更值得提倡。他曾说："我们提倡写实一年多了，社会的恶根发露尽了，有什么反应呢？可知现在的社会人心的迷溺，不是一味药所可医好，我们该并时走几条路，所以表象该提倡了。"并错误地认为，浪漫的理想和激情可以刺激人们的热情，鼓舞起人们拯救社会的勇气。

茅盾倡导表象主义和新浪漫主义不久，又转而提倡自然主义。20

世纪 20 年代，茅盾写了《文学和人的关系及中国古来对于文学者身份的误认》《自然主义与中国现代小说》等论文，开始重视文学的"客观性"问题。他在评论中国现代小说时，开始把"客观性"当作基本依据，批评那些没有进行"客观描写"的作品。当时文坛上流行的黑幕小说、言情小说、"礼拜六"派小说等，就违反了真实性原则，茅盾将这些作品称之为旧小说，属于旧文学的范畴；而对坚持客观描写的作品，就称之为新文学。茅盾还具体归纳了旧小说的特点：一是只会呆板记述而不会生动描写，毫无韵味可言；二是没有客观的观察，只是向壁虚构；三是仍坚持消遣游戏类的落后的文学观念。茅盾尤其反对落后的文学观念，主张新文学，即文学创作应坚持"客观描写"，大力提倡自然主义文学。他指出：

> 以文学为游戏为消遣，这是国人历来对于文学的观念；但凭想当然，不求实地观察，这是国人历来相传的描写方法；这两者实是中国文学不能进步的主要原因。而要校正这两个毛病，自然主义文学的输进似乎是对症药。[32]

茅盾所谓自然主义，其核心就是"写实"，就是强调文学的"客观性"，这与法国作家左拉的自然主义主张是有区别的。茅盾希望通过引进自然主义来扭转人们的文学观念，引导中国新文学向正确的轨道上发展。

茅盾从倡导自然主义起，一生都在坚持文学的客观性，从未改变或动摇过。他始终坚持唯物主义思想，这是他能够保持进步文学主张的重要保证。在中国现代文学史上，茅盾的文学"客观性"主张一直起着指导性的作用，它维护了现实主义文学，纠正了非现实主义的倾向。但毋庸讳言，茅盾毕竟是政治活动家，他把政治与文学联系得太紧密，这就导致了其文学客观性主张的极端化。他在《关于所谓写真实》（1958）一文中指出："把暴露社会的阴暗面作为写真实的要求，在旧社会里，也还说得过去，可是在我们这新社会里，却是荒唐透顶的。"[33]他认为新社会没有弊端可以暴露，社会主义制度下是没有阴暗面的，这显然是当时"左"的思潮对他影响的结果。

总的来说，茅盾所坚持的文学"客观性"原则是完全正确的，他的这一文学主张促进了浙江和我国现实主义小说的创作，为现代文学、现代小说的发展指明了发展方向。

三、茅盾论《红楼梦》[34]

茅盾[35]不是专门的红学家。在文学上，他的创作、翻译和评论，都取得了辉煌的成就。仅就文学评论而言，他所涉及的范围，也是非常宽广的。评论《红楼梦》，在他全部文学评论中所占比例极小。但是，他分别在20世纪30年代和60年代所写的《节本红楼梦导言》[36]和《关于曹雪芹》[37]，却是两篇非常有价值的红学研究论文。

今天我们对"百年红学"进行回顾与反思时，重读茅盾先生这两篇文章，不仅感到非常亲切，而且仍然能够从中获得有益的启迪。当然，这两篇文章都是历史的产物，文章的时代已经距离我们很远了。因此，在今天看来，文章难免有一些不足，尤其是《节本红楼梦导言》在对《红楼梦》的评价方面，便有着明显的缺陷。

由于过去学界在茅盾研究中对茅盾的红学思想有所忽略，即便有谈论茅盾与《红楼梦》这有论题的，也基本上着眼于茅盾的作品如何借鉴《红楼梦》的问题，所以本文通过对《节本红楼梦导言》和《关于曹雪芹》两篇文章的重新解读，不仅试图深入探讨茅盾红学观点的独到精深之处，而且也想就茅盾红学研究的发展，略陈浅见。

茅盾的《节本红楼梦导言》，是为20世纪30年代开明书店出版节本《红楼梦》所写。最值得注意的，是文章的第四部分。在这一部分中，茅盾指出了《红楼梦》的四个特点，并予以充分肯定和高度评价，这在当时对于人们阅读和了解《红楼梦》是有重要启发意义的。

第一，茅盾在文中特别强调《红楼梦》具有"自叙传性质"和"写实的精神"。他指出：

> 《红楼梦》以前，中国没有自叙传性质的小说，这话，前面已经说过了。《水浒》，自然也是一部伟大的杰作，——在社会意义上，比《红楼梦》还要伟大些；但是《水浒》这书，是同一题材下的许多民间故事，经过了一二百年的长时间的发展，然后"形

成"了的。《水浒》，严格说来，不是"个人的著作"。《红楼梦》是不同的。它是"个人著作"，是作者的生活经验，是一位作家有意识地应用了写实主义的作品。所以从中国小说发达的过程上看来，《红楼梦》是一个新阶段的开始。可惜乾隆初年《红楼梦》"出世"以后，虽然那时的文人惊赏它的新奇，传抄不已，虽然有不少人续作，然而没有一个人依了《红楼梦》的"写实的精神"来描写当时的世态。所以《红楼梦》本身所开始的中国小说发达史上的新阶段，不幸也就"及身而终"了。

这是就创作主体而言的。在这里，茅盾把《红楼梦》与《水浒传》进行了对比，并且以退为进，先抑后扬，认为《水浒传》不是"严格"意义的"个人的著作"，而《红楼梦》则是真正意义的"个人著作"，并且"是作者的生活经验，是一位作家有意识地应用了写实主义的作品"。不仅如此，他还把《红楼梦》放到整个小说发展史中，用发展的眼光来考察，认为正因为《红楼梦》是凝结着作者"生活经验"的"写实主义"的"个人著作"，所以"《红楼梦》是一个新阶段的开始"。同时，他既为《红楼梦》开辟了"中国小说发达史上的新阶段"而非常欣喜，同时也为后来很多人的"续作""没有一个人依了《红楼梦》的'写实精神'来描写当时的世态""《红楼梦》本身所开始的中国小说发达史上的新阶段，不幸也就'及身而终'了"而十分惋惜。

第二，茅盾还特别强调《红楼梦》中的"把女子作为独立的人格来描写"。他指出：

> 《红楼梦》是写"男女私情"的。《红楼梦》以前，描写男女私情的小说已经很多了，可是大都把男人作为主体，女子作为附属；写女子的窈窕温柔无非衬托出男子的"艳福不浅"罢了。把女子作为独立的人格来描写，也是《红楼梦》创始的。贾宝玉和许多"才子佳人小说"里的主人公不同的地方，就在贾宝玉不是什么"风流教主""护花使者"，而是同受旧礼教压迫的可怜人儿。《红楼梦》中那些女子都是活生生的人，都是作者观察得的客观的

人物，而不是其它"才子佳人"小说里那些作者想象中的"美人儿"。这一点，也是曹雪芹开始的"新阶段"，但后来人并没有能够继续发展。

这是就创作题材而言的。在这里，茅盾认为《红楼梦》是描写"男女私情"的，这本身似乎没有什么了不起的，但是《红楼梦》与一般的描写"男女私情"的小说相比，却有着本质的不同。那些小说，"大都把男人作为主体，女子作为附属；写女子的窈窕温柔无非衬托出男子的'艳福不浅'罢了"，《红楼梦》高就高在"把女子作为独立的人格来描写"。并指出："把女子作为独立的人格来描写，也是《红楼梦》创始的。"而且认为贾宝玉与"才子佳人小说"里的主人公也不同，他"不是什么'风流教主'，'护花使者'，而是同受旧礼教压迫的可怜人儿"。认为《红楼梦》中的女子都是现实生活中"活生生的人"，而不是其他"才子佳人"小说里那些"作者想象中的"脱离生活的"美人儿"。并指出这也是曹雪芹开始的"新阶段"，感叹后人未能"继续发展"。

第三，茅盾强调了《红楼梦》高超的写作技巧，尤其是人物描写的技巧。关于《红楼梦》的人物描写，茅盾指出：

> 《红楼梦》的技巧也是后来人不曾好好儿发扬光大的。《红楼梦》写"人物"的个性，力避介绍式的叙述而从琐细的动作中表现出来。林黛玉在书中出场以后，作者并没有写一段"介绍词"来"说明"林黛玉的品貌性格；他只是从各种琐细的动作中表现出一个林黛玉来。读者对于黛玉的品貌性格是跟着书中故事的发展一点一点凝集起来直到一个完全的黛玉生根在脑子里，就像向来认识似的。《红楼梦》中几个重要人物都是用的这个写法。

这是就创作技巧而言。在这里，茅盾举林黛玉的形象描写，来说明"《红楼梦》写人物的个性"的特点，在于"力避介绍式的叙述而从琐细的动作中表现出来"，读者对于人物的"品貌性格"，完全是"跟着书中故事的发展一点一点凝集起来直到一个完全的"的人物形象"生根在脑子里，就像向来认识似的"。如果能够"力避介绍式的叙述"，则可以避免使人物描写枯燥，缺乏形象感。如果能够"从琐细的动作中表现出来"，则可以让人物活起来，呈现出立体感。茅盾这样来概括《红楼梦》人物描写的特点，问题抓得非常准，可谓一言中的。

为了充分说明问题，茅盾还就此把《红楼梦》与《水浒传》再次进行对比。他指出：

> 《水浒》的人物描写也是好极的，也是用了这个写法的；但是《水浒》中人物的个性在接连几"回"的描写中就已经发展完毕，以后这个人物再出现时就是"固定"的了，不能再有增添；例如武松，如鲁达，在专写他们那几回书中，他们是活的，但在武松鲁达合传的那一回书里，这两个人物就都没有什么精采。所以《水浒》写一百八个人的个性（其实不过写了三十几个）是写完了一个再写一个，故到后来这些已经写过的人物再出现时，就呆板板地没有精采。《红楼梦》则不然。《红楼梦》里许多人物都是跟着故事的发展而发展的，尽管前面写王熙凤已经很多，你自以为已经认识这位凤辣子了，然而后来故事中牵着凤姐儿的地方，你还是爱读，还是觉得这凤姐始终是活的。

应该说《水浒传》在人物描写上已经取得了很高的艺术成就，甚至《红楼梦》的人物描写也对《水浒传》有所借鉴，尤其是"力避介绍式的叙述而从琐细的动作中表现出来"这一点，对《红楼梦》当不会没有影响的。所以茅盾先生肯定"《水浒》的人物描写也是好极的，也是用了这个写法的"。但是《水浒传》对这样的写法不能坚持，而是人物个性很快就"发展完毕"，以后人物个性便基本"固定""不能再有增添"，甚至一些"已经写过的人物再出现时，就呆板板地没有精采"。哪怕是类似武松、鲁达这样重要的人物形象，也是如此。可是《红楼梦》写人物则不然，很多"人物都是跟着故事的发展而发展的"。王熙凤就是典型的一例。并不是王熙凤刚出场时光芒四射，以后渐渐地便黯然无光了，而是不管什么时候，什么场合出来，王熙凤形象同样会跃然纸上，栩栩如生，同样会富于光彩，摄人心魄，所以"尽管前面写王熙凤已经很多，你自以为已经认识这位凤辣子了，然而后来故事中牵着凤姐儿的地方，你还是爱读，还是觉得这凤姐始终是活的"。这样的分析，便很自然地使我们想起了王昆仑先生《王熙凤论》中的名言："在《红楼梦》一部大书的开始，我们第一次看到王熙凤，她那活跃出群的言动，彩绣辉煌的衣装，就能使人觉得这个人物声势非凡。"[38]"《三国演义》的读者恨曹操，骂曹操，曹操死了想曹操。《红楼梦》的读者恨凤姐，骂凤姐，不见凤姐想凤姐。"[39]如果人物不发展，小说自然也就不耐读了。

第四，茅盾强调《红楼梦》不"扭捏做作"，自然灵活。他指出：

> 《红楼梦》没有扭捏做作的。全书只写些饮食男女之事，并没有惊人的大事，但同类性质的书往往扭捏做出许多"惊人之笔"，希望刺激读者的感情，结果反令人肉麻。《红楼梦》并不卖弄这样的小巧。它每回书的结尾处只是平淡地收住，并没留下一个"闷葫芦"引诱读者去看它的下一回书。但是读者却总要往下看，不能中止。《红楼梦》每一回书中间也没有整齐的"结构"。它只是一段一段的饮食男女细事，但是愈琐细愈零碎，我们所得的印象却愈深，就好像置身在琐细杂乱的贾府的生活中。"整齐的结构"自然是好的，不过硬做出来的"整齐的结构"每每使人读后感到不自然，觉得是在"看小说"，觉得"不真"。

这是就创作风格而言。在这里，茅盾指出了《红楼梦》创作追求平淡自然的特点，认为"《红楼梦》没有扭捏做作的"。《红楼梦》的题材是家庭日常生活，因此"只写些饮食男女之事，并没有惊人的大事"，但同类性质的小说却喜欢故作"惊人之笔"，并常常在每回结尾处留下一个"闷葫芦"，想以此抓住读者，结果却适得其反，令人感到"肉麻"，这就是"扭捏做作"。《红楼梦》在艺术上却以平淡自然取胜，"不卖弄这样的小巧"，不追求硬做出来的"整齐的结构"，这样的描写更真实，更可信，使读者通过作品细腻而真实的描写，走进小说所展示的艺术境界之中，"就好像置身在琐细杂乱的贾府的生活中"。

自然天成向来是中国古代文学的一个审美尺度。宋代包恢《答曾子华论诗》："古人于诗，不苟作，不多作。而或一诗出，必极天下之至精：状理则理趣浑然，状事则事情昭然，状物则物态宛然，有穷智极力所不能道者，犹造化自然之声也。盖天机自动，天籁自鸣，鼓以雷霆，犹顺以动，发自中节，声自成文，此诗之至也。"真实自然的作品，才可能动人。而"扭捏做作"的作品，则不可能成为优秀的作品。《老子》："天法道，道法自然。"受老庄思想的影响，中国古代批评家都非常推崇平淡自然。司空图《诗品》中专设"自然"一格："俯拾即是，不取诸邻。俱道适往，着手成春。如逢花开，如瞻岁新。真与不夺，强得易贫，幽人空山，过雨采苹。薄言情语，悠悠天韵。"这些说的都是诗歌，后来自然天成的尺度又成为批评家衡量小说戏曲的重要标准。李挚《杂说》："《拜月》《西厢》，化工也；《琵琶》，画工也。夫所谓画工者，以其能夺天地之化工。而其孰知天地之无工乎？近夫天之所生，地之所长，百卉具在，人见而爱之矣；至觅其土，了不可得。岂其智固不能得之欤？要知造化无工，虽有神圣，亦不能识化工之所在，而其谁能得之？由此观之，画工虽巧，已落二义矣。"提出"化工""画工"之辨，认为"化工"之作远在"画工"之上。[40]《红楼梦》在风格上表现出了追求自然平淡的特征，是典型的"化工"，而不是"画工"，因此茅盾先生指出《红楼梦》的这一特点，是很有艺术审美眼光的。

平心而论，茅盾在《节本红楼梦导言》中所持观点，在今天看来，不一定都合适，有的看法，就明显有缺陷。对此，我们也不应该因作者是名家，就视而不见，避而不谈。

这里所说的缺陷，主要体现在茅盾对《红楼梦》进行"删削"的"原则"和"标准"方面。

因为开明书店要出版节本《红楼梦》，于是究竟该如何"删削"，这就成了一个关键问题。茅盾特别赞赏陈独秀关于《红楼梦》可以"删削"的著名观点，他指出：

陈独秀先生曾说："我尝以为如有名手将《石头记》琐屑的故事尽量删削，单留下善写人情的部分，可以算中国近代语的文学作品中代表作。"（见东亚版《红楼梦》陈序）在下何敢僭称"名手"，但对于陈先生这个提议，却感到兴味，不免大着胆子，唐突那《红楼梦》一遭儿。

诚然，"金无足赤"，《红楼梦》也并非尽善尽美。但是陈独秀认为可以"将《石头记》琐屑的故事尽量删削，单留下善写人情的部分"，恐怕是言重了，如果真的"尽量删削"，《红楼梦》的特色大概也就不复存在了。而当年的茅盾先生对陈独秀这个"提议"，很感兴趣，他对《红楼梦》的"大着胆子"的"删削"，就是以陈独秀的观点为依据的。由此人们就可以料到经过"删削"的《红楼梦》当是什么样子了。当然，在主观上，茅盾还不至于"唐突"《红楼梦》的，所谓"唐突"之说，当然是作者的自谦之辞。

　　茅盾首先说，"自家私拟了三个原则，以为'尽量删削'的标准"。我们且看茅盾所拟的"第一个原则"：

　　"通灵宝玉""木石前盟""金玉姻缘""警幻仙境"等等"神话"，无非是曹雪芹的烟幕弹，而"太虚幻境"里的"金陵十二钗"正副册以及"红楼梦新曲"十二支等等"宿命论"又是曹雪芹的遁逃薮，放在"写实精神"颇见浓厚的全书中，很不调和，论文章亦未见精采，在下就大胆将它全部割去。只有贾宝玉口里衔来的那块玉因为全书中屡屡提及，好像是一根筋，割了就不成样子，只得让它留着；但是讲这块玉的来历的"神话"却不便照留。又贾宝玉最后一次"失玉成病"以及茫茫大士、渺渺真人三番两次的"鬼混"，倘使全删前后故事很难接榫，因此只删了一部分。这完全是为了迁就"故事"。若依"文章"而论，则此一桩"公案"本为高鹗续作，意义技巧，两无足取。还有贾宝玉最后一次游历"太虚幻境"，偷看了册子居然醒后记得牢牢地一段，也是高鹗的败笔，但删之无伤于故事的联络，所以就删了去。

《红楼梦》并非一般意义上的小说，它的创作方法，并非单一的，很难用哪一种具体的方法或什么"主义"去概括，过去人们虽然试图用什么"自然主义""写实主义""现实主义"或"现实主义与浪漫主义相结合"来说明《红楼梦》的创作方法，但都缺乏说服力，因此周思源有专著探讨《红楼梦》的创作方法。[41]但是，有一点，大家的看法应该是一致的，那就是作者自己所说的"真事隐去""假语村言"和小说中"太虚幻境"中的"假作真时真亦假，无为有处有还无"的对联，是理解小说创作方法的关键。于是小说中神话描写，与此是十分和谐的。"通灵宝玉""木石前盟""金玉姻缘""警幻仙境"等等"神话"，是深含寓意的，如果把这些都"删削"了，恐怕《红楼梦》整个小说不论立意、结构、人物、环境，都会有了损伤。特别是《红楼梦》的第五回，是理解全书至关重要的一回，其中的判词关系到小说人物的性格发展，命运结局，特别是它关系着后四十回所写是否符合曹雪芹的原意等重要问题，如果真的"删削"光了，《红楼梦》的魅力是会大打折扣的。

在上世纪二三十年代，持这种观点的人，并不是非常少的。如佩之在《红楼梦新评》中曾有关于所谓《红楼梦》"缺点"的论述，其第一点是："书中最大的缺点，是太虚幻境的几段神话。其实作者删去这几节，不必把他插入，与这书的价值，毫无所损。如今多了这几节，反觉得近于神秘派的小说，不是实在有价值的书。""文学原是时代的产物，作者生在这个时候，自然不能脱去旧时的习惯，用荒唐的话，来作个引子。然而把这书来比较《西游记》《水浒传》(《水浒传》中，也有神话)，已经是思想界上，艺术界上的一个大进步了。""但是这几节，也不是纯粹的神话，他原说明是梦境。梦境与神话，却有些分别了。"[42]茅盾所说与此没有本质的区别。

我们再看茅盾所拟的"第二个原则"：

> 大观园众姊妹结社吟诗，新年打灯谜，诸如此类"风雅"的故事，在全书中算得最乏味的章回。从前中国有些作家都喜欢在书中插进些诗歌酒令等等，无非要卖弄他有几首"好诗"和几条

"好酒令"；曹雪芹于此也未能免俗。这一部分风雅盛事，现在也全部删去。但是"大观园试才题对额"一大段文字却因介绍"大观园"的，就便留着。

在这里，茅盾把"大观园众姊妹结社吟诗，新年打灯谜，诸如此类"故事，说成是"在全书中算得最乏味的章回"。又说在小说中"插进些诗歌酒令等等"，无非是要卖弄自己的才学，"曹雪芹于此也未能免俗"。这样的看法，也是很不合适的。《红楼梦》中的诗词、灯谜，是小说表现主题、刻画人物、揭示矛盾、推进情节等的重要手段，曹雪芹并没有借此炫耀自己的才学，当然我们也不能完全排除曹雪芹在创作《红楼梦》时，也有"以才学为小说"的倾向，但是他在为人物创作诗词和灯谜的时候，主要考虑的还是为小说思想艺术服务的。我们可以设想，如果没有了林黛玉的《葬花吟》，元春的"爆竹谜"等，《红楼梦》的思想和艺术价值都会受到很大的影响。另外，"大观园试才题对额"也不仅仅是介绍"大观园"，其中也有很多深层蕴涵，比如对于贾政、贾宝玉和众清客形象的刻画，就非常值得我们深入探讨。

我们再看茅盾所拟的"第三个原则"：

> 宝玉挨打，是一大段文字，"王熙凤毒设相思局，贾天祥正照风月鉴"，又是一大段文字，贾政放外任，门子舞弊，也是一大段文字，可是这几段文字其实平平，割去了也和全书故事的发展没有关系，现在就"尽量删削"了去。此外，如焙茗闹书房、蒋玉菡的故事，贾琏和多姑娘的故事等等横生的枝节，留则碍眼，不留也无所谓可惜，现在也一笔勾消。至于秦可卿的丧事，元妃省亲，除夕祭宗祠，元宵开夜宴，贾母丧事等等，本在可删之列，但是这几段文章铺写封建贵族的排场，算得很好的社会史料，所以就留下来了。此外小小删节之处，不能一一列举，而删节的理由也不外是"并不可惜"而已。

"宝玉挨打"是《红楼梦》中非常重要的一个情节，并非一般意义上的

"老子打儿子"之类。就思想意义看，小说借此表现了多方面的内容，如贾宝玉走什么样的人生之路，"木石前盟"和"金玉良缘"的冲突等，都是非常重要的问题。就人物刻画看，小说借此刻画了贾政、贾宝玉、林黛玉、薛宝钗、袭人、贾母、王夫人等一系列人物形象，并形象地展示了复杂的人物关系和矛盾冲突。就结构安排看，这是全书一个大的波澜，关系到全书的整体布局。而就艺术效果看，这一节也是写得十分动人的，富于艺术感染力，并非如茅盾所说："文字其实平平，割去了也和全书故事的发展没有关系。"

作为节本，考虑到读者的接受，茅盾"尽量删削"一些内容，这也未尝不可，并且他所作的"删削"，也不是全无道理。但是"总计的前后删削，约占全书五分之二"，还是"删削"太多了，对《红楼梦》的"伤害"是不可避免的。特别是茅盾先生在三个"删削原则"中对《红楼梦》一些情节的观点，的确存在缺陷，我们今天不能再为名者讳，为尊者讳，为亲者讳，应该指出其不足，以为前车之鉴。

此外，在《节本红楼梦导言》中，茅盾在把《红楼梦》与《水浒传》进行对比时，认为"《水浒》，自然也是一部伟大的杰作，——在社会意义上，比《红楼梦》还要伟大些"，这样的看法，也不是很公正的，至少对《红楼梦》的"社会意义"评价很不够。当然，这样的观点，在当时也不止茅盾一人。其实胡适、俞平伯、鲁迅等人也都有类似的观点。不过，在程度上还是有区别的，俞平伯、鲁迅等人在世界文学范围内，认为《红楼梦》成就略低，而在中国文学中，对《红楼梦》成就的评价还是相当高的。对此，浙江师大的刘永良教授在《俞平伯、鲁迅评红谬论》[43]曾有较详尽的瓶述。而茅盾在中国文学中，却认为《红楼梦》的"社会意义"不及《水浒传》。

《关于曹雪芹》是茅盾建国之后所写的一篇重要研究论文，发表于1963年。这篇文章篇幅较长，正文近万字，是一篇红学力作，深入、系统而精辟地论述了有关曹雪芹和《红楼梦》的很多问题，产生了较大影响。不仅文章正文很有意义，而且文末作者所加的十四条附注，长达九千字，对有关红学的资料，作了细致的梳理，对于《红楼梦》研究也非常有参考价值。不仅如此，作者还在写了《〈关于曹雪芹〉第三次修改的几点说明》一文，分五点就对《关于曹雪芹》的修改，作了较详尽的说明，并表示"如续有意见提出来，很欢迎，以便考虑再作第四次修改"。[44]

在《关于曹雪芹》中，茅盾对于曹雪芹和《红楼梦》的评价非常高。上文所说那些对《红楼梦》评论上的缺陷或云偏差，在本文中基本上都得到了纠正，这也说明茅盾红学观点的发展。

这里先谈茅盾对曹雪芹的评价。他在《关于曹雪芹》中，把曹雪芹与莎士比亚并称：

> 世人艳称，历来研究莎士比亚的著作，汗牛充栋，自成一图书馆。这番话，如果移来称道曹雪芹及其不朽的巨著《红楼梦》，显然也是合适的。

> 莎士比亚的身世乃至其作品的著作权，向来就是聚讼纷纭，直至今日还有人提出大胆的怀疑。曹雪芹在这方面，并不比莎士比亚运气好些。他"十年辛苦"的结晶，在他生前固有"谤书"之嫌，仅在极少数的至亲好友中传观；而在他死后三十年间，《红楼梦》前八十回，虽已转辗传抄，盛行于当时的士大夫阶层，然而这位伟大作家的身世却淹没无闻。

把曹雪芹及其《红楼梦》与世界著名文学家及其代表作相比，早在王国维时就开始了。王国维在《红楼梦评论》中指出："夫欧洲近世之文学中，所以推格代之（即歌德，笔者注）《法斯德》（即《浮士德》，笔者注）为第一者，以其描写博士法斯德之苦痛及其解脱之途径最为精切故也。若《红楼梦》之写宝玉，又岂有以异于彼乎！"[45]莎士比亚是世界上非常著名的戏剧文学大师，影响巨大深远。茅盾先生把中国的曹雪芹与英国的莎士比亚相提并论，可以想见曹雪芹在茅盾心中的地位。这样的比拟还是很有道理合适的。他们的创作，他们的著作权，他们的身世，等等，有很多问题都是学界向来所关注的。刘梦溪也曾指出："甲骨学和敦煌学，在世界上有东方显学之目，如果说红学已成为当代显学，自是无可否认的事实。"又说："对一部作品的研究成为一门学问，世界上并不多见。如果一定找到例证的话，只有英国的大戏剧家莎士比亚可以与之相匹比。英国有莎氏学，有专门的研究机构，也有莎士比亚研究专刊，每年要开规模很大的莎学讨论会。和《红楼梦》研究一样，莎士比亚研究也是公案迭起，漫无头绪，甚至著作权问题也没有完全解决，至今有人怀疑世界上是否真有莎士比亚其人，如同曹雪芹的著作权不断遇到诘难一样，而且无独有偶，莎士比亚笔下的剧中人物也有四百多个，与《红楼梦》里的人物相仿佛，只不过莎翁笔下的人物分散在三十七个剧本中。《红楼梦》一部作品里就有四百多。莎士比亚是世界性的学问，《红楼梦》研究也在变成世界性的学问。"[46]这番话，不仅对深入理解茅盾把曹雪芹比作莎士比亚的论述有所帮助，而且又进一步丰富和发展了茅盾的观点。

茅盾在《关于曹雪芹》还非常赞赏前人以用古代作家比曹雪芹。在谈到曹雪芹的个性时，他认为敦诚以阮籍比曹雪芹比得好：

> 敦诚的诗歌，屡次以阮籍比曹雪芹，一则曰"步兵白眼向人横"，再则曰"狂于阮步兵"，这不光是因为曹雪芹字梦阮，实在也概括了曹雪芹的身世和性格。在封建时代，愤世嫉俗的士大夫既痛心疾首于本阶级之腐化分崩，又不能毅然自绝于本阶级，往往以"狂"的面目，倾吐他的抑塞不平之气。说曹雪芹"狂于阮步兵"，大概指他的《红楼梦》的叛逆性十倍于阮籍的咏怀诗。

阮籍是正始诗人，"建安七子"之一阮瑀之子，与嵇康、山涛、向秀、阮咸、王戎、刘伶等人，被称为"竹林七贤"，《魏氏春秋》：他们"相与友善，游于竹林，号为七贤。"这实际是个"名士"集团，山涛、王戎后来投靠司马氏，其余五人都崇尚老庄，任性嗜酒，寄情山水，反对礼法名教，对司马氏的篡位夺权不满。他曾做多步兵校尉，后世称为"阮步兵"。《晋书·阮籍传》记载，他青年时期"好读书""有济世之志"，但生活在魏晋交替之际，由于不满司马氏集团，政治上采取不合作态度。他身处魏晋易代之际，政治环境险恶，稍有不慎便有杀身之祸。他为避免迫害，常常醉酒、佯狂。他曾用酩酊拒绝司马昭为其子向他女儿的求婚；他还"能为青白眼，见礼俗之士，以白眼视之"，表示他对名教礼法之士的清高和蔑视。阮籍的世界观有极大的矛盾，这是时代环境所造成的。他早年的"济世志"破灭后，内心充满痛苦。既不甘心随波逐流，又不能振翅高飞，于是就崇尚老庄，纵酒昏睡，采取明哲保身的处世态度。茅盾先生认为敦诚之所以"屡次以阮籍比曹雪芹""这不光是因为曹雪芹字梦阮，实在也概括了曹雪芹的身世和性格"。而且进一步分析了曹雪芹的思想矛盾，"既痛心疾首于本阶级之腐化分崩，又不能毅然自绝于本阶级"，于是便以"'狂'的面目，倾吐他的抑塞不平之气"。同时又指出"他的《红楼梦》的叛逆性十倍于阮籍的咏怀诗"。也可能由于受到茅盾先生这样分析的启发，至今还常有人写文章，把曹雪芹和阮籍进行对比分析。

古人曾以李贺比曹雪芹，对此茅盾指出：

> 曹雪芹的友好，都赞美他能诗善画，然而他的诗、画都失传了；《红楼梦》中诗词歌赋都是"按头制帽"，适合书中各色人物的身世、教养和性格，并不能代表曹诗的真面目。敦敏兄弟、张宜泉，都把曹雪芹同李长吉相比，这大概指诗的艺术风格。至于思想内容，则"诗胆如铁"一语，足供玩味。猜想起来，雪芹的诗，瑰丽奇俏有如李贺，而慷慨激昂胜于阮籍。

曹雪芹能诗，但除了《红楼梦》之外，并没有完整的曹雪芹诗作流传下来，只有敦诚《琵琶行传奇》的题跋中，有两个断句："白傅诗灵应喜甚，定教蛮素鬼排场。"

> 余昔为《白香山琵琶行》传奇一折，诸君题跋，不下几十家。曹雪芹诗末云："白傅诗灵应喜甚，定教蛮素鬼排场。"亦清新可诵。曹生平为诗大类如此，竟坎坷以终。(《四松堂集》抄本，《鹪鹩庵杂志》)[47]

一般认为曹雪芹诗的风格近似李贺，因为敦诚有《挽曹雪芹》诗云：

"牛鬼遗文悲李贺，鹿车荷锸悼刘伶。"[48]李贺诗歌立意用典，遣词造语，富于创新，不同凡响；想象比喻，曲折含蓄；构思奇特，设想玄妙，夸张大胆；意境幽冷，喜用"鬼""泣""死""血"等意象；古风较多，近体严守格律，但有"一三五不论，二四六分明"的情况。从曹雪芹的这两句诗看，的确与李贺诗风相近。但茅盾先生指出："猜想起来，雪芹的诗，瑰丽奇俏有如李贺，而慷慨激昂胜于阮籍。"说得更贴切。

在《关于曹雪芹》中，茅盾对《红楼梦》作出了高度的评价，认为"在世界的伟大的批判现实主义文库中，《红楼梦》不但居于前列，而且是出世最早的一部""《红楼梦》继承了中国古典文学的优良传统而发展到空前的高峰"。

关于《红楼梦》的思想意义，茅盾在《关于曹雪芹》中指出：

> 曹雪芹生在屡兴文字狱的时代，而且是惊弓之鸟，不能不有所顾忌，故笔锋所指，首先在于通过贾宝玉，无情地抨击了封建社会的上层建筑：吃人的礼教，主子与奴婢不同的道德标准，误尽了人才的科举制度等等。其次则为揭露官僚集团的庸碌无能、上下勾结、贪赃枉法。荣宁两府宛然是当时封建政权的缩影。在这等级森严、馔玉炊金、诗礼揖让的小天地内，表面与实际，判若天壤：这里实际有的，是虚伪巧诈、争权夺利、剥削者的奢侈荒淫、被奴役者的血泪、被压迫者的反抗。这不是乾隆朝所谓"太平盛世"的具体而微的解剖图吗？

由于我国 20 世纪 60 年代特殊的时代原因，这段话我们今天读来，似乎感到政治色彩强烈了一些。但是茅盾毕竟充分而深刻地揭示了《红楼梦》的巨大思想意义，这是十分难得的。比起《节本红楼梦导言》来，《关于曹雪芹》对《红楼梦》思想价值的评价则是高多了。特别是作者指出，"曹雪芹生在屡兴文字狱的时代，而且是惊弓之鸟，不能不有所顾忌"，但是曹雪芹在《红楼梦》中还是"无情地抨击了封建社会的上层建筑"，从中完全可以看出曹雪芹那无与伦比的胆识。尤为难得的是曹雪芹对封建社会罪恶的批判，并不是停留在现象本身，而是由表及里，透过现象，揭示了本质，所以茅盾认为，"中国古典文学中固多暴露封建社会罪恶的杰作，然而如此全面而深刻地从制度本身剥露其丑恶的原形，不能不数《红楼梦》为前无古人"。这"从制度本身"来"剥录"封建社会的罪恶，便使《红楼梦》的思想意义远远高于一般作品。

关于《红楼梦》的艺术成就，茅盾在《关于曹雪芹》中认为："《红楼梦》继承而且大大发展了中国古典文学、特别是长篇小说的优良传统。"于是他便就《红楼梦》的"全书结构、人物描写、文学语言三端"，简略地论述了"其艺术的高度成就"。

茅盾在《关于曹雪芹》中对《红楼梦》结构特点的论述，见解非常独到，特别值得注意。他指出：

> 《三国志演义》和《水浒传》的结构，就局部而论，都相当严密，然而就整体而论，却就不是严格的有机的结构，而是若干可以独立的故事用松弛的纽带联系起来。《金瓶梅》的结构就前进了一步，但首尾照应，疏密相间的技巧，犹未臻完善。《红楼梦》结构上的完整与严密，不但超过了《水浒》，也超过了《金瓶梅》。

对于中国古典长篇小说的结构，茅盾是很有研究的，他的《谈〈水浒〉的人物和结构》[49]一文已经成了经典之作。在《关于曹雪芹》中，茅盾则把《红楼梦》的结构与《三国演义》《水浒传》和《金瓶梅》等长篇小说进行了对比，认为尽管《三国演义》和《水浒传》在结构上已经取得了突出的成就，但是仍然有不足，"就局部而论，都相当严密，然而就整体而论，却就不是严格的有机的结构，而是若干可以独立的故事用松弛的纽带联系起来"。《金瓶梅》在结构上与《红楼梦》最为接近，但是它与《红楼梦》相比，亦有明显的缺陷，"首尾照应，疏密相间的技巧，犹未臻完善"。在茅盾看来，《红楼梦》的结构就"完整与严密"而言，则"不但超过了《水浒》，也超过了《金瓶梅》"。这样把《红楼梦》的结构放到小说艺术发展史中来探讨，所得出的结论，自然是非常有说服力的。

讲到《红楼梦》的结构，就自然涉及了这样一个问题：什么是《红楼梦》的"总纲"？对此，众说不一。

最先提出"总纲"来的是脂砚斋，他认为《红楼梦》第一回中"二仙师"所说的"乐极生悲，人非物换，究竟是到头一梦，万境皆空""四句乃一部之总纲"（甲戌本）。道光年间的王希廉则认为第五回"是一部《红楼梦》之纲领"。20 世纪"文革"时，大概因为毛泽东主席非常看中第四回，并且在一次谈话中说："什么人都不注意《红楼梦》的第四回，那是个总纲。"还特意举"护官符"来说明自己的阶级斗争观点[50]，于是以第四回为总纲被定为一尊。今天学界一般认为前五回作为一个整体，在小说中起着重要的作用，才是《红楼梦》的总纲。

其实最早把前五回当作不可分割的整体的正是茅盾。他在《关于曹雪芹》中说：

> 《红楼梦》开头几回就把全书的结局和主要人物的归宿，用象征的笔法暗示出来。但是此后的故事发展，却又往往出人意外。以贾府的盛极而衰为中心，以宝、黛的婚姻问题为关键，细针密缕地组织进许多大大小小的故事，全面反映了那个时代的封建与反封建的斗争，统治集团的腐化、无能及其内部矛盾。这样的包举万象的布局，旁敲侧击、前后呼应的技巧，使全书成为巍然一整体，动一肢则伤全身。这是空前的高度成就。

茅盾所说的"前几回"，我们认为应该是指前五回。关于前五回具有总纲的性质，学界已有很多人予以注意，如今人段启明、刘上生等人已经在他们的论著中有所论述。[51]这前五回，每回既各有侧重，又彼此关联。第一回所演义神瑛侍者与绛珠仙草的"还泪"之说，便是贾宝玉和林黛玉爱情悲剧的幻化和隐喻，而用甄士隐的小"荣枯"是贾府的大"荣枯"的暗隐和象征；甄士隐在家破人亡后出家，也象征着将贾府破败后宝玉的出家。第二回借冷子兴之口，介绍了贾府的概况、人物以及其关系，分析了贾府衰败的原因。第三回，林黛玉进贾府，引出小说中许多主要人物，揭示其中主要人物的鲜明性格。第四回表面上看写的是"四大家族"的"一荣俱荣"，实则为写其"一损俱损"埋下伏笔。第五回的"太虚幻境"是现实世界的倒影和虚化。"十二钗判词"和"红楼梦曲"是对人物命运的概括和预示，与第一回的"好了歌"和"好了歌解"前后呼应，融为一体。另外，从第五到第六回有明显的过脉，刘姥姥一进荣国府是全书结构的第一大转换，小说由总纲的概述而转向了对贾府的日常生活作细致的描写。第六回又有脂批云："截断正文，另起一头。"此外，据脂批透漏，《红楼梦》原稿是以"警幻情榜"结尾，一干"风流孽鬼"在"浩劫历世"之后重返太虚幻境，到警幻案前销号归位。这种全书首尾呼应的设计，更证明了前五回是一个有机的整体，是《红楼梦》的总纲。前五回"囊括全书，提纲挈领，为全书的展开做了一切准备。这样的结构安排，使书中几百个人物，千头万绪的事件，既有自己发展前进的轨道，又有紧密的内在联系，使百万言的《红楼梦》虽有如皇家宫殿，千门万户，复道回廊，但却井然有序，好想有意给读者一张绝妙的导游图"。[52]难怪茅盾认为"这样的包举万象的布局，旁毅侧击、前后呼应的技巧，使全书成为巍然一整体，动一肢则伤全身"，并进而赞美"这是空前的高度成就"。今天，学界对前五回在《红楼梦》中的结构，有这样基本一致的正确认识，当是受到了茅盾这段论述的启发的。

这里我们还要特别注意的是，茅盾所说的"但是此后的故事发展，却又往往出人意外"。今日我们应该认真体会一下这话的意义。看中前五回，这本身是对的，但是也不能过分相信前五回，认为这就是所谓"雪芹原意"。如果在前五回中，作者把一切都安排好，以后所有情节，都要据此发展，那《红楼梦》还有什么看头！小说情节就应该既出人意料之外，又在情理之中。这里笔者奉劝只要看到后四十回中稍有与前五回不能吻合的描写，就认定违背了所谓"雪芹原意"，是续书的败笔的人，还是仔细品味一下茅盾的论述吧！

《红楼梦》中的诗词曲赋，向来也是人们非常喜欢谈论的话题。蔡义江先生《红楼梦诗词曲赋评注》（修订本）是这方面的代表性著作，书中的《论〈红楼梦〉中的诗词曲赋（代序）》一文，有"按头制帽，诗即其人"一节，云：

> 曹雪芹立意在撰写《红楼梦》小说的同时，把在小说情节中确有必要写到的诗词，根据要塑造的人物形象的思想性格、文化修养，模拟得十分逼真、成功……这里的关键在于小说中的诗词曲赋是从属于人物形象的塑造和故事情节的描述的需要的，而不是相反。这是《红楼梦》中的诗词曲赋不同于一些流俗小说的最显著、最重要的特点之一，这些诗词曲赋之所以富有艺术生命力，主要原因也在于此。用茅盾同志所作的比喻来说，叫做"按头制帽"。[53]

在《关于曹雪芹》中，茅盾是这样说的：

> 曹雪芹的友好，都赞美他能诗善画，然而他的诗、画都失传了；《红楼梦》中的诗词歌赋都是"按头制帽"，适合书中各色人物的身世、教养和性格，并不能代表曹雪芹的诗的真面目。
>
> 书中多少次的结社吟诗，制灯谜，多少次的饮酒行令，所以有的诗、词、灯谜、酒令，不但都符合各人的身份、教养和性格，并且还暗示了各人将来的归宿。

在第一段话中，茅盾是在强调曹雪芹的"能诗善画"，认为《红楼梦》中的诗词曲赋是曹雪芹为小说中的人物形象而创作的，"并不能代表曹雪芹的诗的真面目"，言外之意是说曹雪芹的诗词水平是很高的。不过用"按头制帽"来说明《红楼梦》中的诗词曲赋"适合书中各色人物的身世、教养和性格"，不仅非常贴切，也十分形象。在第二段话中，茅盾进一步说明了《红楼梦》中的诗词曲赋的艺术作用，一是"符合各人的身份、教养和性格"，一是"暗示了各人将来的归宿"。这与《节本红楼梦导言》对《红楼梦》诗词曲赋的看法，有了很大的不同。在《节本红楼梦导言》中，茅盾对《红楼梦》的诗词曲赋评价较低，显得很偏颇；在《关于曹雪芹》中，茅盾则改变了过去的看法，充分认识到了《红楼梦》中的诗词曲赋在小说中的存在价值，这也足以表明茅盾是善于修正自己的看法的。

其实茅盾所说的"按头制帽"，本是根据《红楼梦》中的话概括而成的，语见《红楼梦》第七十五回：

> 贾母负手看着取乐。因见伺候添饭的人手内捧着一碗下人的米饭，尤氏吃的仍是白粳米饭，贾母问道："你怎么昏了，盛这个饭来给你奶奶。"那人道："老太太的饭吃完了。今日添了一位姑娘，所以短了些。"鸳鸯道："如今都是可着头做帽子了，要一点儿富余也不能的。"王夫人忙回道："这一二年旱涝不定，田上的米都不能按数交的。这几样细米更艰难了，所以都可着吃的多少关去，生恐一时短了，买的不顺口。"贾母笑道："这正是'巧媳妇做不出没米的粥'来。"众人都笑起来。[54]

鸳鸯所说的"如今都是可着头做帽子了，要一点儿富余也不能的"和贾母所说的"这正是'巧媳妇做不出没米的粥'来"，都是非常生动形象的。茅盾先生把鸳鸯的话概括成一个四字短语——"按头制帽"，既恰如其分地形容出了《红楼梦》中的诗词曲赋善于表现人物"身世、教养和性格"的特点，而且"按头制帽"一语本身使用频率也较高，近于成语。

第三节　周作人：新文学理论的开拓者

周作人是中国现代著名散文家、新文学理论的代表人物。他的文学活动和理论主张，在浙江小说理论史上有着重要的意义。

一、周作人的生平与文学活动

周作人（1885—1967），浙江绍兴人，现代散文家、诗人、文学翻译家和理论家，中国新文化运动的代表人物之一。原名櫆寿，又名奎缓，字星杓，字启明（又作岂明）、起孟，号知堂。笔名仲密、药堂、周遐寿等。是鲁迅先生的二弟。

周作人于 1885 年 1 月 16 日生于浙江绍兴。1903 年进江南水师学堂学习海军管理，改名为周作人。1906 年 7 月，他从江南水师学堂毕业后赴日本留学。最初攻读海军技术，后改学外国语。此间，他与羽太信子(1888—1962)结婚。留学期间，周作人开始与鲁迅一起致力于中西文化研究。1911 年回国后在绍兴任中学英文教员。辛亥革命后，任浙江省军政府教育司视学、绍兴县教育会会长。1917 年任北京大学文科教授。从此，他投身于新文化运动。

"五四"时期，周作人任新潮社主任编辑，参加《新青年》的编辑工作，1921 年参与发起成立文学研究会，发表了《人的文学》《平民文学》《思想革命》等重要理论文章，并从事散文、新诗创作和译介外国文学作品。他积极倡导"为人生"的文学主张，并系统阐述了以人道主义为核心的"人的文学"的理论，积极推进文学革命的发展。他的理论主张和创作实践在社会上产生了很大影响，成为新文化运动的重要代表人物之一。

"五四"以后，周作人作为《语丝》周刊的主编和主要撰稿人之一，写了大量散文，风格平和冲淡，清隽幽雅。在他的影响下，20 年代形成了包括俞平伯、废名等作家在内的散文创作流派。1927 年 4 月李大钊被杀害，周作人曾保护李大钊之子李葆华避居自家一个月之久。1931 年"九·一八"事变后，他担任北京大学文学院院长。抗日战争时期，周作人居留沦陷后的北平，出任汪伪国民政府委员、华北政务委员会常务委员兼教育总署督办等职。

1949 年以后，周作人曾在人民文学出版社从事日本、希腊文学作品的翻译和写作有关回忆鲁迅的著述。主要著作有：散文集《自己的园地》《谈龙集》《谈虎集》《永日集》《夜读抄》《苦茶随笔》《风雨谈》《秉烛谈》《过去的工作》《知堂文集》等，小说集《孤儿记》，论文集《艺术与生活》《中国新文学的源流》，论著《欧洲文学史》，文学史料集《鲁迅的故乡》《鲁迅小说里的人物》《鲁迅的青年时代》，回忆录《知堂回想录》，译作有《日本狂言逊》《伊索寓言》《欧里庇得斯悲剧集》

等。1966 年，周作人在"文化大革命"中遭受冲击，曾被红卫兵无耻粗暴对待，于 1967 年 5 月 6 日去世。

周作人是一位比较复杂的文学家。对于周作人来说，他的思想和创作从激进向保守的转变并不是偶然的，而是他思想发展的必然结果。早在"五四"时期，在他的心中就已经隐伏着深深的思想矛盾。抗战爆发后，周作人在日本妻子的影响下依附日本，丧失了民族气节。新中国成立后，鉴于他早期的文学贡献，得到特赦，定居北京后闭门进行反映日常生活琐事的散文创作，这些散文写得优美隽永，艺术成就较高，为中国新时期现代散文的发展作出了一定的贡献。

二、周作人的人道主义文学主张

周作人的文学理论和批评观是属于人道主义的，其最突出的贡献是提出"人的文学"的主张。周作人于 1918 年在《新青年》发表的《人的文学》，大大推动了新文学运动的发展，使周作人成为新文学理论的先导者与杰出批评家。他在《人的文学》中指出，以人道主义为根本的文学，具有"重新发现'人'"的重要功能，它可以提高人的精神生活，有助于人性的健康发展。这种理论对这一时期的小说发展起到了很大的指导作用。

1919 年初，周作人又发表《平民文学》一文，进一步倡导人道主义精神，比《人的文学》更具体，更具操作性。他主张文学要反映"世间普通男女的悲欢成败"，只有这样才有助于我们"研究平民生活"，并促进"平民生活提高"。周作人特别强调文学的社会功利性，这实际上成为"为人生而艺术"一派的滥觞。他的"人的文学"的主张，为"五四"一代作家所接受，成为当时文学创作理论的基本内容。我们认为，"人的文学"的提倡是批评家周作人的一大贡献，尽管这一理论也包含了其他作家的"共识"，但毕竟是他首先提出并撰文予以详细阐释的。他在为浙江乃至中国的新文学发展作出了巨大的贡献，也大大推动了浙江小说的创作。

周作人的"人的文学"等主张包含多方面的涵义，但其中最重要的、尤其对小说有指导意义的思想，就是他强调人的文学是以发扬人性为目的的文学。与欧洲相比，中国对"人"的研究是远远落后的。他认为，欧洲有三次对"人"的大发现：一是14世纪至16世纪的文艺复兴运动，它使"人"摆脱了"神"的统治而获得独立；二是1789年的法国大革命，它使人真正获得了自由与解放；三是第一次世界大战之后的未知态势，它使人获得了充分发展的空间。发现人，提高的待遇，这是中国文学面临的紧迫任务。因此，周作人大力倡导人道主义文学，强调无论散文还是小说，均应以表现人性为首要任务。作家要写人的正面生活和理想，也可以从侧面描写人的生活，直接反映人生活中的阴暗面，表现这些非人的生活，其目的正是为了研究正常人应该有怎样的正常的生活。对此，周作人还以列夫·托尔斯泰的《安娜·卡列尼娜》等作品为例进行详细阐释，认为这才是真正的人的文学，是表现出人道主义精神的文学。安娜等女性在当时的社会和家庭里没有得到应有的待遇，她们只是男人的附属物，这种不平等就是对人的不尊重。但是，由于周作人对中国传统文学过于偏激的批判态度，加之他对"人"的理解过于狭隘，因此他对古典名著也给予了否定。他认为《西游记》《水浒传》和《聊斋志异》等就存在着不符合人性的东西，《水浒传》把女性多写成淫妇就是对人性的歪曲，是不符合人道主义原则的。他指出："中国文学中，人的文学本来极少。"[55]他的这种看法，显然是过于武断了。虽然如此，我们也不能对周作人的"人的文学"主张简单地予以否定，他的这种文学探索精神还是有重要历史意义的。

周作人面对"人的文学""平民文学"提出后所获得的荣誉和威望并未激动，他很快对这一理论主张又进行了理性的思考。他在1920年1月做的一次题为"新文学的要求"的讲演中，针对当时文坛上出现的"人生派"与"艺术派"的论争，提出了自己的看法。他反对"为什么而什么"的创作态度，批评"人生派"的社会功利观，指责他们"以文艺为伦理的工具变成坛上的说教"。周作人认为，文学要远离功利，不要讲"为什么"，只管用艺术方法去表现作者对于"人生的情思"就可以了。周作人还做了自我批评，感到自己所提倡的"人的文学"和"平民文学"，就明显带有功利性。1921年1月，他为文学研究会起草宣言，特别注意功利主义文学观的影响，提出要对"为艺术的艺术"与"为人生的艺术"一碗水端平，做到"两无偏袒"。我们从他思想变化的轨迹中可以看出，周作人正在从新文学主潮的带头人向"自由的思想者"转变，逐渐形成真正属于他自己的文学理论与批评观。

周作人的人道主义文学主张，对现当代浙江小说家的创作无疑具有重要的指导意义。

三、周作人提出的文学的"宽容原则"

周作人认为文学是个性的表现，文学创作属于"自己的园地"。这样，他的文学批评自然也就体现着一种"宽容原则"。

1923年，周作人发表《文艺上的宽容》一文。他在文中写道：

> 各人的个性既然是各各不同，那么表现出来的文艺，当然是不相同。现在倘若拿了批评上的大道理去强迫统一，即使这不可能的事情居然出现了，这样文艺作品已经失去了他唯一的条件，其实不能成为文艺了。因为文艺的生命是自由不是平等，是分离不是合并，所以宽容是文艺发达的必要的条件。[56]

周作人认为，文艺的生命是自由的，所以"宽容"就成了文艺发达的必要条件。他所提出的"宽容原则"，其核心内容就是尊重创作的个性，承认文学创造性思维的活跃性。他反对文学上的"统一"，认为这样就失去了个体，从而也就"失去了他唯一的条件，其实不能成为文艺"了。因此，周作人强调文学批评的"宽容"原则，反对"统一思想的棒喝主义"。[57]他强调指出，"批评是主观的欣赏不是客观的检察，是抒情的论文不是盛气的指摘"，批评家的主要任务是帮助读者对文学进行鉴赏或分析，不能特意"制定一个樊篱"，要求"作者都须在樊篱内写作"。[58]周作人坚持认为，文学批评乃是一种个性创造，是受个人思想感情支配的，批评的过程往往是"在文艺里理解别人的心情，在文艺里找出自己的心情，得到被理解的愉快"。[59]因此，批评家的个人发挥非常关键，不同的批评家，对文学的理解与感受自然存在着差异，也是文学批评的基本规律。

周作人主张批评的"宽容"，坚决反对文学思想"统一"的做法，认为这种行为的结果必然是扼杀批评的自由，对文学的健康发展是极为不利的。但是，周作人也看到，批评的标准和文学观念是不断发展变化的，不会有绝对的批评标准和达到"极顶"的批评结论，也绝对不会有能够压服人的批评流派的存在。[60]周作人总结了中外文学批评史上的经验与教训，因而对盲目信奉某一流派的批评家非常不满。他通过研究发现，即使像别林斯基、列夫·托尔斯泰等这样著名的评论家，在最初建立自己学说阶段"原也自成一家言，有相当的价值"，但一旦形成统一的流派，也就"不免有许多流弊了"。所以，他坚持反对形成统一的批评流派，尊重批评家的个性发挥。

其实，周作人之所以主张文学批评的"宽容原则"，除了倡导张扬批评个性外，还有更深层的涵义，那就是对文学发展前景的忧虑。他通过总结文学发展的规律，通过认真考察新文学发展的趋向，认为将来文学的发展很可能会犯历史性错误，会重蹈批评思想统一而失去批评个性的覆辙。他的这种忧虑正是针对当时新文学领域出现的某些"苗头"而发的："每逢文艺上一种新派起来的时候，必定有许多人——自己是前一次革命成功的英雄，拿了批评上的许多大道理，来堵塞新潮流的进行。"[61]这种人在文坛上已经显露出来，他们"过于尊信自己的流派，以为是唯一的'道'，至于蔑视别派为异端"。[62]如此发展下去，将会给文学批评事业造成损失，阻碍文学批评的健康发展。周作人仅仅是发现不正常的苗头，就及时表现出自己的担心，提出文学批评的"宽容"原则，力图"防患于未然"，这是需要勇气的，也表现出一个批评家的远见卓识。

当然，主张批评宽容并非周作人一人的专利，茅盾等人也有类似的看法。但周作人能够从文学原理的高度论述批评"宽容原则"的重要性，能够及时发现新文学运动中"批评统一"的苗头，从思想根源着手，从理论上阐释，告诫人们一定要"防患于未然"。他的这一做法，是对文学批评的重大贡献。尤其当我们今天再回头审视新文学的发展的话，更会感觉到周作人提出批评"宽容"原则是多么具有现实意义，对文学批评的健康发展显得多么重要！

周作人不仅从理论上主张批评的宽容原则，而且还能够在实践中来贯彻这一原则。他特别欣赏和扶持那些富有创造个性的青年作家，不迎合"专制"批评家们对具有个性作品进行压制的做法。如郁达夫的短篇小说集《沉沦》问世后，新老批评家多群起而攻之，什么"诲淫"，什么"不道德"，把郁达夫批得体无完肤。对此，周作人立即为之辩护，高度评价这部小说集中性苦闷描写的潜在文化价值，称它是"一件艺术的作品"。[63]周作人还为鲁迅先生的著名小说《阿Q正传》发表公正的看法，认为这不是某些人说的什么"揭阴私"之作，而是一部具有高度思想价值和艺术成就的优秀之作。[64]

周作人的批评没有既定的批评标准，也不迎合所谓"权威"观点，而是始终坚持自己的宽容原则，敢于肯定富有创作个性的作品，是一位非常有成就又颇具个性的批评家。他所主张的批评宽容的原则是浙江小说批评理论中的重要内容，也是中国文学批评史上不可或缺的组成部分。

四、文学的作用："无形功利"说

文学的作用问题，是文学理论界历来争论最多的话题之一，也是"五四"新文化倡导者最为关注的问题之一。周作人是新文化运动的代表性人物，也非常重视文学的作用，特别指出文学具有重要的社会作用，这一主张在20世纪初本来是非常具有代表性的。但是他与其他学者不同，他对文学社会作用的看法慎而又慎，后来终于反其道而行之，提出了"文学无用论"，彻底否定了文学具有社会作用的功能。

众所周知，周作人开始是承认文学的社会作用的。20世纪初期，他曾大力倡导过文学的社会作用，并以文学为武器，提倡文学上的人道主义精神，渴望以此来改造国民性格，这与鲁迅先生的一些文学主张颇为类似。他要求文学不能忘记人生和服务于人生，文学一定要成为人生的解释，这实际上就是在谈文学之社会作用问题。他强调指出，文学还要具有思想启蒙的作用，并在《文学上的俄国和中国》一文中，将俄国与中国进行比较，肯定了文学对社会、对人生的指导意义。他在文中写道："我们如能够容纳新思想，来表现及解释特别国情，也可望新文学的发生，还可由艺术界而影响于现实生活。"这说明，此时的周作人是坚持文学具有社会作用主张的，是相信文学能够改造国民精神、能够对社会的进步和发展起到引导作用的。可惜的是，周作人这一正确的文学观没有继续坚持下去，不久便又改变了他对文学作用的看法。

1927 年，周作人在《谈虎集·后记》中写道："民国十年以前我还很是幼稚，颇多理想的，乐观的话，但是后来逐渐明白，却也用了不少的代价。"[65]他开始对自己在文学上的主张怀疑起来，甚至否定自己先前的理论主张。出现这种现象的原因是多方面的，一是周作人感到通过文学改造国民成效甚微，遂产生了悲观情绪；二是他反对文化界的统一，面对"五四"之后文学界思想统一的趋势，他产生了一种恐惧感，害怕古代的文字狱再次重演；三是文学界过于强调文学的功利性，这使他非常失望。他提出文学的"无形功利"说，反对文学功利极端的主张。他认为，文学有自己的特点，不能使文学成为社会斗争的工具。这样，周作人对文学作用的看法也走向了另一极端，甚至提出了"文学无用论"，这是极端错误的。

周作人提出的文学"无形功利"说主要有以下两个方面的含义：

第一，文学有着自己的特点，它以满足趣味为主，不是社会政治的附庸。他指出："我们凡人所可以文字表现者只是某一种情意，固然不很粗浅但也不很深切的部分，换句话说，实在是可有可无不关紧急的东西，表现出来聊以自宽慰消遣罢了。"可见，周作人已否定了他早期提出的文学具有社会作用的主张，认为文学不必与社会联系太紧，应具有其独立的意义和价值。他说的文学的独立意义，就是指文学仅仅是对自己趣味的一种满足。

第二，文学的不革命性。周作人是反对文学具有革命性的，他指出："文学本来是不革命，便是民间文学也是如此，我们如要替他辩护，文学至少也总不就是革命。"[66]他认为："能革命就不必需要文学及其他种种艺术或宗教，因为他已有了他的世界了；接着吻的嘴不再要唱歌，这理由正是一致。"[67]他显然反对把文学与革命联系在一起，认

294

为文学就是文学，革命就是革命，这完全是两码事，革命是不需要文学帮助的，因为文学有自己的特点，没有必要搞什么"革命文学"。可以看出，周作人此时的文学思想已经大大退步了，已跟不上时代潮流了。

周作人既然主张文学"无形功利"和"无用"，反对文学与革命联系起来，他自然也就反对无产阶级文学，这样的文学主张不仅是落后的，甚至是反动的。他还声称："文学是无用的东西。因为我们所说的文学，只是以达出作者的思想感情为满足的，此外更无目的可言。里面，没有多大鼓动的力量，也没有教训，只能令人聊以快意。"这简直是信口雌黄了。我们说，他的这一文学主张也仅仅让我们得到一些教训而已，它对浙江乃至中国的文学和小说的发展，只能起到消极的作用。

第四节　郁达夫：善于借鉴西方理论的小说家

郁达夫是中国现代著名小说家和理论家，他的小说理论见解有着特殊的价值，代表了浙江对西方小说理论借鉴方面的最新成果，在浙江小说理论史上有着极为重要的意义。

一、郁达夫的生平与文学活动

郁达夫（1896—1945），浙江富阳人。少年时代就酷爱小说，留日期间广泛涉猎外国文学，深受近代欧洲、日本各种社会思潮和文艺作品的熏陶。十年的异国生活，使他饱受屈辱和歧视，激发了爱国热忱，也养成了忧伤、愤世、过敏而近于病态的心理。1921年，他参加发起创造社，在此前后开始创作小说。早年作品如《沉沦》《南迁》《怀乡病者》等，均写留日学生的生活片段，着重表现其内心的抑郁、苦闷，体现了他"文学作品，都是作家的自叙传"[68]的主张。《沉沦》借一个中国留日学生的忧郁性格和变态心理的刻画，抒写了"弱国子民"在异域所受到的屈辱冷遇，以及渴望纯真的友谊与爱情而又终不可得的失望与苦闷；同时也表达了盼望祖国早日富强起来的热切心愿。在坦率暴露病态心理这一点上，郁达夫显然是受了卢梭、陀思妥耶夫斯基以及某些自然主义作家的影响。这种大胆暴露，一方面体现了对封建道德的叛逆精神，"就因为有这样露骨的直率"，使道学家、伪君子们"感受着作假的困难"。[69] 从《茫茫夜》以后，作家有意识地去写性变态心理，这使《沉沦》中所出现的消极成分一度有了发展，以致后来写出了像《迷羊》（1927）之类消极的作品。

1923～1924 年，郁达夫奔波不定的生活和工人运动的日益高涨，使他对下层人民有了更多的了解，他思想中的积极因素有所发展。论文《文学上的阶级斗争》虽然没有真正的阶级论的观点，却已表明作者朦胧地感到"二十世纪的文学上的阶级斗争，几乎要同社会实际的阶级斗争，取一致的行动了"。散文《给一个文学青年的公开状》，则以愤世嫉俗的方式，大胆地召唤青年对一切恶势力进行叛逆和反抗。自叙性作品《茑萝行》感伤情调虽仍较重，但通过个人贫困生活的抒写，诅咒了金钱和罪恶的社会制度。而到《寒灰集》中的《春风沉醉的晚上》和《薄奠》，则已表达了对被压迫的劳动者的深切同情，作者后来认为它们是"多少也带点社会主义的色彩"[70] 的作品。

第一次国内革命战争时期，郁达夫思想上经历了一次激荡。1926年曾去大革命策源地广州。翌年春返回上海，由于思想一时跟不上形势的发展，又同创造社某些成员意见不合，遂宣布退出创造社。1928年前后，郁达夫提倡农民文艺和大众文艺，对当时的无产阶级革命文学运动表达了不同的主张。他一直否认非无产阶级出身的作家经过努力有可能写出无产阶级的作品，而他自己在这方面确实也很少努力。在政治上，郁达夫不满新旧军阀的统治而倾向革命，这在他加入"左联"后所写的中篇小说《她是一个弱女子》中有清楚的表现。在白色恐怖日趋严重的情况下，郁达夫避居杭州，过着游山玩水的隐逸生活。这就有了《迟桂花》《迟暮》《瓢儿和尚》等短篇小说的问世。虽然这些作品在艺术上有值得称道之处，但它们对那种远离斗争的隐士式的生活表示赞美和肯定，用很多笔墨去渲染乡居生活的所谓安逸和恬静，这正是作者脱离政治、脱离斗争倾向的反映。

1936年前后，郁达夫步入仕途，应邀赴福建任省政府参议、公报室主任。抗战爆发后，他立即热情积极地投入了繁忙的抗日救亡活动，从事抗日救亡的文艺活动与创作。郁达夫在后期还写过数量较多的小品随笔，它们"充分的表现了一个富有才情的知识分子，在动乱的社会里的苦闷心怀"。[71]

1945年抗日战争胜利前夕，郁达夫在南洋被日本帝国主义分子杀害，时年仅四十九岁。

郁达夫的小说创作活动贯穿了从"五四"起到抗日战争止的几个重要革命时期。从最初表现青年的苦闷开始，逐渐扩大到反映劳动人民的不幸，以至描写革命风暴的到来，这种变化显示了时代浪潮推涌下作者思想的发展。但郁达夫的这种发展是十分曲折、时有起伏的。他始终仰慕光明，但并没有勇气真正参加革命；他不断地追求，然而结果往往是失望，甚至颓唐。这正代表了那些进步但未能与工农群众结合的小资产阶级知识分子的共同特点和弱点。他是一个爱国主义者，一个同情革命的民主主义者，他对革命、对人生的态度全部诚恳地反映在他的小说中。他的作品虽然没有杰出的价值，却有着鲜明的特色，对浙江小说乃至中国小说的发展有着不可忽视的贡献。

二、郁达夫的小说观

作为一个文学家，郁达夫追求文学的独立地位和价值，不承认文学的从属地位和对文学独立性的忽视。但这不意味着他不关心社会人生，不关心国家的前途和命运，因而他又时时表现出积极入世的人生态度。他在1922年发表的《艺术私见》一文中却主张天才论，认为文学是天才的创造物，用常人的眼光是不能理解的，颇有一点"为艺术而艺术"的味道。1923年，他又发表了《文学上的阶级斗争》一文，提出要把文学的阶级斗争同实际的阶级斗争结合起来，取得一致的行动；但他又不像郭沫若等人那样沿着马克思主义的阶级论一直走下去，因而他始终也不认为自己是一个马克思主义者。

郁达夫有关外国小说及小说理论的论述颇有成就。他从年轻时代开始就接触西方文学，此后的三十几年内，他一直处于中西文学的交融之中，如同郭沫若所说："他的英文、德文都很好，中国文学的根底也很深"。加上留学日本十年的经历，在五四以后的中国文坛上堪称学贯中西的浙江著名学者。他对外国小说非常重视，这对提高小说的地位，特别是扩大外国小说在中国的影响是有重要意义的。他1933年发表《屠格涅夫的〈罗亭〉问世以前》一文，高度评价了俄国的这位著名小说家。他在文写道：

> 在许许多多古今大小的外国作家里面，我觉得最可爱、最熟悉，同他的作品交往得最久而不会生厌的，便是屠格涅夫。这在我也许是和人不同的一种特别的偏嗜，因为我开始读小说，开始想写小说，受的完全是这一位相貌柔和，眼睛有点忧郁，绕絖胡长得满满的北国巨人的影响。但从他的长短作品，差不多有四分之三，都被中国翻译出了一点来看，则屠格涅夫的崇拜者，在中国，也决不是仅仅只几个弄弄文笔的人的这件事情，也很明白。[72]

郁达夫更多地接触外国小说，还是在留学日本期间。在这一时期，他罄尽生活费用大量购买外国小说作品，并萌发了翻译的念头，决定把介绍外国文学当作一件大事来抓，并希望通过自己的努力，使外国文学在中国有重要的一席之地。

对于小说翻译理论，郁达夫也有自己独到的见解。他在1940年发表的《谈翻译及其它》一文中指出：

> 对于翻译，我一向就视为更艰难的工作。创作的推敲，是有穷尽的，至多至多，原稿经过两三次改窜，也就可以说是最后的决定稿了。但对于译稿，则虽经过十次二十次的改窜，也还不能说是最后的定稿。[73]

可见，郁达夫在翻译理论方面有着自己的理解，他认为翻译不是一件容易的事情，必须特别认真严谨才行。有人以为翻译没有什么了不起，只要懂外文只管翻译就是了，郁达夫对这些外行之见进行了反驳，这也说明郁达夫作为一个真正的翻译家，他对翻译有着深刻的体验和真知灼见。他在 1924 年 6 月撰文指出：

> 翻译比创作难……信、达、雅的三字，是翻译界的金科玉律，尽人皆知，我在此地可以不必再说。不过这三字是翻译的外的条件，我以为没有翻译在先，译者至少要对原文有精深的研究，致密的思索和完全的了解。所以，我对于上述的信、达、雅三字之外，更想举出"学""思""得"的三个字来，作为翻译者的内在的条件。[74]

郁达夫的这段见解，是对严复翻译理论的一个发展和飞跃，是对翻译理论的一大贡献。他对外国小说和翻译如此重视，对外国小说的认识也颇有创见，尤其是主张返真主义。我们不妨以他评论英国作家劳伦斯的《查太莱夫人的情人》为例，来了解他的这一小说理论见解。他是这样评价这部小说的：

> 这书的特点，是在写英国贵族社会的空疏、守旧、无为，而又假冒高尚，使人不得不对这特权阶级发生厌恶之情。他的写工人阶级，写有生命力的中流妇女，处处满持着同情，处处露出了卓见。本来是以极端写实著名的劳伦斯，在这一本书里，更把他的技巧用尽了。描写性交的场面，一层深似一层，一次细过一次，非但动作对话，写得无微不至，而且在极粗的地方，恰恰和极细的心理描写，能够连接起来。尤其要使人佩服的，是他用字句的巧妙。所有的俗字，所有的男女人身上各部分的名词，他都写了进去，但能使读者不觉得猥亵，不感到他是在故意挑拨劣情。我们试把中国的《金瓶梅》拿出来和他一比，马上就可以看出两国作家的时代的不同和技巧的高下。《金瓶梅》里的有些场面和字句，是重复的、牵强的，省去了也不关宏旨的，而在《查泰莱夫人的爱人》里，却觉得一句一行，也移动不得；他所写的一场场的性

交，都觉得是自然得很。[75]

郁达夫首先肯定劳伦斯的这部小说，认为"批评家们大家都无异议地承认它是一代的杰作"。接着如以上所引，他分析了这部小说的主题以及丰富的性描写给予了高度赞扬。他之所以敢于肯定劳伦斯的描写手段，敢于高度评价劳伦斯的性描写技巧，原因就是他和劳伦斯一样地真率、坦诚，一样敢于把男女性关系、性行为真实地写到作品中去。尽管遭到众多抨击、非议而无怨无悔，他们都是敢于拆穿"皇帝的新衣"的孩子，是人类返真主义的忠实信徒。

从哲学角度来讲，"真"是世界上一切观念、理论、认识的出发点，"真理""真知"的正确性就在于它符合事物的本来面目。一个作家所描绘的形象的核心就是要呈现出内心世界的"本我"，只有"真"的才能是"美"的，这本身应该说就是一条真理。对此，郁达夫作了非常深刻的论述，这是他非常了不起的一个贡献。

郁达夫在《小说论》的第三章《小说的目的》中指出：

> 小说在艺术上的价值，可以以真和美的两条件来决定。若一本小说写得真，写得美，那这小说的目的就达到了。至于社会的价值，及伦理的价值，作者在创作的时候，尽可以不管。不过事实上凡真的美的作品，它的社会价值也一定是高的。[76]

郁达夫说，"文学作品，都是作家的自叙传"。他强调的是作品中人物与作家的思想、作家所处的时代的必然联系，这是小说创作中哲学思想的基础，因此，他写出来的小说人物都具有明显的实际感、自传感。然而，他又不满足于这一点，总希望这些人物比现实中的人要显得丰富些、充足些，因此他写出来的人物都具有明显的抒情感、理想感。

第五节　俞平伯:《红楼梦》研究权威

俞平伯是现代古典文学研究家、著名红学家。浙江小说理论史上出现过许多红学家,他可以说是现代红学研究界的大家。他的红学研究,大大丰富了中国小说理论的内涵,是浙江最重要的现代小说理论家之一。

一、俞平伯的生平与文学活动

俞平伯(1900—1990)1900年1月8日出生,浙江德清人。原名俞铭衡,字平伯。1919年毕业于北京大学。先后任浙江省视学、浙江师范国文教员,上海大学、北大女子文理学院教授,一度赴英、美,均不久即返。五四时期,俞平伯积极参加新文化运动,曾加入过北京大学的"新潮社""文学研究会""语丝社"等文学团体,是新文学运动初期的重要诗人,提倡过"诗的平民化"。1922年1月,俞平伯与朱自清、郑振铎、叶圣陶等人创办五四以来最早出现的诗刊《诗》月刊。建国后,俞平伯历任北京大学教授,北京大学、中国科学院哲学社会科学部(现中国社会科学院)文学研究所一级研究员,全国文联委员,中国作协理事,九三学社中央委员。1953年起,俞平伯调入中国科学院文学研究所任研究员。1990年10月15日病逝,享年91岁。

俞平伯是中国白话诗创作的先驱者之一。他的主要作品有:诗集《冬夜》《古槐书屋间》,散文集《燕知草》《杂拌儿》等。学术著作有《清真词释》《唐宋词选释》《脂砚斋红楼梦辑评》《红楼梦八十回校本(附校字记)》等,其《红楼梦辨》(1923年初版,1952年修订更名《红楼梦研究》)是"新红学派"的代表作之一。

俞平伯是胡适之后出现的最著名的红学家,也是新红学的权威。俞平伯的《红楼梦》研究,学术观点和研究方法受到胡适的影响。但胡适的《红楼梦》研究,基本上就是关于《红楼梦》的考证;俞平伯的《红楼梦》研究除考证外,还有评论,并做了大量的辑录、校勘等工作。尤其是《红楼梦辨》，这是俞平伯关于《红楼梦》研究的第一本重要著作。1921年胡适《红楼梦考证》发表以后，引起了研究《红楼梦》的热潮。俞平伯年轻时对《红楼梦》并不感兴趣。1920年，他和友人在欧行船上，"方始聚谈《红楼梦》，熟读《红楼梦》"。[77]"其时胡适之先生正发布他底《红楼梦考证》，我友顾颉刚先生亦努力于《红楼梦》研究；于是研究底意兴方才感染到我。我在那年四月间给颉刚一信，开始作讨论文字。从四月到七月这个夏季，我们俩底来往信札不断，是兴会最好的时候"。（《红楼梦辨·引论》）

俞平伯当时对《红楼梦》如此酷爱，用他自己的话说，是由于把研讨《红楼梦》当作破闷消愁和医治病魔的"神方"。1921年六月，他写信给顾颉刚说："弟感病累日，顷已略瘳；惟烦忧不解，故尚淹滞枕褥间；每厌吾身之赘，嗟咤弥日，不能自己。来信到时，已殆正午，弟犹昏昏然偃卧。发函雒诵，如对良友，快何如之！推衾而起，索笔作答，病殆已霍然矣。吾兄此信真药石也，岂必杜老佳句方愈疟哉。（六月十八日）"（《红楼梦辨·顾序》）又说："京事一切沉闷，（新华门军警打伤教职员）更无可道者；不如剧谈《红楼梦》为消夏神方，因每一执笔必奕奕如有神助也。日来与兄来往函件甚多，但除此之外竟鲜道及余事者，亦趣事也。"（《红楼梦辨·顾序》）俞平伯还打算与顾颉刚"合办一个研究《红楼梦》的月刊"（《红楼梦辨·顾序》）。月刊最终没有办成，俞先生却开始了他数十年的《红楼梦》的研究历程。

二、俞平伯的《红楼梦》研究

1921年暑假期间，俞平伯和顾颉刚频繁通信讨论《红楼梦》，其篇幅和内容，基本上就构成了俞平伯1922年写成、1923年出版的《红楼梦辨》一书。俞平伯说："这书有一半材料，大半是从那些信稿中采来的。"（《红楼梦辨·引论》）后来俞平伯又在《红楼梦研究·自序》中说："一九二一年四月到七月之间，我和顾颉刚先生通信讨论《红楼梦》，兴致很好。得到颉刚底鼓励，于次年二月至七月间陆续把这些材料整理写了出来，共三卷十七篇，名曰《红楼梦辨》，于一九二三年四月由上海亚东图书馆出版。"这就是《红楼梦辨》一书的由来。

《红楼梦辨》除顾颉刚的《序》和作者的《引论》外，全书分上中下三卷。上卷有文五篇，专门评述高鹗的后四十回续书。中卷有文六篇，主要是评论曹雪芹及其前八十回《红楼梦》，和对于曹雪芹八十回后故事的推测，兼及《红楼梦》的时间和地点两个问题。下卷有文六篇，内容较杂，有两篇文章分别考证高本以外的另两种续书，其余四篇是一些杂考、随笔。这是一部兼有考证和评论两方面文字的著作，但文章内容和篇目安排次序上有些芜杂。我们将不依该书的次序逐卷评述，而是将全书稍加分类，先讨论中卷中的《作者底态度》和《〈红楼梦〉底风格》两篇文章，以及《〈红楼梦〉底年表》《〈红楼梦〉底地点问题》等四篇文章，前者表述了俞平伯对于曹雪芹及其《红楼梦》的基本观念；后者是俞平伯对曹雪芹《红楼梦》的"时间"和"地点"以及他对曹着八十回以后原意的推论；再次将《红楼梦辨》上、下卷合在一起评介，主要讨论俞平伯对高鹗续书的考证和批评。至于书中其他一些文章，基本上是版本、事迹考证以及随笔之类的批评和札记，在此不予评述。

（一）论《红楼梦》作者的态度及小说风格

在《红楼梦辨》中，《作者底态度》和《〈红楼梦〉底风格》是两篇最重要的文字。俞平伯在《作者底态度》中批评了历来红学家两种错误的流派。第一类是"猜谜派"，俞平伯说："他们大半预先存了一个主观上的偏见，然后把本书上底事迹牵强附会上去，他们底结果，是出了许多索隐，闹得乌烟瘴气不知所云。"据他认为："这派'红学家'有许多有学问名望的人，以现在我们底眼光看去，他们很不该发这些可笑的议论。"造成这种笑话的原因，他认为一是由于他们"好奇""以为那些平淡老实的话，决不配来解释《红楼梦》的"；二是"他们底偏见实在太深了，所以看不见这书底本来面目，只是颜色眼镜中的《红楼梦》"。第二类是"消闲派""他们本没有领略文学底兴趣，所以把《红楼梦》只当作闲书读，对于作者底原意如何，只是不求甚解的。他们底态度，不是鉴赏，不是研究，只是借此消闲罢了。"他还进一步批评这些人"不安分""偏要做《红楼梦》底九品人表，那个应褒，那个应贬，信口雌黄，毫无是处，并且以这些阿其所好底论调，强拉作者来做他底同志"。

我们认为，俞平伯对过去的"猜谜派""消闲派"的批评是有道理的。可惜的是，俞平伯自己在一定程度上也犯了同样的错误。譬如，他批评"猜谜派"是固守他们那"主观上的偏见"，所以"看不见这书底本来面目"。而他自己也固执于《红楼梦》是作者的"自叙"、小说的主要观念是"色空"这类偏见，因而也造成了看不见这书的本来面目、真价值。又如，俞平伯批评"消闲派"不懂得"鉴赏"和"研究"，只是借此"消闲"。不错，跟那些缺乏文学修养的评论家不同，俞先生对《红楼梦》的艺术性确实是有鉴赏和研究能力的，但同时，他自己也把《红楼梦》说成是一部"闲书"，把剧谈《红楼梦》作为"消夏神方"。我们并不是说俞平伯对那些"猜谜派""消闲派"批评得不对，也不是说俞平伯研究《红楼梦》的水平与此二派完全一样；我们只是说，一个学术研究工作者，如果不能掌握正确的科学的观点和方法，他虽然可能指出别人的种种"可笑"之处，但自己也仍然是会犯同样的错误。

在批评了"猜谜派"和"消闲派"研究《红楼梦》的错误态度之后，俞平伯接着论述曹雪芹创作《红楼梦》的态度问题。如何判定作者的态度呢？俞平伯说，一是"从作者自己在书中所说的话，来推测他做书时底态度"；二是"从作者所处的环境和他一生底历史，拿来印证我们所揣测的话"。在实际论述中，俞平伯侧重的是前者，即从《红楼梦》中摘取若干有关文字作为论据。

显然，俞平伯把作者的态度和《红楼梦》的主题看成了一个概念，他所说的作者的态度，也即是他对《红楼梦》的主题思想的看法。他认为只要看看《红楼梦》第一、二回等处的有关文字，就可知道"作者底态度是很明显的"。归纳起来是三条：（1）"《红楼梦》是感叹自己身世的"；（2）"《红楼梦》是情场忏悔而作的"；（3）"《红楼梦》是为十二钗作本传的"。这三条，是俞平伯对小说作者态度和《红楼梦》主题的说明，实际上也是他对曹雪芹和《红楼梦》的基本认识。

众所周知，一个作家的创作意图或他对自己作品的说明，跟一部作品客观的内容和价值并不是一回事。《红楼梦》第一回里面所说的"一技无成，半生潦倒之罪""更于篇中间用梦、幻等字，却是此书本旨"，以及"我虽不学无文，又何妨用假语村言敷衍出来，亦可使闺阁昭传"之类的话，是需要根据实际情况作具体分析的。如果不联系《红楼梦》创作是处在封建社会严酷的思想钳制的历史条件之下，不加分析地就把这些话看作作者完整的创作态度的自白，那是不妥当的。退一步说，即使《红楼梦》中这些话确实是作者态度的自白，我们也不能简单地就将它当作判定小说主题和意义的依据。我们评论一部文学作品，主要还是应当根据它本身的内容和社会效果。

《作者底态度》一文所体现的"精神"可概括为三点。首先是"自传"说。俞平伯认为，《红楼梦》"原名《石头记》，正是自传底一个铁证"。这是胡适"自叙说"的承继。我们在分析《红楼梦考证》时曾对这种看法予以了否定，这里不再赘述。

其次是"情场忏悔"说或"色空"说。俞平伯提出这些看法的根据是，《红楼梦》中说到"梦幻""是此书本旨"，小说中还有"因空见色，由色生情，传情入色，自色悟空"的话，又有"知我之负罪固多；然闺阁中历历有人。万不可因我之不肖自护其短"之类的话。但是我们认为，说《红楼梦》是为"情场忏悔"而作，书的本旨是"色空"，这不过是一种皮相之论。"因空见色"四句话，小说中明白地写着，那是"空空道人"的认识。自然，我们不能说曹雪芹处在那样的时代环境，他思想中没有一点"梦幻""色空"之类的成分。但从《红楼梦》总的倾向来看，这类消极的思想观念决不是曹雪芹世界观的主要方面。把《红楼梦》仅仅归结成"情场忏悔"之作，将其基本思想归结成"色空"观念，至少是以偏概全，抹煞《红楼梦》积极的思想倾向的说法，因而是完全错误的。

再次是"无褒贬"说或"两美合一"论。俞平伯认为《红楼梦》引子中既然是说"悲金悼玉的《红楼梦》"，金指薛宝钗，玉指林黛玉，作者"悲金悼玉"是一视同仁，并无褒贬倾向。他据此批评"右黛而左钗"这种"很流行的观念""最普通的信念"。俞平伯论钗黛说："书中钗黛每每并提，若两峰对峙双水分流，各极其妙莫能相下，必如此方极情场之盛，必如此方尽文章之妙。"应当说，曹雪芹笔下的薛宝钗和林黛玉性格非常丰满，称得上是圆形人物，他决不像拙劣的作家那样简单地写成"好人"和"坏人"式的扁平人物。非常明显，小说中总的倾向是同情封建地主阶级的叛逆者林黛玉，而批判封建卫道者薛宝钗。俞平伯从什么"情场之盛""文章之妙"来论述曹雪芹对这两个人物形象的描写，否定作者对这两个人物形象的褒贬，那也是不符合实际情况的。

另一篇重要文章是《〈红楼梦〉底风格》。据俞平伯自己说，"上篇所说有些偏于考证的，这篇全是从文学的眼光来读《红楼梦》"。该文首先对文学评论的眼光提出了一个论点："原来批评文学底眼光是很容易有偏好的，所以甲是乙非了无标准。俗语所谓，'麻油拌韭菜，各人心里爱'；就是这类情景底写照了。"这话又有问题。我们认为，评论者由于立场、观点、认识水平和研究方法的不同，自然可能对同一部作品提出不同的看法，这就是批评的个性。但我们不能因此而否定批评的"共性"，认为文学评论没有标准。毛泽东同志说："文艺批评有两个标准，一个是政治标准，一个是艺术标准。"又说："我们不但否认抽象的绝对不变的政治标准，也否认抽象的绝对不变的艺术标准，各个阶级社会中的各个阶级都有不同的政治标准和不同的艺术标准。但是任何阶级社会中的任何阶级，总是以政治标准放在第一位，以艺术标准放在第二位的。"(《在延安文艺座谈会上的讲话》)由此可见，评论家所持的批评标准可能有不同，但不能否定文学批评全无客观标准。否则就会出现脱离作品实际的主观随意性的批评。旧红学评点派、索隐派评着中那种离奇古怪的"研究"，就犯了主观主义的错误。

俞平伯在《〈红楼梦〉底风格》中强调说："我们有一个最主要的观念，《红楼梦》是作者底自传。"又说：《红楼梦》"是一部忏悔情孽的书"。他正是从这个基本观点出发来论述《红楼梦》的风格的。他说："既晓得是自传，当然书中底人物事情都是实有而非虚构；既有实事作蓝本，所以《红楼梦》作者底惟一手段是写生。"因为是"写生""作者的态度只是一面镜子"，所以作者对于小说中的人物并无褒贬爱憎倾向。因为是"自传""自忏"，所以小说中贾宝玉的诸种情状也即作家自己的情状，"他既做书自忏，决不会像现在人自己替自己登广告啊。

所以他在第一回里，既屡次明说，在第五回《西江月》又自骂一起，什么'富贵不知乐业，贫穷难耐凄凉'"。

小说中两首《西江月》是作者贬责贾宝玉还是明贬暗褒呢？联系两首词全文和全书总的倾向看，这是显而易见的。"潦倒不通庶务，愚顽怕读文章""行为偏僻性乖张，哪管世人诽谤"的贾宝玉，正是以他独特的个性和言行，表现出对封建传统和世俗的叛逆精神，曹雪芹怎能真心批判呢？说是曹雪芹借此"自骂"就更荒唐了。俞平伯不是在许多地方都强调要从"反"面、从"假语"去理解曹雪芹的真意吗？怎么偏偏在这些地方就只求按照字面作肤浅的理解呢？其实主要原因是他过于固守"自传""自忏"的成见。

俞平伯说《红楼梦》作者是"自发牢骚，自感身世，自忏情孽，于是不能自已的发为文章"，由此也决定了《红楼梦》的风格。他解释说："全书中之题材是十二钗，是一部忏悔情孽的书。从这里所发生的文章风格，差不多和那一部旧小说都大大不同，可以说《红楼梦》底个性所在。是怎样的风格呢？大概说来，是'怨而不怒'。"俞平伯很欣赏这种"怨而不怒"的风格。他把《红楼梦》和我国几部著名小说加以比较。在他看来，"《水浒》一书是愤慨当时政治腐败而作的，所以奖盗贼贬官军。看署名施耐庵那篇《自序》，愤激之情，已溢于词表"。所以，"《水浒》是一部怒书"。《儒林外史》的"作者虽愤激之情稍减于耐庵，但牢骚则或过之。""看他描写儒林人物，大半皆深刻不为留余地。"又叹惜地说："作者描写的天才是很好的，但何必如此尘秽笔墨呢？"《金瓶梅》"明是一部谤书，确是有所为而作的，与《红楼梦》更不可相提并论了。"接着他赞叹说："以此看来，怨而不怒的书，以前的小说界上仅有一部《红楼梦》。怎样的名贵啊！"

俞平伯赞美《红楼梦》的"怨而不怒""温厚"，而不满于《水浒》等几部小说的"愤怒""愤激""过火"或"锋芒毕露"，这跟他在文学欣赏和评论上褒贬爱恶的标准和观点是分不开的。他认为："含怒气的文字容易一览而尽，积哀思的可以渐渐引人入胜；所以风格上后者比前者要高一点。"我们认为，"怒气"或"哀思"仅仅是风格的不同，还有个是什么样的"怒气"、什么样的"哀思"的问题。离开文学作品的思想倾向和实质内容而孤立地谈论什么"怨而不怒"的风格就一定比"愤怒""愤激"的风格"高"，这是片面的。再说，《红楼梦》也不是没有"怒气"或"愤激"的。《红楼梦》成功地塑造了"两面三刀，嘴甜心苦"的王熙凤，以及"徇情枉法"、草菅人命的贾雨村等一系列反面典型形象，又无情地暴露了掩盖在"仁义道德""诗礼簪缨"美丽外衣之下的封建家族的种种罪恶，怎么能说是"温厚"呢？在《红楼梦》里，我们不时可以体会到作家对丑恶、反动的人物和势力的愤怒是那样明显。像贾宝玉那首《芙蓉诔》，不就是在痛悼死于无辜的"心比天高，身为下贱"、富有反抗性的晴雯的同时，又喊出"箝诐奴之口，讨岂从宽；剖悍妇之心，忿犹未释"吗？这不是充满"怒气"的愤慨文字吗？怎么能说这是"怨而不怒"呢？在贾宝玉的这篇作品里，作家分明是寄托了对于现实社会中两种人物、两种势力强烈的爱和恨的。看来，造成这种现象是主要原因，是俞平伯离开《红楼梦》的思想倾向和实质内容单纯地去谈论"风格"，同时又离开对《红楼梦》的全面分析，固守他"自忏""怨而不怒"成见的缘故。

以上是《作者底态度》和《〈红楼梦〉底风格》的要点，至于对《红楼梦》的整个评价，包括对《红楼梦》的性质、作用及其在文学史上的地位，俞平伯在《〈红楼梦〉底风格》中写道：

> 平心看来，《红楼梦》在世界文学中底位置是不很高的。这一类小说，和一切中国底文学——诗，词，曲，——在一个平面上。这类文学底特色，至多不过是个人身世性格底反映。《红楼梦》底态度虽有上说的三层，但总不过是身世之感，牢愁之语。即后来底忏悔了悟，以我从楔子里推想，亦并不能脱去东方思想底窠臼；不过因为旧欢难拾，身世飘零，悔恨无从，付诸一哭，于是发而为文章，以自怨自解。其用亦不过破闷醒目，避世消愁而已。故《红楼梦》性质亦与中国式的闲书相似，不得入于近代文学之林。

这就是俞平伯对《红楼梦》的总结。其中说《红楼梦》的态度有三层，即指《作者底态度》中所说的：《红楼梦》"是感叹自己的身世的""是情场忏悔而作的""是为十二钗作本传的"三层意思。其实也就是"自传""自忏"这个基本的意思。

俞平伯上述这段总结性的评论当然是不符合《红楼梦》基本的实际情况的。把《红楼梦》说成是仅供人们"破闷醒目，避世消愁"的"闲书"，是对这部卓越的现实主义巨著的严重歪曲。这不仅是有关《红楼梦》一部小说的评价问题，而且也牵涉到对祖国文学遗产的态度问题。俞平伯说："《红楼梦》在世界文学中，我虽以为应列第二等，但雪芹却不失为第一等的天才""至于在现今我们中国文艺界中，《红楼梦》依然为第一等的作品，是毫无可疑的"。

俞平伯对《红楼梦》的这种评价是说不通的，中国"第一等的天才"作家创作的中国"第一等的作品"，在世界文学中只能列"第二等"，甚至"不得入于近代文学之林"。这样的立论如何能成立！这不是对祖国优秀文学遗产采取民族虚无主义的态度吗？俞平伯虽然没有提出"全盘西化"的主张，但他对民族文化遗产所持的这种观点，跟"全盘西化"主张者基本上是一致的。

（二）论《红楼梦》的时、地及八十回后作者原意

《红楼梦辨》中卷的《〈红楼梦〉底年表》和《〈红楼梦〉底地点问题》，是分别讨论"时"和"地"的问题。

《〈红楼梦〉底年表》篇幅不长，俞平伯认为曹雪芹生平事迹材料绝少流传，无法编辑年谱，故"戏会萃那些有关系的事情，分年列表"。此表起自清康熙五十四年（1715）"曹頫为江宁织造"，迄于清同治八年（1869）"愿为明镜室主人"江顺怡的《读红楼梦杂记》刻成。表中多处采用胡适考证出的材料，并略摘有关诗文及小说中文字，以证实《红楼梦》之为曹雪芹的"自传"。据此表：康熙五十八年（1719）曹雪芹"生于南京"；"雪芹生时，必在曹副江宁织造任上"。"《红楼梦》八十回所叙的事，当雪芹十一岁到十九岁"。"雪芹着书，决在中年，却是无可疑惑的"。"曹雪芹卒于北京"，时为乾隆二十九年（1764），"年四十余"。该年表是建立在贾宝玉即是曹雪芹，《红楼梦》即是曹氏家谱这样的错误观念上的。他说曹雪芹的生日"大约在初夏，四五月间"，乃据《红楼梦》"叙贾宝玉生日推算"的。他认为小说中凤姐谈

南巡事是雍正十年（1732），那年"宝玉十三岁""雪芹也是十三岁"。又说："我们既认定《红楼梦》是实写曹家事；那么，书中的贾母，即是曹寅之妻。"如此等等。把作家与其笔下的人物形象混为一谈，颇为荒唐，但他却说，"写成之后，觉得虽有些是托之揣测，但大致不甚谬，狠可以帮助喜欢研究《红楼梦》的人，所以现在把它列入本卷"。

《〈红楼梦〉底地点问题》开头指出确定《红楼梦》地点之不易，批评"说大观园便是北京底什刹海，又说黛玉底葬花冢，在陶然亭之旁"的"妄人"的"鬼话"；又批评袁枚称"大观园便是随园"是"信口开河、自己夸耀"的浮谈。而他这篇文章"所讨论的，只是《红楼梦》一书所写的各事，是在南或在北？再进一步，亦只问是在南京或在北京？决不学他们这样的不知妄说，定要指出大观园是在某街某巷，方始显示他们的博洽古今"。

俞平伯在此文中记录下他和顾颉刚两人通信中关于地点问题的讨论。他在文中先是根据小说第二至五回及第三十三回中的叙写，得出结论说："书中说京都，都中，皆指北京；于南京必曰石头城，金陵，南京。叙述时必曰原籍，自称必曰老家。这可见《红楼梦》底地方，是在北京。"但接着，又根据小说第十七、二十六、二十八、三十、四十一、四十九、五十回中有关花木、雨水等的叙写，认为这不像是北方的事情。所以他在1921年6月30日致顾颉刚的信中说："从本书中房屋树木等等看来，也或南或北，可南可北，毫无线索，自相矛盾。此等处皆是所谓'荒唐言'，颇难加以考订。"然而接着又据顾颉刚的信及自己的推证得出结论："故以书中主要明显的本文，曹氏一家底踪迹，雪芹底生平推较，应当断定《红楼梦》一书，叙的是北京底事"。不过又说："我总觉得惑疑没有销尽。"怀疑之一是敦敏送曹雪芹诗有"秦淮残梦忆繁华"之句，敦诚怀雪芹诗有"扬州旧梦久已绝"之句，"一个说秦淮，一个说扬州，好象《红楼梦》所说的事，是在这两处——江南，江北，——决不是在北京"。考证来考证去，他还是没弄明白究竟是在南还是在北，最后只好说："所以说了半天，还和没有说以前，所处的地位是一样的。我们究竟不知道《红楼梦》是在南或是在北？绕了半天的湾（弯），问题还是问题，我们还是我们，非但没有解决的希望，反而添了无数的荆棘，真所谓'所求愈深所得愈寡'了！"

我们认为，俞平伯论"时"的《〈红楼梦〉底年表》，固执"自传说"的成见，是不可靠的；而论"地"的《〈红楼梦〉底地点问题》，虽说也仍是在运用"自传说"，但由于小说中存在着"或南或北，可南可北"的情况，因而他在这个问题上没有采取绝对化的态度，并不是像某些红学家那样死认定在北京何处或南京何处，就这一点而论还是比较可取的。本来，《红楼梦》是一部文学作品，曹雪芹为什么不可以把北方和南方的一些事物融合在一起呢？大观园是文学作品中人物活动的一个环境，曹雪芹没有必要非照描北方的某一个园林，或抄摹南方的某一个园林。大观园应该说作家艺术虚构的产物，没有必要煞费苦心地去考证其真正的地点。

比起论"时"、论"地"的上述两篇文章来，俞平伯考证曹雪芹八十回以后故事情节线索的另一篇文章《八十回后底〈红楼梦〉》篇幅要长得多。俞平伯在该文中说，《红楼梦》"不应当终于八十回""可惜实际上却找不出全璧的书，只有狗尾续貂的高鹗底一百二十回本"。而他写这篇文章的目的，就是"专想弥补这个缺陷，希望能把八十回以后应有的——可以考见的——面目显露一下"。

《红楼梦》八十回后究竟应当还有多少回？据俞平伯说："依本书八十回内所叙的事比看，似八十回至多可当全书之半（即全书应当有一百六十回），至少可当全书九分之四（即全书一百八十回）。"

八十回后的"事实"如何？俞平伯分为四项：（1）贾氏，（2）宝玉，（3）十二钗，（4）众人，逐项加以考证。关于贾氏，他认为"贾氏后来是终于衰败，所谓'树倒猢狲散'，这是无可疑的"。关于贾宝玉，他说："因为'红楼'本是一梦，所以大家公认宝玉必有一种很大的变局在八十回以后。"他设想宝玉的结局可能是三种：（1）穷愁而死，（2）出家，（3）穷愁而后出家。据他和顾颉刚的讨论，他俩是赞成第（3）种结局的。他在给顾颉刚的信中说：曹雪芹"也许有想出家的念头""我们不必否认宝玉出家，我们应该假定由贫穷而后出家"。关于"十二钗"，他认为有几种情况。第一种情况，"在第五回底册子曲子中，说得明明白白。即高鹗补书也没有大错，不足以再引人起迷惑"的有七人："元春早卒，迎春被糟蹋死，探春远嫁，惜春为尼，李纨享晚福，黛玉感伤而死，妙玉堕落风尘。"第二种情况，八十回中有暗示，但我们读者不能断定其结局的有二人：凤姐及其女儿巧姐。据俞平伯推测："凤姐被休弃返金陵，巧姐堕落烟花，被刘姥姥救出。"第三种情况，八十回的暗示"有多歧的证据，或者竟是相矛盾"，因而使读者觉得可疑的有二人：湘云和宝钗。他对这两人的结局不敢断定，列出下面三个"可疑的事情的标题"："（1）宝钗嫁宝玉之事，（2）湘云嫁宝玉之事，（3）湘云守寡，或早卒之事"。关于湘云的结局，俞平伯的揣想是："湘云虽不嫁宝玉，但她底婚姻须关合金麒麟（我不信回目是经改窜的），嫁后夭卒。""十二钗"中的秦可卿，小说中明明写她病死，俞平伯却说"自缢而死"，并专作《论秦可卿之死》一文附在本书中卷末尾。关于众人，谈及的有邢夫人、赵姨娘、贾环、贾兰，以及香菱、小红、鸳鸯、麝月、袭人等。以其并非小说中的主要人物，在此略而不论。

因为曹雪芹的小说没有写完，引起了人们对八十回后人物故事的种种猜测，俞平伯比前此其他红学家猜测得更多一些。既然是猜测，所以是并不可靠的。如俞平伯根据小说第六十三回麝月掣得"一枝荼蘼花"，因而疑心敦诚所谓"新妇飘零"或许指的就是她。我们上面说过，胡适疑心曹雪芹续娶的"新妇"不是薛宝钗就是史湘云，俞平伯这里却疑心是麝月，后来周汝昌又考证说那个"新妇"是史湘云。这些不同说法都来自"自传说"的总观念，认定曹雪芹生活中的真人一定会是小说中的人物。其实这些说法，正如俞平伯自己所说，"这亦是瞎猜，只供读者底谈助而已"。

（三）论高鹗续书及其他

《红楼梦辨》的上卷，是关于对高鹗续书的考证和评论。其中《高鹗续书底依据》和《后四十回底批评》两篇文章最为重要。

在考证和评论高鹗的续书以前，俞平伯在上卷中先安排了《论续书底不可能》和《辨原本回目只有八十》两篇文章。《论续书底不可能》一文篇幅不长，但若干看法颇为有理。他说："《红楼梦》是部没有完全的书，所以历来人都喜欢续它"，从高鹗以下，"续《红楼梦》的人如此之多，但都是失败的"。俞平伯提出了一个论点：包括《红楼梦》

在内，"凡书都不能续"。其理由是："凡好的文章，都有个性流露，越是好的，所表现的个性越是活泼泼地。因为如此，所以文章本难续，好的文章更难续。为什么难续呢？作者有他底个性，续书人也有他底个性，万万不能融洽的。不能融洽的思想，情感，和文学底手段，却要勉强去合做一部书，当然是个'四不象'。故就作者论，不但反对任何人来续他的著作；即是他自己，如环境心境改变了，也不能勉强写完未了的文章"。正是由于这个原因，他说他并不责备高鹗没有才情，"只怪他为什么要做这样傻的事情"。因此，他自己对于《红楼梦》，"仅仅以考证，批评，校勘《红楼梦》而止，虽明知八十回是未完的书，高氏所续有些是错了的，但决不希望取高鹗而代之"。他声明："我宁可刊行一部《红楼梦辨》，决不敢草一页的'续红楼梦'。"

作者在第二篇《辨原本回目只有八十》中说："《红楼梦》原书只有八十回，是曹雪芹做的；后面的四十回，是高鹗续的。这已是确定了的判断，无可摇动。"这个论断跟胡适《红楼梦考证》是一样的。不同的是，俞平伯还进一步考证，不但后四十回的正文不是曹雪芹本人的原作，即便后四十回的回目也非曹雪芹的手笔。

俞平伯从寻找前八十回和后四十回的矛盾入手，"用八十回来攻四十回，使补作与原作无可调和，不能两立"。他指出最明显的矛盾是三项：（1）曹雪芹小说第一回有"风尘碌碌，一事无成""当此蓬牖茅椽，绳床瓦灶"等的话；而高鹗所补的第一百十九回回目却是"宝玉中乡魁"。（2）小说第三回"宝玉赞"有"贫穷难耐凄凉"，第五回写宁荣二公有"运终数尽，不可挽回"的预言，第七十四回探春又有关于"自杀自灭，一败涂地"的话；而第一百七回和第一百十九回回目却是"复世职政老沐天恩""沐皇恩贾家延世泽"。（3）小说第五回香菱册词有"自从两地生孤木，致使芳魂返故乡"，暗示香菱应死于夏金桂之手；而第一百三回回目却是"施毒计金桂自焚身"。

俞平伯此文虽也贯穿"自传说"的观点，但其中揭示高鹗后四十回回目与曹雪芹前八十回中某些叙写存在着明显的矛盾，因以证明"原本回目，与本文相同，都只有八十之数"，并以此驳斥程伟元、高鹗想把后四十回目及各回文字都说成是曹雪芹一百二十回"金璧"里面的组成部分的说法，是想"冒名顶替""故意造谣"，以"欺罔后人"，这还是颇有见地的。

在上述两篇文章之后，俞平伯的两篇长文《高鹗续书底依据》和《后四十回底批评》专门评述高鹗的续书。前一篇对高鹗后四十回虽然有所批评，但主要是通过考证工作，指出后四十回所写的故事基本上都能在曹雪芹的前八十回中找到依据，并非出自高鹗的杜撰；后一篇则着重批判高鹗续书的拙劣之处，证明高鹗续书是"狗尾续貂"之作。

在《高鹗续书底依据》中，俞平伯认为高鹗续作大体符合曹雪芹的原意，并不是随意续写，几乎所有情节都可在前八十回都能找到他依据。于是，他摘出后四十回所写的人物故事为题，再从前八十回中寻找与此题有关的若干条材料来加以印证，借此说明高鹗续书并非杜撰。文中加以考证的题目主要有："宝玉出家""宝玉中举""贾氏抄家""贾氏复兴""黛玉早死""宝钗与宝玉成婚""探春远嫁""迎春被糟蹋死""惜春为尼""湘云守寡""妙玉被污""凤姐之死""巧姐寄养于刘氏""李纨因贾兰而贵""袭人嫁蒋玉函""宴海棠贾母赏花妖""证同类宝玉失相知""得通灵幻境悟仙缘"等二十余题。

俞平伯认为高鹗续书中的情节，多少都是以前八十回的有关材料（包括暗示性的材料）为依据的，但其中有些地方是由于高鹗对依据缺乏正确的理解，所以续书中有些地方不符合前八十回的原意。例如"湘云守寡"一题，俞平伯举出小说第五回册子上的词"展眼吊斜晖，湘江水逝楚云飞"，和曲子《乐中悲》一折"厮配得才貌仙郎""终久是云散高唐，水涸湘江"这两条材料，说"高氏对于这两条不但误解了，且所补湘云传，亦草率之至"。说高鹗只用"姑爷很好，为人又和平"等语（一百六回）来敷衍曲子上的"厮配得才貌仙郎"，又说她丈夫后来痨病（一百九回）而死，湘云立志守寡（一百十八回），就算应合"云散水涸"了，"至于金麒麟这一段公案，几乎一字不提。即在第八十三回，周瑞家的和凤姐，谈了半天金麒麟，也并无关于湘云底姻缘""所以高氏写湘云，几乎是无所依据"。俞平伯又认为高鹗的续书有些地方虽全据前八十回的提示，并无发挥，但却写得颇为拙劣。如关于"巧姐寄养于刘氏"及其结局，"可谓一句题外的话也没有说，只是文笔拙劣，叙述可笑罢了"。

难能可贵的是，《高鹗续书底依据》还指出后四十回中也有"高氏无缘无故的杜撰文字"。如关于"宝玉中举"，俞平伯虽然从前八十回中"替他勉强找了几条根据""依然薄弱得很"，而在后四十回中却大加铺张，有"奉严词两番入家塾"（八十一回）、"老学究讲义警顽心"（八十二回）、"试文字宝玉始提亲"（八十四回）、"中乡魁宝玉却尘缘"（一百十九回），高鹗续书总共不过四十回，"说宝玉做举业的，倒占了二十分之三"。俞平伯认为，高鹗如果对原著稍为看得仔细一点，"宝玉实无中举底必要"，即使要写他高魁乡榜，"也不必写得如此累赘"，高鹗于此等地方，"可谓愚极且迂极了"。这话说得很好。

《高鹗续书底依据》从前八十回中钩稽有关线索材料，以说明后四十回续书许多地方并非凭空结撰，而是有所依据。作为一种资料考证工作，对于人们比较曹著八十回和高续后四十回的异同，也还是有一定意义的。文中对高鹗的批评有的也有一定道理；但有的批评却值得商榷。如，他认为续书第九十六回"瞒消息凤姐设奇谋"写得很拙劣。他说："以我们眼光看来，何必写得贾氏一家如此阴险？"俞平伯认为贵族家庭不至于玩弄这类诡计，另外他赞佩"怨而不怒"的风格，所以对人物暴露比较尖锐的地方都不欣赏。

《后四十回底批评》主要是对高鹗续书的评论，基本上是肯定得少，否定得多。俞平伯根据续书"有情理吗""能深切的感动我们吗""和八十回底风格相类似吗，所叙述的前后相应合吗"这三条标准，对高鹗续书进行批评。

俞平伯认为，后四十回中许多地方都不符合上述三项标准。文中列出"四十回内最大的毛病"有二十处，如关于"宝玉修举业，中第七名举人""宝玉仙去，封文妙真人""贾政袭荣府世职，后来孙辈兰桂齐芳。贾珍仍袭宁府三等世职。所抄的家产全发还。贾赦亦遇赦而归""宝钗以手段笼络宝玉，始成夫妇之好""黛玉赞美八股文字，以为学举业取功名是清贵的事情""黛玉的心事，写得太显露过火了，一点不含蓄，使人只觉得肉麻讨厌，没有悲恻怜悯的情怀""后来贾氏诸人对于黛玉，似太嫌冷酷了，尤以贾母为甚""巧姐年纪，忽大忽小"

以及"怡红院海棠忽在冬天开花，通灵玉不见了""凤姐夜到大观园，见秦可卿之魂""宝玉到潇湘馆听见鬼哭"，等等，这些都是高鹗的败笔。

从《红楼梦》研究史上对高鹗续书的评论来说，清代的裕瑞在《程伟元续红楼梦书后》中能看出后四十回非曹雪芹原作，但他认为后四十回"一善俱无，诸恶备具"。(《枣窗闲笔》)后来张新之等一些红学家认为后四十回也出自曹雪芹的手笔。而俞平伯在此文中通过考证、分析，详细论证了后四十回确是续书，并断定后四十回不如前八十回。俞平伯在这个问题上，进一步论证和丰富了裕瑞所提出的后四十回并非曹雪芹原著的正确论点，这是可取的。

俞平伯对高鹗续书的批评还是比较实事求是的。他在《高鹗续书底依据》中肯定了高鹗"能为《红楼梦》保存悲剧的空气，这尤使我们感谢"；在《后四十回底批评》中也肯定高鹗对宝玉黛玉结局的叙写，"将宝黛分离，一个走了，一个死了，《红楼梦》到现在方能保持一些悲剧的空气，不至于和那些才子佳人的奇书，同流合污。这真是兰墅底大功绩"。与此同时，俞平伯又从许多地方指出了高鹗续书的缺陷。如批评续书大肆铺写宝玉举业中举事，是"铸了一个大错"，指出这种写法跟前八十回写宝玉痛骂"禄蠹"的叙写相矛盾，"高氏补这件事，大违反作者原意"；批评续书中写黛玉称赞八股文和赞同举业，说高鹗为什么使黛玉"平白地势欲熏心起来"；还有对贾府后来家道复兴描写的批评，等等，这些看法都是正确的。但俞平伯对高鹗续书的批评也有值得商榷的地方。如他批评续书写黛玉的恋爱心事，"写得太显露过火了，一点不含蓄"；批评续书写宝钗用手段笼络宝玉，"何必写宝钗如此不堪"，认为有损于宝钗的"端凝""这样写法，简直是污蔑闺阁"；批评贾氏后来诸人"对于黛玉，似太嫌冷酷了"，贾母之对待黛玉"如此没心肝，真是出乎情理之外"。我们认为，续书的这些叙写的得失是可以讨论的，问题是俞平伯批评高鹗这些叙写所持的观点和理由，以为一切都应该"含蓄""温厚"，一切都要"怨而不怒"，这是俞平伯美学观念的片面性所致。

俞平伯在《后四十回底批评》的结尾写道："高鹗以审慎的心思，

正当的态度来续《红楼梦》；他宁失之于拘泥，不敢失之于杜撰。其所以失败：一则因《红楼梦》本非可以续补的书，二则因高鹗与曹雪芹个性差太远，便不自觉的相违远了。处处去追寻作者，而始终赶他不上，以致迷途；这是他失败底光景。至于混四十回于八十回中，就事论事，是一种过失；就效用影响而论，是一种功德；混合而论是功多而罪少。" 俞平伯自称，这是他对高鹗续书的"赞扬和指斥"，也是他对高鹗续书的"总评"。俞平伯这里说他认为高鹗是"功多而罪少"，这个"总评"跟他对高鹗续书大量的有关评论文字稍有出入。人们从那些具体评析中觉得，俞平伯对高鹗的"指斥"是明显超过对他的"赞扬"的。

总的来说，他能一分为二地对待高鹗续书，既看出来不如前八十回，并指出许多颇有道理的缺陷；同时又指出高鹗续书还是有一定贡献的，能做到这些已经不容易了。笔者认为俞平伯对待续书的态度和意见虽有一定的偏颇，但还是很有参考价值的。

（四）《红楼梦辨》的缺陷及其影响

俞平伯的《红楼梦辨》是胡适《红楼梦考证》的继续和发展，其基本观点也与之一脉相传。胡适的"自传说"在《红楼梦辨》中显得更为具体，它不但贯穿于《红楼梦辨》那些主要文章中，而且也反映在某些随笔式的考证和札记中。

比较典型的例子是下卷中的《唐六如与林黛玉》一文。俞平伯通过大胆的"考证"，竟否定林黛玉是小说中的人物形象，而肯定她是一个名叫"林黛玉"，曾接受过生活中实有的唐六如行事的女诗人。在文中，俞平伯认为林黛玉葬花"确有其人，其事"。他摘录了如下一段文字："唐子畏居桃花庵。轩前庭半亩，多种牡丹花，开时邀文征仲，祝枝山赋诗浮白其下，弥朝浃夕，有时大叫痛哭。至花落，遣小平一一细拾，盛以锦囊，葬于药栏东畔，作落花诗送之。（《六如居士外集》卷二）" 接着俞平伯又摘引了《红楼梦》第二十三回、二十七回有关葬花的叙写，将两者互相比照，据此提出"两种假定"说：

（1）黛玉底葬花，系受唐六如底暗示。

（2）雪芹写黛玉葬花事，系受唐六如底暗示。依全书底态度看，似乎第一假定较近真一点。黛玉是无书不读的人，尽有受唐六如影响底可能性。

我们知道，唐六如就是明代著名的画家、文学家唐寅（伯虎），著名文人文征仲、祝枝山都是唐伯虎的密友。《六如居士外集》所载唐伯虎邀友饮酒赋诗及葬花，乃是所谓文人轶事。俞平伯钩稽出这样一条材料，对于人们了解曹雪芹的学识和著书时参考融会前人事迹，本来是有一定价值的。但俞平伯是怎样使用这一材料的呢？我们先分析一下他这两个"假定"的提法。第二个"假定"说明曹雪芹构思林黛玉葬花这个故事时，曾从唐六如的事迹中得到启发，而第一个"假定"则证明林黛玉是一个现实中人，葬花是她从唐六如那里学来的。如果他肯定第二个"假定"，那就顺理成章了。因为清初时期博学多识的曹雪芹了解明代著名文人唐六如的上述事迹，是很可能的。可是，俞平伯在论证中偏偏否定了第二个"假定"，而肯定了第一个"假定"。他宁可相信黛玉这个"无书不读的人"，是一个独立于曹雪芹文学创作之外的生活中实有的人物。林黛玉的行事直接学自唐伯虎，与作家曹雪芹倒是毫无关系。接着，他又从《六如集》中引出另外两首诗《花下酌酒歌》《一年歌》和《红楼梦》二十七回林黛玉的《葬花诗》相比，说"后诗是从前诗中蜕化而来"；引唐六如的《桃花庵歌》和林黛玉的《桃花行》相比，说"这虽没有十分的形貌相同，但丰神已逼肖了"，并进一步论述说："综观两人底七言歌行，风格极相似，且都喜欢用连珠体。六如有《花月吟》，效连珠体十一首（《六如集》，卷二），句句有花有月。黛玉则拟'春江花月夜'之格，乃名其词曰，《秋窗风雨夕》。"其实，将这些材料用在论证第二个"假定"方面，则既有文学价值，又有资料价值。这说明，还是"自传说"观念的消极影响，导致他从一些本来具有一定价值的材料中得出荒唐的结论。

俞平伯在这篇文章中批评蔡元培认为曹雪芹写林黛玉即是写清初文人朱竹垞的说法是"傅会，武断"，这个批评本无可非议；但他自己否定林黛玉是曹雪芹笔下的人物，而认为她是一个实际存在过，并且写诗、做事深受唐六如影响的真实的女诗人，这不也是一种"傅会，武断"吗？所不同的是，蔡元培是"旧红学"式的"傅会"，而俞平伯则是"新红学"式的"傅会"而已。

俞平伯在《札记十则》最后一则说："我以为考证正是游山底向导，地理风土志，是游人所必备的东西。这是《红楼梦辨》底一种责任。"他还说："我们要求真返本，要荡瑕涤秽，要使读者得恢复赏鉴底能力，认识那一种作品底庐山真面。做一个扫地的人，使游者底眼，不给灰尘蒙住了；这是《红楼梦辨》底第二责任。"俞平伯在这里说明自己写《红楼梦辨》的目的好比"游山底向导"，责任是引导读者去认识《红楼梦》这座"庐山"的真面目。从实际上看，他的《红楼梦辨》在"荡瑕涤秽"，即批判旧红学的谬说，以及考辨高鹗续书等方面起了一些好的作用；但可惜由于他继承了胡适《红楼梦考证》错误的观点和方法，他的书又给读者蒙上了一层新的"灰尘"。譬如，俞平伯批判了旧红学索隐派关于林黛玉是写朱竹宅的谬说，却又通过自己的"考证"，提出了林黛玉是独立于曹雪芹文学创作之外的实际人物，这对于人们认识《红楼梦》这部作品的"庐山真面"，究竟是起了怎样的作用呢？

俞平伯的《红楼梦辨》是继胡适《红楼梦考证》这篇考证文章之后，新红学家向人们所提供的关于《红楼梦》的第一部专著，它的观点很快地就在《红楼梦》研究中产生了影响。1925 年《晨报》上发表的刘大杰长文《红楼梦新谈》就颇有代表性。此文所论甚广，但比较肤浅。它个别地方的评述与胡适、俞平伯的看法不尽相同。刘大杰承认《红楼梦》是曹雪芹的一部"自叙传的小说"，但"胡先生他们却真确的说是他的自叙传，这似乎又太确实了一点"。又如，关于《红楼梦》的地点问题，他认为俞平伯的根本错误是在于预先有了一种成见，"以为《红楼梦》的地点，在南方就是在南京，在北方就是在北京。他绝对没有想到南京以外，还有许多地方，是中国的旧都"。他考证《红楼梦》的地点是"在陕西的长安"。《红楼梦新谈》有不少观点与《红楼梦辨》一样。如曹雪芹的创作动机仅仅是"想到过去的繁华，再看到现在的飘零"感怀而作；对《红楼梦》的价值定位也是说在中国是一流的作品，而不能与世界名著"相提并论"。这显然是受了《红楼梦辨》

的影响。但不管怎么说，《红楼梦辨》代表了 20 世纪 20 年代新红学家对《红楼梦》的认识水平和研究成果，在红学史上有着一席之地。

（五）50 年代的《红楼梦》研究

俞平伯在 20 年代出版《红楼梦辨》以后，又陆续发表了一些文章和《红楼梦研究》（1952）、《红楼梦简论》（1954）两部著作。这两部著作是考证派在 50 年代的继续和发展。

其实，《红楼梦研究》就是《红楼梦辨》一书的修订本，基本观点和研究方法没有变，只是用《自序》代替了《顾序》和《引论》，不再分卷；文章也不用序号，只是归为三组，篇目有删补和次序的调整。俞平伯在《自序》中谈到出版《红楼梦研究》的原因时指出：《红楼梦辨》出版不久，他就发觉该书存在着两种若干错误，一种是“本来的错误”，如《红楼梦》至多“是自传性质的小说”，但《红楼梦辨》第八篇《〈红楼梦〉底年表》却“把曹雪芹底生平跟书中贾家的事情搅在一起”；另一种错误是“因发见新材料而证明出来的错误”，如他过去从有正戚本评注中发现有所谓“后三十回的红楼梦”，误认为是较早的续书，后来因为看到另外两个脂砚斋评本，才知道那“后三十回的红楼梦”其实是散佚的原稿。于是，俞平伯决定将修订后的《红楼梦辨》更名为《红楼梦研究》，重新出版。

《红楼梦研究》删去了原书中的《〈红楼梦〉底年表》。这个年表是以胡适“自传说”为指导思想撰写的，是将作者与主人公混为一谈的产物，故而删去。这就说明俞平伯随着认识的提高，意识到《红楼梦》仅仅“是自传性质的小说”“不能把它径作为作者的传记行状看”，这也表明俞平伯作为学者的严谨态度。它对原书的某些内容和文字作了修改。俞平伯在《红楼梦辨》中的《后三十回的红楼梦》一文中，认为“后三十回”的“佚本”也是一种比较好的“续书”。后来他看到了胡适的十六回残本《石头记》（甲戌本）和燕京大学所藏八十回本（即缺两回的庚辰本），认识到过去把“后三十回”的“佚本”看作续书是错误的，实际上它“乃是曹雪芹未完而迷失了的残稿”。为了让人们更多地了解这一资料，俞平伯便从脂砚斋的有关评论中，对它的内容进行了一些猜测与推论。他的这一工作也是非常有意义的。此外，它也增加了一些原书没有的文章。其中《"寿怡红群芳开夜宴"图说》一文，对《红楼梦》六十三回所写贾宝玉生日时，黛、钗、袭、晴等人在宴席上的座位作了详细的考证。他考证出在座的共计十六人，其中炕上坐八人，炕下坐八人，但在考证这些人的座次时煞费苦心，最终也无法自圆其说。其实，小说中的一些细枝末叶是没有必要如此烦琐考证的，曹雪芹即使在人物次序上写得不准确，也丝毫不影响小说的艺术价值。由此可见，《红楼梦研究》因新材料的发现和俞平伯自己认识的提高，对原作作了一些修改，增删了一些内容，整个著作的质量有所提高，尤其是对"自传说"的偏激观点有了一定程度的纠正。但总的来说，基本观点和考证式的批评方法没有大的变动。

《红楼梦简论》是一部论文集，其中《红楼梦简论》最有代表性。这篇论文除引言外分为三节，分别论述"《红楼梦》的传统性""《红楼梦》的独创性"和"著书的情况"。

该文引言指出，《红楼梦》虽然只有八十回，但它仍不失为"中国第一部长篇小说"，其取得的艺术成就"可以说的空前的"。接着又通过议论小说的"真实隐去""假语村言"的话，强调小说的难于理解。其实俞先生没有想到，这"难于理解"关键是由他一味从考证角度着眼造成的，如果他的研究方法科学的话，凭他的文学修养和执著的精神，会取得更大成就的。比如他谈到《红楼梦》的传统性问题时，没有从民族精神、写实等艺术传统的承继等方面来论述，而是从《红楼梦》里某一句话跟古代某一部小说或戏曲相同或相似，就断言《红楼梦》"源于"某部古代小说或戏曲作品；从《红楼梦》里某句话来自某部历史著作、诗集、文集，又断言《红楼梦》"得力于"古代某部历史著作、诗集、文集。如此零星杂碎地来论《红楼梦》，那又何止他提到的《水浒传》《西游记》《牡丹亭》《左传》《史记》《离骚》和《文选》呢？曹雪芹读过的书多了，再找几十种也没问题。他的这种作法只能说是"考证"癖所致，方法不对头，自然最终也没有说清楚《红楼梦》的"传统性"是怎么回事。再如谈《红楼梦》的独创性，他反复强调"作者立意要写一部第一奇书，果然，《红楼梦》地地道道是一部奇书"。但《红楼梦》"奇"在什么地方呢？他并没有像鲁迅那样通过《红楼梦》

与其他作品的比较得出令人叹服的结论，而是从脂评中找依据，大家知道脂砚斋的许多见解都很平庸、消极，从他那里能找到什么答案呢？无非还是从"真真假假"方面大做文章，像俞平伯自己所说的那样"越研究越糊涂"。

该文在论述"着书情况"时，主要讲了"著者""书未完成和续书""著者和书中人物的关系"三个问题。关于"著者"，俞平伯通过大量资料和合理考证，得出"《红楼梦》的著作权总得归曹雪芹"的结论，并能指出由于作者所处特殊环境，故曹雪芹不敢承认是自己所著，还顺便批评了包括自己在内的一些"考证"家"过于拘滞的毛病"，这确实是难能可贵的。但在论述到"书未完成和续书""著者和书中人物的关系"这两个问题时，又强调《红楼梦》的主要观念"是"色空"，他为此进行了一些无谓的考证，并发表了一些错误的言论，这种错误与《红楼梦辨》相似，前文已作分析，这里就不一一赘述了。

总之，俞平伯考证和评论了曹雪芹的创作态度和《红楼梦》的主题思想及其风格，考述了《红楼梦》的时间与地点的问题，考述了高鹗续书对前八十回有否依据的问题，评述了高鹗续书的功过，不少见解都是很有学术价值的。俞平伯的《红楼梦辨》是新红学的第一部研究专著，是俞平伯研究《红楼梦》的基本成果。新中国成立后出版的《红楼梦研究》在此基础上又作了修订，纠正了不少错误见解，而另一部著作《红楼梦简论》更是在许多问题上又取得新的成就。俞平伯几乎把自己的一生都献给了《红楼梦》研究事业，其著作虽然有着缺陷，但他在《红楼梦》研究史上的地位是无可替代的。

第六节　现代文学批评

浙江现代涌现出不少著名文学理论家，虽然不是专门研究小说理论，但他们的文学见解也适用于小说。郑振铎、冯雪峰、赵景深等，都是中国现代著名的文学批评家，他们的文学活动，为浙江小说理论的发展作出了重要贡献。

一、郑振铎

（一）郑振铎的文学活动

郑振铎（1898—1958），现代作家、文学评论家、文学史家、考古学家。曾用笔名西谛、CT、郭源新等。祖籍福建长乐，生于浙江永嘉。1917 年，郑振铎入北京铁路管理学校学习。"五四"运动爆发后，他曾作为学生代表参加社会活动，并和瞿秋白等人创办《新社会》杂志。19 岁时，郑振铎开始登上中国文坛。

1920 年 11 月，郑振铎与茅盾、叶圣陶、王统照等人发起成立文学研究会，并主编文学研究会机关刊物《文学周刊》，编辑出版了《文学研究会丛书》。1923 年 1 月，郑振铎接替沈雁冰主编《小说月报》，他倡导写实主义的"为人生"的文学，提出"血与泪"的文学主张，成为新文学的旗手之一。大革命失败后，他旅居巴黎，1929 年回国。1931 年起历任燕京大学、暨南大学等名校教授，并在上海主编《文学季刊》《世界文库》。抗战爆发后，他发起参与了"上海文化界救亡协会"，创办了《救亡日报》，成为抗战文学的先锋骨干。接着，他还和许广平等人组织"复社"，出版了《鲁迅全集》《列宁文选》等。

抗战胜利后，郑振铎参与发起组织"中国民主促进会"，创办《民主周刊》，鼓动全国人民为争取民主、和平而斗争。新中国成立后，郑振铎历任全国第一、第二届全国政协委员，文化部副部长，文物局局长，考古研究所所长，文学研究所所长等职。1958 年 10 月 18 日，在率中国文化代表团访苏途中，因飞机失事殉难，时年六十岁。

郑振铎是一位勤奋的文学家，为我们留下了丰富的文学遗产。他的主要著作有：短篇小说集《家庭的故事》《桂公塘》，散文集《山中杂记》，专著《文学大纲》《插图本中国文学史》《中国通俗文学史》《中国文学论集》《俄国文学史略》等，另有《郑振铎文集》。

郑振铎作为一名中国近代文坛组织活动家，在文学新人的发现与培养方面做了许多实际工作。同辈的作家中，不少得到过他的帮助。郁达夫、老舍、许地山、黄庐隐等人最早发表的作品，都在他的帮助下问世。稍后一点成名的中国著名作家巴金、夏衍、赵景深、丁玲、胡也频等都得到过他的帮助和关怀。巴金回忆起郑振铎时写道："振铎就是这样一个令人不能忘记的人。我认识他将近三十年，我们常常见面，我们中间也有过争论，但是我一直敬爱他。在他身边我觉得非常安全，因为他关心朋友，也能毫无顾忌地批评朋友，而且更喜欢毫无保留地帮助朋友。他为人正直，热情，喜欢帮助年轻人，鼓励人走新的前进的道路，三十年来有不少的帮助，受过他的鼓舞，我也是其中之一……我不能不承认他气魄大，精力充沛，是一个永远不知道疲倦的工作者……"

（二）古籍考证方面的贡献

郑振铎先生不仅是现代文化界著名学者、作家，也是古籍版本和文物收藏、鉴赏家。

叶圣陶先生回忆起他对藏书的热爱程度，描写道："振铎讲究版本，好像跟一般藏书家又不尽相同。他注重书版的款式和字体，尤其注重图版——藏书家注重图版的较少，振铎是其中突出的一位。就书的类别而言，他的搜集注重戏曲和小说，凡是罕见的，不管印本抄本，残的破的，他都当做宝贝。宝贝当然是可遇而不可求的，往往在书铺里翻了一通，结果一无所得。他稍稍有些生气，喃喃地说'可恶之极，一本书也没有！'满架满柜的书，在他看来都不称其为书……"

1949 年以前，孱弱的中国不仅在政治、经济上饱受列强的欺辱，在文化上也遭受前所未有的劫难。继书画、善本古籍后，陶俑又成为国外抢购的目标，源源不断地流向海外。为了不使更多的文物沦落异域外邦，郑振铎以一介清贫书生四处奔波，不惜举债与实力雄厚的国外公私收藏机构相比争。为此，他不得不在夜阑人静时拼命撰写和翻译文稿，以偿还巨额的债务，因此而拥有丰富的个人陶俑收藏。

中华人民共和国成立后，郑振铎被任命为文化部副部长、国家文物局局长，鉴于一些博物馆藏品种存在缺项的局面，他萌生将自己收藏的全部陶俑捐献给国家的想法。1952 年 6 月 16 日，他写信给周恩来总理，提出拟将个人收藏的全部陶俑贡献给中央人民政府，将这些文物陈列于博物馆中，一方面弥补博物馆藏品之不足，另一方面也可以裨益科学研究。

周恩来当即指示文化部办理此事，并对郑振铎先生这一爱国举动表示赞赏。1952年9月14日，郑振铎先生捐献的655件文物拨交故宫博物院。这批私人收藏品横贯汉、魏至两宋一千四百多年的历史，时间跨度长，品种丰富多样，仪仗、宴乐、出行、狩猎俑无所不包，俨然一幅展开的古代社会生活画卷。

（三）文化遗产整理方面的贡献

郑振铎对中国古典文学遗产的整理研究工作作出过巨大的贡献。20年代初，他在撰写有关论文的同时，就开始编写有关书目、提要等等，大多具有开辟道路、指示门径的性质。例如，他最早对《毛诗序》的研究、批判，和对历代《诗经》研究书目的整理，一举理清了几千年来的一笔糊涂账，并带有方法论的启示。他编写的提要、书目等遍及古代戏曲、小说、民间说唱文学等各个领域，不少都是第一次的整理。他撰写的中国文学年表、古代作家生卒表等等，给后学者提供了帮助。

20年代后期和30年代前期，他在研究文化典籍的同时，把整理工作的重点转移到发掘被湮没，被忽视的优秀作品，并加以整理、编选和出版。尤其在古代民歌、短篇小说和戏曲方面，成绩卓越。例如，他编选出版了《白雪遗音选》《挂枝儿》等民歌俗调，影印出版了清人杂剧初集和二集等。在上海从事编辑工作时，在主编的《世界文库》里，发表了大量中国古典文学作品，而且几乎都是他一个人整理标点的，其中特别有名的就有《金瓶梅》的删节整理和《警世通言》《醒世恒言》等书籍的标点整理。还有一件不被人重视的工作，是他在1926年后编选整理了三卷《中国短篇小说集》，第一次较系统而有代表性地展示了我国从唐代至清代的文言与平话短篇小说的全貌，一洗当时日本人编的《支那短篇小说》之疏误。其中第一集可与鲁迅后来出版的《唐人传奇集》相媲美，并得到鲁迅的赞扬："扫荡烟埃、斥伪返本，积年埋郁，一旦霍然。"

30年代后期至40年代，他在特殊的战争环境中，更为保卫和抢救文学遗产进行了可歌可泣的斗争和工作。最值得一提的是他在1938年，为国家抢救收购了一部《脉望馆抄校本古今杂剧》。这是我国古代最大的一部戏曲总集，保存元明杂剧 242 种，其中 100 多种是久湮的孤本。郑振铎先生自己说，这个收获，在文学遗产的继承方面不亚于"内阁大库"的打开，不亚于安阳甲骨文字的出现，不亚于敦煌千佛洞抄本的发现。在上海沦陷时期，他还秘密地编选影印出版了《长乐郑氏汇印传奇第一集》等书。

新中国成立后，他参加和领导了全国古籍整理研究工作。他自己在百忙中仍然亲自参加有关整理编辑工作。例如，标点整理《水浒全传》等。而最值得一提的是他主持并实际是一人编辑了工程浩大的《古本戏曲丛刊》。这是中国古代戏曲集集大成的几乎一劳永逸的整理工作，可是他只编好四集就遇难了，此后这一工作便长期停顿。

郑振铎的文学活动也为新文学的发展作出了重要贡献，他一生主编及参与主编了大量文艺书刊，起到了对文坛的领导和组织作用。他编辑和参与主编的书刊、报刊数量很少有人可以企及。在丛书方面，《文学研究会丛书》和《世界文库》都是气魄宏伟的。在报刊方面，从《小说月报》《文学旬刊》，到《文学》月刊、《文学季刊》，再到《文艺复兴》，在 20 世纪 30 年代中国现代文学史上除了抗战中的几年外，一脉相承，都是各时期全国第一流的，可谓居全国文坛之中心，对现代中国文学史影响之久远是难以为继的。

端木蕻良在 20 世纪 30 年代写给鲁迅的信中提到，当时文学青年中流传着"南迅北铎"的口碑，在奖掖后学方面，他与鲁迅不分上下。长期从事编辑和文学事业，他以发现和培养文学新人为己任，著名学者季羡林称赞他说："西谛先生对青年人的爱护，除了鲁迅先生外，恐怕并世无二。"这一评价应该说还是比较公允的。

二、冯雪峰

冯雪峰是浙江著名的文艺理论家，诗人，作家，是中国现代最优秀的马克思主义批评家之一，他专门论述小说的理论文章并不多，但他的文艺理论多涉及小说批评方面的问题，其中不乏真知灼见，对以后浙江乃至中国小说的发展产生了重大影响。

（一）冯雪峰的文学活动

冯雪峰（1903—1976），原名福寿，笔名画室、洛扬、成文英、何丹仁、O.V.、吕克玉等。他出生于1903年6月2日，浙江义乌人。1921年加入文学团体晨光社。1922年与友人组成湖畔诗社。1925年春到北京，在北京大学当旁听生。自20年代末期起，他开始译介马克思主义文艺理论和苏联文艺状况。1929年参加中国左翼作家联盟的筹备工作，并成为30年代左翼文艺的重要领导人之一。这一时期，他主编或参与编辑《萌芽月刊》《巴尔底山》《前哨·文学导报》《十字街头》等左联机关刊物。继续编译《科学的艺术论丛书》，参加了与各色资产阶级、小资产阶级文学团体、文学主张的论战。1933年起，离开上海去中央革命根据地，随后参加长征。先后任中央苏区党校教务长、副校长，红军大学政治教员等职。1936年，以中共中央特派员身份到上海兼管文艺工作，参加了两个口号的论争。1937年底回故乡从事创作。1941年被国民党逮捕囚于江西上饶集中营。1942年出狱后，在重庆、上海等地从事统战和文化工作，继续从事理论研究和文学创作。

中华人民共和国建立后，冯雪峰先后担任上海市文学工作者协会主席和市文联副主席、中国文联常务委员、作协副主席和党组书记、人民文学出版社社长兼总编辑、《文艺报》主编等职，主持第二版《鲁迅全集》的出版工作。1954年后因《红楼梦》研究问题和"胡风事件"受到批判，1957年被错划为"右派"。他被迫中止公开的文学活动，只能作为一名普通编辑从事中国现代文学作品的编辑工作。1972年，他参与《鲁迅日记》的校订。1966年又被关进牛棚。1976年1月31日，冯雪峰因患肺癌去世，享年73岁。1979年4月中共中央为他的错案作出纠正，恢复了其党籍和政治名誉。

冯雪峰是一位多产的文学家，他的主要著作有：《鲁迅论及其他》（论文集，1940）、《乡风与市风》（散文集，1944）、《有进无退》（散文集，1945）、《跨的日子》（散文集，1946）、《雪峰文集》（诗、杂文合集，1948）、《回忆鲁迅》（散文，1952）、《论文集》（1952）、《雪峰的诗》（诗集，1979）、《鲁迅的文学道路》（论文集，1980）、《雪峰文集》（1981～1985）等。这是他为我们留下的珍贵的文学与理论遗产。

（二）冯雪峰的小说理论

冯雪峰的马克思主义文艺思想比较复杂，涉及小说理论的许多方面，其中有精华也有糟粕，我们主要从"规范化批评""革命现实主义""文学典型"三个方面，来探讨他的小说理论贡献。

1. 规范化批评

冯雪峰是一位倾向革命的政治性颇强的批评家，他较早接受了马克思主义批评方法，并取得了一定的成就。尤其"左联"时期，他坚持由苏联传入的"唯物辩证法的创作方法"，主张规范化批评。不过，他的批评理论又是比较复杂的，有时甚至是矛盾的。

众所周知，20世纪的30年代初，左翼文学家曾把"唯物辩证法的创作方法"的口号当作一面旗帜，用以反对早期革命文学的"幼稚病"，克服"革命的罗曼蒂克"风气。这在当时是有积极意义的，对促进作家学习马克思主义著作，克服小资产阶级意识，希望作家重视社会性题材等，均起过一定的积极作用。但是，"唯物辩证法的创作方法"毕竟是"左"倾机械论的口号与方法，冯雪峰对此也是有着清醒的认识的，因此，他的文学理论也就显得比较复杂和矛盾。不过，冯雪峰在具体运用"唯物辩证法的创作方法"进行文学批评时，还是取得了一定的成绩，成为当时最有成就的马克思主义批评家。冯雪峰这时期的代表性论文，当推他批评丁玲的小说《水》的《关于新的小说的诞生》一文。

我们知道，丁玲是中国现代最著名的小说家之一，她的中篇小说《水》（1931）以当年十一省水灾为题材，歌颂了广大灾民同洪水、饥饿进行斗争的英勇精神，并最终在向官绅地主进行斗争的过程中逐渐走向团结。这部小说艺术上并不足称道，但却引起了左翼批评家的高度重视。冯雪峰把这部小说看作"唯物辩证法的创作方法"的成功尝试，是"从罗曼蒂克走到现实主义，从旧的写实主义走到新的写实主义的一个路标"。他进一步评论道：

> 《水》所引起读者的赞成，无疑的是在：第一，作者取用重大的巨大的现代的题材。……第二，在现在的分析上，显示作者对

阶级斗争的正确的坚决的理解。第三，作者有了新的描写方法，在《水》里面，不是一个或二个的主人公，而是一大群的大众，不是个人的心理分析，而是集体的行动开展。[78]

冯雪峰肯定《水》的价值，这主要着眼于政治因素，赞扬的是作者写作立场的转换以及题材、方法上的变化。其实，这部小说在艺术上存在着很大的缺陷，丁玲最为熟悉的题材还是小资产阶级知识分子，对于工农生活比较陌生，弃其所长而取所短，缺少生活感受，塑造群像而不是个人，还有什么成功的人物典型可言！可见，冯雪峰的小说批评太重视写工农题材，太强调政治思想的重要性了。在丁玲的《水》问世之前，冯雪峰曾不无遗憾地感叹过："直到现在，我们还没有产生真正的无产阶级革命文学。"[79]《水》的出版，使他极为兴奋，对这部小说进行了如此高的评价。显然，他肯定《水》的成绩和意义，不是真的就认为它的艺术成就特别高，而主要想论证这是一种新的文学倾向，是思想性政治性很强的优秀之作。冯雪峰的批评向来重视的是思想性与政治性，他认为《水》是"唯物辩证法的创作方法"的成功尝试，这将成为以后小说创作的一个方向。

　　冯雪峰对丁玲《水》的评论有其合理的地方，也有偏执之处。平心而论，《水》确实是丁玲创作道路上的一个分水岭。由于她独特的人生经历，其早期小说多写小资产阶级知识分子，艺术上也颇足称道。他认为，丁玲放弃小资产阶级知识分子题材，有意识地抛弃了"革命罗曼蒂克"的作风，转而描写工人与农民的觉醒与斗争，这在当时代表了一种文学趋向。他认为，《水》的重大意义也就在于此。其实，冯雪峰肯定《水》在小说题材方面的扩展是正确的，关键是他过于强调政治批评，侧重于以阶级分析方法评价作家的立场与方向，而脱离了美学的评析，忽略了文学艺术的重要性。

　　冯雪峰的《关于新的小说的诞生》一文基本上按照"唯物辩证法的创作方法"的要求来进行文学批评，他认为优秀的作品一定要突出阶级对立，要体现人民群众的觉悟与反抗，还要暗示出革命最终必将胜利的趋向。这是冯雪峰评价作品的关键之所在，即便是《水》在思想内容方面已基本符合了他的评判标准，但他认为仍然不够，指出这部小说还存在"巨大的缺点"：结尾只写一批灾民的暴动就结束了，而没有写出革命者的组织与领导作用。我们认为，冯雪峰的这种批评是对作家的"苛求"，作家不能根据自己的生活体验去创作，而是要根据他这位批评家的模式去"规范化"写作，这样只能让作家写出一批又一批的公式化、概念化的作品，如何能创作出优秀的作品呢？不过我们也不能过于苛求批评家，他的小说批评理论中也有一定的合理内涵，那就是增强小说题材的现实性与思想性，这在当时应该说是比较及时的，具有一定的理论价值。

冯雪峰"规范化批评"的核心是"唯物辩证法的创作方法"，但这种方法并没有提出具体的艺术方法论内涵，它只要求"唯物辩证法"对于创作的决定作用，事实上是以哲学方法取代艺术方法，成为一种缺乏艺术方法的"创作方法"。其实，当时的左翼文坛存在一种理论上"误区"，认为浪漫主义是属于资产阶级和小资产阶级的，现实主义才是无产阶级的，当时的人们把"革命的罗曼蒂克"和浪漫主义混为一谈，过于强调反映社会现实的重要性。因此，冯雪峰对丁玲早期创作像《沙菲女士的日记》这样的优秀之作都予以否定，认为《莎菲女士的日记》等小说表现了作家思想上"坏的倾向""优秀"的小说应着重表现集体的"阶级的"意识，应当写"大众的伟大的力量"；而丁玲这时期的小说却写"个人的英雄行为"，这是艺术上的"败笔"。他指责丁玲的小说"是个人主义的无政府性加流浪汉的知识阶级性加资产阶级颓废的和享乐而成的混合物"。我们说，冯雪峰的这种批评是不符合创作实际的，纯粹是上纲上线的政治批评，而且是自相矛盾的，是与他早期的批评思想相违背的。

作为一个杰出的马克思主义批评家，冯雪峰早年的文学批评本是很宽容、很温和的，他对那些不一定有无产阶级革命意识，但能反映现实并体现民主的反封建情思的作品是非常支持的，而且认为"五四"文学与现阶段革命文学都属于民主革命性质的文学，二者之间有着必然的历史联系。但评论丁玲的早期小说作品时，冯雪峰却如此"左"，这应该说不是偶然的。"左联"时期冯雪峰的批评思想，受到了"唯物辩证法的创作方法"的制约，过于强调现实主义创作方法，过于执著于"阶级分析"方法。他认为，作品写"一切事物都有阶级性""也当然就有阶级的分别"，文学创作处处都要留意这种"分别"。他甚至举例说，连"男女接吻"的方式也可以作阶级分析，因为资产阶级和工人阶级都很不相同。[80]如此强调"阶级分析"，这就会导致把复杂丰富的社会生活简单化，批评流于将现实与作品直接印证，自然也就陷于庸俗社会学的泥沼。另外，冯雪峰理论观点如此机械和僵硬，还有一个重要原因：30年代前期，冯雪峰对苏联文学理论家弗里契曾经非常赞佩，他的批评理论与方法中可以寻见弗里契的影子。其实，弗里契是一个典型的庸俗社会学的理论家，冯雪峰所坚持的"唯物辩证法的创作方法"，与此人有很大关系。

冯雪峰"左联"时期的文学批评未能绕过"左"的障碍，表现出不平衡不稳定状态，仍处于艰难摸索的阶段。他的马克思主义批评思想的真正成熟，还是在20世纪40年代提出"革命现实主义"主张之后。

2. 革命现实主义主张

20世纪的40年代，冯雪峰提出了革命现实主义的主张，这是马克思主义批评在中国文学实践中的重大成果。他能提出这一重要主张，是与时代的发展分不开的。马克思主义刚刚传入中国，人们还处于一种盲目"狂热"之中，有热情而没有理性的分析，所以造成了理论上的种种弊病。而此时，已经经过了一段时间的实践之后，中国马克思主义的整体理论水平都有了很大提高，左翼文坛上的"左"的文艺思潮也渐趋稳定，于是，批评家们开始比较冷静地总结左翼文学运动的得失，更深入地讨论和研究文学规律等理论问题。尤其是，1942年毛泽东发表了《在延安文艺座谈会上的讲话》，这是马克思主义批评"中国化"的突出成果，马克思主义也就逐渐成为最为权威的批评理论。在此影响之下，冯雪峰等人的马克思主义批评思想进一步成熟起来。

40年代和50年代初，冯雪峰的马克思主义批评著作相继问世，这是他注意结合文艺运动和创作的实际去认真思索马克思主义批评的结果，其中在某些方面有自己的理论发挥。冯雪峰这时期的主要论著有：《关于形象》（1940）、《论典型的创造》（1940）、《论艺术力及其他》（1945）、《论民主革命的文艺运动》（1946）、《创作随感》（1951）、《中国文学中从古典现实主义到社会主义现实主义的发展的一个轮廓》（1952）等，这些论著贯穿着冯雪峰对马克思主义批评的深入思考。他认真批判与剖析了"左"倾机械论在创作中的客观主义表现，大力倡导革命的现实主义主张。我们认为，在40年代他仍然坚持反"左"，并且把"左"倾视为革命文学最主要的危险，力图揭发导致"左"倾的理论根源，这是非常难能可贵的。在《论民主革命的文艺运动》一文中，冯雪峰认真总结了"五四"以来新文学的经验与教训，对"在'左'倾机械论之下"所存在的错误进行了深刻的反思。冯雪峰特别指出这些"左"的弊害并不限于革命文学的初期，在40年代仍是不可忽视的危险倾向，这正是他的高明之处。

冯雪峰在批评了"左"倾机械论所带来的弊病之后，大力倡导革命的现实主义创作原则。其实，他的这一主张是模仿或参照苏联社会主义现实主义的，为了审慎起见，他没有用"社会主义现实主义"，而是使用了"革命现实主义"一词。他在这方面的理论贡献，主要是对"生活真实反映"的强调以及"将文艺创作过程纳入理性化的轨道"[81]，等等。他对"革命现实主义"的内涵根据自己的理解进行了很大的发挥，并提出了"人民力"和"主观力"这样一对互相渗透互为转换的概念，这是冯雪峰现实主义文学主张的重大贡献。

"人民力"和"主观力"的概念，是冯雪峰在《论民主革命的文艺运动》一文中最早提出的。根据冯雪峰的理解，所谓"人民力"，就是指人民在推进历史和变革现实中所表现的伟大力量，同时也体现为革命的要求、历史前进的方向和社会发展的本质等。作为一个比较成熟的马克思主义者，冯雪峰当然把人民看作推动历史前进的主要动力，这是符合历史唯物主义的。但这里所说的"人民力"并不只是哲学和政治的术语，主要还是文学批评概念，其基本内涵实际上是要文学作品体现出"人民之历史的要求、方向和力量"。也就是说，文学创作不仅要真实地反映人民群众为主体的社会现实生活，而且要作动态的有力度的反映，能够体现出时代的发展与变革的历程。

冯雪峰在提出"人民力"这一概念的同时，又特别强调并提出了另一个批评概念，即"主观力"。这一概念与"人民力"是相辅相成的辩证关系，根据冯雪峰的理解，"主观力"也就是"文艺的主观力量"，包括文学作品所能产生的思想力和艺术感染力，特别是作家本人的"主观战斗力"，而不仅仅指一般所说的主体精神。他认为，"人民力"是一种客观存在，它源于历史的现实的矛盾与斗争，在当时自然是源于轰轰烈烈的民主革命的现实斗争。他的革命现实主义主张特别强调的是，文学的主要任务是及时反映现实斗争中飞跃发展的"人民力"，而"人民力"与"主观力"又是客观与主观的关系，客观决定着主观，是主观的渊源所在："正惟这客观的人民的斗争和力量，才是文艺的思想力，艺术力，作品或作者的一切主观战斗力的源泉。"因此，文学作品的功能价值主要体现在，要真实地反映人民在历史和现实斗争中所体现的伟大的力量，并使之转变为可影响教育人民的"文艺的主观的力量"。

　　我们认为，冯雪峰的这种哲学意味浓厚的论述，既枯燥也没有多少创见，但是，他对"人民力"和"主观力"互相转化结合的认识还是有价值的。冯雪峰之所以强调"力"的重要，实际上是想从创作论上批判"革命宿命论者"和"客观主义者"，这也是对他左翼时期"左"的理论的一种纠正。他认为，革命文学中往往出现公式化、概念化的缺陷，这是因为作家"只'着重'客观的必然性"，以预设的革命发展道路或模式去代替复杂曲折的矛盾斗争所造成的，应该在实际斗争中"转换着客观与主观关系的人民的斗争和力量"，否则就写不出真正的优秀作品。冯雪峰认为，"人民力"和"主观力"都是动态的，发展的，互相起作用的，"文艺的主观要从客观的矛盾斗争中产生和决定，或者将自己的主观作为客观的要素，进入客观的现实斗争中，加入那矛盾的斗争，站在矛盾的一面，由于斗争的要求和逼迫，而改进，锻炼，生长出自己来"。当然，冯雪峰的这种见解，还远未能真正从理论上说清"人民力"与"主观力"这两种"力"互相转化的关系，但他将这个问题提出来，并从这两种"力"的关系上加以阐释，这就比当时"政治决定艺术"之类的说法要深入得多，也高明得多，他的革命现实主义的主张对指导小说创作是非常有价值的。而且，他后来还提出"政治性"与"艺术性"的关系问题，主张将二者结合起来，反对"政治标准第一，艺术标准第二"的极端提法。他提出的这一见解，不仅在当时，也对以后的小说创作具有重要的指导意义。

3. 文学典型问题

冯雪峰十分重视典型问题，他对这一问题的探讨自有其特色，虽不免带有时代的烙印，但还是取得一定的成绩，提出了一系列有价值的重要见解，并历来被文学史研究者所称道。

文学批评上的"典型"问题是从苏联和西方传入中国的。1932 年，瞿秋白翻译了恩格斯《致哈克奈斯》的信，将"典型环境中的典型性格"的马克思主义理论介绍到中国。1933 年 11 月，周扬第一次引进苏联的"社会主义现实主义"口号，同时又介绍了恩格斯关于典型的有关论述，[82]"典型"问题开始进入中国批评界。30 年代中期，以周扬和胡风之间展开的关于典型的论争为代表，从而引起了中国批评家对典型问题的热烈讨论。但左翼批评家因受"左"倾机械论的影响，只是简单地照搬恩格斯或苏联理论家的一般论述，没有什么独到的见解，而冯雪峰对典型的理解和阐释则较为具体和深入，体现了他作为马克思主义批评家的独特眼光，这是非常了不起的。

冯雪峰对典型的研究，并不仅仅局限于共性与个性结合这一思考层面，而注重联系文学创作经验去阐释"典型艺术的社会生产法则"。他在《论典型的创造》（1940）一文中认为，典型的关键是要具有丰厚的"思想力量和历史的真实"，要体现"社会的，世界的，历史的矛盾性"。我们不妨以他评论张天翼的著名小说《华威先生》为例，来探讨一下冯雪峰对典型的独到见解。我们知道，张天翼的《华威先生》属于"抗战小说"，作品通过一个混迹于抗战文化阵营中的国民党官僚的形象，揭露民族矛盾掩盖下的阶级矛盾，揭露了统一战线内部争夺领导权的严重斗争，具有深刻的时代意义和社会意义。对于这样一部作品，冯雪峰却认为"华威先生"仍不属于深刻的典型。他在认真分析了这部小说之后指出，《华威先生》之所以没能塑造出更深刻的典型，原因在于"思想的灰白"，没有能力将人物放到更激烈广大的社会矛盾冲突中去凸现其形象特征，结果只能停留于"表面的讽刺"。他认为，华威先生只是共性与个性的简单统一，用这样的方法塑造的人物，只能算是宣传意识比较突出的类型，还算不上具有深刻思想力和历史感的文学典型。

冯雪峰强调作家要从生活实践中形成对社会历史矛盾性的独特体验与认识，尤其重视作家深入生活实践这一环节，并试图从中概括出某种文学规律。他在《论典型的创造》中指出：

> 艺术家在现实生活的接触与观察中，在对于社会和历史的认识中，有些人物或思想的形象特别强烈地反映到他的脑子里，他屡次被他们所惹动，而且就渐渐在他心里生长为一个或数个的活的人物，他们的面貌、姿态和他们的命运都明了地展开在他的面前。……艺术家对他们发生了持久的猛烈的热情，这热情就转化为创造的热情……伟大的典型最后就创造了出来。[83]

冯雪峰认为，塑造典型的过程要从对社会生活实践切身感受出发去开掘，去创造，要将生活实践与典型创造的艺术实践相结合。他还特别重视作家在创造典型过程中那种充分投入的"搏斗"精神，这实际上就接触到了典型创造的较为深层的规律性问题。但他毕竟是重理性，重教化的，在论述到典型产生的情感性主观性等因素后，又转了回来，还是强调"思想性"是典型塑造的决定性因素。

由以上分析可以看出，冯雪峰的典型论存在着明显的矛盾，当他具体分析鲁迅和许多中外著名作家的创作经验时，还比较重视作家的生活体验、感受与发现，但在更多的情况下，他还是强调"思想指导"和"主题意义"对典型的制约及其必要性。1947年，他再次评论丁玲的创作道路时，就以人物"意识世界"的完满程度，包括是否"拥有时代的前进的力量"，作为衡量典型创造和作品价值的唯一标准。[84]他错误地批评丁玲的《莎菲女士的日记》等早期优秀作品没有深入人物的意识领域，莎菲等形象没能反映出时代的意义，算不上是成功的典型。其实恰恰相反，莎菲等形象本是颇为成功的人物典型。冯雪峰太重视政治思想性，而忽略了典型创造中所可能包含的作家的体验、情感等因素。这种偏颇也表现在他评论丁玲的长篇小说《太阳照在桑干河上》，他对这部优秀作品仍然错误地予以指责，可见他的批评方法太僵化了。我们知道，丁玲对小说中的黑妮这一形象是灌注了很多情感的，这本是一个非常成功的著名典型，但冯雪峰吹毛求疵，认为这个形象还是"没有完全写好"，相反，像李子俊等这样比较粗糙、不怎么成熟的人物，他却认为非常成功，并给予了高度评价，[85]他的小说批评理论的偏颇，由此可见一斑。

冯雪峰在研究典型的过程中，还曾提出了"思想性的典型"的概念。他认为能够代表某种思想的也算典型，如鲁迅笔下的阿Q就是一个"思想性的典型"，是阿Q主义或"国民劣根性"的体现者。[86]我们认为，他的这种说法也可以成立，算是一家之言。但问题是，冯雪峰仍然犯了上述错误，过于去强调典型的思想意义和教育意义，这又使得"思想性的典型"从诞生之日起就走上了偏狭、极端之路。他指出："一个作者对于自己所创造的某个典型人物，如果要检验一下典型性的程度，那么，他就绝对不应该在这人物各方面的完备性上去补长弥短，而应该首先注意到他的主要方面的启发性如何，教育性如何。"[87]这样一来，他所认为的典型又成了类型化的公式主义，还是回到了"左"倾机械论的公式中去。事实上，冯雪峰解释典型创造的一般方法时，提出以"思想性的综合"作为根本，强调典型构思过程主要是"关于重要思想和重要关系的反复研究和思索"的过程，并始终以主题思想去"决定人物的发展"，最终完成"社会的、政治的任务"。[88]这样，冯雪峰还是将典型创造的复杂的过程，完全简化为一种理性的"综合"分析了。

总的说来，冯雪峰的规范化批评、革命现实主义主张及典型论，具有一定的文学理论价值，是他成功运用马克思主义批评的一个重要成果，大大丰富了浙江乃至中国的小说理论，但其理论也存在着很大的缺陷，它总是与"左"倾机械论有着千丝万缕的联系，总是出现相互矛盾、相互抵牾的现象，这大概也与时代的影响是分不开的。

三、赵景深

赵景深是浙江著名的文学史家和现代作家，他的文学评论对小说创作影响很大，在浙江小说理论史上具有一定的影响。

赵景深（1902—1985），字旭初，曾用笔名邹啸、朦胧、冷眼等。祖籍四川宜宾，生于浙江丽水。少年时在安徽芜湖读书，1919年在南开中学求学，其间曾参加周恩来领导的学生运动。1920年，赵景深考入天津棉业专门学校。1922年起担任《新民意报》副刊的主编，并任文学团体绿波社社长，同焦菊隐、万曼等一起编辑《微波》《蚊纹》《绿波周报》等刊物，并向郑振铎编的《儿童世界》《文学旬刊》杂志投稿。1923年，他加入文学研究会，1924年秋到湖南第一师范任教，同田汉、叶鼎洛等人编辑《潇湘绿波》杂志。1925年，他回到上海，担任上海大学的教授。1927年任开明书店编辑，并主编《文学周报》。1930年至1951年任北新书局总编辑，其中，1930年曾主编《现代文学》，1942年曾主编《戏曲》。1985年之前，他长期担任复旦大学教授。

1924年，赵景深开始介绍西方的文学名著，先后翻译了安徒生的童话《皇帝的新衣》《火绒匣》《白鹄》等作品，在商务的《少年杂志》上发表。他是较早把安徒生作品介绍到中国读者的翻译家。以后还翻译了俄国作家契诃夫、屠格涅夫等人的作品，均引起一定反响。

在郑振铎的影响下，赵景深致力于中国古代戏曲的研究。同时也从事中国文史、中国古代小说的研究。他著述甚丰，其中关于中国古代小说的主要论著有：《小说闲话》（1935～1936）、《小说戏曲新考》上卷《小说编》（1936～1938），《中国小说论集》（一名《银字集》1938～1943）以及《小说论丛》（1944～1947）。1958年，作者将四册论著以及另外十篇论文汇集起来，合编为《中国小说丛考》，于1980年出版。

赵景深的中国古代小说研究以考证见长。他的考证涉及数十种小说作品，关系到小说的作者、作品的演变、故事的渊源、版本的异同等多方面的问题，尤其注重对一般小说史家所忽略的二三流作家作品的钩稽考订，从而为人们全面研究中国小说史提供了丰富的资料，铺平了道路。例如《武王伐纣平话》《七国春秋后集》以及《续前汉书平话》这三种平话，鲁迅在写《中国小说史略》时"未能见"，因而阙而不论，赵景深则详加辨析，指出《武王伐纣平话》与《封神演义》《七国春秋后集》与《前七国志》《续前汉书平话》与《西汉演义》的前后承袭变化之关系。又如对于《野叟曝言》的作者夏敬渠，他亲自到江阴访问夏氏的后裔，发现了《夏氏宗谱》，将此和《浣玉轩诗文集》结合起来，从而写成夏二铭年谱。

赵景深中国古代小说研究的另一特点是注重将小说和戏曲二者联系起来加以考察，因而能在更广阔的视野中探求小说戏曲的交替演化，从新的角度，洞幽发微，时有灼见。如《包公传说》一文中就考证了《包公案》与诸种笔记小说、元曲的渊源关系以及对于京剧的影响，从而对《包公案》中的诸传说作了横断面的剖析，为他人所未论及。对于《豆棚闲话》第十则《虎丘山贾清客联盟》的作者，他根据书中妓女许老一所唱的《哭皇天》《山坡羊》《玉河郎》诸曲，断定作者是清初人，并且"还是明末的一个志士"。

赵景深尚有多种中国古代戏曲论著，对宋元南戏、杂剧、明清传奇都有精深独到的研究，是现代著名的戏剧理论家。

总之，现代浙江小说理论取得了巨大的成就，尤其鲁迅、茅盾、俞平伯、郑振铎等这样的小说理论大家，占据了全国小说理论成就的"半壁江山"，成为浙江小说理论史上继明清小说理论以来的一个最高峰。浙江小说理论取得的成就令全国震惊，在中国现代小说史上占据重要的一席之地。

注释：

［1］［日］增田涉. 支那小说史. 日本赛棱社，1935.

［2］《通讯》，1930 年 2 月 19 日。

［3］鲁迅. 致台静农. 鲁迅全集. 人民文学出版社，1973.

［4］鲁迅. 致王冶秋. 鲁迅全集. 人民文学出版社，1973.

［5］鲁迅. 中国小说的历史的变迁（第一讲）. 鲁迅全集. 人民文学出版社，1973.

［6］鲁迅. 中国小说的历史的变迁（第六讲）. 鲁迅全集. 人民文学

出版社，1973.

[7]鲁迅. 流氓的变迁. 鲁迅全集. 人民文学出版社，1973.

[8]鲁迅. 中国小说的历史的变迁（第三讲）. 鲁迅全集. 人民文学出版社，1973.

[9]鲁迅. 中国小说的历史的变迁（第四讲）. 鲁迅全集. 人民文学出版社，1973.

[10]鲁迅. 中国小说史略（第十九篇）. 中国小说史略. 上海古籍出版社，1998.

[11]鲁迅. 中国小说史略（第二十三篇）. 中国小说史略. 上海古籍出版社，1998.

[12]鲁迅. 中国小说史略（第二十四篇）. 中国小说史略. 上海古籍出版社，1998.

[13]鲁迅. 中国小说的历史的变迁. 鲁迅全集. 人民文学出版社，1973.

[14]鲁迅. 草鞋脚·小引. 鲁迅全集（第六卷）. 人民文学出版社，1973.

[15]鲁迅. 论睁了眼看. 鲁迅全集（第一卷）. 人民文学出版社，1973.

[16]鲁迅. 绛洞花主·小引. 鲁迅全集（第七卷）. 人民文学出版社，1973.

[17]鲁迅. 看书琐记. 鲁迅全集（第五卷）. 人民文学出版社，1973.

[18]鲁迅. 文艺与政治的歧途. 鲁迅全集（第七卷）. 人民文学出版社，1973.

[19]鲁迅. 中国小说史略（第二十四篇）. 中国小说史略. 上海古籍出版社，1998.

[20]鲁迅. 中国小说史略（第二十四篇）. 中国小说史略. 上海古籍出版社，1998.

[21]鲁迅. 论睁了眼看. 鲁迅全集（第一卷）. 人民文学出版社，1973.

[22]鲁迅. 论睁了眼看. 鲁迅全集（第一卷）. 人民文学出版社，

1973.

[23]鲁迅. 绛洞花主·小引. 鲁迅全集（第七卷）. 人民文学出版社，1973.

[24]鲁迅. 出关的"关". 鲁迅全集（第六卷）. 人民文学出版社，1973.

[25]鲁迅. 怎么写. 鲁迅全集（第四卷）. 人民文学出版社，1973.

[26]鲁迅. 谈金圣叹. 鲁迅全集（第四卷）. 人民文学出版社，1973.

[27]茅盾. 写在《蚀》的新版的后面. 茅盾文集（第1卷）.

[28]茅盾. 文学与人生. 茅盾文艺杂论集（上）. 上海文艺出版社，1981.

[29]茅盾. 现成的希望. 茅盾文艺杂论集（上）. 上海文艺出版社，1981.

[30]茅盾. 文学者的新使命. 茅盾文艺杂论集（上）. 上海文艺出版社，1981.

[31]茅盾. 文学上的古典主义浪漫主义和写实主义. 学生杂志，第7卷第9期，1920.

[32]茅盾. 一年来的感想与明年的计划. 茅盾文艺杂论集（上）. 上海文艺出版社，1981.

[33]茅盾. 关于所谓写真实. 茅盾文艺杂论集（上）. 上海文艺出版社，1981.

[34]该节文字由同事刘永良教授提供，在此特意说明。

[35]刘永良教授称茅盾先生，笔者考虑到本书体例的统一，遂将"先生"二字均一一删去。

[36]中国艺术研究院红楼梦研究所，人民文学出版社编辑部编. 红楼梦研究稀见资料汇编（上）. 人民文学出版社，2001：624～631.

本文最初刊载于1935年11月开明书店的《红楼梦》（节本）。后又发表于1936年1月1日的上海《申报》。标题人民文学出版社，1990年版《茅盾全集》第20卷作《〈红楼梦〉（洁本）导言》。开明书店于20世纪30年代出版过《红楼梦》《水浒传》和《三国演义》等三种节本中国古典小说。其中《红楼梦》节本由茅盾缩编。

[37]茅盾. 茅盾全集（第 27 卷）. 人民文学出版社，1990：89～112. 本文最初发表于 1963 年 12 月《文艺报》第 12 期。

[38]王昆仑. 红楼梦人物论. 生活·读书·新知三联书店，1983：134.

[39]王昆仑. 红楼梦人物论. 生活·读书·新知三联书店，1983 年版，第 134 页。

[40]赖力行. 中国古代文学批评学. 华中师范大学出版社，1998：75～76.

[41]周思源. 红楼梦创作方法论. 文化艺术出版社，1998.

[42]中国艺术研究院红楼梦研究所，人民文学出版社编辑部编. 红楼梦研究稀见资料汇编（上）. 人民文学出版社，2001：59～60.
原载《小说月报》第十一卷第六号（1920 年 6 月 25 日版）、第七号（7 月 25 日版）。

[43]刘永良. 俞平伯、鲁迅评红谫论. 红楼梦学刊，1999（1）：149～164.

[44]茅盾. 茅盾全集（第 27 卷）. 人民文学出版社，1996：113～116.
本文作于 1963 年 6 月 16 日，未公开发表。

[45]王国维. 红楼梦评论. 王国维文学美学论著集. 北岳文艺出版社，1987：9.

[46]刘梦溪. 红学. 文化艺术出版社，1990：4～5.

[47]中国古典文学研究资料汇编. 红楼梦卷（第一册）. 中华书局，1963：6.

[48]茅盾. 茅盾全集（第 24 卷）. 人民文学出版社，1996：137～142.
本文最初发表于 1950 年 4 月 10 日《文艺报》第二卷第 2 期。

[50]毛泽东 1964 年 8 月 18 日在北戴河谈话时指出："《红楼梦》我至少读了五遍……是把它当历史读的。开始当故事读，后来当历史读。什么人都不注意《红楼梦》的第四回，那是个总纲。还有《冷子兴演说荣国府》《好了歌》和注。第四回《葫芦僧判断葫芦案》，讲护

官符，提到四大家族：'贾不假，白玉为堂金作马；阿房宫，三百里，住不下金陵一个史；东海缺少白玉床，龙王请来金陵王；丰年好大雪（薛），珍珠如土金如铁。'《红楼梦》四大家族，阶级斗争很激烈，几十条人命。统治者二十几人（有人算了说是三十三人），其他都是奴隶，三百多个，鸳鸯、司棋、尤二姐、尤三姐等等。讲历史不拿阶级斗争观点，就讲不通。《红楼梦》写出二百多年了。研究红学的到现在还没有搞清楚，可见问题之难。有俞平伯、王昆仑，都是专家。何其芳也写了个序，又出了个吴世昌。这是新红学，老的还不算。蔡元培对《红楼梦》的观点是不对的，胡适的看法比较对一点。"参见龚育之等《毛泽东的读书生活》，生活·读书·新知三联书店，1984.

[51]段启明. 红楼梦艺术论. 北京师范学院出版社，1990.

　　　刘上生. 中国古代小说艺术史. 湖南师范大学出版社，1993.

[52]段启明. 红楼梦艺术论. 北京师范学院出版社，1990：30.

[53]蔡义江. 红楼梦诗词曲赋评注（修订本）. 团结出版社，1992：9～10.

[54]中国艺术研究院红楼梦研究所校注. 红楼梦（精装一卷本）. 人民文学出版社，1997：666～667.

[55]周作人. 人的文学. 艺术与生活. 岳麓书社，1989.

[56]温儒敏. 中国现代文学批评史. 北京大学出版社，1993：28.

[57]周作人. 谈虎集（后记）. 知堂序跋. 岳麓书社，1987：31.

[58]周作人. 文艺的统一. 自己的园地. 岳麓书社，1987：24.

[59]周作人. 自己的园地（旧序）. 自己的园地. 岳麓书社，1987：2.

[60]周作人. 文艺上的宽容. 自己的园地. 岳麓书社，1987：8～10.

[61]周作人. 文艺上的宽容. 自己的园地. 岳麓书社，1987：8.

[62]周作人. 文艺上的宽容. 自己的园地. 岳麓书社，1987：8.

[63]周作人. 沉沦. 自己的园地. 岳麓书社，1987：59.

[64]周作人. 阿Q正传. 鲁迅的青少年时代.

[65]周作人. 谈虎集（后记）. 上海书店，1987.

[66]周作人. 大黑狼的故事（序）. 永日集. 岳麓书社，1988.

[67]周作人. 燕知草（跋）. 永日集. 岳麓书社，1988.

[68]郁达夫. 过去集·五六年来创作生活回顾.

[69]郭沫若. 论郁达夫. 沫若文集（第12卷）.

[70]郁达夫. 达夫自选集（自序）. 郁达夫文集. 花城出版社、三联书店香港分店，1983.

[71]阿英. 郁达夫小品序. 见1935年3月光明书局初版《现代十六家小品》。

[72]郁达夫. 郁达夫文集（第六卷）. 花城出版社、三联书店香港分店，1983：176.

[73]郁达夫. 郁达夫译文集. 浙江文艺出版社，1984：501.

[74]郁达夫. 读了珰生的译诗而论及于翻译. 郁达夫文集（第5卷）. 花城出版社、三联书店香港分店，1982：189.

[75]郁达夫. 郁达夫文集（第6卷）. 花城出版社、三联书店香港分店，1983：220～221.

[76]郁达夫. 郁达夫文集（第5卷）. 花城出版社、三联书店香港分店，1982：17.

[77]俞平伯. 红楼梦辨·引论. 俞平伯说红楼梦. 上海古籍出版社，1998.（以下引文从略）

[78]冯雪峰. 关于新小说的诞生. 冯雪峰文集（上册）. 人民文学出版社，1981：41.

[79]冯雪峰. 中国无产阶级革命文学的新任务. 冯雪峰文集（上册）. 人民文学出版社，1981：64.

[80]冯雪峰. 常识与阶级性. 冯雪峰文集（上册）. 人民文学出版社，1981：25.

[81]庄锡华. 论冯雪峰的文学观念. 文学评论，1992（2）.

[82]周扬. 关于"社会主义现实主义与革命的浪漫主义". 现代，1933，4（1）.

[83]冯雪峰. 论典型的创造. 冯雪峰文集（上册）. 人民文学出版社，1981.

［84］冯雪峰. 从《梦珂》到《夜》. 冯雪峰文集（中册）. 人民文学出版社，1981：152～159.

［85］冯雪峰.《太阳照在桑干河上》在我们文学发展上的意义. 冯雪峰文集（中册）. 人民文学出版社，1981：457～470.

［86］冯雪峰. 论《阿 Q 正传》. 冯雪峰文集（中册）. 人民文学出版社，1981：364.

［87］冯雪峰. 创作随感. 冯雪峰文集（中册）. 人民文学出版社，1981：287.

［88］冯雪峰. 创作随感. 冯雪峰文集（中册）. 人民文学出版社，1981：282～293.

参考文献

1. 二十五史. 上海古籍出版社、上海书店，1986.

2. 班固. 汉书. 上海古籍出版社、上海书店，1986.

3. 明史. 中华书局，1974.

4. 清史稿. 中华书局，1976.

5. 中国地方志集成·江南通志. 江苏古籍出版社，1991.

6. 中国地方志集成·苏州府志. 江苏古籍出版社，1991.

7. 中国地方志集成·吴县县志. 江苏古籍出版社，1991.

8. 白寿彝总主编. 中国通史. 上海人民出版社，1999.

9. 全唐诗. 中华书局，1999.

10. 刘知几著. 史通. 上海涵芬楼影印本，1929.

11. 严羽著. 沧浪诗话. 人民文学出版社，1961.

12. 罗贯中著. 三国志通俗演义. 上海古籍出版社，1980.

13. 凌濛初著. 初刻拍案惊奇. 春风文艺出版社，1994.

14. 凌濛初著. 二刻拍案惊奇. 春风文艺出版社，1994.

15. 瞿佑等著，周楞伽校注. 剪灯新话. 上海古籍出版社，1981.

16. 胡应麟著. 少室山房笔丛. 中华书局上海编辑所，1958.

17. 李贽著. 李温陵集. 续修四库全书（第 1352 册）. 上海古籍出版社，2002.

18. 李贽著. 焚书·续焚书. 岳麓书社，1990.

19. 李贽著. 藏书. 中华书局，1959.

20. 李贽著. 续藏书. 中华书局，1959.

21. 张岱著. 陶庵梦忆. 上海远东出版社，1996.

22. 刘熙载著. 艺概. 续修四库全书（第 1714 册）. 上海古籍出版社，2002.

23. 郎瑛著. 七修类稿. 上海书店出版社，2001.

24. 沈德符著. 万历野获编. 中华书局，1997.

25. 徐珂著. 清稗类钞. 中华书局，1986.

26. 纪昀著. 阅微草堂笔记. 上海古籍出版社，1998.

27. 袁枚著. 子不语. 上海古籍出版社，1998.

28. 俞樾著，陈戍国点校. 耳邮. 岳麓书社，1986.

29. 李渔著. 李渔全集. 浙江古籍出版社，1992.

30. 李渔著. 十二楼. 上海古籍出版社，1992.

31. 李渔著. 连城璧. 上海古籍出版社，1992.

32. 刘廷玑著. 在园杂志. 中华书局，2005.

33. 钱谦益著. 列朝诗集小传. 上海古籍出版社，1983.

34. 袁枚著. 随园诗话. 人民文学出版社，1982.

35. 王国维著. 宋元戏曲史. 华东师范大学出版社，1995.

36. 梁启超著. 清代学术概论. 上海古籍出版社，1998.

37. 鲁迅著. 鲁迅全集. 人民文学出版社，1973.

38. 鲁迅. 中国小说史略. 人民文学出版社，1973.

39. 鲁迅校录. 古小说钩沉. 齐鲁书社，1997.

40. 鲁迅校录. 唐宋传奇集. 齐鲁书社，1997.

41. 鲁迅编录. 搜神记. 上海古籍出版社，1998.

42. 胡适著. 白话文学史. 香港远流出版公司，1986.

43. 胡适著. 胡适古典文学研究论集. 上海古籍出版社，1988.

44. 胡适著. 胡适论中国古典小说. 长江文艺出版社，1987.

45. 郑振铎著. 中国文学研究. 人民文学出版社，2000.

46. 郑振铎著. 郑振铎说俗文学. 上海古籍出版社，2000.

47. 郑振铎著. 郑振铎古典文学论文集. 上海古籍出版社，1984.

48. 吴海林，李延沛编. 中国历史人物生卒年表. 黑龙江人民出版社，1981.

49. 中国古代小说百科全书. 中国大百科全书出版社，1998.

50. 江苏省社会科学院明清小说研究中心文学研究所编. 中国通俗小说总目提要. 中国文联出版公司，1990.

51. 中国艺术研究院红楼梦研究所、人民文学出版社编辑部编. 红楼梦研究稀见资料汇编. 人民文学出版社，2001.

52. 孙楷第著. 小说旁证. 人民文学出版社，2000.

53. 孙楷第著. 俗讲、说话与白话小说. 作家出版社，1957.

54. 孙楷第著. 中国通俗小说书目. 人民文学出版社，1982.

55. 孙楷第著. 日本东京所见小说书目. 人民文学出版社，1985.

56. 孙楷第著. 戏曲小说书录题解. 人民文学出版社，1990.

57. 王利器辑录. 元明清三代禁毁小说戏曲史料. 上海古籍出版社，1981.

58. 孔另境辑录. 中国小说史料. 古典文学出版社，1957.

59. 王汝梅，张羽著. 中国小说理论史. 浙江古籍出版社，2001.

60. 王运熙，顾易生主编. 中国文学批评通史. 上海古籍出版社，1996.

61. 黄霖等著. 中国小说研究史. 浙江古籍出版社，2002.

62. 王福和主编. 世界文学与 20 世纪浙江作家. 浙江大学出版社，2004.

63. 王运熙，顾易生主编. 中国文学批评通史新编. 复旦大学出版社，2001.

64. 宁稼雨撰. 中国文言小说总目提要. 齐鲁书社，1996.

65. 袁行霈，侯忠义编. 中国文言小说书目. 北京大学出版社，1981.

66. 郭豫适著. 红楼研究小史稿. 上海文艺出版社，1980.

67. 郭豫适著. 红楼研究小史续稿. 上海文艺出版社，1981.

68. 郭豫适编. 红楼梦研究文选. 华东师范大学出版社，1988.

69. 郭豫适著. 中国古代小说论集（修订三版）. 华东师范大学出版社，1992.

70. 郭豫适著. 学与思：文学遗产研究问题论集. 河南大学出版社，1999.

71. 郭豫适著. 半砖园文集. 江苏古籍出版社，2001.

72. 章培恒著. 献疑集. 岳麓书社，1993.

73. 章培恒，骆玉明主编. 中国文学史. 复旦大学出版社，1996.

74. 丁锡根编著. 中国历代小说序跋集. 人民文学出版社，1996.

75. 叶德均著. 戏曲小说丛考. 中华书局，1979.

76. 胡士莹著. 话本小说概论. 中华书局，1980.

77. 吴建国著. 雅俗之间的徘徊——16 至 18 世纪文化思潮与通俗文学创作. 岳麓书社，1999.

78. 陈大康著. 明代小说史. 上海文艺出版社，2000.

79. 陈大康著. 通俗小说的历史轨迹. 湖南出版社，1993.

80. 陈大康著. 明代商贾与世风. 上海文艺出版社，1996.

81. 谭帆著. 传统文艺思想的现代阐释. 上海社会科学出版社，1995.

82. 谭帆著. 中国小说评点研究. 华东师范大学出版社，2001.

83. 方正耀著. 中国小说批评史略. 中国社会科学出版社，1990.

84. 方正耀著. 明清人情小说研究. 华东师范大学出版社，1986.

85. 方正耀著. 晚清小说研究. 华东师范大学出版社，1991.

86. 傅惠生著. 宋明之际的社会心理与小说. 东方出版社，1997.

87. 赵维国著. 说部论稿. 吉林人民出版社，2002.

88. 李新灿著. 女性主义观照下的他者世界. 中国社会科学出版社，2001.

89. 高玉海著. 明清小说续书研究. 中国社会科学出版社，2004.

90. 骆兵著. 李渔的通俗小说理论与创作研究. 经济管理出版社，2004.

91. 肖荣著. 李渔评传. 浙江文艺出版社，1985.

92. 单锦珩著. 李渔传. 四川文艺出版社，1986.

93. 俞为民著. 李渔评传. 南京大学出版社，1998.

94. 沈新林著. 李渔与无声戏. 辽宁教育出版社，1992.

95. 沈新林著. 李渔评传. 南京师范大学出版社，1998.

96. 沈新林著. 李渔新论. 苏州大学出版社，1997.

97. 黄强著. 李渔研究. 浙江古籍出版社，1996.

98. 赵文卿，李彩标主编. 李渔研究. 中国文联出版社，2000.

99. 陆树仑著. 冯梦龙散论. 上海古籍出版社，1993.

100. 崔子恩著. 李渔小说论稿. 中国社会科学出版社，1989.

101. 张晓军著. 李渔创作论稿. 文化艺术出版社，1997.

102. 程毅中著. 唐代小说史话. 文化艺术出版社，1990.

103. 程毅中著. 宋元小说研究. 江苏古籍出版社，1998.

104. 谭正璧编. 三言两拍资料. 上海古籍出版社，1980.

105. 孙逊，孙菊园编. 中国古典小说美学资料汇粹. 上海古籍出版社，1991.

106. 孙逊著. 明清小说论稿. 上海古籍出版社，1986.

107. 陈平原著. 中国小说叙事模式的转变. 上海人民出版社，1988.

108. 李剑国著. 唐前志怪小说史. 南开大学出版社，1984.

109. 李剑国著. 宋代志怪传奇叙录. 南开大学出版社，1997.

110. 石昌渝著. 中国小说源流论. 生活·读书·新知三联书店，1994.

111. 吴组缃著. 中国小说研究论集. 北京大学出版社，1998.

112. 袁世硕著. 文学史学的明清小说研究. 齐鲁书社，1999.

113. 朱一玄编. 红楼梦资料汇编. 南开大学出版社，2001.

114. 朱一玄，刘毓忱编. 三国演义资料汇编. 南开大学出版社，2003.

115. 朱一玄编，刘毓忱编. 水浒传资料汇编. 南开大学出版社，2002.

116. 朱一玄编. 金瓶梅资料汇编. 南开大学出版社，2002.

117. 朱一玄，刘毓忱编. 西游记资料汇编. 南开大学出版社，2002.

118. 朱一玄，刘毓忱编. 聊斋志异资料汇编. 南开大学出版社，2002.

119. 马蹄疾编著. 水浒书录. 上海古籍出版社，1986.

120. 蔡铁鹰主编. 中国通俗小说百部精华. 中州古籍出版社，1993.

121. 吴礼权著. 中国笔记小说史. 商务印书馆国际有限公司，1997.

122. 陈美林等著. 章回小说史. 浙江古籍出版社，1998.

123. 李时人，魏崇新等著. 中国古代禁毁小说漫话. 汉语大词典出版社，1999.

124. 李梦生著. 中国禁毁小说百话. 上海古籍出版社，1994.

125. 郭英德著. 明清传奇史. 江苏古籍出版社，1999.

126. 俞为民著. 李渔〈闲情偶寄〉曲论研究. 江苏古籍出版社，1994.

127. 欧阳健著. 古小说研究论. 巴蜀书社，1997.

128. 王平著. 中国小说文化研究. 山东教育出版社，1996.

129. 黄清泉，蒋松源，谭邦和著. 明清小说艺术世界. 华中师范大学出版社，1992.

130. 薛亮著. 明清稀见小说汇考. 社会科学文献出版社，1999.

131. 刘兴汉著. 漫议《十二楼》. 春风文艺出版社，1985.

132. 王昕著. 话本小说的历史与叙事. 中华书局，2002.

133. 陈洪著. 浅俗之下的厚重——小说·宗教·文化. 南开大学出版社，2001.

134. 王丽娜编著. 中国古典小说戏曲名著在国外. 学林出版社，1988.

135. 陈伯海主编. 近四百年中国文学思潮史. 东方出版中心，1997.

136. 刘修业著. 古典小说戏曲丛考. 作家出版社，1958.

137. 王忠阁著. 明代社会心理论稿. 中州古籍出版社，1991.

138. 郑公盾著. 水浒传论文集. 宁夏人民出版社，1983.

139. 王齐洲著. 四大奇书与中国文化. 湖北教育出版社，1990.

140. 何满子著. 中国爱情小说中的两性关系. 上海书店出版社，1999.

141. 应再泉等编. 陶宗仪研究论文集. 浙江人民出版社，2006.

142. 薛亮著. 明清稀见小说汇考. 社会科学文献出版社，1999.

143. 吴志达著. 唐人传奇. 上海古籍出版社，1981.

144. 吴志达著. 中国文言小说史. 齐鲁书社，1994.

145. 李宗为著. 唐人传奇. 中华书局，1985.

146. 曹亦冰著. 侠义公案小说史. 浙江古籍出版社，1998.

147. 向楷著. 世情小说史. 浙江古籍出版社，1998.

148. 欧阳代发著. 话本小说史. 武汉出版社，1994.

149. 林辰著. 神怪小说史. 浙江古籍出版社，1998.

150. 王枝忠著. 汉魏六朝小说史. 浙江古籍出版社，1997.

151. 侯忠义著. 中国文言小说参考资料. 北京大学出版社，1985.

152. 侯忠义著. 隋唐五代小说史. 浙江古籍出版社，1997.

153. 侯忠义著. 中国文言小说史稿（上）. 北京大学出版社，1990.

154. 侯忠义，刘世林著. 中国文言小说史稿（下）. 北京大学出版社，1993.

155. 萧相恺著. 宋元小说史. 浙江古籍出版社，1997.

156. 齐裕焜著. 明代小说史. 浙江古籍出版社，1997.

157. 张俊著. 汉魏六朝小说史. 浙江古籍出版社，1997.

158. 周绍良著. 唐传奇笺证. 人民文学出版社，2000.

159. 周钧韬主编. 中国通俗小说家传. 中州古籍出版社，1993.

160. 王增斌，田同旭著. 中国古代小说通论综解. 中国文联出版公司，1999.

161. 胡从经著. 中国小说史学史长编. 上海文艺出版社，1998.

162. 周勋初著. 唐人笔记小说考索. 江苏古籍出版社，1996.

163. 孙一珍著. 明代小说的艺术流变. 四川文艺出版社，1996.

164. 柳存仁编著. 伦敦所见中国小说书目提要. 书目文献出版社，1982.

165. 陈平原，夏晓虹编. 二十世纪中国小说理论资料（第一卷）. 北京大学出版社，1997.

166. 严家炎编. 二十世纪中国小说理论资料（第二卷）. 北京大学出版社，1997.

167. 吴福辉编. 二十世纪中国小说理论资料（第三卷）. 北京大学出版社，1997.

168. 钱理群编. 二十世纪中国小说理论资料（第四卷）. 北京大学出版社，1997.

169. 王旭川著. 中国小说续书研究. 学林出版社，2004.

170. 李忠昌著. 古代小说续书漫话. 辽宁教育出版社，1992年版

171. 刘相雨著. 清代英雄传奇小说之女性形象研究. 吉林文史出版社，2004.

172. 成复旺等著. 中国文学理论史. 北京出版社，1987.

173. 吴子敏等编. 鲁迅论文学与艺术. 人民文学出版社，1980.

174. 温儒敏著. 中国现代文学批评史. 北京大学出版社，1993.

175. 金普森，陈剩勇主编. 浙江通史. 浙江人民出版社，2005.

176. 李延沛，吴海林编. 中国历史人物生卒年表. 黑龙江人民出版社，1981.

177. 郭志刚，孙中田主编. 中国现代文学史. 高等教育出版社，1999.

178. 杨义著. 中国古典小说史论. 中国社会科学出版社，1995.

179. 杨义著. 中国现代小说史. 人民文学出版社，1986.

180. 刘勇，尚礼主编. 现代文学研究. 北京出版社，2001.

181. 王嘉良，李标晶主编. 中国现代文学史新编. 上海社会科学出版社，1990.

182. 田仲济，孙昌熙主编. 中国现代小说史. 山东文艺出版社，1984.

183. 郁达夫著. 郁达夫译文集. 浙江文艺出版社，1984.

184. 周作人著. 永日集. 岳麓书社，1988.

185. 周作人著. 自己的园地. 岳麓书社，1987.

186. 周作人著. 艺术与生活. 岳麓书社，1989.

187. 周作人著. 谈虎集. 上海书店，1987.

188. 茅盾著. 茅盾文艺杂论集（上）. 上海文艺出版社，1981.

189. 茅盾著. 茅盾论创作. 上海文艺出版社，1980.

190. 马克思著. 资本论. 马克思恩格斯全集（第 23 卷）. 人民文学出版社，1972.

191. 马克思，恩格斯著. 神圣家族. 人民出版社，1958.

192. [美]夏志清著. 胡益民，等译. 中国古典小说史论. 江西人民出版社，南昌，2001.

193. [美]韦勒克著. 张今言译. 批评的概念. 中国美术学院出版社，1999.

194. [美]韩南著. 尹慧珉译. 中国白话小说史. 浙江古籍出版社，1989.

195. [美]韦勒克等著. 刘象愚，等译. 文学理论. 生活·读书·新知三联书店，1984.

196. [美]韦勒克著. 杨自伍译. 近代文学批评史. 上海文艺出版社，1997.

197. [俄]巴赫金著. 白春仁，等译. 巴赫金全集. 河北教育出版社，1998.

198. [俄]李福清著. 尹锡康，等译. 三国演义与民间文学传统. 上海古籍出版社，1997.

199. [日]小野四平著. 施小炜，等译. 中国近代白话短篇小说研究. 上海古籍出版社，1997.

200. ［日］青木正儿著. 杨铁婴译. 清代文学评论史. 中国社会科学出版社，1988.

201. ［日］青木正儿著. 汪馥泉译. 中国文学研究译丛. 上海文艺出版社，1992.

202. ［英］戴维·洛奇著. 王峻岩等译. 小说的艺术. 作家出版社，1998.

203. ［荷］米克·巴尔著. 谭君强译. 叙述学：叙事理论导论. 中国社会科学出版社，1995.

204. ［德］贝·布莱希特著. 丁扬忠译. 布莱希特论戏剧. 中国戏剧出版社，1990.

205. ［苏联］斯坦尼斯拉夫斯基著. 郑雪来译. 演员创造角色. 中国电影出版社，1987.

后　记

　　经过两三年的努力，《浙江籍小说理论家研究》终于完稿了，即将付梓之际，根据习惯总要说上几句，是为"后记"。

　　本人之所以撰写这部《浙江籍小说理论家研究》，主要是科研工作的性质，本人科研工作归属于"江南文化研究中心"，特别重视地域文化的研究，规定了该领域的研究任务，并资助有关成果的出版。尤其是 2010 年到独立学院任文学分院院长，兼任"区域文化研究所"所长，更推动了本人对区域文化的研究。长期的区域文化资料的积累，使我最终完成了这部专著。浙江籍小说理论家非常值得研究，内容非常丰富，要攻克的理论难关很多，深感自己肩负的责任重大，但本人也很清楚：这是一件非常有意义的科研任务，是作为一名浙江学者为浙江文化建设应尽的义务和责任。

　　2002 年进入高校工作以来，在学术方面得到了本单位梅新林教授、俞樟华教授和陈玉兰教授等的大力支持和帮助，他们的鼓励坚定了我研究浙江地域文化的信心和勇气。该书能够顺利完成，是与他们的鼓励分不开的。此外，同事刘永良教授也热心地提供资料及资料信息，并提出了宝贵的修改意见，在此一并表示真诚的谢意！

　　该书的初稿曾得到古代文学专家肖瑞峰教授的指导，提出了许多非常中肯的修改意见。本人在他建议的基础上，对本书进行了认真地修改和润色。最后，对南开大学出版社孙克强教授和童颖、王冰老师的辛勤劳动表示衷心的感谢！他们认真敬业、严谨务实的工作态度是本书质量的重要保证。

韩洪举

于浙江师范大学江南文化研究中心

2015 年 5 月